U0361376

事件相关电位基础
（第二版）

An Introduction to the Event-Related Potential Technique
(Second Edition)

［美］Steven J. Luck ● 著

洪祥飞　刘岳庐 ● 译　　洪祥飞 ● 审校

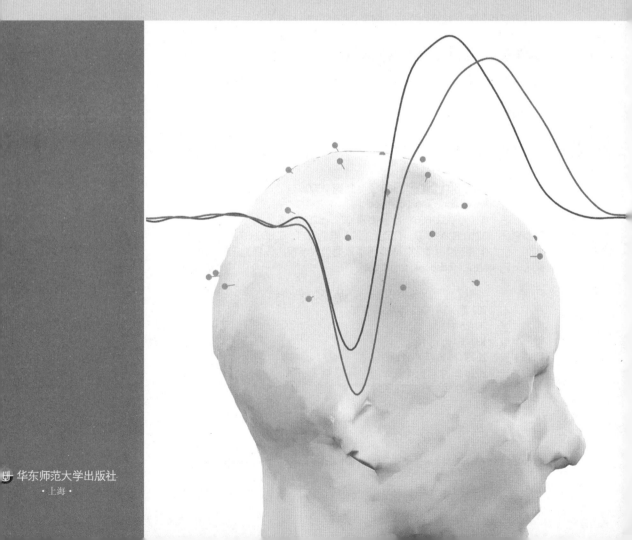

华东师范大学出版社
·上海·

图书在版编目(CIP)数据

事件相关电位基础：第二版/(美)拉克著；洪祥飞，刘岳庐译. —上海：华东师范大学出版社，2019

ISBN 978 - 7 - 5675 - 9326 - 8

Ⅰ.①事…　Ⅱ.①拉…②洪…③刘…　Ⅲ.①企业管理—计算机管理系统　Ⅳ.①F272.7

中国版本图书馆 CIP 数据核字(2019)第 186077 号

事件相关电位基础(第二版)

著　　者　[美]Steven J. Luck
策划编辑　彭呈军
特约编辑　单敏月
责任校对　董水林
装帧设计　刘怡霖

出版发行　华东师范大学出版社
社　　址　上海市中山北路 3663 号　邮编 200062
网　　址　www.ecnupress.com.cn
电　　话　021 - 60821666　行政传真 021 - 62572105
客服电话　021 - 62865537　门市(邮购)电话 021 - 62869887
地　　址　上海市中山北路 3663 号华东师范大学校内先锋路口
网　　店　http://hdsdcbs.tmall.com

印 刷 者　苏州工业园区美柯乐制版印务有限责任公司
开　　本　787 毫米×1092 毫米　1/16
印　　张　25.75
字　　数　430 千字
版　　次　2019 年 10 月第 1 版
印　　次　2024 年 1 月第 4 次
书　　号　ISBN 978 - 7 - 5675 - 9326 - 8
定　　价　78.00 元

出 版 人　王 焰

(如发现本版图书有印订质量问题，请寄回本社客服中心调换或电话 021 - 62865537 联系)

中文版前言

ERP 研究在中国的发展令人感到惊讶。当我还是 Steve Hillyard 教授实验室中的一名研究生时，曾与一名来自中国的访问学者(范思陆博士)有过愉快的合作。范博士是意识到 ERP 技术及其价值的首批中国学者之一，他来到 Hillyard 教授实验室的目的，是为了提高在 ERP 实验设计和分析方面的专业知识。除了共同发表一项研究之外(Luck, Fan, & Hillyard, 1993)，范博士还和我一起进行了与 Neuroscan 的谈判，并在访问结束时将一套 EEG 记录系统带回了中国。当时 ERP 研究在中国仍处于初始阶段，这套系统也成为了中国当时首批功能全面的 EEG/ERP 系统之一。多年之后，当我撰写第一版 *An Introduction to the Event-Related Potential Technique* 时，范博士组建了一个学者团队，将其译为中文 *。通过在北京建立起 ERP 实验室以及组织翻译工作，范博士帮助培养了中国新一代的 ERP 研究者。值得注意的是，这些研究者已成长为受国际认可的科学家，发表了许多高影响力的创新性研究。

第二版 *An Introduction to the Event-Related Potential Technique* 的中文翻译便是由新一代的中国 ERP 研究者完成。洪祥飞博士和刘岳庐博士这两位译者曾在加州大学戴维斯分校心理与脑研究中心分别担任访问学者和博士后学者，那时我便遇见了他们。他们都是非常优秀的青年学者，我很高兴他们能够联系我并承担本书的翻译工作。我征求了范博士的建议，他认为现在应当由这些青年研究者承担起在中国推广 ERP 研究的工作。我期待着看到新一代的中国学者做出更加出色的 ERP 研究。

Steven J. Luck 博士

美国加州大学戴维斯分校心理系，心理与脑研究中心，教授

---

* 中译本为《事件相关电位基础》，华东师范大学出版社，2009 年版。——编辑注

英文原版前言

　　我与事件相关电位(event-related potentials，ERPs)之间有着一种爱恨交织的关系：我喜欢出色的 ERP 研究，却同时又厌恶糟糕的 ERP 研究。我撰写这本书的目的，就是为了使前者越来越多，使后者越来越少。就是这么简单。

　　我有幸能够在加州大学圣地亚哥分校 Steve Hillyard 的实验室接受训练，这个实验室有人类电生理学研究的传统，甚至可以回溯到 1930 年代最早的人类 EEG (electroencephalogram)和 ERP 记录。我在撰写本书第一版时，目的是要总结 Hillyard 实验室中多年以来关于 ERP 理论与实践的积累，并同时包括我自己的一些想法，以使这些信息能够在广大的初级和中级 ERP 研究者中普及。

　　在我完成本书第一版的时候，我开始组织一个名为 ERP 训练营的夏季培训班(参见 http://erpinfo.org/the-erp-bootcamp)。如今这个培训班每年夏天都会在加州大学戴维斯分校的心理与脑研究中心举行，为来自全世界的 35 名中级 ERP 研究者提供为期 10 天的关于 ERP 基础知识的高强度培训。此外，我也开始在不同的地方举办小型 ERP 训练营，为 10 至 100 名初级和中级 ERP 研究者提供两到三天的集中培训。总之，在过去的十年间，我有机会向超过 1000 位研究者提供 ERP 培训。举办训练营真是一件令人愉快的事，因为没有什么事情能够比向一群积极性很高的聪明人教授你所关心的东西更加令人满足了。

　　训练营也使我了解到许多关于新手和中级 ERP 研究者想要知道的知识，为我发展出更好的方式以教授 ERP 方法提供了机会。本书第二版的目的就要利用这些经验来更新、扩充以及阐明第一版中提供的材料。我利用在训练营中已被证明是最有效的方式来组织这些材料，并且试图回答我在多个训练营中常被问到的问题。我希望最终的结果可以满足具有不同专业水平以及广泛研究兴趣的研究者的需求。

致谢

很多人对本书第一版和第二版的诞生有过直接或者间接的影响,我要感谢他们的帮助。

首先,我要感谢我的早期学术导师。在里德学院,Allen Neuringer 凭一己之力将我转变为一名科学家,向我传授基本的专业技能,证明创新性在科学中的重要性,以及教我正确提问的重要性。在俄勒冈地区灵长类研究中心,Martha Neuringer 第一次向我介绍视觉系统和神经科学,教我如何记录电生理信号,并且向我展示如何做出世界一流的科研。回到瑞德学院后,Dell Rhodes 从头组建了一个 ERP 实验室,为我提供了学习事件相关电位(event-related potentials,ERPs)的机会,并且教导我应当终身学习。

其次,我要感谢 Steve Hillyard,他是认知神经科学真正的创始人。Steve 传授给我无数的科研经验,但最重要的是,他演示了每一步都要仔细思考的重要性,包括从实验设计一直到手稿撰写。事实上本书的每一页中都包含着他的印迹。我还要感谢在加州大学圣地亚哥分校 Hillyard 实验室中与我一起工作过的每一个人,包括 Jon Hansen、Marty Woldorff、Ron Mangun、Marta Kutas、Cyma Van Petten、Steve Hackley、Hajo Heinze、Vince Clark、Paul Johnston 以及 Lourdes Anllo-Vento。与他们一起工作真是一种了不起的体验。我还要感谢晚年的 Bob Galambos 给予我的启发,他教导我从研究事业伊始,"你得给自己找个目标"。

我还要感谢以前在爱荷华大学的一些研究生,他们对本书第一版有着重要的贡献。第一版中的许多想法都是在我教授他们 ERP 方法学的过程中变得清晰的,这个"精英团队"包括 Massimo Girelli、Ed Vogel 和 Geoff Woodman。此外,我也从 Joo-seok Hyun、Weiwei Zhang、Jeff Johnson、Po-Han Lin 和 Adam Niese 那里得到了许多非常有价值的评论和建议。

许多在加州大学戴维斯分校心理与脑研究中心的研究生、博士后以及教职工对第二版提供了巨大的帮助,尤其是周一研讨会的参与者们,他们坚持读完了所有章节的草稿(包括但不限于 Joy Geng、Carly Leonard、Nancy Carlisle、Johanna Kreither、Javier Lopez-Calderon、Kyle Frankovich、Felix Bacigalupo、Mee-Kyoung Kwon、Ashley Royston、Jesse Bengson、洪祥飞、Beth Stankevich 以及 Nick DiQuattro)。Carly Leonard 在弄清如何利用独立成分分析(ICA)进行伪迹校正以及提供第六章的例子中起到了重要作用。我还要感谢 Javier Lopez-Calderon 在技术问题方面提供的许多见解,以及在 ERP 数据分析的开源软件包,即 ERPLAB 工具箱(http://erpinfo.org/erplab)开发过程中所做的一切。Jaclyn Farrens 提供了一流的编辑援助。最后,我要感谢 Emily Kappenman。在过去的 7 年中,她与我一起共同完成了无数与 ERPs 相关的工作,帮助我理清了本书中介绍的许多问题,还花许多时间阅读了本书的草稿,并且提供了非常有价值的评论。

我要感谢 David Groppe 在统计分析和基于 ICA 的伪迹校正方面提供的深刻见解。

我还要感谢我的家庭,在我写这本书时,为我提供了情感支持和休闲放松。Lisa 一如既往是我的宇宙中心;Alison 为本书撰写提供了一个又一个的配乐;Carter 则通过确保 Minecraft 世界中一切运行顺利,为我提供了平静的心境。

最后,我要感谢我的好朋友 Paul Myers-Verhage 和 Paul Hewson 在 ERPs、科学与生活的各方面提供的有趣言论与深刻见解。我一直期待着与你们二位讨论奇思妙想!

目录

第一章　事件相关电位技术概述

1. 本书的概述、目的和观点

事件相关电位(ERP)技术为研究人类心理与大脑提供了一项有力工具。本书旨在通过介绍实用方法和一些内在概念,来帮助读者更好地开展 ERP 研究。

本书的前半部分主要介绍必需的基本信息。第一章是针对 ERP 领域初学者的一个概述。第二章通过对 ERPs 的深入观察,探讨几乎每项 ERP 研究中都会遇到的一些问题。第三章概述了最为常见和有用的 ERP 成分。第四章介绍 ERP 实验的设计,旨在帮助读者设计自己的实验,并对发表的研究进行批判性评价。

本书的后半部分详细介绍了 ERP 实验中所涉及的主要步骤,包括脑电图(EEG)的记录(第五章)、伪迹的排除和校正(第六章)、EEG 和 ERP 波形的滤波(第七章)、ERPs 迭加平均和时频分析(第八章)、振幅和潜伏期的测量(第九章)以及统计分析(第十章)。这些内容旨在帮助读者理解这些步骤,进而在开展和分析 ERP 实验时作出最佳选择。

为了控制本书的篇幅并兼顾合理的售价,网站上提供了一些额外的章节和阅读材料(http://mitpress.mit.edu/luck2e),读者可以免费获取。其中包括一些正文章节中关于细节和进阶内容的补充材料,以及关于下列内容的额外章节:卷积(一个简单的数学过程,对于理解 ERPs 非常重要);时域和频域之间的关系;高级统计方法;源定位;如何阅读、撰写以及评阅 ERP 论文;如何建立和运行一个 ERP 实验室。

读者在阅读时不必拘泥于章节的顺序。如果你正在开展和分析你的第一个 ERP 实验,那么你也许想从介绍数据记录和基本数据分析步骤的章节开始阅读。但是,最终请回到开头跳过的章节,因为这些内容有助于你避免在解释结果时常犯的一些错误。

本书主要聚焦于我自己的实验室和全世界许多其他实验室中所应用的主流技

术方法。在我还是研究生的时候,我在加州大学圣地亚哥分校(UCSD)Steve Hillyard 的实验室中学习了其中的许多技术,这个实验室在电生理记录方面有着悠久的历史,可以追溯到 Hallowell Davis 于 20 世纪 30 年代在哈佛大学的实验室。Hallowell Davis 是 Bob Galambos 的导师,Bob Galambos 后来又成了 Steve Hillyard 的导师。实际上 Bob Galambos 是 20 世纪 30 年代非常早期的 ERP 实验中的一个受试者,我在研究生阶段的许多时光都是跟 Bob Galambos 一起度过的。Bob Galambos 退休后,Steve Hillyard 继承了他的实验室,随后开展了可能超过所有早期其他 ERP 研究者的一系列工作,从而向世人证明了 ERP 技术可以被用来回答认知神经科学领域中的重要问题。本书中的许多内容展现了我在研究生阶段学习到的 50 年以上 ERP 研究经验的结晶。

尽管本书介绍的是非常传统的 ERP 记录和分析过程,但是我的 ERP 研究方法与其他研究者相比仍有所不同,这体现了科学研究基本方法学方面存在的一些差异。例如,我认为采用适当数量的电极记录到非常干净的信号,要好于在大量电极上记录到噪声较大的信号。类似地,我倾向于用一个严格的实验设计加上相对简单的数据分析,而不是依赖于一系列复杂的数据分析过程。正如你即将在后续章节中看到的,甚至最简单的处理(例如迭加平均、滤波、伪迹排除)也会导致不想看到的副作用。因此,数据分析过程越多,你最终得到的结果距离所记录的信号就越远,你得到一个并非反映真实大脑活动的伪迹信号的可能性也越大。当然,通过一些处理过程来去除噪声是必要的,但我认为当数据自己发出声音时,真相才是最清楚的,因为这时实验者还未将数据歪曲为他(她)想听到的内容。

有一些 ERP 研究者认为,我在高密度电极阵列和复杂数据分析技术方面的观点是非主流的。但是,目前大部分在科学界(除了 ERP 领域的研究者之外)有影响力的 ERP 研究都是依赖于巧妙的实验设计,而非复杂的数据分析处理技术。即使你仍准备采用这些技术,本书依然能够为你提供一个使用它们的坚实基础,你将学会如何正确使用它们。

2. 本章概述

本章对 ERP 技术提供了一个宽泛的概述。本章是为了在介绍后续细节内容之前,给 ERP 初学者提供一个关于 ERP 研究的大体印象。尽管如此,本章内容对高级 ERP 研究者可能也有所帮助。

本章的余下部分将首先介绍 ERP 技术的简要历史，然后通过两个研究实例使 ERP 技术更加具体化。下一部分将介绍 ERPs 如何在大脑中形成并传播到头皮表面。随后通过一个扩展实例说明 ERP 实验开展和分析过程中的基本步骤。接下来将对两个重要概念，即振荡和滤波进行讨论，同时详细描述它们在 ERP 数据采集和分析中的应用。本章最后将介绍 ERP 技术的优缺点，并将它与其他常见技术进行比较。

方框 1.1　治疗及副反应

3

数据处理过程试图通过抑制数据中的噪声来揭示某个特定方面的大脑活动，类似于医学中用于抑制某种疾病的症状表现而设计的治疗方案。就像医生会告诉你的那样，任何治疗都会有副作用。例如，布洛芬是一种治疗头痛和肌肉酸痛的常见特效药，但是它会引起不良副反应。根据维基百科，布洛芬可能引起的常见副反应包括恶心、消化不良、消化道出血、肝酶升高、腹泻、鼻出血、头痛、头晕、不明原因的皮疹、盐和液体潴留以及高血压。这些还仅仅是常见副反应而已！布洛芬可能引起的罕见副反应包括食道溃疡、血钾过高、肾功能损害、意识混乱、支气管痉挛以及心衰。没错，心衰！

ERP 数据处理过程，例如滤波，同样会带来副反应。根据 Luck 百科（Luckipedia），滤波引起的常见副反应包括起始时间点的失真、截止时间点的失真、无法解释的波峰以及结论说服力的轻微下降。滤波器引起的罕见副反应包括人为振荡的引入、非常错误的结论、评审人的公开羞辱以及基金申请的失败。

然而，这并不意味着你应该完全抛弃滤波和其他 ERP 数据处理步骤。正如布洛芬可以有效治疗（小剂量）头痛和肌肉酸痛，适度的滤波能够有助于揭示真实效应，同时避免引起严重的副反应。然而，你需要了解如何操作才能使数据处理引起的副反应最小，同时你还要知道在副反应出现时如何正确地识别出它们，以避免被审稿人当众羞辱或基金申请失败。

关于一些基本术语的定义,请参考术语表。如果你不清楚*诱发电位*和*事件相关电位*之间的区别,或者不清楚*刺激起始时间间隔(SOA)、刺激间时间间隔(ISI)和试次间时间间隔(ITI)*之间的区别,或者不清楚*局部场电位*和*单细胞记录*之间的区别,那么请浏览一下术语表。

3. 一点历史

我认为在学习一项新技术之前,了解一些相关历史是一个不错的主意。因此,这部分内容将介绍 20 世纪 30 年代 ERP 技术的诞生过程,以及在随后 80 余年间 ERP 技术应用的发展过程。然而,如果你认为这节历史课没必要,那么请跳过这部分内容。

Hans Berger 于 1929 年报告了一组备受关注却又充满争议的实验。他的实验说明,通过将放置在头皮上的电极所采集到的电信号进行放大,并画出电压随时间的变化,就可以记录到人脑中的电活动。这种电活动被称为脑电图(electroencephalogram,EEG)。在那个时代,神经生理学家脑中的概念完全被动作电位所占据,因此其中许多人认为 Hans Berger 观察到的这种相对低频且有节律性的脑波信号是某种伪迹。例如,如果你把电极放到一个装满果冻的平底锅中并且晃动它,会看到类似的信号。然而,几年之后人类脑电活动又被一个备受尊重的生理学家 Adrian 观测到了,而且 Berger 观察到的一些细节也被 Jasper 和 Carmichael(1935)以及 Gibbs、Davis 和 Lennox(1935)所证实。这些发现才最终导致脑电图作为一个真实存在的现象被认可。

在接下来的几十年间,脑电图成为了科学研究和临床应用中非常有用的工具。然而,脑电图是一个非常粗略的大脑活动测量方法,而认知神经科学领域中所关注的大部分神经活动都具有高度特异性,这是无法通过原始脑电信号进行测量的。这在一定程度上是因为脑电图反映了许多不同神经活动的混合叠加,很难从中分离出单个神经认知过程。然而,埋藏在脑电图中的是与特定感官、认知以及运动事件相关的神经响应,因此有可能通过简单的迭加平均技术(或者更为复杂的技术,例如时频分析)提取出这些响应。这些特定的响应被称为事件相关电位,表示与特定事件有关联的电位活动。

据我所知,首个人类感官 ERP 成分记录是由 Pauline 和 Hallowell Davis 于

1935 年至 1936 年期间完成的，几年之后得以发表（Davis，1939；Davis，Davis，Loomis，Harvey，& Hobart，1939）。很久之后电子计算机才被用来记录脑电信号，但是当时的研究者已经能从变化不大的 EEG 中观察到单个试次清晰的 ERPs（首个利用电子计算机记录 ERP 波形的研究由 Galambos 和 Sheatz 于 1962 年发表）。受第二次世界大战的影响，20 世纪 40 年代所开展的 ERP 研究很少，而到 50 年代相关研究又多了起来。这时大部分研究都关注感官方面的内容，但是仍然有部分研究探讨了自上而下调控效应对于感官响应的影响。

　　1964 年 Grey Walter 和同事们报道了首个认知相关的 ERP 成分，并将其命名为"关联性负变"（contingent negative variation，CNV）（Walter，Cooper，Aldridge，McCallum，& Winter，1964），这标志着现代 ERP 研究的正式开始。在这项研究的每个试次中，首先给受试者呈现一个警告信号（例如一个咔哒声），然后在 500 或者 1000 毫秒之后再呈现一个靶刺激（例如一系列的闪光）。在没有任务的情况下，警告信号和靶刺激都会诱发出预料中的感官 ERP 响应。然而，如果要求受试者在看到靶刺激时点击按键，那么在警告信号和靶刺激之间的时间段，额叶电极上会出现一个大的负向电压。这个负向电压，即 CNV，显然不是一个感官响应。恰恰相反，它似乎表征了受试者对于即将到来的靶刺激所进行的准备。这个激动人心的发现促使很多研究者开始探索与认知相关的 ERP 成分（关于近期 CNV 研究的综述，可以参考 Brunia，van Boxtel，& Böcker，2012）。

　　下一个重大进展则是 1965 年由 Sutton、Braren、Zubin 和 John 发现的 P3 成分。他们在实验中设计了一个受试者无法预测下一刺激是听觉还是视觉模态的场景，发现刺激之后 300 毫秒左右会出现一个很大的正向成分。他们将其称为 P300 成分（尽管现在常称为 P3）。如果将这个场景改为受试者可以预测刺激的感官模态，那么这个成分会变小很多。他们从信息论的角度，描述了无法被预测和可以被预测的刺激所诱发的大脑活动差异。这篇论文激发了巨大的研究兴趣，该发现后来成为了认知心理学领域中一个非常热门的话题。为了了解这篇论文的影响力，我在 Google Scholar 上进行了快速搜索，发现有超过 27 000 篇论文都谈到了"P3"或"P300"，以及"事件相关电位"，说明已有大量与 P3 相关的研究。此外，Sutton 等人在 1965 年的论文也已经被引用超过 1150 次。毫无疑问，已经有数以百万计的美元被用在 P3 研究中（更不用说还有许多欧元、英镑、日元和人民币等等）。

5

在这篇论文发表之后的 15 年内,许多研究开始关注多种认知 ERP 成分,也开发了认知实验中 ERPs 的记录和分析方法。由于人们对能够记录到与认知相关的大脑活动感到兴奋,这一时期的 ERP 论文经常发表在《科学》(Science)和《自然》(Nature)上。这些研究中的大部分都关注 ERP 成分的发现和理解,而不是利用其回答更有广泛兴趣的科学问题。我愿意将这种实验称为"ERP 学",因为它仅仅是研究 ERPs 的。

虽然 ERP 学实验无法直接告诉我们与心理和大脑有关的信息,却可以为我们解答感兴趣问题提供非常重要的信息。许多 ERP 学研究今天仍在继续,使得我们可以不断更新对数十年前所发现成分的理解,以及发现新的成分。几年前 Emily Kappenman 和我编了一本关于 ERP 成分的书,其中总结了所有这些 ERP 学的内容(Luck & Kappenman, 2012a)。

然而,由于 20 世纪 70 年代的 ERP 研究大都聚焦于 ERP 学,导致在 20 世纪 70 年代晚期和 80 年代早期时,ERP 技术在许多认知心理学家和神经科学家中间的名声很坏。然而随着时间的推移,越来越多的 ERP 研究致力于回答具有广泛兴趣的科学问题,ERP 技术的名声由此才开始好转。到了 20 世纪 80 年代,一定程度上得益于计算机的价格降低和认知神经科学研究的兴起,ERP 研究开始变得更加流行。当正电子发射成像(positron emission tomography, PET)和功能核磁共振成像(functional magnetic resonance imaging, fMRI)出现之后,许多 ERP 研究者认为 ERP 研究可能会消亡了,但是完全相反的事情却发生了;许多 ERP 研究者明白 ERPs 可以提供关于大脑和心理的高时间分辨率信息,而这是其他方法所无法得到的,ERP 研究也因此变得更加繁荣而不是消亡。

4. 例子 1: 经典 Oddball 范式

为了介绍 ERP 技术,我会首先描述一个基于经典 Oddball 范式的简单实验,这个实验多年以前曾在我的实验室中开展过(我们没有发表这项实验,但是这并不妨碍它成为多年以来的一个成功案例)。这里的目的是为如何开展一个简单 ERP 实验提供一个总体概念。

如图 1.1 所示,实验中的受试者会看到一个由 80% 的字母 X 和 20% 的字母 O 组成的刺激序列,受试者需要对字母 X 和字母 O 分别点击不同的按键。每个字母在屏幕上会呈现 100 毫秒,随后是 1400 毫秒黑屏的刺激之间间隔。当受试者完成这项任务时,我们利用一个含有多个电极的电极帽来记录其脑电信号。正如第五章中将会详细介绍的那样,脑电信号记录通常需要一个或多个活动电极,以及一个接地电极和一个参考电极。每个位置的脑电信号均被放大 20 000 倍,然后转换为数字形式存储于数字计算机中。无论刺激何时呈现,呈现刺激的计算机都会发送事件编码(又称为触发编码)至脑电采集的计算机,这个编码会与脑电信号一起存储(见图 1.1A)。

在记录过程中,我们可以观察采样计算机采集到的脑电信号,但是刺激诱发的 ERP 响应实在太小了,脑电信号的幅值比它大很多,因此完全无法从脑电信号中进行分辨。图 1.1C 展示了从受试者一个电极位置上记录到的长度为 9 秒的脑电信号。图中所示这个脑电波形的记录位置是 Pz 电极(顶叶的中线位置上,见图 1.1B),这里的 P3 波形振幅最大。如果你仔细观察,会发现每个刺激诱发的脑电信号响应之间有一些相似之处,但还是很难看出这种响应到底是什么样的。图 1.1D 展示了放大后的一小段信号,说明连续电压首先被转换为一系列离散采样值,然后被存储在计算机之中。

这个实验中的脑电信号记录使用了大约 20 个电极,这些电极的位置是根据 10/20 国际系统(美国脑电图学会,1994a)进行摆放的。如图 1.1B 所示,这个系统利用一个或两个字母来表明大概的脑区位置(例如 Fp 表示额极,F 表示额叶,C 表示中央区,P 表示顶叶,O 表示枕叶,T 表示颞叶),利用一个数字来表示半球(奇数表示左半球,偶数表示右半球)以及与中线之间的距离(数字越大,表示距离中线越远)。小写的字母 z 代表数字零,表示电极位于中线上。因此,F3 电极位于中线左侧的额叶区域,Fz 电极位于中线上的额叶区域,F4 位于中线右侧的额叶区域(更多信息请参考第五章中的图 5.4)。

每段实验结束后,我们通过一个简单的信号平均操作来分别提取字母 X 和 O 诱发的 ERP 波形。这里的基本思路是,记录到的脑电信号包含大脑对刺激的响应以及与刺激无关的活动,我们可以通过多个试次间的迭加平均来提取出这个一致的响应。为了实现这一目的,我们提取出字母 X 和 O 周围的脑电信号分段(如图 1.1C 中的方框所示),然后将分段后的脑电信号根据刺激起始时标记的事件编码进行对准(图 1.1E)。接下来我们将这些单个试次的脑电波形进行迭加平均,得到

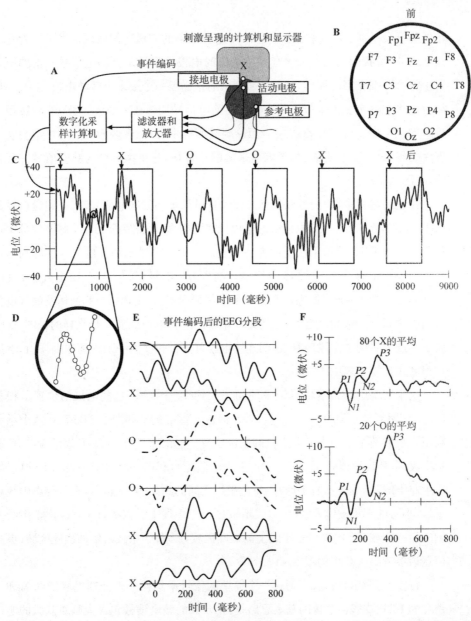

图 1.1　一个基于 Oddball 范式的 ERP 实验例子。受试者观看计算机屏幕上呈现的常见种类字母 X 和少见种类字母 O,与此同时,从一些活动电极、接地电极和参考电极上记录受试者的 EEG 信号(A)。根据国际 10/20 系统放置电极(B)。A 中仅标出了一个顶叶中线电极(Pz)。电极上记录的信号被滤波、放大,然后传送至数字化采样计算机,并从连续模拟信号转换为离散数字采样(D)。事件编码也从刺激呈现计算机传递至数字化采样计算机,它们标出了每个刺激和反应的起始时刻以及种类。Pz 电极上记录到的 9 秒原始 EEG 波形(C)。在这段时间内,每个事件编码都用一个箭头和字母 X 或 O 标出,指明呈现的刺激种类。每个矩形表示一个长度为 900 毫秒的 EEG 分段,始于刺激起始前 100 毫秒。提取出这些分段后,按照刺激的起始时刻作为 0 毫秒进行对齐(E)。对于字母 X 和 O 对应的脑电分段,分别计算各自的平均波形(F)。

每个电极上分别由字母 X 和 O 诱发的平均 ERP 波形(图 1.1F)。例如,字母 X 诱发的波形中位于 24 毫秒处的电压值,是将所有位于 X 刺激后 24 毫秒处的电压值进行平均而得到的。在该时刻点位置,由刺激诱发的一致性大脑活动会在平均之后保留下来。但是对于任何与刺激无关的电压值,由于其在不同的试次中可能或正或负,因此平均之后会相互抵消。

最后得到的平均 ERP 波形由一系列正向和负向的电压偏转组成,即所谓的*峰*、*波形*或者*成分*。图 1.1F 中的成分被标记为 *P1*、*N1*、*P2*、*N2* 和 *P3*。习惯上 *P* 和 *N* 分别被用来表示正向和负向峰值,之后的数字则表示峰值在波形中所处的位置(例如 P2 是第二个较大的正向峰值)。或者,数字也可能表示以毫秒为单位的峰值潜伏期(例如 N170 表示 170 毫秒处的一个负向峰值)。如果数字大于 5,则假定其表示峰值的潜伏期。成分也可以基于范式或者功能进行命名,例如*错误相关负波*(error-related negativity,通常在受试者做出错误反应之后出现)或 *no-go N2*(通常在 go/no-go 范式中的 no-go 试次中出现)。这些 ERP 成分的命名传统会使初学者感到非常沮丧,但是正如方框 1.2 所讨论的,时间长了就会习惯。第三章将介绍关于成分命名传统的更多细节。

ERP 峰值组成的序列反映了大脑中的信息流动,ERP 波形中每个时刻点的电压体现了该精确时刻点的大脑活动。许多有影响力的 ERP 研究正是利用这个特点来检验由其他手段无法检验的特定假设(参见第四章)。

在 ERP 研究的早期阶段,波形通常被描绘为负值朝上,正值朝下(很大程度是因为历史上的偶然事件;参见方框 1.3)。如今,大部分研究认知的 ERP 学者都遵循数学上的传统,将正值朝上画出。然而,很多优秀的研究者依然将负值朝上画出,所以对于一个给定的 ERP 波形图,弄清楚它使用了哪种画法是很重要的(记得在你自己画的图中也标明该信息)。本书中的所有波形都是正值朝上画的。

方框 1.2　成分命名的传统

ERP 成分的名称可能会令人感到非常困惑,但是即便自然语言中也会含有这样的词语(尤其对于从其他很多语言中进行借鉴的语言,例如英语)。正如英语中的词汇 *head* 可能指身体的一部分,或者某个机构的负责人,或者某艘船上带有卫生间的一个小屋子,ERP 术语 *N1* 至少可以表示 2 个不同的视觉成分以及 3 个不同的听觉成分。此外,正如英语中的词汇 *finger* 和 *digit* 可以表示相同的事物,ERP 术语 *ERN* 和 *Ne* 也表示了相同的 ERP 成分。英语词汇可能会使初学者感到困惑,但是英文流利的人常常可以根据上下文来推断词语的含义。类似地,ERP 初学者可能会对 ERP 成分的名称感到困惑,但是 ERP 研究专家常常可以从上下文中推断其含义。

造成困惑的原因之一是字母 P 和 N 之后的数字有时表示波峰在波形中的顺序位置(例如 N1 表示第一个负向波峰),有时表示波峰的潜伏期(例如 N400 表示 400 毫秒出现的波峰)。我更加喜欢用顺序位置来命名,这是因为一个成分的潜伏期可能在不同的实验中或者同一个实验的不同条件下,甚至在同一个实验条件下不同的电极位置上都存在着较大差异。这一现象对于 P3 成分尤为明显,其潜伏期几乎都是在 300 毫秒之后(在第一个关于 P3 的实验中,P3 的潜伏期在 300 毫秒左右,随后即便发现其潜伏期范围很广,*P300* 的名称也被保留下来)。此外,在有关语言的实验中,P3 后面常常跟随着 N400 成分,导致 P300 这一术语存在很大问题。因此,我更加喜欢用一个成分在波形中的顺序位置而不是其潜伏期来命名。幸运的是,以毫秒为单位的成分潜伏期大约等于顺序位置乘以 100,即 P1＝P100,N2＝N200,以及 P3＝P300。一个典型的例外是 N400 成分,其常常作为第二个或者第三个主要的负向波峰出现。由于这个原因,似乎我不得不使用基于时间的方法将其命名为 *N400*。

在图 1.1 所示的实验中,偶然出现的 O 刺激相比于经常出现的 X 刺激,诱发出了一个更大的 P3。这正是数以千计的 Oddball 实验已经发现的现象(参考 Polich, 2012 的综述)。如果你刚刚接触 ERP 研究,那么我建议你将 Oddball 实验作为你的第一个实验。它非常简单,你也可以将得到的结果与众多已发表的研究进行比较。

由于迭加平均过程是针对每个电极单独进行的,因此每个刺激种类在每个电极位置上都会产生一个单独的 ERP 波形。图 1.1F 中所示的 P3 波形在所有 20 个电极上都可以看见,而它在 Pz 电极上的振幅最大。相比之下,P1 成分在两侧枕叶电极位置的振幅最大,在额叶位置却无法看见。每个 ERP 成分都有其独特的头皮分布,体现了其在皮层中最初的形成位置。正如第二章以及在线第十四章将介绍的那样,如果仅仅基于 ERP 成分在头皮上的电压分布,将很难对其神经活动的产生源作出精确定位。

方框 1.3　哪个方向朝上?

10

将 ERP 波形描绘为负值朝上、正值朝下是一种常见的传统习惯。我顿号加入 Steve Hillyard 在加州大学圣地亚哥分校的实验室并知道这一习惯之后,在我的早期生涯作图时也习惯将负值朝上(包括本书的第一版)。我曾经问过 Steve Hillyard 的导师 Bob Galambos,这个习惯是如何产生的。他的答案非常简单:他在加入 Hal Davis 在哈佛大学的实验室后知道了这一传统。很明显,这是存在于早期生理学家们中间的一个常见传统。Manny Donchin 告诉我,早期的神经生理学家将负值朝上画的原因可能是为了将动作电位画成向上的尖锋,这一习惯影响了早期脑电设备的生产商,例如 Grass Instruments。Galambos 还提到,在 ERP 研究早期,曾有人试图让所有人同意采用一个正值朝上的统一规定,但是这个努力最后失败了(参考 Bach, 1998)。

最终我还是切换到了正值朝上的画法,这是因为我采用 ERP 技术的目的,是为了作出能够产生广泛影响力的科学贡献(也因为我后来的研究生 Emily Kappenman 一直提醒我应当这么做)。几乎所有 ERP 领域之外的研究者都遵从这个古老的笛卡尔坐标系,将正值朝上画。将负值朝上画会造成科学界对于 ERP 数据的接受度降低,所以这么做并没有很好的科学道理。

因为我有大量的图片和幻灯片需要修改,所以我花费了大量的工作才从负值朝上改为正值朝上。事实上,我最终有偿聘请了一位聪明的本科生 Candace Markley,帮我仔细检查所有以前的文件并进行修改。所以我理解为什么许多研究者不愿意改变。但是终究还是值得这样做,所以我鼓励大家像其他科学领域一样,在画图时将正值朝上。

5. 例子 2: N170 成分和面孔处理

在介绍完一个非常简单的 ERP 实验之后,我会通过一系列研究来说明如何利用 ERPs 回答关于人类心理的有趣问题。这些实验关注的是 N170 成分,即一个与面孔有关,通常出现在刺激之后 170 毫秒左右,并且在视皮层的腹侧区域有着最大振幅的成分(图 1.2)。在一个典型的 N170 范式中,面孔和其他多种非面孔物体的照片在计算机显示器上快速闪现,要求受试者被动地观看这些刺激。在图 1.2A 所示的 ERP 波形中,X 轴表示相对于刺激起始的时间(以毫秒为单位),Y 轴表示神经活动响应的振幅(以微伏为单位)。在图 1.2B 所示的头皮地形图中,暗点表示每个电极位置在 N170 时刻点测量得到的振幅(不同电极之间的值是通过插值得到的)。

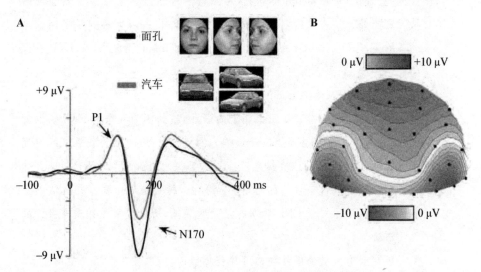

图 1.2　N170 成分示例,包括(A)一个枕—颞电极上的 ERP 波形(以所有电极的平均作为参考)和(B)N170 潜伏期范围内的头皮电压分布。授权改编自 Rossion 和 Jacques(2012)。版权归牛津大学出版社所有。

　　N170 之所以值得一提，是因为相比于非面孔刺激，例如汽车（参见 Rossion & Jacques，2012 的综述），面孔刺激诱发的振幅更大。面孔和非面孔物体之间的差异大约在刺激后 150 毫秒开始出现；这一简单的事实使我们推断大脑能够在 150 毫秒之内区别出面孔与其他类别的物体。头皮地形图分布则帮助我们意识到，这与其他类似的 N170 研究中所得到的成分是相同的，暗示着 N170 起源于视皮层（但是请注意，基于头皮分布通常无法得到关于源位置的确定性结论）。

　　许多研究者利用 N170 来回答关于大脑如何处理面孔的有趣问题。例如，一些研究试图通过检验面孔在被忽视时是否会引发振幅较小的 N170 成分，来判断面孔处理过程是否是自动的。这些研究发现面孔处理至少是部分自动的（Carmel & Bentin，2002），但在一些情况下仍会受到注意的调控（例如当面孔感知比较困难时，Sreenivasan，Goldstein，Lustig，Rivas，& Jha，2009）。另一些研究则利用 N170 来探索面孔是否由一个专门负责面孔处理的模块进行处理，或者当人们在处理其他类但同样有着丰富经验的复杂刺激时，是否调用了与面孔处理相同的神经活动过程。这些研究发现鸟类专家在看到鸟时表现出 N170 成分的增强，狗类专家在看到狗时表现出 N170 成分的增强，指纹专家在看到指纹时表现出 N170 成分的增强（Tanaka & Curran，2001；Busey & Vanderkolk，2005），证明了经验在其中的关键作用。发育学研究利用 N170 来追踪面孔处理的发育过程，发现婴儿在早期就具备了面孔特异性的处理过程，并且在发育过程中会变得更加快速和复杂（Coch & Gullick，2012）。与神经发育障碍有关的研究则发现，患有孤独谱系障碍的儿童表现出 N170 成分的异常（Dawson et al.，2002）。

方框 1.4　ERP 技术的主要优势

　　事实上每本关于认知神经科学技术的教科书都会在讨论中指出，ERP 技术的主要优点是较高的时间分辨率，主要缺点是较低的空间分辨率。鉴于 ERP 技术的这个特点已经被广泛认可，我非常惊讶于竟然仍有许多研究试图利用 ERPs 来回答那些需要较高空间分辨率而不是较高时间分辨率才能解决的问题。此外，我非常惊讶于许多 ERP 研究采用了会导致数据时间精度下降的信号处理技术(例如过度的滤波)。显然 ERP 技术最适合用来回答需要较高时间分辨率才能解决的问题,因此我鼓励你考虑以这种方式使用 ERP 技术。第四章的在线补充材料中提供了一些关于如何利用 ERP 技术高时间分辨率的优秀示例。

N170 的例子说明了 ERP 技术具有较高的时间分辨率,这也常被认为是该技术的主要优势(参见方框 1.4)。ERPs 无延迟地反映了正在进行中的大脑活动,在 150 毫秒观察到的 ERP 效应就体现了 150 毫秒时发生的神经活动。因此,ERPs 对于回答心理过程在时间方面的问题是非常有用的。这种时间信息有时被明确地用来比较两个不同的实验条件或者受试者分组,判断它们在同一个神经活动响应上是否存在时间上的差异(例如,可以检验不同实验条件或者受试者分组之间是否存在反应时间上的差异)。在另一些情形中,时间信息可以被用来分析特定的实验操作,观察它是否会影响刺激出现后立刻发生的感官活动,或者数百毫秒后发生的高级认知过程。例如,ERPs 已经被用来检验注意调控是否会影响早期感官过程,或者感知觉之后的记忆与决策过程(参见 Luck & Hillyard, 2000)。

6. ERPs 的神经起源概述

在几乎所有情况下,ERPs 都起源于突触后电位(postsynaptic potentials, PSPs)。神经递质与受体结合后引发突触后电位,并改变跨膜离子流动(更多信息请参考第二章以及 Buzsáki, Anastassiou, & Koch, 2012)。头皮上的 ERPs 通常并不是由动作电位引发的(除了刺激之后几十毫秒内出现的听觉响应之外)。当大量朝向近似的神经元在同一时刻出现突触后电位时,它们相互叠加并以光速穿过大脑、脑膜、头骨,直到头皮。因此,ERPs 为神经传递所介导的神经活动提供了一个直接、实时、毫秒级的测量手段。这与 fMRI 所测量的血氧水平依赖(blood oxygen level-dependent, BOLD)信号是不同的,后者是神经活动有延迟的间接体现。此外,ERPs 与神经传导之间的密切关系,也使它在与药物治疗有关的研究中非常有用。

当单个神经元中出现突触后电位时,会引出一个微小的电偶极子(一个有朝向的电流活动)。仅仅当许多数以千计且具有类似朝向的神经元所引发的偶极子之间相互叠加时,才能在头皮表面记录到可观测的 ERPs。如果某个脑区中神经元之间的朝向不一致,那么偶极子会相互抵消,也就无法在头皮电极上进行探测。具有这种特性的神经元主要是大脑皮层中的锥体细胞(皮层中主要的输入—输出细胞)。这些细胞的朝向与皮层表面垂直,所以它们的偶极子会相互叠加而不是相互抵消。因此,头皮上记录到的 ERPs 几乎总是反映了皮层中这些锥体细胞中的神经传导。大脑中的非层状结构,例如基底核,一般不会引发可以在头皮上记录到的 ERPs,皮层中的中间神经元也几乎不会引发头皮 ERPs。因此,仅有一小部分的大脑活动能够引发头皮表面的 ERPs。

对于一个特定的电极,ERP 成分的振幅可能或正或负。极性的正负取决于多个因素,因此通常无法依据 ERP 成分的极性得出强有力的结论(参见第二章中的方框 2.1)。

许多单个神经元的偶极子相互叠加,大体上可以用它们的向量和所形成的单一*等效偶极子*来表述。本章的余下部分将使用术语"*偶极子*"来表示许多单个神经元偶极子的总和。

偶极子传递至头皮表面后,一边的电压值为正,另一边为负,二者中间有一条电压零值线(图 1.3)。电场通过脑中的传导介质传播开来,高阻抗的头骨和低阻抗的头皮会进一步导致空间混叠。因此,单个偶极子传导至头皮表面后形成的电压分布也是相当广泛的,尤其是对于在那些位置相对较深的皮层结构中形成的 ERPs。

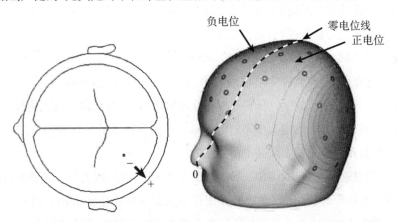

图 1.3　由大脑中单个偶极子(左)引发的电压头皮分布(右)。在大脑的轴向切面示意图中,标出了偶极子以及偶极子的正(+)负(-)极。偶极子正极上方的头皮分布表现为一个很强的正电位区域。这个正电位逐渐减弱,直至到达零电位线,然后在头部另一侧出现了较弱的负电位。图片由 J. Bengson 提供。

电偶极子总是伴随着磁场,但是头骨对于磁场来说是透明的,这就导致磁场的混叠效应较小。因此,有时记录磁信号(脑磁图,magnetoencephalogram,MEG)而非电信号(脑电图),或者二者都记录更加理想。然而,脑磁图的记录需要非常昂贵的设备,因此相比于脑电图记录而言比较少见。

7. 例子3：精神分裂症患者的认知衰退

本节将对一个特定的实验进行详细讨论,这个实验利用 ERPs 来研究精神分裂症引起的认知损害(Luck et al.，2009)。这个例子说明了如何利用 ERPs 来分离特定的认知过程,以及 ERP 实验中涉及的具体操作步骤。

该实验的目的是研究为何精神分裂患者在简单感觉运动任务中的行为反应时间(reaction times，RTs)会变慢。换句话说,患者反应时间变慢的原因是感知觉过程受损,决策过程受损,还是反应过程受损? ERPs 是回答该问题的理想工具,因为它可以直接测量刺激和反应之间的时间过程信息。在已有研究的基础上,我们假设精神分裂症患者在简单任务中的反应速度下降不是由感知觉或决策过程变慢引起的,而是由刺激感知和分类之后决定反应是否合适的过程(即所谓的*反应选择过程*)受损引起的。

为了检验该假设,我们记录了 20 名精神分裂症患者和 20 名健康对照受试者在一个修改版 Oddball 任务中的 ERPs。在每个试次中,注视点位置会呈现由字母和数字组成的刺激序列,每段实验的持续时间为 5 分钟。刺激的呈现时间为 200毫秒,每隔 1300—1500 毫秒呈现一个刺激(选择这个时间间隔的原因将会在第四章末尾介绍)。受试者需要用两只手对每个刺激做出按键反应,即一只手用于字母,另一只手用于数字。任意一段实验试次序列中,均包含一类比例较小(20%)的刺激,和另一类比例较大(80%)的刺激。这两类刺激的比例和按键反应时两只手的使用,在每段实验之间是平衡分配的。

通过差异波方法,即用一种刺激诱发的 ERP 波形减去另一种刺激诱发的 ERP波形(类似于 fMRI 研究中的差异图像),我们可以在上述实验设计中分离出特定的 ERP 成分。因为差异波可以分离由两类刺激引起的不同神经活动,同时消除相同的神经活动,所以它们在 ERP 研究中非常有用。这一点之所以重要,是因为不同的 ERP 成分通常是混叠在一起的,从而导致很难对成分进行精确区分,也很难判断哪个心理或神经活动在不同实验条件或者受试者分组之间存在差异。而差异波可以提取出其中一小部分成分,有助于得到更为明确的结论。

在这项研究中,利用少见刺激与常见刺激相减后得到的差异波,可以分离出P3成分,并揭示关于刺激分类的时间过程(判断是少见还是常见刺激)。另一组差异波用来分离偏侧化准备电位(lateralized readiness potential,LRP),它体现了刺激分类之后反应选择的时间过程。LRP可以通过同侧半球(相对于反应用的手而言)电压减去对侧半球电压而得到。我们发现患者的反应速度比对照组慢60毫秒左右,问题在于这是反映了感知觉和分类过程的变慢(会导致P3差异波的延迟),还是分类之后反应选择过程的变慢(会导致LRP差异波的延迟)。第三章将进一步对这些成分,以及如何利用这些成分来分离不同的认知过程进行讨论。

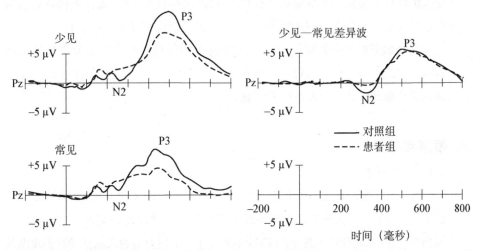

图1.4　在精神分裂症患者和健康对照受试者的Pz电极上记录到的总平均ERP波形(Luck et al.,2009)。图中画出了少见刺激、常见刺激以及少见与常见刺激间的差异ERPs。

图1.4给出了少见和常见刺激诱发的ERPs,以及二者相减得到的差异波。这些都是总平均波形,意味着首先计算每名受试者每个电极上的平均波形,然后在受试者之间进行平均。总平均波形有助于观察数据(类似于行为学实验中受试者之间的平均反应时间图)。

类似于许多已有研究,精神分裂症患者组在P3波形时间范围内(大约300—800毫秒)的电压值相比于健康对照组出现了下降。然而,这段时间内的电压值是

16

许多不同成分的总和,并非仅有 P3 成分。少见与常见刺激间的差异波有助于更好地分离出 P3 成分,聚焦于与刺激分类相关的大脑活动。需要指出的是,患者组在 P3 差异波中并没有表现出振幅的下降(尽管 P3 之前的 N2 成分减弱了,类似的发现可以参考 Potts, O'Donnell, Hirayasu, & McCarley, 2002)。最重要的发现是,患者组和对照组中 P3 成分的时间几乎相同,这暗示着虽然患者组的反应时间慢了 60 毫秒,但是他们在刺激感知和分类过程中的速度与对照组相同。

这就暗示着反应变慢与刺激分类之后的认知过程受损有关。事实上,相比于对照组,体现反应准备过程的 LRP 成分在患者组中出现了 75 毫秒的起始时间延迟,而且振幅也出现了 50% 的下降。此外,LRP 振幅的下降程度与反应时间的下降程度之间具有显著的相关性。因此,患者在简单感知觉任务中所表现出的反应速度下降可能主要源于反应选择过程的减慢(证据就是 LRP 成分的延迟和削弱),而非感知觉或者分类过程的减慢(证据就是 P3 成分没有延迟或削弱)。

这个例子有两个关键点。第一,它描述了如何利用差异波来分离与特定认知过程有关的 ERP 成分。第二,它描述了如何利用 ERPs 来准确得出在刺激与反应之间发生的特定认知过程的时间信息。

8. 振荡和滤波

8.1 脑电振荡

无论处于清醒还是睡眠状态,也无论是否有明确的刺激呈现,大脑总是处于活跃状态。所有这些大脑活动都会导致大脑中数十亿神经元的突触后电位持续不断地出现变化,从而导致头皮上的 EEG 不断变化。不同类型的大脑活动在头皮电极上相互混合,形成复杂的混叠信号。混叠信号中的一部分是由内在或者外在事件引起的短暂、瞬时的大脑活动(即 ERPs)。另一部分则是持续进行的活动,并非由离散事件所引发。这种非事件引发的活动具有振荡特征,体现了大脑中的反馈回路。

17

这种振荡中最明显的就是 alpha 波,即每秒电压上下变化 10 次左右。图 1.5 描述了一段在枕叶电极上记录的 700 毫秒脑电信号(刺激之前 100 毫秒到刺激之后 600 毫秒)。你能看到 EEG 信号在重复地上下变化,注意到每次变化大约持续 100 毫秒,便可以计算出其频率大约是每秒 10 次。Alpha 振荡通常在头部后侧最为明显,当受试者昏昏欲睡或者闭眼时振幅较大。Alpha 波可能是很大的信号,也

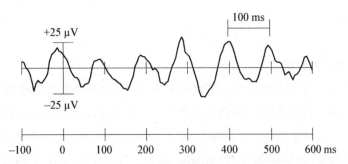

图 1.5 一个枕叶电极上的单试次 EEG，其中包含着较大的 alpha 活动。注意到 alpha 振荡中的相邻波峰之间大约间隔 100 毫秒，意味着它的频率是 10 Hz，因此它是 alpha 振荡。

可能是很大的噪声源，具体要取决于你是对 alpha 波所反映的认知过程感兴趣，还是对某个由刺激诱发的振幅较小且短暂的 ERP 成分感兴趣，因为 ERP 成分会湮没在同一头皮位置的 alpha 波之中（如果不了解噪声的含义，请参考术语表）。

如果采用不规则的刺激呈现间隔（例如每 900—1100 毫秒），那么每个刺激将会在 alpha 波周期中的不同时刻点出现（不同的相位），大量试次的平均会导致 alpha 振荡趋于零值（因为刺激后特定时间点的电压值在不同试次之间或正或负）。然而，刺激可能会重置 alpha 波的相位，导致刺激后不同试次具有类似的相位。在这种情况下，相当程度的 alpha 波会保留下来。一些研究者认为 ERP 成分主要由这种持续脑电振荡的*相位重置*（phase resetting）所组成（Makeig et al.，2002）。虽然很难对这个假设进行严格的检验（参见综述 Bastiaansen, Mazaheri, & Jensen, 2012），但是我猜想刺激引发的 ERP 活动中仅有一小部分是由这种振荡组成的。

刺激也可能会引发新的振荡，不过不同试次的相位并不相同。在计算平均 ERP 波形时，这些振荡基本上会相互抵消（因为刺激后特定时间点的电压值在不同试次之间或正或负）。然而，可以在叠加平均之前通过*时频*（time-frequency）分析提取出特定频率上与相位无关的振幅，便可能观察到由刺激引发的振荡的时间过程（更多细节请参考第八章和在线第十二章）。

EEG 振荡主要根据其频率范围进行分类。除了 alpha 频段（8—13 Hz）之外，还有 delta（<4 Hz）、beta（13—30 Hz）和 gamma（>30 Hz）频段。很容易想到的是，特定频段可能体现了特定的认知过程，但是这一想法基本上是不正确的。例如，运动皮层 8—13 Hz 的振荡（通常称为 *mu* 振荡）显然和枕叶皮层 8—13 Hz 的 alpha 振

18

荡是不同的。

8.2 傅里叶分析

  EEG 信号通常包含多个同时出现的不同频段振荡的混合叠加。为了用一个简单的例子描述这种混叠,图 1.6 展示了三个正弦波和它们的总和。尽管在记录时这些正弦波是混叠在一起的,但仍然可能得出单个正弦波的振幅和频率信息。这其中便要用到*傅里叶分析*(Fourier analysis)这个数学工具,它可以计算出构成所观测波形的所有单个正弦波的振幅、频率和相位(如果你需要了解这些术语的含义,请参考术语表中的*正弦波*条目)。

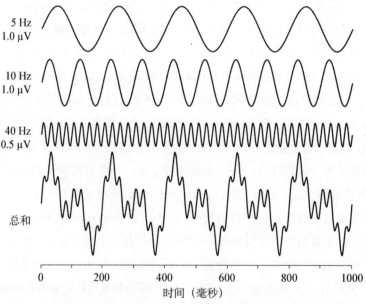

图 1.6　不同频率振荡相加的例子。图中给出了三个不同的正弦波以及它们的相加之和。EEG 通常看起来像许多正弦波相加后的总和。这些正弦波相加之后可以形成复杂的波形,而傅里叶变换的目的就是判断这些正弦波的振幅、相位和频率。

  傅里叶分析的令人惊讶之处就在于,无论波形多么复杂,都可以通过一组正弦波的叠加进行重建。例如,图 1.7 展示了如何将傅里叶分析用于平均 ERP 波形。图 1.7A 展示了一个含有大量 60 Hz"噪声"的 ERP 波形(来自于数据采集环境中形似波浪并叠加到 ERP 波形中的伪迹电活动)。图 1.7B 展示了该波形的傅里叶变换,其中 X 轴表示的是频率而不是时间,整个图形则给出了每个频率处的振幅。注意到大部分的振幅都是位于 20 Hz 以下,但是在 60 Hz 处也有着相当大的振幅,表明 ERP 波形中 60 Hz 频率处存在噪声振荡。根据图 1.7B 所示的每个频率及相应振幅构建出一系列正弦波,并将它们进行叠加,便可以重建出原始 ERP 波形(此外还需知道每个频率处的相位信息,图中未标出)。

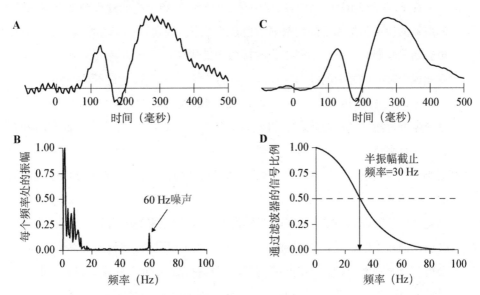

图 1.7 (A)ERP 波形中包含大量的 60 Hz 噪声(每 100 毫秒范围内可以数出 6 个波峰)。(B)A 中波形的傅里叶变换,给出了每个频率处的振幅(注意到这里并没有给出每个频率处的相位)。(C)A 中波形滤波之后的版本。(D)由 A 中波形构造 C 中波形时所采用的滤波器的频率响应函数。

对于使用者来说,傅里叶分析有一个不常为人所知的重要局限之处:傅里叶变换中特定频率处存在的振幅并不意味着原始波形中包含该频率的振荡。它仅仅意味着如果我们想通过一系列正弦波的叠加来重建原始波形,则需要一个在该频率处的正弦波振荡。在一些情况下,原始波形中确实包含正弦波,例如图 1.7A 所示 ERP 波形中的 60 Hz 噪声振荡。图 1.7B 所示傅里叶变换还包含许多 13 Hz 频率的活动,但是却没有任何理由认为大脑在产生图 1.7A 所示的 ERP 波形时发生了 13 Hz 频率的振荡。图 1.7B 所示的 13 Hz 频率活动仅仅意味着如果我们想通过正弦波叠加来重构 ERP 波形,则需要一个具有特定振幅的 13 Hz 正弦波。第七章将对这个问题进行更为详细的讨论。

20

8.3 滤波

滤波是 ERP 研究中一个重要的概念,在接下来的章节中会反复出现。第七章将会详细描述滤波器,但是读者现在需要先了解一些基本信息,以便能够理解第二章至第六章中的所有内容。幸运的是,由于读者现在已经知道傅里叶变换的基础知识,对滤波的解释也就简单了。

在 EEG 和 ERP 研究中,数据中存在的噪声不利于我们观察到感兴趣的信号,滤波器的使用正是为了抑制数据中包含的噪声。例如,图 1.7A 中存在的 60 Hz 噪声会妨碍我们对波形中不同成分的振幅和潜伏期进行精确测量。图 1.7C 展示了高频成分被滤除之后的波形。滤波之后的波形更为好看,难道不是吗?

术语*滤波器*(filter)在信号处理领域之外也有其通用的含义(例如,你也许拥有一个咖啡过滤器,空气过滤器,机油过滤器等等*)。过滤器可以根据其阻断和通过的内容来描述。例如空气过滤器可以阻拦大于 0.01 毫米的微粒,而使得空气和更小的微粒通过。EEG 和 ERP 数据中用到的滤波器通常描述了可以通过滤波器的信号频率(即不受滤波器阻断,最后出现在输出结果中的频率)。图 1.7 中使用的是*低通*滤波器,意味着能够通过低频活动,削弱(阻断)高频活动。同样可以使用*高通*滤波器来削弱低频活动,通过高频活动。如果同时使用低通和高通滤波器,将会得到*带通*滤波器(即同时阻断低频和高频,仅允许中间的频率通过)。同理,可以设计一个*陷波*滤波器,用来滤除某个窄频段内的活动,允许其余频率的活动通过。

就个人而言,我认为用允许通过的频率而不是阻断的频率来描述滤波器容易使人困惑。例如,将阻断高频活动的滤波器描述为*低通*滤波器会使人困惑。然而,这就是标准术语,我们依然会采用。

大多数滤波器都存在一个几乎能让所有活动都通过的频率范围(因此出现在滤波器的输出之中),一个几乎能让所有活动都衰减的频率范围,以及一个部分衰减的中间频率范围。这就是滤波器的*频率响应函数*(frequency response function)。图 1.7D 描述了图 1.7C 中所使用滤波器的频率响应函数。该函数指出了每个频率处的信号可以通过滤波器的比例(被滤波器削弱后留下的部分)。例如,图 1.7C 中滤波器的频率响应函数在 20 Hz 频率处的值为 0.80,意味着有 80% 比例的 20 Hz

---

* 译者注: 在非信号处理领域,中文通常称为过滤器,而非滤波器,英文中一般统称为 filter

活动可以通过该滤波器,而剩下 20% 比例的活动将被滤波器阻断。滤波器的频率响应函数通常用一个单一值,即所谓的*截止频率*(cutoff frequency)来描述。这个值通常表示其中 50% 信号可以通过,另 50% 信号受到阻止的频率,因此被称为*半振幅截止频率*(half-amplitude cutoff)(第七章将介绍关于截止频率的重要细节内容)。这里所描述的滤波器的半振幅截止频率为 30 Hz,信号中的 60 Hz 成分仅有 10% 比例不到的部分能够通过它(因此在过滤后的波形中,60 Hz 的噪声几乎被全部滤除)。这个滤波器允许很大频率范围内的信号部分通过,部分被削弱,对此也许你会感觉到奇怪,具体原因将在第七章中讨论。

9. ERP 实验的基本步骤概述

　　本节将以 EEG 信号记录作为开始,以统计分析作为结束,对 ERP 实验中涉及到的基本步骤进行概述。这些主题都将在后续章节中进行详细介绍,本节旨在提供一个整体概述。

9.1　EEG 记录(第五章)

　　图 1.1A 展示了一个 ERP 实验的基本设置情况。头皮电极通过导电胶或者液体与头皮表面形成稳定的电气连接,用来记录 EEG 信号。每个电极上都可以记录到电势(电压),从而得到每个电极各自的波形。该波形是一个混合信号,包含真实的大脑活动,脑外的生物电位(由皮肤、眼睛和肌肉等引起),以及来自外界设备并被头部、电极或者电极导线所捕获到的电活动。如果事先采取了预防措施来减小这些非神经电位活动,那么由大脑神经活动所形成的电位(EEG)将会大于非神经电位。

　　EEG 信号的幅值相当小(通常在 100 微伏以下),因此电极记录到的信号一般被放大 1000 至 100 000 倍。这个放大倍数被称为放大器的*增益*(gain)。图 1.1 所示实验中采用的增益是 20 000,图 1.4 所示实验中采用的增益是 5000。连续电压信号随后被转换为一系列的离散数值,并存储于计算机中。在大多数实验中,每个电极通道上的电压信号以每秒 200 至 1000 次的速度进行均匀采样(即 200—1000 Hz)。在图 1.1 所示实验中,EEG 信号采样率为 250 Hz(每 4 毫秒一个采样点)。

　　EEG 信号通常用多个头皮电极进行记录。不同研究采用的电极数量也大不相同。一些研究通过 5 或 6 个电极就可以记录所有相关信息;而另一些研究则需要多达 256 个电极。也许你认为记录的电极数量越多越好,但是当电极数量很大时,将很难保证数据的质量(参见第五章的在线补充材料)。

22

9.2 伪迹排除与校正(第六章)

EEG 信号记录过程中可能引入多种常见的伪迹,需要特别进行处理。最常见的伪迹来自于眼睛。眨眼会引起头部大部分区域出现较大的电压变化,这个伪迹通常远大于 ERP 信号。此外,任务有时可能会引起系统性的眨眼,而且不同受试者分组或者实验条件之间可能会有所不同,从而导致数据出现系统性失真。眼球转动也会引起较大的电位,会对采用单侧刺激或者关注偏侧化 ERP 成分的实验造成干扰。因此,包含眨眼、眼球转动或者其他伪迹的试次通常会被排除在平均 ERP 波形之外。例如,在图 1.4 所示例子中,由于有超过 50% 比例的试次被去除(主要由于眨眼),3 名患者和 2 名健康对照被排除在最后的分析之外。在余下的受试者中,平均有 23% 的试次被去除。

该方法有两个缺点。第一,可能会去掉相当大数量的试次,从而导致用于计算平均 ERP 波形的试次数量减少。第二,受试者为了减少眨眼次数而花费的精神努力,可能会影响受试者的任务表现(Ochoa & Polich, 2000)。这些问题在具有神经性或者精神性疾病的患者身上尤为明显,因为这些患者可能在所有试次中都会眨眼,或者为了抑制眨眼而导致任务表现很差。幸运的是,人们已经开发出针对这些伪迹进行估计和去除的方法,从而可以用不含伪迹的数据计算平均 ERP 波形。虽然其中的一些方法被认为会导致系统性错误,但是许多方法在去除眨眼和其他确定性伪迹时的效果相当好。

9.3 滤波(第七章)

滤波器通常被用来去除非常慢(小于 0.01—0.1 Hz)和非常快(大于 15—100 Hz)的电压变化,原因是这些频率范围内的电压值可能是由非神经活动引起的噪声。图 1.4 展示了 0.1 Hz 以下和 18.5 Hz 以上的频率成分被滤除后的波形。当截止频率下限大于 0.5 Hz 左右或者上限小于 10 Hz 左右时,滤波器可能会导致 ERP 波形的时间过程出现显著失真并引入伪迹振荡,因此采用这种极端滤波器时需要格外小心。滤波器可以用于 EEG 信号和平均后的 ERP 波形。本书附录介绍了在进行滤波和平均等数据运算时改变运算顺序带来的效果。

9.4　计算迭加平均 ERP 波形(第八章)

与 EEG 信号中的其余部分比起来,ERPs 通常是很小的,一般可以通过对连续 EEG 信号进行简单的迭加平均而得到。为了实现这一目的,需要在 EEG 记录时包含*事件编码*(event codes),用来标记特定时刻点的事件信息,例如刺激起始(图 1.1A)。这些事件编码随后被当作锁时点,用来提取事件周围的 EEG 分段(图 1.1E)。

回想图 1.1 中展示的一段在 Oddball 任务中记录到的 9 秒 EEG 信号,其中常见刺激为字母 X(80%),少见刺激为字母 O(20%)。每个矩形框标出了长度为 900 毫秒的 EEG 分段,包括事件编码之前的 100 毫秒和之后的 800 毫秒。事件编码前的 100 毫秒被用作刺激前的基线。

图 1.1E 给出了以出现时间排序后的这些 EEG 分段。刺激起始点记为零时刻点。不同试次的 EEG 波形之间有着相当大的差异,这在很大程度上体现了 EEG 信号是大脑中多个源的电活动总和,而且其中很多源与刺激的处理过程并不相关。为了从不相关的 EEG 中提取出与刺激处理相关的活动,可以将所有字母 X 之后的 EEG 分段平均为一个波形,将所有字母 O 之后的 EEG 分段平均为另一个波形(图 1.1F)。与刺激无锁时关系的大脑活动在一些试次中的特定潜伏期处是正值,而另一些试次在该潜伏期处是负值。如果对许多试次进行平均,那么这些电压会相互抵消并趋于零。然而,对于任何由刺激诱发的大脑活动,不同试次在同一潜伏期具有近似的电压值,它将会保留在最后的平均波形中。因此,通过对多个相同类型的试次进行平均,可以从其他源活动中(包括与刺激无关的 EEG 活动,以及不属于神经活动的电气噪声)提取出与刺激具有一致性锁时关系的大脑活动。其他类型的事件也可以被用作平均过程中的锁时点(例如按键反应、发声、扫视眼动、肌电活动)。

你可能想知道的是,一个 ERP 波形到底需要多少个试次进行平均。这取决于很多因素,包括待检验 ERP 效应的大小、无关 EEG 活动的幅值,以及非神经活动的幅值。对于较大的成分,例如 P3,基于 10—50 个试次进行平均便能得到非常清晰的结果。对于较小的成分,例如 P1,通常需要对 100—500 个试次进行平均,才能得到不同受试者分组或实验条件间的差异。当然,得到显著性差异所需的试次数量也取决于受试者的数量、受试者之间的差异,以及该效应的大小。在图 1.4 所示的实验中,每名受试者完成了 256 个奇异刺激和 1024 个标准刺激。这个数量远大于一般 P3 研究中的试次数量,但这里仍是合适的,因为我们还需要提取较小的 LRP 成分,而且由于眨眼的原因,我们预料到还会去掉相当大比例的试次。

9.5　量化振幅及潜伏期(第九章)

为了量化一个 ERP 成分的大小和时间,最常用的方法便是测量某个时间窗中峰值电压的振幅和潜伏期。例如,为了测量图 1.4 中所示 P3 的波峰,你可以定义一个测量窗(例如 400—700 毫秒),在该时间窗中寻找最大正值点。该点的电压值被定义为峰振幅,该时刻点被定义为峰潜伏期。当然也可以寻找负向波峰,例如 N1 成分。

在廉价计算机普及之前,测量 ERPs 最简单的方法就是寻找波峰,那时尺子是唯一可用的波形测量工具(Donchin & Heffley,1978)。虽然该方法被广泛使用,但它仍有很多缺点,而且已经有更好的方法可以用来量化 ERPs 的振幅和潜伏期。例如,成分的振幅可以量化为一个特定时间窗中的平均电压值。正如第九章将会介绍的,平均振幅通常是一种优于峰振幅的幅值测量方法。

与其相关的一种测量方法可以用来测量成分的潜伏期。具体来说,可以定义一个成分的中点,将该波形下涵盖的面积分为两等份。该方法被称为 50% 面积潜伏期测量,图 1.4 中 P3 时间的测量便是采用了该方法。

9.6　统计分析(第十章)

在大部分 ERP 实验中,对于每名受试者和每种实验条件,会计算每个电极上的平均 ERP 波形。随后,对于每个波形,测量感兴趣成分的振幅和潜伏期,再将测量值和其他变量一样纳入统计分析。因此,ERP 数据的统计分析通常类似于传统行为学测量值的分析。

然而,ERP 实验提供了极其丰富的数据集,通常包含许多 GB(gigabytes,千兆字节[①])的数据。这会导致单个研究中包含多次隐性或明确的统计比较,进而大幅

---

① 译者注:1 GB = 2^{30} 字节

度提高Ⅰ类错误出现的概率(例如将随机变异导致的结果归为真实差异)。例如,在对许多不同的成分分别进行统计分析时,便存在明确的多重比较问题。当研究者首先观察波形,然后再选择特定的时间窗口和电极位置来测量成分的振幅和潜伏期时,便存在隐性的多重比较问题。如果选取某个时间窗口的原因是不同实验条件在该窗口内的差异最大,那么即使该差异是由噪声引起的,仍然会导致结果偏向于存在统计显著性。如果研究者找出不同实验条件之间差异最大的电极位置,并且仅用这些电极进行统计分析,那么也会出现类似的问题。在电极数量足够多的情况下,几乎总是可以寻找到两个受试者分组或者实验条件在一些电极位置上存在统计显著性的差异,尽管这些差异仅仅是由随机噪声引起的。在读 ERP 研究论文时,如果发现采用了不寻常的、特殊的,以及未经说明的电极位置或者时间窗口进行统计分析,那么你应该对此产生怀疑。幸运的是,已经有新的统计方法可以减小或者排除这个问题(参考在线第十三章)。

10. ERP 技术的优势

25

　　ERP 技术在回答很多重要科学问题时,都是现有的最佳技术,但是在回答其他问题时,它又是一项糟糕的技术。为了做出有影响力的 ERP 研究,你需要明白 ERPs 可以回答的问题类别。接下来将会介绍在已有研究中,ERPs 被成功应用的若干方法(更详细的讨论可以参考 Kappenman & Luck, 2012)。当然还有其他 ERP 技术应用的有效方法,但这些将会是一个良好的开端。

10.1　评估认知处理的时间过程

　　ERP 技术最常被提及的优势便是时间分辨率(参见方框 1.4)。但是这不仅仅意味着它能够可靠测量 358 毫秒和 359 毫秒时刻点的值,这些值可以很容易地通过反应时测量、眼球追踪和心脏活动测量等等方式得到。ERP 技术的关键点在于,它可以提供一种始于刺激之前,并延伸至反应之后的连续性测量手段。行为学实验中,我们无法得到刺激和反应之间的数据,但大多数的"行为"恰恰发生在这个时间段内。ERPs 可以测量该时间段内每一时刻点的活动。也就是说,ERPs 为我们揭示了"行为"。ERPs(以及其他 EEG 信号)也可以提供刺激开始前反映大脑状态的信息,这种刺激前的状态对后续刺激的处理有着很大影响(Worden, Foxe,

Wang, & Simpson, 2000；Mathewson, Gratton, Fabiani, Beck, & Ro, 2009；Vanrullen, Busch, Drewes, & Dubois, 2011)。ERPs 还可以揭示大脑在反应之后，或者在反馈刺激呈现之后的活动信息，这些信息体现了决定大脑如何处理后续试次的执行过程(Holroyd & Coles, 2002；Gehring, Liu, Orr, & Carp, 2012)。

10.2 推断受实验调控影响的认知过程

我们可以利用这种很好的连续时间信息做些什么呢？一种常见用法便是推断特定实验调控对认知过程的影响。以 Stroop 范式为例，该范式要求受试者指出一个字的字体颜色。当字的字体颜色与其本身含义不同时，受试者的反应比二者相同的情况更慢(例如，对于绿色字体的"红色"和绿色字体的"绿色"两个词，受试者在说出前者的字体颜色为"绿色"时反应更慢)。反应变慢体现了感知觉过程的变慢还是反应过程的变慢呢？通过简单地观察行为学反应，是很难回答这个问题的，但是与 P3 相关的研究已经很好地回答了这个问题。具体来说，已经有很多研究证明当感知觉过程推迟时，P3 的潜伏期会变长。但是许多研究发现，Stroop 范式中不一致的试次不会导致 P3 潜伏期变长，暗示该范式中反应变慢体现的是感知觉之后某个过程的延迟(参考 Duncan-Johnson & Kopell, 1981)。因此，在推断哪个或哪些过程受到(或不受到)特定实验调控的影响时，ERPs 是非常有用的。第四章的在线补充材料中给出了许多特定的例子。在我自己的许多研究中，我也是出于这一目的而采用了 ERPs(尤其可以参考 Vogel, Luck, & Shapiro, 1998)。

方框 1.5 一种神经影像技术？

许多人将 ERPs 归为神经影像技术的范畴，但我并不这么认为。确切的神经影像技术，例如 fMRI，提供的是大脑图像，但是 ERPs 并不能直接给出大脑图像。正如在线第十四章中所讨论的，ERPs 可以被用来构建关于皮层表面活动分布的模型，但是实际的大脑图像通常来自于 MRI 数据。当然，可以画出头皮上的电压分布，但是这也仅能使 ERPs 成为一种头皮影像(scalpoimaging)技术，而非神经影像(neuroimaging)技术。ERP

波形同样也是图像，但无论从何种意义上来说，它都不是神经图像。为了避免做出超额承诺，我更愿意将术语神经影像（neuroimaging）留给直接提供大脑图像的研究。

我想再强调一下，ERPs 所提供的信息与神经影像技术所提供的信息是不同的，或者说是互补的（参考方框 1.5 中关于 ERPs 是否是一种神经影像技术的讨论）。利用神经影像技术分离不同的认知过程，一定程度上需要这些过程发生于不同的解剖学位置。然而，非常清楚的一点是，许多认知过程都会涉及同一个皮层区域。因此，找出实验调控在初级视皮层中的效应，并不能保证它就反映了对感官处理过程的调控；相反，它可能反映了一个发生在刺激后 200 毫秒并存储于初级视皮层的工作记忆表现形式（Harrison & Tong, 2009；Serences, Ester, Vogel, & Awh, 2009）。这种情况下，调控效应的时间信息可以揭示效应是发生在初始感官处理阶段，还是在更为晚期的阶段。

10.3　识别多个认知神经过程

行为学实验中，对于由多种不同实验调控引起的行为学变化，利用单一的内在认知过程进行解释通常是一种简化的方式。然而，ERP 记录提供的数据信息要丰富得多，经常可以清楚地表明某个给定的实验调控实际上影响了多个不同的过程（即多个不同的 ERP 成分），而对于不同实验中都存在的某个特定行为表现模式来说，它的机制可能并不相同。例如，行为学研究通常将选择性注意看作单一机制，但是不同的注意调控却影响着不同的 ERP 成分（Luck & Hillyard, 2000；Luck & Vecera, 2002）。类似地，不同的 ERP 成分似乎也体现了记忆提取过程的不同神经机制（Wilding & Ranganath, 2012）。

10.4　认知过程的内隐性测量

与行为学测量相比，ERPs 的一个重要优势便是当行为学反应不可用或者存在问题时，ERPs 可以提供一个认知过程的实时测量方法。这就是所谓的"认知过程的内隐性测量"（Covert Measurement of Processing）。在一些情况下，由于受试者

27

无法做出反应,内隐性测量就是必要的。例如,婴儿由于太小而无法根据指令做出反应,便可记录其 ERPs(参考综述 Coch & Gullick, 2012)。对于患有神经疾病而无法做出行为反应的患者,ERPs 同样可以用来进行内隐性监测(Fischer, Luaute, Adeleine, & Morlet, 2004)。

如果受试者在某个任务中做出的行为反应会破坏正常的认知过程,那么内隐性监测同样很有用。例如,在关于注意的研究中,很难设计出一个可以同时测量针对注意和非注意刺激的行为反应的任务——如果非注意刺激也需要受试者做出反应,那么它实际上就不是"不受注意的"。相比之下,即便非注意刺激不需要受试者做出反应,也可以很容易地用 ERPs 来比较大脑对于注意和非注意刺激的处理。因此,ERPs 已经被广泛用于注意相关的研究中(参考综述 Luck & Kappenman, 2012b)。在关于语言理解的研究中,可以用 ERPs 来获取大脑对于一句话中某个词的处理——在这个词被呈现的时刻——而不是依赖于整个句子结束时做出的反应(参考综述 Swaab, Ledoux, Camblin, & Boudewyn, 2012)。

ERP 技术可以在毫秒级时间分辨率上内隐并且连续性地测量任务的整个过程,从而使其成为能够回答许多关于人类心理重要问题的最佳可用技术。许多感知觉、认知和情绪都表现在数十或者数百毫秒的时间尺度上,ERPs 在追踪如此快速的心理过程时是非常有用的。

10.5 与大脑的联系?

大部分情况下,利用 ERPs 回答关于心理的问题,都比利用它回答关于大脑的问题更加有价值(就二者能够真正被分离的意义上来说)。这就是说,即使 ERPs 是一种大脑活动的测量方法,它也太粗糙了,以至于无法对大脑回路做出特定和决定性的结论。作为一个类比,试想你正尝试通过在计算机外壳上不同位置放置的传感器测量温度,来理解计算机是如何工作的。你能够了解到相当多关于计算机运行的一般性原理,还能够对计算机硬件的主要组成部分进行推断(例如电源适配器和硬盘)。但是,你永远无法弄清计算机中央处理器的电路,也无法解码计算机的程序。类似地,ERPs 偶尔能够提供关于大脑粗略组成部分的强有力结论,而对于其他方面,它只能提供较弱的结论。但是正如前面所讨论的,ERP 成分的主要优势是追踪认知处理的时间过程,而不是测量特定神经系统的运转。

方框 1.6　ERPs、绝望和蓝调(布鲁斯)

　　在过去很多年中,我曾多次遇到过这样的情况,人们试图用 ERPs 来回答它所无法回答的问题。这些人拼命想利用 ERPs 来回答那些本该用 fMRI 或者单细胞记录才能更好回答的问题,这也导致他们放弃了自身惯有的批判能力。

　　作为类比,考虑一个关于美国蓝调音乐家 Sonny Boy Williamson 的故事。在 20 世纪 60 年代早期,许多年轻的英格兰音乐家着迷于美国蓝调音乐,不顾一切地想要演奏。Sonny Boy Williamson 这段时间刚好在英格兰旅游,于是他花了一些时间与这些英国音乐家一起进行演奏,但是他却很失望。据传他在回到美国之后表示,"这些英国男孩想把蓝调演奏得如此糟糕——而且确实很糟糕。"无论何时,只要当我看到 ERP 研究者试图回答这项技术能力之外的问题,我便会想到,"那些 ERP 研究者想如此糟糕地研究大脑——而且确实做得很糟糕"。

　　应当指出的是,在这些将蓝调演奏得如此糟糕的英国音乐家中,有许多人后来成为了著名的摇滚音乐家(例如 Eric Clapton, Jimmy Page, Jeff Beck)。也就是说,他们通过演奏一种与蓝调相关但是风格完全不同的音乐,将弱点变成了优势。以此类推,ERP 研究者应该停止尝试成为神经影像研究者,而应该保持自己的研究风格。

　　这并不意味着永远不能用 ERPs 来回答关于大脑的问题。在一些情况下,ERPs 所提供的时间信息至少可以提供这些问题的粗略答案。另一些情况下,如果我们得到某个 ERP 成分产生源的多个会聚性证据,便可以利用该成分获取特定皮层区域中的活动(参考第三章中关于 C1 成分的讨论)。因此,利用 ERPs 来回答关于大脑的问题是可行的,但是需要花费大量的辛勤工作、智慧,以及细致的思考(参考方框 1.6 中一个有趣的类比)。

　　人们通常认为可以将 ERPs 和 fMRI 结合起来,从而同时得到较高的时间和空间分辨率。尽管有时已经可以实现,但是这远比大部分人想象得要复杂许多。其中最基本的难点就在于,ERPs 和 BOLD 信号体现的是大脑活动的不同方面,很可能某个实验调控影响了其中一个信号,却对另一个信号没有影响。甚至可能想象在某些场景中,ERP 和 fMRI 效应是截然相反的(Luck,1999)。因此,尽管未来某天可能会实现,但是目前如果不依靠未经证明的一些假设,则无法直接对 ERP 和 fMRI 数据进行整合。

10.6 生物标志物

ERPs 有可能成为医疗应用中的生物标志物。也就是说,ERPs 可以测量由神经或精神类疾病导致的脑功能损害,从而提供比传统临床手段更为细致的病人个体脑功能信息(更详细的讨论请参考 Luck et al.,2011)。这些信息可以被用来判定一项新疗法是否对其原本所针对的特定大脑系统产生影响。这些信息还可以被用来判断哪种临床药物最有可能对特定个体产生效果。例如,有证据表明失匹配负波(mismatch negativity, MMN)是谷氨酸和 NMDA(N-methyl-D-aspartate)受体结合所引起的突触后电位的一种具有相对特异性的指标(Javitt, Steinschneider, Schroeder, & Arezzo, 1996; Kreitschmann-Andermahr et al.,2001; Ehrlichman, Maxwell, Majumdar, & Siegel, 2008; Heekeren et al.,2008)。因此,MMN 可能成为一个生物标志物,用来测量一项新疗法是否影响 NMDA 受体的响应能力,或者某名受试者是否获益于这种疗法。

ERPs 作为生物标志物有如下可取之处:(a)它们与神经传递直接相关;(b)它们相对便宜,在临床环境下也相对容易记录;(c)在动物模型中也很容易记录(Woodman,2012);(d)在一些情况下,它们已经被证明是个体差异可靠且敏感的测量手段(Mathalon, Ford, & Pfefferbaum, 2000);(d)可用于大型多中心研究(N>500)(Hesselbrock, Begleiter, Porjesz, O'Connor, & Bauer, 2001)。但是,要想将 ERPs 广泛地用作生物标志物,依然有很多障碍需要克服。例如,设计出可以分离特定 ERP 成分同时又具有良好测量可靠性的实验范式并不简单。此外,个体间差异可能反映了"干扰因素",例如头骨厚度和皮层折叠模式的差异,可能会导致 ERPs 难以在临床环境中使用。目前还缺乏被广泛接受的数据质量控制指标,用来确保从每名个体中采集到了正确且低噪声的数据。然而,这些问题应当是可以被解决的,因此 ERPs 在不久的将来仍有相当大的潜力成为生物标志物。

11. ERP技术的劣势

除了弄清ERPs在哪些情况下特别有用之外,也有必要考虑一下ERP技术的缺点,以及无法容易地通过ERPs所回答的问题种类。我试图在整本书中清楚地说明ERP技术的局限以及优势,因为要想做出高质量研究,你需要知道这些局限之处(方框1.7)。

方框1.7 丑陋的小秘密

我每年举办2至4个ERP培训班,包括每年夏季在加州大学戴维斯分校举办的为期10天的培训班,在大学、工业场所以及会议中举办的一些小型培训班。我喜欢跟培训班学员说,我会告诉他们ERP研究中涉及的所有丑陋的小秘密,因为如果他们想自己开展ERP研究,就需要知道真相。我悄悄地说出来,暗示他们应该保守这些丑陋的小秘密。我们不想让fMRI研究者们也知道这些秘密!但是我们自己人之间应该完全公开这些秘密,所以这本书提供了一个关于ERPs的朴素视角。

我还会告诉ERP培训班学员,当他们听到关于ERP技术的局限性和想要使用的分析方法存在问题时,有时会感到很郁闷。但是几乎对于每个局限之处,都存在很多方法可以进行克服或者回避。关键在于需要充分理解ERPs的内在本质,以及ERP研究中用到的分析技术,例如滤波、源定位以及时频分析。因此,如果你感到有些郁闷,那就不断阅读,最终你会明白如何避免ERPs的局限,然后做出令人惊讶的实验,并给你带来名声与财富。

ERP研究中最有挑战性的一点就是头皮上记录的波形代表了许多潜在成分的总和,而且很难将其分解为潜在的个体成分。这便是所谓的叠加(superposition)问题,因为多个成分被叠加到相同的波形上(详细说明可参考第二章)。类似地,很难判断这些潜在成分的神经源活动位置。这两个问题是阻止ERP技术成功应用的最常见障碍。针对这两个问题有很多解决方案,但是不同类别的实验需要采用不同的方案,所以很难简单用一句话来描述这些问题何时会出现,以及这些问题何时会被解决。第二章、第四章以及在线第十四章将会更加详细地描述这些问题以及不同的解决方案。最佳方案通常是想出一个巧妙的实验设计,这样无需对特定ERP 成分进行分离和定位,就可以区分出不同的假设(参见第四章中关于与成分无关的实验设计的讨论)。

ERP 技术的另一个重要局限之处,便是有些心理或神经过程可能并不存在与其对应的 ERP *标记*(对头皮上记录到的电压没有清晰的贡献)。正如第二章中将会讨论的,只有在满足一些特殊的生物物理学条件时,头皮 ERPs 才是可记录的,而大脑活动中仅有一小部分是满足这些条件的。尽管存在几十个独特的 ERP 成分,但肯定仍有成百上千个独特的大脑活动过程没有明显的 ERP 成分。

还有一个局限之处源于这样一个事实,即 ERPs 相比于噪声水平来说是很小的,所以为了精确测量一个特定的 ERP 效应,往往需要许多试次。尽管有些成分足够大,在单个试次上便能够进行可靠测量(主要是 P3 成分),但是为了得到足够的统计功效,通常情况下每名受试者的每个实验条件需要 10—500 个试次进行平均。这就导致那些需要很长刺激间时间间隔的实验,或者需要使受试者产生惊讶感的实验很难进行。原则上来说,可以通过增加受试者的数量来弥补每名受试者的一小部分试次数量,但是每名受试者的实验准备也是需要时间的,因此对于一个特定实验,测试 50 个以上受试者通常是不现实的(样本量通常是 10—20 个)。我常常在设计一个实验的过程中会选择放弃,因为我意识到这个实验需要每名受试者完成 10 个小时的测试,或者需要纳入 300 名受试者。

ERP 技术的使用,需要有可以作为锁时点且可测量的事件信息。虽然在多数情况下,事件的时刻点允许存在一些小误差(常规的认知或者情感类实验可能允许±10 毫秒),但是如果事件的存在性或时间信息很难判断(例如刺激的起始时刻点是渐变的),通常则无法使用 ERPs。

ERPs 很难测量那些可以延伸至几秒钟之外的大脑活动(例如长程记忆巩固)。其主要原因是,非神经因素(例如皮肤电位)会导致头皮电位出现大幅度的缓慢漂移,这些漂移在锁时点之后随着时间的推移,会在波形中引入越来越多的变化(参见第八章中的图 8.2D)。这些缓慢漂移通常可以通过滤波器去除,但是这也会去除掉缓慢变化的神经活动。

　　受试者频繁的头部、嘴巴和眼球运动会导致很难记录到干净的 ERPs。头部移动常常会导致电极位置出现轻微移动，并引起大幅度的伪迹。因此，大部分 ERP 实验都要求受试者坐在椅子上。嘴动也会引起伪迹，尤其是当舌头（含有一个强有力的偶极子）与嘴巴上部接触时。涉及语言的研究通常分析讲话开始前的 ERPs，排除受试者实际讲话的时间段。与嘴巴类似，眼睛也含有一个强偶极子，眼球移动会导致头皮电压出现大幅度的变化。因此，几乎所有 ERP 研究都要求受试者保持固定的注视点。

　　上述段落描述了 ERPs 可能存在问题的多种常见情形。这并不意味着 ERPs 不能在这些情况下使用；它仅意味着 ERPs 的使用将面临显著的挑战。如果你是 ERP 技术的初学者，那么最好避开这些情况。一旦有了经验，你也许就可以想出针对这些问题的聪明办法，并获得重要的新发现。

12.　与其他的生理测量手段比较

　　表格 1.1 将 ERP 技术与其他几种生理记录技术从 4 个主要维度进行了比较：创伤性、空间分辨率、时间分辨率和成本。这里考虑的其他种类技术包括微电极测量（单细胞、多细胞以及局部场电位记录）和血液动力学测量（PET 和 fMRI）。ERPs 和事件相关磁场（event-related magnetic fields，ERMFs）归为一类，后者是从 MEG 信号中提取出的与 ERPs 相配对的磁场信号（参见第二章）。

12.1　创伤性

　　微电极测量（单细胞、多细胞以及局部场电位）需要将电极插入大脑，因此仅可用于非人类物种或者进行神经外科手术的病人。灵长类动物记录的明显缺点是人类大脑不同于灵长类动物大脑。较不明显的缺点是一只猴子通常需要数月的训练，才能够完成人类 5 分钟便可以学会的任务，而且一旦猴子训练完毕，通常又需要数月的时间来记录它在任务过程中的数据。因此，猴子常常是过度训练的，很可能采取与不知情的人类受试者不同的方式来完成任务。这便导致很难将猴子的结果与大量人类认知实验的结果关联起来。基于人类受试者的颅内记录正变得越来越重要，但是这当然仅局限于一小部分由于医疗原因而在颅内植入电极的病人。

32

PET 实验在无损性方面也是存在问题的：为了避免受试者接受过量辐射，每名受试者只能测试一小部分实验条件。相比之下，针对单个受试者进行 ERP 或者 fMRI 数据的测量，并不存在显著的安全方面的限制。

表格 1.1　微电极测量(单细胞和局部场电位记录)、血液动力学测量(PET 和 fMRI)和电磁学测量 (ERPs 和 ERMFs)方法之间在创伤性、空间分辨率、时间分辨率和成本方面的比较

参数	微电极测量	血液动力学测量	电磁学测量
创伤性	差	好(PET) 很好(fMRI)	很好
空间分辨率	很好	好	不确定/差(ERPs) 不确定/较好(ERMFs)
时间分辨率	很好	差	很好
成本	相当昂贵	昂贵(PET) 昂贵(fMRI)	便宜(ERPs) 昂贵(ERMFs)

12.2　空间和时间分辨率

电磁学测量和血液动力学测量在空间和时间分辨率方面可以互补，即电磁学测量的时间分辨率高，空间分辨率差，而血液动力学测量的时间分辨率差，空间分辨率高。ERPs 拥有 1 毫秒的时间分辨率，在某些优化条件下甚至更好，然而血液动力学测量由于血液动力学响应迟缓，仅限于几百毫秒(最佳)的时间分辨率。这是巨大的差异，意味着 ERPs 可以容易地回答一些 PET 和 fMRI 没有希望回答的问题。然而，血液动力学测量有着毫米级的空间分辨率，这是头皮电极比不过的(除了某些特殊条件之外)。事实上，正如第二章和在线第十四章中将会仔细讨论的，ERP 技术的空间分辨率本质上是不确定的，因为有无穷多种大脑内部 ERP 源的配置方式可以用来解释特定的 ERP 数据模式。与 PET 和 fMRI 不同，通常无法为某个 ERP 源定位给出一个原则上的误差幅度(尤其当许多源同时活动时)。也就是说，在现有的技术条件下，无法知道一个源定位估计是否和其真实源位置之间的误差位于指定的毫米范围内。也许某一天可以准确定位 ERPs，但是目前 ERP 技术的空间分辨率还只是不确定的。

12.3 成本

相比于表1.1中所列的其他技术，ERP技术要便宜得多。装备一个不错的ERP实验室可能只需要花费不到5万美金，每名受试者测试使用的一次性耗材也非常便宜(1—3美金)。实际的记录操作可以由一个研究生或者高年级本科生来完成，与数据存储和分析相关的花费也很小。这些成本在过去20年间下降了很多，很大程度是因为计算设备的成本下降。fMRI是相当昂贵的(通常每小时需要500美金)，而PET更为昂贵，主要是因为它需要半衰期短的放射性同位素，以及相关医务人员。供养猴子所需的每日成本，动物手术和护理设备所需的成本，以及记录清醒猴在行为条件下的电生理数据所需的较高专业技术水平，均导致针对非人灵长类的微电极记录同样相当昂贵。由于"依附于"临床手术，针对人类的颅内记录并不是特别昂贵，但是很难有权限接触到这些病人。

13. 阅读建议

13.1 ERP初学者应读的十大经典论文

Donchin, E. (1979). Event-related brain potentials: A tool in the study of human information processing. In H. Begleiter (Ed.), *Evoked Brain Potentials and Behavior* (pp.13 - 88). New York: Plenum Press.

Donchin, E. (1981). Surprise! ... Surprise? *Psychophysiology*, *18*, 493 - 513.

Donchin, E., & Heffley, E. F., III. (1978). Multivariate analysis of event-related potential data: A tutorial review. In D. Otto (Ed.), *Multidisciplinary Perspectives in Event-Related Brain Potential Research* (pp.555 - 572). Washington, DC: U.S. Government Printing Office.

Groppe, D. M., Urbach, T. P., & Kutas, M. (2011). Mass univariate analysis of event-related brain potentials/fields I: A critical tutorial review. *Psychophysiology*, *48*, 1711 - 1725.

Hillyard, S. A., & Kutas, M. (1983). Electrophysiology of cognitive processing. *Annual Review of Psychology*, *34*, 33 - 61.

Kappenman, E. S., & Luck, S. J. (2012). ERP components: The ups and downs of brainwave recordings. In S. J. Luck & E. S. Kappenman (Eds.), *The Oxford Handbook of ERP Components* (pp.3 - 30). New York: Oxford University Press.

Keil, A., Debener, S., Gratton, G., Junhöfer, M., Kappenman, E. S., Luck, S. J., Luu, P., Miller, G., & Yee, C. M. (in press). Publication guidelines and recommendations for studies using electroencephalography and magnetoencephalography. *Psychophysiology*.

Kiesel, A., Miller, J., Jolicoeur, P., & Brisson, B. (2008). Measurement of ERP latency differences: A comparison of single-participant and jackknife-based scoring methods. *Psychophysiology*, *45*, 250 - 274.

Kutas, M., & Dale, A. (1997). Electrical and magnetic readings of mental functions. In M. D. Rugg (Ed.), *Cognitive Neuroscience. Studies in Cognition* (pp.197 - 242). Cambridge, MA: MIT

Press.

Woldorff，M. （1993）. Distortion of ERP averages due to overlap from temporally adjacent ERPs：Analysis and correction. *Psychophysiology*，*30*，98－119.

13.2　ERP 技术的广泛性综述

Coles，M. G. H. （1989）. Modern mind-brain reading：Psychophysiology，physiology and cognition. *Psychophysiology*，*26*，251－269.

Coles，M. G. H.，Smid，H.，Scheffers，M. K.，& Otten，L. J. （1995）. Mental chronometry and the study of human information processing. In M. D. Rugg & M. G. H. Coles （Eds.），*Electrophysiology of Mind*：*Event-Related Brain Potentials and Cognition* （pp.86－131）. Oxford：Oxford University Press.

Gaillard，A. W. K. （1988）. Problems and paradigms in ERP research. *Biological Psychology*，*26*，91－109.

Hillyard，S. A.，& Picton，T. W. （1987）. Electrophysiology of cognition. In F. Plum （Ed.），*Handbook of Physiology*：*Section 1*. *The Nervous System*：*Volume 5*. *Higher Functions of the Brain*，*Part 2* （pp.519－584）. Bethesda，MD：Waverly Press.

Kappenman，E. S.，& Luck，S. J. （2012）. ERP components：The ups and downs of brainwave recordings. In S. J. Luck & E. S. Kappenman （Eds.），*The Oxford Handbook of ERP Components* （pp.3－30）. New York：Oxford University Press.

Lindsley，D. B. （1969）. Average evoked potentials — achievements，failures and prospects. In E. Donchin & D. B. Lindsley （Eds.），*Average Evoked Potentials*：*Methods*，*Results and Evaluations* （pp.1－43）. Washington，DC：U.S. Government Printing Office.

Luck，S. J. （2012）. Event-related potentials. In H. Cooper，P. M. Camic，D. L. Long，A. T. Panter，D. Rindskopf，& K. J. Sher （Eds.），*APA Handbook of Research Methods in Psychology*：*Volume 1*，*Foundations*，*Planning*，*Measures*，*and Psychometrics* （pp.523－546）. Washington，DC：American Psychological Association.

Picton，T. W.，& Stuss，D. T. （1980）. The component structure of the human event-related potentials. In H. H. Kornhuber & L. Deecke （Eds.），*Motivation*，*Motor and Sensory Processes of the Brain*，*Progress in Brain Research* （pp.17－49）. North-Holland：Elsevier.

Sutton，S. （1969）. The specification of psychological variables in average evoked potential experiments. In E. Donchin & D. B. Lindsley （Eds.），*Averaged Evoked Potentials*：*Methods*，*Results and Evaluations* （pp.237－262）. Washington，DC：U.S. Government Printing Office.

Vaughan，H. G.，Jr. （1969）. The relationship of brain activity to scalp recordings of event-related potentials. In E. Donchin & D. B. Lindsley （Eds.），*Average Evoked Potentials*：*Methods*，*Results and Evaluations* （pp.45－75）. Washington，DC：U.S. Government Printing Office.

13.3　ERPs 及相关主题的书籍

Cohen，M. X. （2014）. *Analyzing Neural Time Series Data*：*Theory and Practice*. Cambridge，MA：MIT Press.

Donchin，E.，& Lindsley，D. B. （Eds.）. （1969）. *Average Evoked Potentials*，*Methods*，*Results*，*and Evaluations*. Washington，DC：U.S. Government Printing Office.

Handy，T. C. （Ed.）. （2005）. *Event-Related Potentials*：*A Methods Handbook*. Cambridge，MA：MIT Press.

Handy，T. C.（Ed.）.（2009）. *Brain Signal Analysis：Advances in Neuroelectric and Neuromagnetic Methods*. Cambridge，MA：MIT Press.

Luck，S. J.，& Kappenman，E. S.（Eds.）.（2012）. *The Oxford Handbook of Event-Related Potential Components*. New York：Oxford University Press.

Nunez，P. L.，& Srinivasan，R.（2006）. *Electric Fields of the Brain，Second Edition*. New York：Oxford University Press.

Picton，T. W.（2011）. *Human Auditory Evoked Potentials*. San Diego：Plural Publishing.

Regan，D.（1989）. *Human Brain Electrophysiology：Evoked Potentials and Evoked Magnetic Fields in Science and Medicine*. New York：Elsevier.

Rugg，M. D.，& Coles，M. G. H.（Eds.）.（1995）. *Electrophysiology of Mind*. New York：Oxford University Press.

（洪祥飞 译）

（洪祥飞 校）

第二章 深入了解事件相关电位及其成分

1. 本章概述

本章将对 ERPs 的本质进行深入分析,旨在帮助读者理解 ERPs 如何在大脑中产生,以及颅内信号如何结合在一起并形成我们在头皮表面上记录到的波形。头皮 ERP 波形中的波峰往往反映了多个内部潜在成分的总和,而要想在一个实验中得出结论,则通常需要判断这些潜在成分在不同受试者分组或者实验条件之间有何不同。然而,正如我在第一章中提到的(本书中将一直强调),想要以头皮上实际记录的数据为基础,分离并测量出内部潜在成分,这是非常具有挑战性的。这便是所谓的叠加问题(superposition problem),本章将会解释它是如何形成的,以及为何难以解决。这可能会令人感到有点沮丧,但是不要绝望! 第四章将介绍解决这个问题(或者避开它)的一些策略方法,以及通过一些已有实验例子,来说明如何应用这些方法并对重要科学问题给出确定的答案。第三章将对常见实验中经常出现的一些特定 ERP 成分进行介绍。

头皮波形中观测到的波峰,很容易与叠加形成这些波峰的内部潜在大脑活动成分之间发生混淆。本章中,我常常会使用短语潜在成分(underlying component),以表明我在谈论大脑内部活动,而非头皮表面观测到的波峰。

本章首先介绍电学中的基本概念,随后详细介绍 ERPs 的神经起源以及它们如何混合并形成头皮上记录到的信号。之后,我们将讨论为何很难对头皮 ERPs 的内部源活动进行定位。然后,我们将介绍头皮电极上记录到的 ERPs 为何会歪曲潜在成分。接下来,我们将介绍如何利用差异波来解决这个问题,并分离出潜在成分。本章结束时,我们将考虑用不同方法来定义 ERP 成分。也许你认为以定义作为开始会显得更合逻辑,但是一旦你花时间对头皮电极上所记录信号的本质进行了思考,这些就会很容易理解了。本章末尾会对一些方法进行讨论,这些方法可以在特定研究中识别出不同受试者分组或者条件之间存在差异的潜在成分。

　　本章旨在提供一个关于 ERPs 深入的概念性理解，因此会有些抽象。你需要具备这样的理解，才能评判已有的 ERP 实验，并设计新的 ERP 实验。事实上，本章包含了 ERP 数据解释过程中六个特定的"原则"。然而，如果你正在进行一项 ERP 实验的数据采集或者分析，需要了解关于如何采集干净数据以及进行适当分析的实用性细节，则可以直接跳到第五至第十章。当你想对结果进行仔细思考并设计新的实验时，可以再回来看第二至第四章。但是请别忘了回来，因为第二章最终将会是整本书中最重要的一章。

2. 电学的基本概念

　　如果你想在研究中测量电信号，那么需要对电（electricity）有一些了解。本节中，我会对最基本的术语和概念进行概述。如果你在高中或者大学中学过物理，那么你已经学过这些术语和概念了（尽管许多人告诉我，电是他们在物理课上永远无法弄懂的一部分内容）。如果你没有学过物理，也不要担心，因为我也没学过。我在高中的时候，选修的是电子手工艺课，而不是物理，因为相比于能够预测一个球滚下山坡的速度，我对能够修理我的吉他音箱更感兴趣。所幸的是，这些概念都非常简单。

2.1　电流

　　电流是电（带电粒子）沿着导体的实际流动。它测量的是在特定时间内流过某一点的带电单位（电子或质子）的数量。电流的测量单位是安培，1 库伦（6.24×10^{18}）的带电单位在 1 秒内通过单个点时，所形成的电流等于 1 安培。

　　按照惯例，物理学家和工程师们将带正电粒子的流动方向作为电流方向。例如，1 库伦带正电粒子从左半球流动到右半球，在电学上被视为等价于 1 库伦带负电粒子从右半球流动到左半球。因此，无论是正电荷从左向右移动还是负电荷从右向左移动，我们都将其称为从左半球至右半球的电流流动。

　　在讨论电的流动时，用水的流动作为类比会有所帮助。电的流动类似于管道或软管中水的流动。正如可以测量特定时间内流过管道中某一点的水量（例如，每分钟 3.6 升）那样，我们可以测量特定时间内通过导体中某一点的电量（例如，每秒

3.6 库伦)。

2.2 电压

人们经常将电压和电流弄混,误认为电压是电的实际流动。电流是电沿着导体的实际流动,电压是推动电沿着导体流动的压力。一个比电压更为确切的术语是*电势*(potential),因为它是造成电从一处流向另一处的势能(这也是为何 ERPs 是 event-related *potentials**)。作为类比,可以考虑坡顶上水槽中的水。水拥有大量的势能,能够从水槽中流到坡底,但是几乎没有能够从坡底流到坡顶的势能。重要的是,即使某一时刻没有水的流动(例如阀门关闭),水从山坡上流下来的势能依然存在。类似地,即使没有电流的流动,能够使电流从汽车蓄电池的一极流向另一极的势能依然存在。电势和水压非常相似:即使软管末端关闭后没有水在流动,软管中可能依然存在很大的水压。然而,一旦软管的末端被打开,压力便会导致水的流动。同样,除非有足够的水压,否则没有水会从软管末端流出,就像如果没有电势推动电在导体中流动,就不会有电流。

电势的测量单位是伏特(volts,V**)。ERPs 太小了,以至于通常用微伏(microvolts,μV)为单位,1 微伏等于 1 伏的百万分之一。你可以想到,受试者前方显示器中运行的 120 V 电势可能会对你观察 1 微伏的实验效应带来显著干扰。第五章将对这种干扰进行详细讨论。

2.3 电阻

电阻是指物质阻止带电粒子通过的能力。它与*电导*(conductance)呈反比,后者是指物质允许带电粒子通过的能力。电阻主要受到三个因素的影响:(1)物质的组成成分,(2)它的长度,以及(3)它的直径。由于内在的分子特性,有些物质的导电性优于其他物质(例如,铜是一种优于锌的导体)。然而,无论何种物质,如果它很细很长,那么导电性都会减弱。电阻的测量单位是欧姆(ohms,Ω)。

作为另一个水力学例子,可以考虑一个水过滤系统,水源通过一个装满碳的水槽给房屋供水。如果将碳紧紧地塞满,水不会很容易地流过水槽,但是如果将碳松

---

* 译者注:*potential* 也可译为电位

** 译者注:通常简称为"伏"

散地放满，水就会很容易地流过。这与电阻依赖于物质的属性是类似的。现在试想水流过一根软管。如果软管有 100 米长，却仅有 1 厘米宽，它将会阻止水的流动，需要有很大的压力才能够在短时间内装满一桶水。然而，如果软管更短一些（例如 1 米）或者更宽一些（例如 10 厘米），水桶在适当的水压下也能够很快装满。这与电阻依赖于导体的长度和直径是类似的。

上述最后一个类比也描述了电压、电流和电阻之间的关系。如果用的是一根细软管，那么在同样的水压下，其中通过的水量将会比使用一个较粗的软管更小。类似地，如果电压保持不变而电阻增加，电流就会减小。然而，如果用的是一个细软管，通过增加水压的方式，也能够在特定时间内获得较大的水量。类似地，当电阻增加时，可以通过增加电压来保持恒定的电流。

我们将在第五章中介绍电阻及其近义词*阻抗*（impedance）如何影响 EEG 的记录。

2.4　电和磁

电和磁本质上是相互联系在一起的。弄清二者之间的关系，对于理解 ERP 记录时如何会引入电气噪声，以及 MEG 与 EEG 之间的联系很重要（后面会进行详细介绍）。导体中的电流流动总是会伴随着导体周围环绕的磁场。此外，如果磁场通过了某个导体，也将引起电流。图 2.1 给出了这两个原理，说明了当电流流过相邻两个导体中的一个时，将会发生的现象。其中一个导体中的电流流动会形成磁场，随后引起另一个导体中出现电流。环境中的电气噪声（例如视频显示器中的 120 V 电压）便是以这种方式在 ERP 受试者、电极、或者电极与放大器之间的导线中引发了电活动（细节请参见第五章）。

3. *ERPs 的神经起源*

第一章简要介绍了 ERPs 的神经起源，这里我们将进行深入了解。我们还将讨论为何很难基于头皮记录来定位 ERPs（在线第十四章提供了关于 ERP 溯源更为详细的讨论）。关于 EEG 和 ERP 信号产生的潜在神经和生物物理学过程，可以参考综述 Buzsáki, Anastassiou 和 Koch（2012）中更为详细的介绍。

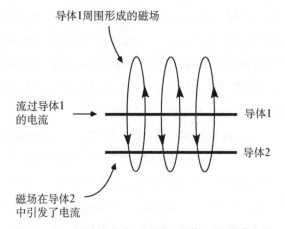

导体1周围形成的磁场

流过导体1
的电流

导体1

导体2

磁场在导体2
中引发了电流

图 2.1 电和磁之间的关系。电流流经导体 1,导致导体 1 周围出现一个环形磁场。随着该磁场穿过导体 2,会在导体 2 中引起一个小电流。这便是受试者周围的电气装置在电极或者电极连线中引入人为电气"噪声"的原因。这也是脑磁图(magnetoencephalogram, MEG)记录的基本原理。

3.1 神经元的电活动

神经元产生两种主要类型的电活动,即*动作电位*(action potentials)和*突触后电位*(postsynaptic potentials)。动作电位是一种离散的尖峰电压,从细胞体的轴突起始处向轴突末端传递,然后在末端释放神经递质。突触后电位是当神经递质与突触后细胞膜受体结合时产生的电压。其原理是神经递质引起离子通道的开放与闭合,从而导致跨膜电位的梯度变化。通过将微电极插入脑内,可以比较容易地分离出来自单个神经元的动作电位;但是要想通过细胞外*活体*记录的方式完全分离出单个神经元的突触后电位,则几乎是不可能的(因为来自不同神经元的突触后电位会在细胞外混合在一起)。因此,单个神经元的*活体*记录("单细胞"记录)测量的是动作电位,而不是突触后电位。然而,当同时记录许多神经元时,才有可能测量到叠加在一起的突触后电位或动作电位。从神经元集群(large groups of neurons)进行的动作电位记录,叫做*多细胞*记录(*multi-unit* recordings);从神经元集群进行的突触后电位记录,叫做局部场电位记录(*local field potential* recordings)。[1]

在大多数情况下,由于动作电位的时间特性和轴突的物理排列特点,表面(头皮)电极是无法记录到动作电位的。当一个动作电位生成时,电流在轴突的某一点上快速出入,然后同样的出入也会出现在轴突的下一点上,并依此类推,直到动作电位到达轴突末端。如果两个神经元发放的动作电位沿着互相平行的轴突传递，而且它们出现的时刻完全相同的话，那么来自两个神经元的电压会相互叠加。然而，如果一个神经元的放电比另一个稍晚一些，电流在流入一个轴突的同时，也会在另一个神经元的相邻位置流出，那么这些信号将相互抵消。由于神经元集群通常不会准确地在同一时刻放电（在毫秒范围内），通常无法在头皮上记录到动作电位。因此，ERPs 几乎总是反映了突触后电位，而不是动作电位。该规则的主要例外情况是脑干听觉诱发响应中的峰 I 和峰 II，它们反映的是产生于耳蜗，在声音突然出现之后的几毫秒内穿过听觉神经且精确同步的动作电位（Pratt，2012）。对于任何在刺激起始 20 毫秒之后记录到的头皮 ERPs，你可以很安全地假设它们反映的是突触后电位，而不是动作电位。

40

值得一提的是，导致 fMRI BOLD 信号的神经事件更加具有多样性。任何引起葡萄糖或者氧气消耗量增加的事件都有潜在的可能性会导致区域性的皮层血流变化，并影响 BOLD 信号，然而 ERPs 仅反映了突触后电位。当我和一位得意于拥有毫米级空间分辨率的神经影像学研究者进行交谈时，我喜欢想一想这个事实，但是我尽量不大声说出来。

3.2 突触后电位的累加

一个动作电位大约持续 1 毫秒，但是突触后电位通常能够持续几十甚至几百毫秒。此外，突触后电位主要局限于树突和细胞体。在特定条件下，这些因素允许来自不同神经元的突触后电位累加，从而使我们可能在较远的距离（头皮上）记录到它们。

图 2.2 说明了突触后电位如何形成头皮上可以记录到的电势[2]。头皮 ERPs 被认为主要来自于大脑皮层中的主要输入—输出细胞，即 *锥体细胞*（pyramidal cells）。这些细胞有一组基底树突和单个尖端树突（离开细胞体之后都会形成分支；参见图 2.2A）。细胞体和树突的总体空间结构看起来像一个椎体（请充分发挥你的想象力）。皮层锥体细胞都垂直于皮层表面，尖端树突朝向皮层表面，细胞体和基底树突则更靠近白质（参见图 2.2B）。

如图 2.2A 所示，如果一个皮层锥体细胞的尖端树突释放了兴奋性神经递质，那么电流（以带正电粒子的形式）会从细胞外空间流入细胞内，导致细胞外尖端树

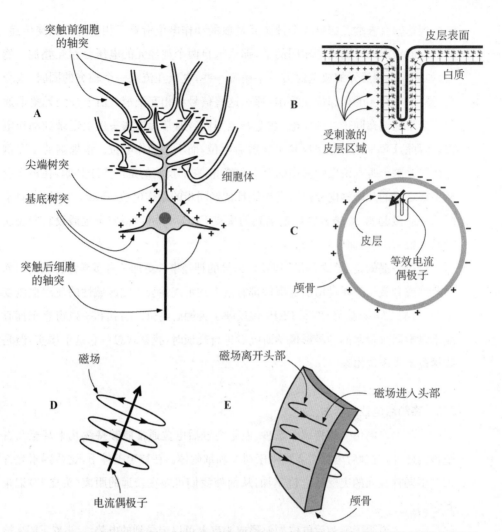

41   图 2.2 ERP 形成的原理。(A)神经传递中的锥体细胞示意图。突触前末梢向尖端树突释放兴奋性神经递质,导致正离子流入突触后神经元。这导致尖端树突外面形成净胞外负电压(由"－"表示)。为了使电路完整,电压将会流经神经元,然后在细胞体和基底树突区域(由"＋"表示)离开。电流的流动构造出一个小偶极子。如果释放的是一个抑制性,而非兴奋性的神经递质,那么这个偶极子的极性将会反转。如果神经传递发生在细胞体或者基底树突,而非尖端树突,极性也会反转。(B)包含许多锥体细胞的皮层折叠。当某个皮层区域受到刺激时,来自单个神经元的偶极子会叠加在一起。(C)来自单个神经元的偶极子叠加后近似于单个等效电流偶极子,用一个箭头表示。按照惯例,箭头指向偶极子的正极一端。偶极子的位置和朝向决定了头部表面记录到的正负电压分布。(D)一个电流偶极子及其周围磁场的例子。(E)一个由偶极子产生且刚好位于颅骨表面内侧的磁场例子。如果偶极子大致与表面平行,那么磁场在离开和进入头部时可以被记录到;如果偶极子是径向朝向(垂直于表面),则记录不到磁场。授权转载自 Luck 和 Girelli(1998)。版权归 MIT 出版社所有。

突区域出现一个净负电位(a net negativity)。为了形成回路,电流还将从细胞体和基底树突流出,导致该区域出现净正电位(a net positivity)。这个电流的流动形成一个微小的偶极子(相隔一小段距离的一对正负电荷)。

如果突触后电位是抑制性而非兴奋性的,那将会使电流方向反转并且改变头皮上所记录信号的极性。如果突触后电位发生于细胞体或者基底树突,而非尖端树突,那也将会改变极性(参考方框 2.1 中关于 ERP 成分极性含义的讨论)。

来自单个神经元的偶极子实在太小了,以至于无法在头皮电极上记录到。但是许多神经元的偶极子会相互累加,便可能在头皮上记录到由其形成的电压。对于可在头皮上记录到的累加电压,必须要求成千上万个神经元的偶极子同时出现,而且来自单个神经元的偶极子必须在空间上排列一致。如果神经元相互之间的朝向是随机的,那么一个神经元的正电可能与下一个神经元的负电相邻,从而相互抵消。类似地,如果一个神经元接收到兴奋性神经递质,而另一个神经元接收到抑制性神经递质,那么神经元偶极子的方向相反,也会相互抵消。然而,如果所有神经元都具有相似的朝向,且都接收到相同类型的输入,那么它们的偶极子会累加,便可能在头皮上测量到。相比其他类型的细胞或者其他脑结构,这种现象更有可能发生于皮层锥体细胞中,因此 ERPs 主要来自于锥体细胞。

42

方框 2.1 ERP 成分的极性意味着什么?

我经常被问到一个成分的正负极性是否"意味着什么"。我的回答是极性取决于下列四个因素的共同作用:

- 突触后电位是兴奋性还是抑制性的
- 突触后电位是发生于尖端树突,还是发生于基底树突和细胞体
- 所形成的偶极子相对于活动记录电极的位置和朝向
- 参考电极的位置(将会在第五章中讨论)

如果你知道这些因素中的三个,那么可以根据 ERP 的极性推出第四个因素。但是通常我们不知道其中的三个因素,所以极性通常不提供任

何信息。只有当大多数成分在指定头部区域都有恒定的极性时,给定位置的极性才有意义,此时成分的极性能够帮助我们判定看到的是哪个成分。但是通常无法利用它来判断成分反映的是兴奋还是抑制。

由于皮层不是平整的,而是有着众多的折叠,因此单个偶极子之间的累加很复杂。然而,幸运的是,物理学家们已经证明,许多相邻偶极子的累加,基本等价于这些偶极子之间进行朝向平均后所得到的单个偶极子[3]。这个平均偶极子被称为*等效电流偶极子*(equivalent current dipole)。然而,需要指出的是,只要这些偶极子朝向之间的差异大于 90°,它们就会在一定程度上相互抵消,达到 180°时便完全抵消了。例如,基底神经节中神经元的朝向大部分是随机的,导致很难或者不可能在头皮上记录到来自基底神经节的活动。

这些关于 ERP 产生的事实导致了一个重要结果,即只有一小部分大脑中的活动会在头皮上引发一个 ERP "标记"。为了引发头皮上可记录的信号,需要满足下列条件:

- 大量神经元必须同时激活。
- 神经元个体之间必须具有大致相同的朝向。
- 大部分神经元中的突触后电位必须来自于神经元中的同一部位(尖端树突或者细胞体和基底树突)。
- 大部分神经元必须具有相同的电流方向,以避免相互抵消。

3.3 容积传导

43

当像大脑这样的传导介质中存在一个偶极子时,电流会通过介质传导,直至到达表面。这就是图 2.2C 所示的*容积传导*(volume conduction)。然而,我应该指出,我不是很喜欢容积传导这个术语,因为它也许暗示着我们记录的是从神经元一路传递至头皮电极上的带电粒子。实际却并不是这样。作为类比,当电力从发电厂中产生并沿电力线传输时,电子并不是从发电厂一路传递至你家的。相反,一个电子推动下一个电子,它再推动下一个电子,依此类推。类似地,当大脑中有一个偶极子在活动时,你不需要等待带电粒子从偶极子一路移动到表面。相反,一组神经元中的突触后电位引起了一个瞬时电场,它贯穿于整个头部,且几乎没有延迟。

而且别忘了你测量的是电压,它是电流流动的势能,而不是电流的实际流动。

电不是在传导介质中某个偶极子的两极之间直接进行传递,而是沿着导体扩散开来。因此,ERPs 并不是仅出现在该偶极子正上方区域的电极处,而是会被头上的全部电极都记录到。颅骨的高阻抗导致电压分布更为广泛。因此,一个 ERP 成分的头皮分布通常是很广的。

图 2.2C 展示了关于 ERP 头皮分布的一个重要事实。对于任何位置的偶极子,电压都会在一些头皮区域是正值,而在其余区域是负值,并且存在一个区分正负区域的极小零值窄带。许多情况下,其中的一部分会落在头部之外没有电极的位置(例如,面部或者大脑底部),因此你也许无法看到偶极子的两侧。另一些情况下,你将能够看到偶极子的正负两侧[4]。对于不同的偶极子来说,正负两侧之间的零值带有着不同的位置。当有多个偶极子在活动时,便不存在单一的零值带。因此,没有哪个头部区域的电压值能够始终为零(更多讨论可参见第五章)。

3.4　偶极子和 ERP 成分之间的关系

一个等效电流偶极子代表了大量相邻神经元的累加活动。这与一个 ERP 成分的概念之间又是如何联系起来的呢?之后我们将在本章中仔细地定义术语 *ERP 成分*(ERP component),但是现在我们可以先和偶极子的概念之间建立一个简单的联系。具体来说,当一个等效电流偶极子代表了某个单一功能性脑区的活动时,该偶极子可以被认为等同于一个 ERP 成分。该偶极子时刻变化的幅值构成了该 ERP 成分的时间过程。正如即将介绍的,大脑中所有不同的偶极子累加在一起,便形成了我们在头皮电极上记录到的包含正负波峰的复杂模式。

3.5　磁场

44

用磁场记录代替电位记录,可以在很大程度上避免由颅骨高阻抗引起的电位模糊。如图 2.2D 所示,一个电偶极子总是被一个具有相应比例强度的磁场所包围,而且这些磁场会以与电位相同的方式累加。因此,无论何时,只要有 ERP 产生,ERP 偶极子周围就会有磁场形成。此外,磁场是可以穿透颅骨的,因此磁场不会因为颅骨而变得模糊,[5] 从而导致磁场记录比电位记录具有更高的空间分辨率。在磁场中,与 EEG 等价对应的是*脑磁图*(magnetoencephalogram,MEG),与 ERP

等价对应的是*事件相关磁场*(event-related magnetic field,EMRF)。

如图 2.2E 所示,一个平行于(*正切于*)头皮表面的偶极子会伴随着一个从偶极子一侧离开头部,在另一侧再次进入头部的磁场。如果在头部附近放置一个名为*超导量子干涉仪*(superconducting quantum interference device,SQUID)的高灵敏度探测器,我们就可能测出这些离开又重新进入头部的磁场。然而,如果偶极子垂直于头部表面(一个*径向*偶极子),那么偶极子周围的磁场将不会离开头部,它对于SQUID 将是"不可见"的。对处于切向和径向之间的偶极子朝向,头部外侧所记录到的磁场强度会随着偶极子径向的增加而逐渐减弱。类似地,深部偶极子的颅外磁场强度也变得很弱。因此,MEG 主要对浅层的切向偶极子敏感。

因为磁场不像电位那样分布范围很广,所以它能够提供更加精确的定位。然而,正如在线第十四章介绍的,ERP 和 ERMF 的联合记录可以提供比 ERMF 单独记录更好的定位能力。不幸的是,三个原因导致磁场记录非常昂贵:SQUID 很贵;需要持续添加冷却剂;需要一个昂贵的磁场屏蔽室来削弱比 MEG 信号大若干数量级的地球磁场。因此,MEG/ERMF 记录相比 EEG/ERP 记录要少见得多。

4. 正问题和 *ERP* 成分在头皮表面的叠加

如果我告诉你大脑中某个偶极子集合的位置和朝向,以及大脑、颅骨和头皮的形状以及电导率,你便有可能用一组相对简单的公式计算出这些偶极子的电位分布。这叫做*正问题*(forward problem),解决起来相对容易。本节中,我会花一些时间来解释如何求解正问题的一些细节,因为它将有助于你正确理解大脑中产生的ERP 成分是如何在头皮电极上进行混合的。这便引出了我在第一章中曾简要提到的叠加问题,它常常是 ERP 研究中的最大障碍。在详细描述正问题之前,我需要介绍一点数学知识,仅仅是很少的一点而已(参见方框 2.2)。

方框 2.2 4 种数学

　　ERP 波形是由数字组成的序列,所以如果想理解 ERPs,你不可避免地需要一小点数学知识。如果你是一位"数学达人",那么你很可能在阅读本书的时候期待看到一些数学公式。但如果你不是数学达人,你最不想看到的就是许多公式。接下来的章节中会有一些公式,但是都非常简单。我保证不会写出诸如"从公式6.4中显然有……"这样的话,因为我常常发现公式并不能使事情变得显而易见。

我不是数学达人。我在大学第一年曾努力学完了一年的微积分,但那就是我学过的全部了。当年所学的内容我几乎都不记得了。所以这本书不会包含任何微积分的内容。

其实你不需要任何微积分的知识就能够理解ERP研究中涉及到的所有关键数学概念。事实上,我将要描述的所有东西都可以归结为加、减、乘和除。如果你不是数学达人,你可以利用这四种简单的数学运算来理解诸如傅里叶分析、时频分析,以及滤波器如何工作等内容。这需要你花费一些时间看看由这四种简单运算以有趣的方式所组成的简单公式,但最终它仅仅是任何人都能够理解的算术而已。

如果你是数学达人,我想你会发现以这种方式进行简化,可以使你对数学的内在逻辑产生新的认识。而且你很可能发现关于傅里叶分析、时频分析和滤波中一些很重要,但是原先没有充分认识到的事情。

图2.3利用3个假定产生源所形成的ERP波形描述了正问题。这些叫做源波形(source waveforms),它们描述了这些电位成分的时间过程。对于任何给定的头皮电极点,一个给定内部产生源中将会有固定比例的源波形传递至该电极。也就是说,一个给定产生源中X%的电位将传递至一个给定电极点,这里的X在每个由内部产生源和外部头皮电极所构成的组合中都有着不同的值。传递的电位百分比取决于产生源相对于电极的位置和朝向,以及头颅内部多种组织的导电性。例如,一个表层径向偶极子将会有一个很高比例的电位传递至其正上方头皮处的电极,以及一个较小(反向)百分比的电位传递至头部对侧的电极。

实际上,通过MRI结构像扫描构造出受试者的头部模型,并结合头部中不同组织(例如大脑、颅骨、头皮)的标准电导值,便有可能估计出从该受试者头部每个可能的源位置传递至每个电极点的电位百分比。如果你可以提供MRI结构像扫

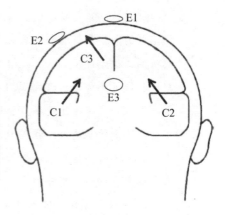

成分至电极的假想权重

	电极1	电极2	电极3
成分1	$w_{1,1}=1$	$w_{1,2}=0.25$	$w_{1,2}=0.5$
成分2	$w_{2,1}=0.5$	$w_{2,2}=0.5$	$w_{2,3}=-0.5$
成分3	$w_{3,1}=1$	$w_{3,2}=0.75$	$w_{3,3}=0.5$

每个成分产生位置的源波形　　　　　　　　　　　每个电极上的观测波形

C1 $\quad w_{1,1}$

$w_{2,1}$

$w_{3,1}$ 　　E1

E1=$w_{1,1}$C1+$w_{2,1}$C2+$w_{3,1}$C3

C2 $\quad w_{1,2}$

$w_{2,2}$

$w_{3,2}$ 　　E2

E2=$w_{1,2}$C1+$w_{2,2}$C2+$w_{3,2}$C3

C3 $\quad w_{1,3}$

$w_{2,3}$

$w_{3,3}$ 　　E3

E3=$w_{1,3}$C1+$w_{2,3}$C2+$w_{3,3}$C3

46　图 2.3　潜在成分波形与观测到的头皮波形之间的关系。这个例子中有三个成分(C1，C2，C3)，每个成分有一个源波形(左下方的电压时间过程)和产生源位置(由头部中的箭头表示)。每个成分波形对给定电极上观测波形的贡献，都是由一个加权系数决定，这个系数反映了产生源相对于电极的位置与朝向，以及头部组织的导电性。表格给出了三个成分和三个电极之间的加权系数(注意到这些都是假想值，不是来自真实头部的实际加权系数)。给定电极上的观测波形(右下方)等于每个成分波形乘以每个成分和该电极之间加权系数后的总和。权重是由位于成分波形和观测波形之间箭头处的 w 来表示(例如 w_{23} 表示成分 2 和电极 3 之间的加权系数)。授权改编自 Kappenman 和 Luck(2012)。版权归牛津大学出版社所有。

描，有些软件包就可以给出这些传递因子。

47　　　　从一个给定产生源位置传递至一个特定电极点的电位比例叫做产生源与电极之间的权重(weight)。每个产生源位置和电极点的组合都对应着不同的权重。图 2.3 中，权重记为 $w_{x,y}$，其中 x 表示产生源的位置，y 表示电极点。例如，从产生源

2 到电极 1 的权重记为 $w_{2,1}$。我在图 2.3 中构造了一些权重值——它们并不是真实的权重值。例如,真实的权重将会远小于 1.0,因为只有一小部分源电位能够传递至头皮电极。有一个软件包可以基于受试者的 MRI 结构像数据给出真实的权重值。注意这些权重值是比例(介于 −1 和 1 之间),而不是百分比。

利用图 2.3 中所示的"假"权重值,可以容易地看出给定电极点的波形如何体现了内部潜在成分的加权和。例如,电极 E1 的波形等于 C1 波形加上 C2 波形的 50％,再加上 C3 波形(因为从成分 C1 至 C3 传递至电极 E1 的权重分别是 1.0、0.5 和 1.0)。如果你认为这看起来非常简单,那就对了! 一个给定电极点的波形总是等于所有源波形的加权和。这种简单性源自于一个事实,即在类似于人类头部这样的简单导体中,电压是简单累加在一起的。

需要指出的是,给定电极点的电压是*所有*潜在成分的加权总和。这些权重值在头部一侧为负,另一侧为正,在偶极子正负两侧交界处有一个权重值为零的窄带。这条窄带附近的权重值可能相当小。然而,一个给定电极点会从大脑内每个成分之中都至少拾取一些电压。这就意味着几乎所有成分都会在每个电极点上进行混合。在一个特定实验中,可能有多少个成分进行混合呢? 这是很难确认的,但是常见实验中也许有几十个。例如,在一项简单的靶刺激探测任务中,有证据表明在听觉刺激起始之后的 50 至 200 毫秒短暂时间内,至少可以发现 10 个不同的源(Picton et al.,1999)。当受试者完成一项复杂任务时,如果考察更长的时间段,可能会发现更多活跃的源。

大部分情况下,我们感兴趣的是测量单个成分,而不是在特定头皮电极上记录到的混合信号。不幸的是,没有简单的方法能使我们从头皮上记录到的活动中还原出潜在成分。虽然有许多不同的方法尝试还原出这些潜在成分(参考方框 2.3),但是它们都是基于一些假设,而这些假设要么已知是错误的,要么仍未被证明是正确的。其中的每一项技术都会导致一个不同的解决方案,仅基于这一条事实就可以推测它们中的大部分(或者全部)都是不正确的。

随着本章的继续,我们将会看到为何叠加问题会使 ERP 研究者感到如此困难。也许你会感到沮丧,但是请记住,最终我们将会讨论出一套策略来解决叠加问题。此外,第四章的在线补充材料描述了一些已有的优秀研究例子,它们克服了叠加问题,并且对我们理解心理与大脑做出了重要贡献。

48   **方框 2.3　成分的分离**

　　　　潜在成分在头皮信号中的混合是一个非常重要的问题,人们提出了许多不同的数学方法来试图解决它。最有名也是最广泛被使用的方法包括偶极子定位法、主成分分析、独立成分分析、傅里叶分析以及时频分析。所有这些方法都将在本书中进行较为详细地介绍。

　　　　尽管这些方法彼此之间看起来很不一样,但是它们都拥有一个共同的基础性底层结构,理解这一结构是很有必要的。具体来说,它们都假设头皮上记录到的波形是由一系列潜在的*基函数*(basic function)通过加权累加而组成。然而,关于这些基函数的本质,它们有着不同的假设。例如,傅里叶分析假设基函数是正弦波,但是它不对头皮分布的模式做任何假设;相比之下,偶极子定位法对基函数的时间过程不做任何假设,但是它们假设头皮分布反映了大脑、颅骨以及头皮的导电性。为了解开头皮上观测到的波形,这些技术所采用的数学方法也存在很大的差异。然而,需要记住的一点是,它们都假设观测到的波形是由一小组基函数通过叠加而构成。

5. ***ERP* 定位问题中的挑战**

　　本节将对 ERPs 定位中遇到的挑战进行一个简短的讨论。在线第十四章中有一个更加完整的讨论。

　　正如在描述正问题时提到的,如果已知偶极子的位置和朝向(且有 MRI 结构像扫描),便很容易计算出头皮上的电位分布。然而,如果我给你的是一个头皮上观测到的电位分布,请你告诉我偶极子的位置和朝向,你将无法给出一个具有 100% 信心的答案。这就叫做*逆问题*(inverse problem),数学家们称之为"不适定"(ill-posed)或者"欠定"(underdetermined)问题。简单来说,这意味着存在许多不同的偶极子组合,都可以对一个特定的电位分布做出完美解释,而且无法辨别哪个组合是正确的。事实上,早在 150 多年前,人们就已经知道有无穷多种不同的偶极子组合都可以形成任意给定的电位分布（Helmholtz，1853；Nunez & Srinivasan，2006；以及 Plonsey，1963）。因此，无法确认是哪一种组合实际引起了所观测到的电位分布（除非你有其他的信息来源，例如脑损伤的数据）。

图 2.4 展示了 ERPs 定位中遇到的一些挑战。当颅骨下方有单个偶极子直接

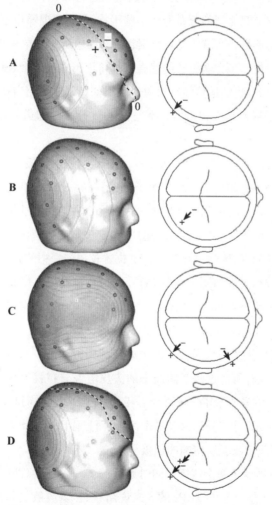

图 2.4　不同偶极子配置（右侧）形成的头皮分布（左侧）。参考正文中关于 A—D 的介绍。图片由 J. Bengson 提供。授权转载自 Luck(2012a)。版权归美国心理学协会所有。

49

指向外表(一个浅层径向偶极子)时,头皮上会出现一个非常集中的电位分布,最大电位位于该偶极子的正上方(图2.4A)。如果该偶极子朝侧向移动,即使幅度很小(例如1厘米),电位分布也将会显著不同。因此,通过将假想的单个偶极子在不同位置和朝向条件下形成的电位分布与观察到的电位分布进行比较,并从中选出最为吻合的偶极子,便可以对该类型的偶极子进行相当精确的定位。虽然数据中的噪声会对头皮上观测到的分布造成一些干扰,但是只要噪声不是太大(假设你确认它是单个表层偶极子),就依然可能对图2.4A中所示的单个表层偶极子做出具有合理精度的定位。多个偶极子的组合同样可能形成与单个表层偶极子完全相同的电位分布。因此,我们虽然能够对单个表层偶极子进行相当精确的定位(假设平均ERP波形中的噪声水平很低),却无法从头皮分布中知道是否仅存在单个表层偶极子。

现在考虑图2.4B所示更深层的偶极子。与表层偶极子相比,深层偶极子产生的头皮电位分布更为广泛。当偶极子侧向移动一定幅度时,深层偶极子的头皮分布所受到的影响没有表层偶极子大。在其余条件均相同的情况下,偶极子越深,头皮上的电压值就越小,电位分布就越广泛,定位精度也越低。这种情况下还存在一个更为重要的问题,因为很难辨别一个位置较深但集中的源,与一个处于表层但有着较大皮层分布范围的源之间的差异。例如,错误相关负波有着较为广泛的头皮分布,虽然这符合前扣带皮层中存在的单个深部产生源(Dehaene, Posner, & Tucker, 1994),但同时也符合较大范围表层皮层的激活。

图2.4C展示了两个偶极子同时激活的一种情形。来自不同产生源的电位简单地累加在一起,所以这两个偶极子的头皮电位分布就等于单个偶极子头皮电位分布的累加。在这个特例中,两个偶极子都位于表层,而且相距较远。这种情况下,如果假设数据没有受到太多噪声污染,而且你已经确切知道有两个偶极子被激活,那么有可能做出相当精确的偶极子定位。

图2.4D展示了两个偶极子同时激活的另一种情形(两个偶极子来自图2.4A和B)。这对于想要定位ERPs的人来说简直是"梦魇般的场景",因为几乎无法区分由两个偶极子累加形成的头皮分布与由单个表层偶极子形成的头皮分布。哪怕只有很小的噪声,也将导致无法区分数据是来自单个表层偶极子,还是来自两个以这种方式排列的偶极子。即使两个偶极子不是如此完美排列的,这个问题依然存

在。此外,设想某个实验中存在上述两个偶极子,一个实验操作导致深层偶极子的幅度出现变化,而对表层偶极子没有影响。在这种情况下,很有可能会将该实验效应归因于表层偶极子,而非深层偶极子。

随着越来越多同步偶极子的累加,偶极子之间以这种方式排列的可能性增大,判断偶极子的数量以及对它们进行精确定位也变得越来越困难。当数据中存在噪声时,情况会变得更糟。在这些条件下,一组经过估计且与所观测头皮分布吻合的偶极子位置可能与实际位置相差很远。

图 2.4 中的例子既有令人乐观的一面,也有令人悲观的一面。你应该感到乐观的原因是,如果你确认只有单个偶极子或者虽然有两三个偶极子,但不是以那种导致很难定位的方式排列的话,ERPs 可以被精确地定位。但是你同样应该感到悲观,因为定位 ERPs 是很困难的,除非你知道你面对的是单个偶极子或者虽然有两三个偶极子,但不是以那种导致很难定位的方式排列。幸运的是,你可以采取一些措施,以增加只有单个偶极子激活的可能性(例如,利用差异波分离出单个成分,再对差异波进行定位)。

在许多实验中,偶极子的数量可能很大(>10),所以仅仅基于观测到的头皮分布,就想满怀信心地对 ERPs 进行定位是不可能的。这种情况下定位 ERPs 的唯一方法就是引入外部约束条件,而这正是现有 ERPs 定位技术在解决非唯一解问题时采取的方法。正如在线第十四章中详细讨论的,一些常见方法可以允许使用者指定具有固定数量的偶极子(Scherg,1990),而其他方法则使用 MRI 结构扫描像将偶极子限制在灰质内(Dale & Sereno,1993;Hämäläinen,Hari,Ilmonieni,Knuutila,& Lounasmaa,1993),或者选择能够使相邻皮层之间突变最小化的方法(Pascual-Marqui,Esslen,Kochi,& Lehmann,2002)。尽管每个方法都提供了一个独特的解决方案,它们却未必正确。而且考虑到它们也许给出的是相当不同的方案,这又进一步降低了我们对其中包含正确方案的信心。

定位 ERPs 的数学方法中存在的最显著缺点就是,它们通常无法给出一个合理的误差边界。也就是说,它们不能给出所估计的位置落在实际位置周围数毫米范围内的概率。例如,我想要能够声明特定实验中的 N2pc 成分产生于以枕叶外侧复合体(lateral occipital complex)为中心的 9 毫米范围内,而且定位错误的概率小于 0.05。我知道没有哪一种数学上常用的定位技术能够给出此类信息[6]。如果没有误差边界的话,就很难判断一个定位估计结果的可信度。在大部分情况下能够给出的最强结论,就是观测到的数据与一个特定位置的产生源是相符的。

虽然通常无法仅依靠观测到的头皮分布做出确切的 ERPs 定位,但这并不意味着永远无法对 ERPs 进行定位。具体来说,可以利用科学界常见的一般假设演绎法(hypothetico-deductive approach)对 ERPs 进行定位。也就是说,基于一个给定 ERP 效应产生源位置的假设,可以做出一系列预测,而这些预测则可以通过实验进行检验。当然,其中的一个假设就是观测到的头皮分布与假定产生源位置是一致的。然而,对这一预测的确认通常仍不足以为产生源位置的假设提供有力支持。因此,对其他预测进行的检验就变得很重要。例如,可以检验这样一个假设,即假设产生源位置的大脑受损会导致相应的 ERP 成分减弱。确实,研究者最初假设 P3 成分产生于海马,然而当实验发现内侧颞叶损伤病人的 P3 成分基本不受影响时,该假设就被推翻了(Polich, 2012)。类似地,如果一个 fMRI 实验采用了与产生某个 ERP 成分相同的实验条件,那么可以预测在假定的 ERP 产生源位置应该能够观察到 fMRI 的激活(参考 Hopf et al., 2006)。此外,还可以在神经外科手术病人的皮层表面记录 ERP 成分,并以此来检验关于 ERP 产生源的预测(参考 Allison, McCarthy, Nobre, Puce, & Belger, 1994)。这种假设检验的方法已经被成功地用来对一些 ERP 成分进行定位。

正如第一章中所讨论的那样,ERP 技术的主要优点是它的高时间分辨率、相对低的成本、无创性,以及关于心理过程内隐且连续的测量能力。空间分辨率并不是 ERP 技术的长处之一,因此合理的做法是将该技术用在可以发挥其长处,而不是受限于其短处的研究中。

6. 波峰与潜在的 ERP 成分

现在你理解了潜在成分是如何在头皮电极上进行混合的——这正是为何很难从头皮上观测到的波形中复原出潜在成分的原因——现在该考虑为何在大多数 ERP 研究中,这都是一个大问题。本节中,我会展示一系列简单的人造波形,来说明叠加问题如何会导致对于 ERP 数据的错误解释,并提出一系列用来避免这些错误解释的"规则"。总之,本节的目的是为了帮助你跳开在头皮上记录到的 ERP 波形本身,进而考虑导致这些头皮表面波形形成的潜在成分。即使通常无法对这些潜在成分进行定位,你依然可以学习如何基于头皮上观测到的波形,对潜在成分做出经验性的猜想。

术语 *ERP* 成分将会在本章后续进行更为正式地介绍。现在,你只需要将一个成分考虑为大脑给定区域中的电活动,它反映了该区域中发生的某些神经活动,然后传递至头皮电极。

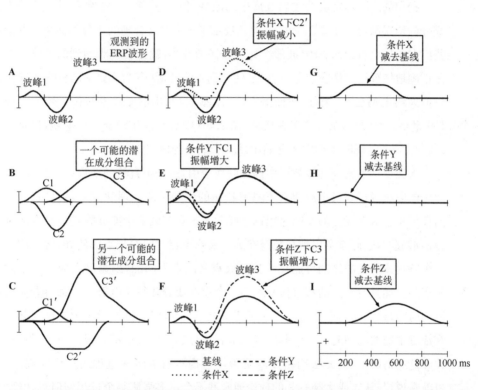

图 2.5　当潜在成分相加并形成观测到的 ERP 波形时,会出现的一些复杂情况示例。B 和 C 展示了两个不同潜在成分的组合,它们相加后形成了 A 中的观测波形。D、E 和 F 展示了三个仿真实验,其中有一个成分在基线和三种对比条件之间存在区别。在 D 中,条件 X 下的 C2′ 成分与基线条件相比减小了。在 E 中,条件 Y 下的 C1 成分与基线条件相比增大了,导致波峰 1 和波峰 2 的潜伏期都出现了明显的偏移。在 F 中,条件 Z 下的 C3 成分与基线条件相比增大了,这对波峰 2 的振幅和潜伏期都产生了影响。G、H 和 I 分别展示了条件 X、Y 和 Z 下的差异波。

为了理解一系列 ERP 波形内在的"深部结构",你首先需要理解 ERP 波形中的波峰为何是潜在成分的一种误导性的表现形式。为了更好地说明这一点,我用 Excel 做出了一些简单的仿真成分,然后将它们累加起来,形成仿真的头皮 ERP 波形。图 2.5 展示了这些结果。这是一幅杂乱且复杂的图,接下来将会对其中的内容进行一一介绍。这可能是整本书中最重要的一幅图,所以花费一些时间来理解其中的每一部分是很有价值的。

6.1　电压峰值的非特殊性

我们的眼睛通常会关注到波形中的波峰,但是这些波峰常常会引出关于潜在成分的错误结论。图 2.5 中的 A 和 B 展示了 3 个非常合理的成分如何累加并形成我们在头皮上看到的 ERP 波形。如果你仔细观察,就会发现观测到的波峰完全无法正确地体现这些潜在成分。首先,注意到观测波形(图 2.5A)中的首个正向活动峰值大约出现在 50 毫秒,然而潜在成分(图 2.5B 中的 C1)中的首个峰值出现在 100 毫秒。类似地,第三个潜在成分(图 2.5B 中的 C3)开始于 100 毫秒,但是直到 200 毫秒左右,观测波形中才开始出现这个成分的标记。

人类视觉系统容易被波形中的波峰所吸引,这是很自然的现象。但是,ERP 波形中的电压极正或极负点通常不具有特殊的生理学或心理学意义,而且它们通常与任何单个潜在成分的时间过程都毫无关系。观测波形中的波峰是由潜在成分混合而形成的,它们通常出现在与潜在成分波峰不相同的时刻点。例如,观测波形中一个特定波峰的潜伏期可能在不同电极点之间是不同的(因为潜在成分向不同电极点的传递具有不同的权重值),然而一个潜在成分在每个电极点上都有着完全相同的时间过程(因为电压瞬间传递至所有电极)。有时观测波形中的波峰与某个潜在成分中的波峰同时出现(例如,当该潜在成分远大于其他潜在成分时)。然而,即使在这些情况下,仍无法判断波峰是否能够揭示有关潜在过程的任何明确信息。也就是说,与认知或大脑有关的理论通常并不会过多强调某个过程何时到达峰值。相反,这些理论常常关注一个过程的起始、持续,或者随着时间的整合活动(参考 Pashler,1994;Usher & McClelland,2001)。

这便引出了我们在解释 ERP 数据时的第一条,也是最重要的一条"规则":

　　　　规则 1:峰与成分并不是一回事。电压达到局部最大值的点并没有什么特别。

　　根据这一基本规则,我常常对峰振幅和峰潜伏期如此频繁地被用于测量 ERP 成分的振幅和时刻点感到惊讶。这些测量方法通常会极大地干扰对潜在成分幅值和时刻点的理解。第九章将会介绍更好的方法,可以在不依赖波峰的情况下量化 ERP 数据。

6.2　峰的形状与成分的形状不同

　　图 2.5C 展示了另一组潜在成分,它们累加之后也等于图 2.5A 中的 ERP 波形。这三个成分被标记为 C1′、C2′和 C3′。基于图 2.5A 中的单一波形来看,无法分辨它究竟是由图 2.5B 中 C1、C2 和 C3 组成的,还是由 C1′、C2′和 C3′组成的(或者是由其他某组潜在成分组成的)。有无穷多种潜在成分的组合可以累加并形成图 2.5A 中的 ERP 波形(或者任何其他 ERP 波形)。

　　如果图 2.5A 中的观测波形确实是由 C1′、C2′和 C3′累加形成的,那么观测波形中的波峰就无法体现潜在成分的形状。例如,图 2.5A 中波峰 2 相对较短的持续时间与图 2.5C 中 C2′成分较长的持续时间几乎完全不相符。如果你在某个实验中看到了类似图 2.5A 中的波形,你可能不会想到其中的主要贡献来自一个持续时间很长,类似 C2′的负向成分。

　　这便引出了我们的第二条规则:

　　　　规则 2:通过观察单个 ERP 波形,无法估计出一个潜在成分的时间过程或峰潜伏期——波形的局部形状与潜在成分之间也许不存在明显的关系。

　　很快我们将会介绍有时如何利用差异波来判断潜在 ERP 成分的形状。你还可以通过观察多个头皮位置的波形来获取很多信息,因为一个给定潜在成分对不同头皮电极产生的贡献具有相同的时间过程(因为 ERPs 瞬间传递至所有电极)。

6.3　一个实验效应的时间过程和头皮分布

　　图 2.5D 至 F 展示了 3 个仿真实验,其中包含了一个"基线"条件与其他三种条件,即 X、Y 和 Z 之间进行的比较。基线条件下的波形与图 2.5A 中的波形是相同的,它可能由图 2.5B 中的 C1、C2 和 C3 成分累加形成,或者由图 2.5C 中的 C1′、

$C2'$ 和 $C3'$ 累加形成。我将其命名为"基线"条件,仅仅是因为我将用它和条件 X、Y 以及 Z 进行比较。

在图 2.5D 所示的仿真实验中,我们假设基线条件下观测到的波形是由 $C1'$、$C2'$ 和 $C3'$ 成分累加形成的,而且与基线相比,$C2'$ 成分在条件 X 下减小了 50%。然而,如果你仅仅看到了图 2.5D 中的波形,而且不知道潜在成分的形状,那么你也许忍不住会认为至少有两个成分在基线条件和条件 X 之间发生了变化。也就是说,似乎条件 X 导致了一个峰值位置在 300 毫秒的负向成分的幅值减小,以及一个峰值位置在 500 毫秒的正向成分的幅值增大。你甚至可能推断在条件 X 下,100 毫秒处有一个更大的正向成分。对于潜在成分而言,这将会是一些非常具有误导性的结论,因为事实上该效应仅仅是由单个较广的负向成分($C2'$)的幅值减小所构成。这些错误的结论来自于我们自身的内在倾向性,即假设观测波形中的波峰与潜在未知成分之间具有一种简单且直接的关系。这便导致我们推断图 2.5D 中波峰 3 的幅值增大体现的是一个长潜伏期正向成分的幅值增大,然而事实上它是由一个中潜伏期负向成分的幅值减小所引起。

图 2.5E 展示了一个将基线和条件 Y 进行比较的仿真实验。这次我们假设潜在成分是 C1、C2 和 C3(而不是 $C1'$、$C2'$ 和 $C3'$)。除了 C1 成分幅值增大以外,条件 Y 与基线完全相同。然而,如果你看了这些波形,也许会认为条件 Y 导致了一个峰值位置在 100 毫秒的早期正向成分的幅值增大,以及一个峰值位置在 300 毫秒的负向成分的幅值减小。

类似地,图 2.5F 展示了另一个仿真实验,其中 Z 条件下 C3 成分的幅值与基线条件相比增大了。尽管两个条件之间存在差异的只有这个晚期正向成分,但是从波形上看起来,Z 条件在 300 毫秒位置也出现了一个负向成分的减小。然而,这其实仅仅是由 C3 成分与 C2 成分在时间上的重叠而导致的结果。

在图 2.5D 至 F 中,单个成分的振幅变化导致了多个峰的振幅变化,这可能导致研究者做出错误的推断,认为有多个成分在不同条件之间发生了变化。我已经无数次见过这种类型的波形,而人们恰恰经常采用上述错误的方法对其进行解释。这便引出了我们的第三条规则:

规则 3:某个特定波峰时间范围内出现的效应也许并不能反映与该波峰

相关的潜在成分的变化。

6.4　利用差异波作为解决方案

利用差异波,常常可以对潜在成分的时间过程和头皮分布做出更好的估计。差异波是一个非常简单的概念:你仅仅需要在一个 ERP 波形中提取出每个时间点的电压值,然后减去另一个 ERP 波形中相应时间点的电压值。你得到的结果是两个波形在每个时间点上的电压差值。例如,在一个 Oddball 实验中,你可以用少见试次的波形减去常见试次的波形(少见减去常见),得到的差异波将会展示出不同类型试次在每个时间点上的电压差异(参考第一章图 1.4)。单个电极上的差异波与 fMRI 实验中的差值图像类似,二者的区别仅仅在于 ERP 差异波是对每个时间点计算差异,而 fMRI 差值图像是对每个体素计算差异。

图 2.5G 至 I 展示了来自图 2.5D 至 G 中三个仿真实验的差异波,即条件 X、Y 和 Z 下的波形分别减去基线波形。它们可以使效应的时间过程变得非常清晰,并说明它们与观测波形中波峰的时间过程是不同的。的确,在这些条件下——其中的实验效应仅由单个潜在成分的幅值变化组成——差异波可以揭示出潜在成分的时间过程和头皮分布在不同条件之间的差异。也就是说,如果你将图 2.5G 中的差异波与图 2.5C 中的潜在成分进行比较,将会发现差异波与 C2′ 成分的时间过程完全一致。因为在这些例子中,除了不同条件之间存在差异的一个成分之外,差异波减去了所有其他的成分,因此差异波将表现出与潜在成分相同的地形图。

你无法保证一个差异波仅包含单个成分。例如,在第一章讨论的 Oddball 范式中,少见减去常见刺激的差异波(参见图 1.4)包含了一个 N2 成分,以及一个 P3 成分。然而,如果你在差异很小的条件之间进行比较,那么很有可能差异波中仅包含单个成分。

那么对于差异波中存在的一个广泛效应,如何知道它反映的是单个潜在成分的变化,还是由两个或更多成分组成的序列的变化呢?首先,你可以观察差异波在整个效应持续期的头皮分布,判断头皮分布是否非常复杂,以至于无法用单个偶极子进行解释。其次,你可以比较差异波在早期和晚期阶段的头皮分布。如果它们相同,那么可能只存在单个成分;如果它们不同,那么至少存在两个成分。本章后续将对差异波进行仔细讨论。

57

6.5 振幅和潜伏期的交互作用

尽管一个潜在成分的振幅和潜伏期在概念上是相对独立的,但是当潜在成分在头皮上混合之后,它们二者便混淆在一起。例如,图 2.5F 展示了由 C3 成分振幅增加引起的效应。由于 C3 成分与波峰 2 有重叠,因此 C3 成分幅值的变化会导致条件 Z 中波峰 2 的峰潜伏期与基线条件相比,出现了大约 20 毫秒的偏移。这便引出了我们的下一条规则:

> 规则 4:峰振幅的差异并非一定与成分大小的差异相符,峰潜伏期的差异并非一定与成分时刻点的变化相符。

这是一条有些令人感到沮丧的规则,因为 ERP 技术最明显的优势就是它的时间分辨率,而对成分时刻进行的估计会受到重叠成分振幅变化引起的干扰,认识到这一点很难使人感到高兴。然而请记住,这种类型的时序干扰主要发生在一个大成分的变化与另一个较小成分相重叠的情况下,这会导致较小成分的潜伏期出现小幅变化。如果你仔细考虑某个给定的效应并花点时间观察一下差异波,应该可以判断出潜伏期的变化是否可能是由振幅变化引起的(反之亦然)。此外,第三章和第四章将会讨论如何通过观察差异波的起始时间来彻底解决这个问题。

6.6 由迭加平均引起的失真

在绝大多数 ERP 实验中,ERP 波形都是通过信号迭加平均的方法从背景 EEG 中分离出来的。很容易想到利用迭加平均来削弱非特异的 EEG 信号,从而使我们看到单个试次中的 ERP 波形。但是,就不同试次的波形之间存在差异这一点来说,平均后的 ERP 波形也许并不能很好地代表单个试次的波形,尤其是当成分的潜伏期在不同试次间存在差异时。图 2.6 展示了这种情况。图 2.6A 描绘了 3 个潜伏期显著不同的单个试次 ERP 波形(没有任何 EEG 噪声),图 2.6B 展示了这 3 个试次平均后的波形。平均后的波形与单个试次波形相比,存在两方面的显著差异。首先,它的峰值较小。其次,它的时间范围更广。因此,即使图 2.6B 中的波形是图 2.6A 中波形的迭加平均,图 2.6B 中平均波形的起始时刻体现的仍是单个试次波形中最早的起始时刻,而非平均后的起始时刻。换句话说,平均波形的起始时刻并不等于单个试次起始时刻的平均(参考第八章和在线第十一章中的更多讨论)。这便引出了我们的下一条规则：

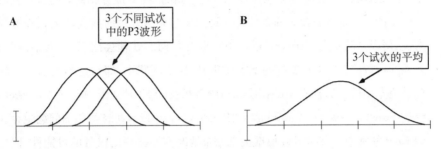

图 2.6 由试次间的潜伏期变异引起平均 ERP 波形失真的示意图。(A)三个具有不同潜伏期的单一试次成分,代表试次间的时间变异性。(B)这三个单一试次波形的平均。平均波形比单一试次波形更宽,而且峰值更小。此外,平均波形的起始和结束时刻,反映了所有单一试次中最早的起始时刻和最晚的结束时刻,而不是平均的起始和结束时刻。

　　规则 5：永远不要假设一个平均 ERP 波形能够直接代表那些平均之前的单个试次波形。特别地,平均波形的起始时刻和结束时刻分别代表了平均之前的单个试次或者单个受试者波形中最早的起始时刻和最晚的结束时刻。

　　幸运的是,测量 ERPs 时通常可以采用某些方法来避免由平均引起的失真。例如,图 2.6B 中平均波形曲线下的面积等于图 2.6A 中单个试次波形曲线下面积的平均值*。类似地,可以找到将该面积两等分的时刻点,这可能是一种比波峰测量法更好的潜伏期测量方法。这些方法将在第九章中进行详细介绍。

6.7　不同实验之间的比较

　　要确定一个实验中的某个 ERP 效应是否和另一个实验中的某个 ERP 效应反映了相同的潜在成分,是非常困难的。例如,试想你已经在一项实验中记录了双语(Xtrinqua 和 Kirbish 两种语言)使用者的 ERPs,并关注这两种语言中的词语所诱发的 N400 成分。你发现 Xtrinqua 语言中的专有名词会诱发出比 Kirbish 语言更

---

　　* 译者注：原文将 2.6A 与 2.6B 写反了

大(更负)的 N400 成分。因此你会推断在处理专有名词时,Xtrinqua 语言比 Kirbish 语言需要更多的资源。然而,这需要假设观测效应体现的是 N400 成分发生的变化,而且与之前语义整合研究中观察到的 N400 成分相同。也许你会看到一个较小的 P3,而不是较大的 N400。因为 P3 与刺激处理时所需要的认知资源数量有关,所以这暗示着 Xtrinqua 语言中对专有名词的处理会比 Kirbish 语言更容易。如果这一效应是 N400 振幅的增加而非 P3 振幅的减小,那么这与之前得到的结论几乎完全相反。这种类型的错误在与语言相关的 ERP 文献中已多次出现过(参考综述 Swaab, Ledoux, Camblin, & Boudewyn, 2012),而且类似的问题也存在于其他 ERP 领域中。有时可以根据头皮分布情况排除掉特定成分的可能性,但是这仅仅在两个成分的头皮分布可以很容易分辨的情况下有效(对 P3 和 N400 的情况则不行)。

这便引出了我们关于 ERP 解释的最后一条规则:

> 规则 6:一个实验中观测到的某个 ERP 效应可能反映的并不是之前研究中具有相同极性和时刻的潜在大脑活动。

这个问题的解决方案将在本章最后一节中进行介绍。

6.8 关于 ERP 波形和成分结构的一些基本注解

有大量已发表的 ERP 实验都违反了本章中关于 ERP 解释的六条规则(甚至包括我自己发表的一些论文!)。违背这些规则将会显著地破坏实验结论的可靠性,所以你在阅读 ERP 论文时应该仔细找出这些违背规则的地方。如果你刚接触 ERP 技术不久,也许应该重新看看那些你已经读过的 ERP 论文有没有违反这些规则。这会是非常好的一项练习,也许可以帮助你对一些已有的发现和结论进行重新评判。

因为本书的这部分内容关注的是 ERP 研究者要面对的最困难的挑战,所以可能会令人感到沮丧。但是请不要绝望!第四章将会提供一些可以克服这些挑战的方法。

此外,当你考虑多个头皮位置上记录到的波形时,许多问题就变得不那么糟糕了。因为不同头皮位置上的 ERP 波形反映的是完全相同的成分，只是权重系数不同，因此可以通过观察多个电极上的数据来排除许多备选解释。例如，考虑图 2.7 所示的一个仿真实验（基于图 2.5 中的 C1′、C2′ 和 C3′ 成分）。这个假想实验记录了条件 A 和条件 B 下 Fz、Cz 和 Pz 电极上的 ERPs。如果你仅仅看到了 Cz 电极上的数据，也许会推断条件 B 诱发了比条件 A 更大且更早的 P3 成分。然而，通过对波形的头皮分布进行观察（原始波形以及差异波），你便能够排除这个结论。基于整个数据集，你能够看出 P3 成分在 Pz 电极上最大，Cz 电极上稍小一些，而在 Fz 电极上变小了很多（这也是常见情形）。然而，实验效应却在 Fz 上最大，Cz 上小一些，而在 Pz 上则趋于零，并且从大约 150 毫秒延伸至 450 毫秒。该实验效应的时刻信息和头皮分布都与 P3 成分的调控不一致，却更加符合额区的 N2 效应。你还应该注意到，该效应的头皮分布在其整个持续过程中是不变的，表明它确实是由一个大约在 150 至 450 毫秒范围内的单一成分所组成，而不是由独立的早期和晚期效应所组成。因此，对多个电极位置上的数据（包括差异波）进行仔细检查，将会有助于避免在解释数据时出现低级错误。此外，随着你在 ERPs 方面经验的积累，将能够更好地弄清这些潜在成分（参见方框 2.4）。

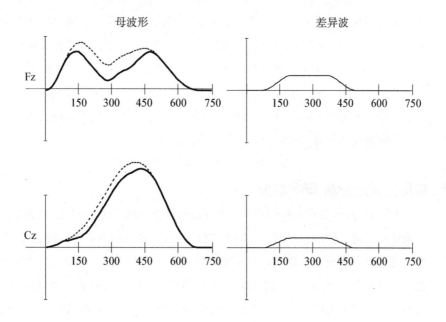

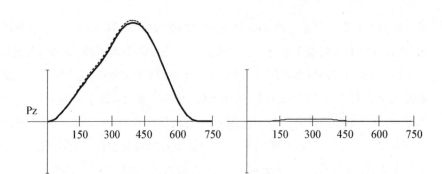

61

图 2.7　一个仿真实验的例子,其中三个潜在成分(类似图 2.5 中的 C1′、C2′ 和 C3′)以不同的加权系数传递至电极 Fz、Cz 和 Pz。条件 B 中负向成分(C2′)的幅值与条件 A 相比减小了。由于该成分的权重在 Fz 上最大,Cz 上其次,Pz 上最小,所以条件 A 和条件 B 之间的差异在 Fz 上最大,Cz 上其次,Pz 上最小。这可以从单一条件下的母波形(左侧)和差异波(右侧)中看出来。注意到由于差异波是通过条件 B 减去条件 A,而非条件 A 减去条件 B 构造出来的,所以差异波表现出的是一个正向,而非负向的偏转。

尽管我并不热衷于利用数学方法来判定 ERP 实验中的潜在成分,但是它们在某些情况下肯定是有用的,包括引出可能的假设,以及说明某些假设与数据不符等情况。例如,如果你对图 2.7 中的差异波进行源定位分析(当然需要有更多的电极),便能明显看出这个效应与可能的 P3 产生源是不一致的。源定位将会清楚地表明,单个产生源就可以解释该效应的早期和晚期部分。因此,即使你应该对源定位技术所提供的关于实验效应的三维坐标持怀疑态度,这些技术在检验关于数据成分及其结构的一般性假设时仍然是有用的。在源定位与差异波结合使用时,这一点显得尤为正确(参考方框 2.5 中的一个例子,描述了我试图利用数学来理解一个实验中潜在成分及其结构的一次简单尝试)。

7. 利用差异波分离 ERP 成分

本节中,我想花点时间讨论一下差异波在解决观测 ERP 波形中的成分混叠这一问题时所起的作用。如图 2.5 和 2.7 所示,差异波有时可以揭示潜在 ERP 成分

62

的时间过程和头皮分布特征。一个结构合理的差异波(例如,基于一个受到良好控制且相对精细的实验调控构造出的差异波)总会包含比构造它的*母波*(parent waveforms)更少的成分。更少的成分意味着由成分混叠引起混淆的机会就越小。

方框 2.4　经验很重要

人们似乎可以学会在分析 ERP 数据时,如何对潜在成分做出正确的推断。许多年以前,Art Kramer 做了一项研究,他利用一组真实的潜在成分构造出伪 ERPs。然后他把这些波形(多个电极位置和多个条件)交给 8 名研究生以及 2 名研究助理,这些人都拥有 1 至 10 年不等的 ERPs 研究经验。经验带来的差异非常明显:有经验的 ERP 研究者能够看出潜在成分的本质,然而 ERPs 的初学者无法可靠地判断出数据中潜在成分的结构。当然,这个结论是有局限性的。它仅仅是以一个特定实验室中的一小组研究者为样本,并且只看了一种类型的数据,因此无法保证一个有经验的研究者总是(或者经常)可以做出正确的解释。在撰写期刊论文时,你无法引用自己多年的 ERPs 经验作为证据,来证明你对潜在成分结构的解释是正确的。然而,一旦你拥有了一些 ERPs 的经验(并学习如何运用在本章中读到的所有内容),就应该能够比较自信地看出一项实验中潜在 ERP 成分可能的模式。

考虑到我是一个差异波的铁杆粉丝,下面这件事便有些讽刺意味。第一个利用差异波来判断实验中成分结构的研究论文是由 Risto Näätänen 和他的同事们发表的(Näätänen, Gaillard, & Mantysalo, 1978),该研究是针对我的研究生导师 Steve Hillyard 在之前一项研究(Hillyard, Hink, Schwent, & Picton, 1973)中做出的解释提出质疑。然而,Jon Hansen 和 Steve Hillyard 随后在另一篇论文中接受了差异波方法,同时利用自己的差异波数据进行了回应(Jon Hansen & Steve Hillyard,1980)。

差异波背后的逻辑其实非常简单。正如图 2.3 所示,特定电极位置上的 ERP 波形等于一系列潜在源波形的加权总和(回忆一下,*源波形*指的是一个 ERP 成分在其产生源位置上的时间过程)。如果两个条件之间有部分源波形存在差异,那么二者相减后的差异波将会消除其中相同的源波形,从而分离出存在差异的成分。这是完全合理的,因为来自不同源的 ERPs 是简单累加在一起的。

正如本章前面所提到的,图 2.5 和图 2.7 说明了如何利用差异波来解释某个效应的时间过程。为了弄清如何利用差异波来揭示一个实验效应的头皮分布,我们可以考虑图 2.8 所示的 N170 成分。正如第一章中所提到的,面孔图片诱发的 N170 大于非面孔物体的图片,例如汽车图片(参见综述 Rossion & Jacques, 2012)。如果你简单地测量面孔试次在 170 毫秒处的头皮分布,那么该分布体现的是面孔特异性活动加上所有在 170 毫秒时刻处的非特异性活动。然而,如果你首先构建面孔减去非面孔的差异波,然而测量其头皮分布,你将会得到面孔特异性的大脑活动地形图,它不会受到非特异性活动的影响。

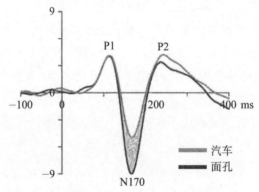

图 2.8 由汽车和面孔刺激在视觉皮层诱发的 ERPs,其中的阴影区域标出了 N170 效应。授权改编自 Rossion 和 Jacques(2012)。版权归牛津大学出版社所有。

方框 2.5 关于数学方法的个人经历

当我在制作图 2.7 中所示的仿真波形时,我意识到这些波形看起来很像我在研究生阶段所做的首批实验中的数据(Luck, Heinze, Mangun, & Hillyard, 1990)。在这个实验中,受试者注意一个显示器的左侧或者右侧区域,我们想观察 P1 和 N1 成分是否在与受注意区域成对侧的大脑半球处(相对于同侧半球)振幅更大。波形如下图所示。

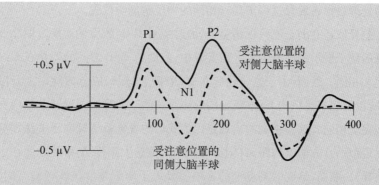

正如你看到的，我们发现对侧半球的波形在大约 80 至 200 毫秒之间具有较大的正值，这包括了 P1、N1 和 P2 成分的时间范围。通过肉眼观察，我们无法判断这种广泛的注意效应是单个成分，还是对 P1 和 P2 成分各自进行的调控。因为我当时自认为是一个统计学高手，所以决定采用主成分分析（principal component analysis, PCA）来回答这一问题。PCA 给出了漂亮的结果，暗示着注意效应包含了对 P1 和 P2 成分各自进行的调控。然而，我越来越觉得这可能是由 PCA 假设带来的伪迹。此外，Steve Hillyard 并不像我那样喜欢各种花俏的数学方法（其中的原因我现在领会到了）。我们采取的折中方案是将 PCA 结果作为发表论文的一个附录。所幸的是，那篇文章的结论并不依赖于 PCA 的结果。

Bruno Rossion 的实验室曾开展过一项针对 N170 及发育的研究（Kuefner, de Heering, Jacques, Palmero-Soler, & Rossion, 2010），阐释了从差异波中测量头皮分布的重要性。该研究记录了 4 至 17 岁的儿童在观察不同类型图片时的 ERPs，这些图片可能包含面孔、扰乱的面孔、汽车以及扰乱的汽车。当测量由面孔诱发的 N170 成分时，发现它的头皮分布在发育过程中变化很大。之前的研究曾发现类似的效应，并推测与面孔处理相关的神经解剖学机制在发育过程中出现了变化。然而，这些头皮分布中出现的变化也可能是由同样出现在 170 毫秒时刻且在发育过程中会出现变化的其他 ERP 成分所引起的。为了检验该可能性，Kuefner 等人构造了扰乱后的面孔与完整面孔之间的差异波，从而消除了所有非面孔特异性的活动。结果发现，差异波的头皮分布从 4 岁至 17 岁几乎是相同的，暗示着面孔特异

64

性的处理过程在发育过程中具有相同的神经解剖学位置。

　　差异波还有助于消除视错觉,从而避免对 ERP 效应的误解。图 2.9 通过一个仿真的例子展示了这种错觉。该实验中,条件 A 和 B 之间的差异在 Fz 和 Cz 电极上完全相同。然而,由于这一效应在 Cz 电极上与 P3 成分的陡峭上升沿重叠在一起,所以看起来显得比 Fz 电极上的效应小一些。差异波则说明该效应在这些电极之间完全相同。这种错觉的出现是因为我们的视觉系统倾向于关注那些与两条曲线呈近似垂直方向上的距离(例如,图中 Cz 位置上条件 A 和 B 之间在水平方向上的差异)。然而,给定时刻点上的振幅差异等于两个波形在该时刻点的垂直距离。两个重叠的波形越陡峭,视觉系统就越会关注波形之间的水平距离而非垂直距离,这便导致我们低估了两个条件之间的真实振幅差异。一旦你观察了图 2.9 中的差异波,就会发现该实验中条件 A 和 B 之间的差异在 Fz 和 Cz 电极上是完全相同的。这就是差异波的另一个优势。

65

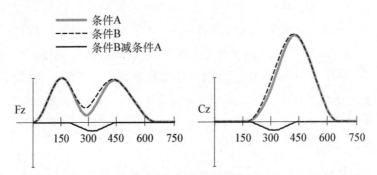

图 2.9　当某个实验调控效应叠加在一个倾斜度较大的 ERP 波形上时,会造成该效应看起来较小的视错觉。这个例子中,条件 A 和 B 之间的差异在 Fz 和 Cz 电极上完全相同(可以通过差异波看出)。然而,由于在 Cz 电极上,这一差异被叠加到了一个倾斜度较大的 P3 波形上,而在 Fz 电极上则无此情况,因此当观察母波形而非差异波时,Cz 电极上的效应看起来比 Fz 电极更小。

　　尽管差异波对于从母波形混叠的成分中分离出潜在成分是非常有用的,但它们仍然存在一些局限之处。首先,当你选择采用 A 减 B 还是 B 减 A 时,就对条件 A 和 B 之间差异的本质做出了隐性假设。考虑图 2.7 中的仿真实验例子。这个实验中的差异波看起来像是条件 B 中有一个比条件 A 更大的额叶正向成分,但实际上我是通过(在我的仿真中)降低额叶负向成分的振幅来构造这个效应的。因此,当你从一个波形中减去另一个波形时,需要注意其中对效应方向所做出的隐性假设。

另一个重要的问题就是,差异波总是比母波形的噪声更大。为了理解其中的原因,请考虑当你将两个波形相加而非相减时会出现什么。当你将两个波形 A 和 B 相加时,A 中的一些噪声与 B 中的噪声相互抵消,但是大部分的噪声却增大而非抵消了,因此叠加后波形中的总体噪声增大了(尽管并不是翻倍了)。事实上,当你从一个波形中减去另一个波形时,会出现与两个波形相加时完全相同的情形。原因就在于,波形中任一给定点的噪声可能是正向的,也可能是负向的,因此你是加上还是减去噪声并不重要(平均来说)。最后的结果将会是一个噪声更大的波形。然而,通常这并不是一个实际问题。如果你在差异波上做统计分析,所得 p 值也许和你在母波形上进行分析所得到的完全一样(这对于线性测量指标,例如平均振幅来说是正确的,第九章中将会进行讨论)。例如,如果你得到两组受试者在条件 A 和 B 中的波形,你可以针对 400 至 600 毫秒之间的平均振幅进行双因素方差分析,其中实验条件和受试者分组是两个因素。或者你可以通过从条件 A 的波形中减去条件 B 的波形构造差异波,测量差异波在 400 至 600 毫秒之间的平均振幅,然后利用 t 检验比较这些振幅在两组受试者间的差异。这个 t 检验中得到的 p 值将会等于方差分析中受试者分组和实验条件之间交互作用的 p 值。

66

8. 什么是 *ERP* 成分?

8.1 一个概念性的定义

现在我们可以给出一个 *ERP* 成分的正式定义了。在 ERP 研究的早期阶段,一个成分的定义主要根据其极性、潜伏期以及总体的头皮分布。例如,P3a 和 P3b 成分的区分,就是依据 P3a 成分相比 P3b 成分具有较早的峰潜伏期以及更加靠近额叶的头皮分布(Squires, Squires, & Hillyard, 1975)。但是,极性、潜伏期和头皮分布都是一些表面特征,并不能表示一个成分的本质。例如,P3b 成分的峰潜伏期在不同难度的靶与非靶刺激辨别任务下可能存在数百毫秒的差异(Johnson, 1986),而听觉 N1 成分则依赖于诱发刺激的音调,而且与音调拓扑图相对应(Bertrand, Perrin, & Pernier, 1991)。甚至极性也会出现变化:产生于初级视觉皮层中的 C1 波,由于皮层折叠的原因,当刺激在上方视野中时其振幅为负,当刺激在下方视野中时其振幅为正(Clark, Fan, & Hillyard, 1995)。当多个成分在一个电极上发生混合时,利用潜伏期、头皮分布和极性来识别成分就变得更加困难了。例如,Oddball 范式中的 N2 成分会叠加在 P2 和 P3 成分之上,因此在 N2 成分时间范围内的总体电位通常是正值。

我并不是暗示你在识别 ERP 成分时不应该借助其潜伏期、头皮分布和极性。事实上,这些因素对于判断一个给定实验效应所反映的成分,例如是 P3a 还是 P3b 成分,是非常有用的。但是,这些因素并不能定义一个 ERP 成分;它们仅仅是由成分的本质所引起的表面特征。相反,一个成分应该根据其固有的一些内在因素进行定义。例如,Manny Donchin、Walter Ritter 和 Cheyne McCallum 曾在一个重要讨论中提到,"一个 ERP 成分是 ERP 中可以代表一个功能特异性的神经元集合的子分段"(Donchin, Ritter, & McCallum, 1978, p.353)。我自己有一个非常类似的定义如下:

> 从概念上讲,一个 ERP 成分是当大脑执行某个特定的计算操作时,产生于某个特定的神经解剖学模块,并且可以在头皮上记录到的神经信号。

根据这个定义,一个成分可能在不同条件下出现在不同的时刻,只要它来自相同的模块并且代表了相同的计算操作即可(例如,在某个给定脑区中,一个物体的编码进入工作记忆的过程,也许会发生在刺激起始之后的不同时刻,原因是需要对刺激进行识别,并判断是否值得将其存储于工作记忆中,而这些过程需要花费的时间可能会不同)。根据这个定义,一个成分的头皮分布和极性可能也会变化,原因是同一个认知功能在不同的条件下,可能发生于一个皮层模块的不同部分(例如,当一个视觉刺激出现在不同位置时,它会刺激视觉皮层中与其呈拓扑映射关系的不同区域)。从逻辑上来说,有可能两个不同皮层区域中完成的是完全相同的认知过程,但是这种情况可能很少出现,它会导致一种完全不同的电位模式,因此通常不会被当作单个 ERP 成分(除非是左右半球间呈镜像对称的脑区)。

尽管这个定义抓住了 ERP 成分的本质,但是作为一个实用性的定义,它却是毫无用处的。也就是说,因为我们是在每个电极上记录来自于多个产生源的混合信号,所以无法直接判断每个神经解剖学模块在观测波形中的贡献。而且,通常我们并不知道头皮电位所反映的计算操作。因此，我们无法使用这个定义来判断哪个成分受到了给定实验操作的影响，或者判断多个实验中是否是同一个成分在活动。然而，这个定义有助于规范我们对大脑内部过程的认识。

你还应该记住的是，根据这个定义，许多著名的 ERP 成分（例如 N400、失匹配负波、P3b）可能并不是单个成分。也就是说，有多个脑区正在进行类似但仍存在一些差异的计算过程，它们可能都对皮层上记录到的电位有贡献（例如，可以参考 Luck & Kappenman，2012b 中关于这些成分的章节）。随着研究的进步，我们能够将这些多个成分的混合体分开。有些情况下，这会引出针对单个成分的新名称。例如，早期 ERP 研究中发现的"N2 成分"是由多个不同的成分所组成，可以通过不同的实验操作将它们区分出来，并赋予这些单个成分（有时也被称为子成分，*subcomponents*）新的名称（例如*前部 N2*、*N2c*、*N2pc*）。有些情况下，这些子成分还会被进一步细分（可以参考 Luck，2012b）。另一些情况下，对于一些可能包含多个类似子成分的成分，尤其是当我们还没有较好的方法能够区分出单个子成分时，我们仍然采用单一名称来命名（例如，即使 N400 可能至少包含 2 个不同的神经性子成分，我们依然采用 *N400* 这个名称）。

8.2　一个实用性的定义

Manny Donchin 提出了另一个更为实用性的定义："一个成分是一些电位变化的集合，它们与一个实验变量或者多个实验变量的组合之间具有某种功能性关联"（Donchin et al.，1978，p.353）。他们将这个概念进一步精简为"一个 ERP 成分是一个*可控的、可观测的变异源*"（Donchin et al.，1978，p.354）。这与图 2.5 和图 2.7 中所展示的思想非常类似，即可以用差异波来分离 ERP 成分。Donchin 等人提出，电极位置是一个关键的变异来源，与其对应的观点是：差异波的头皮分布在效应早期和晚期之间的变化，意味着该效应的早期和晚期阶段存在着不同的活跃成分。因此，根据这一定义，任何在不同实验条件之间稳定存在的波形差异都是 ERP 成分。这是一个明确且容易应用的实用性 *ERP 成分*定义。

然而，该实用性定义存在两个缺点。首先，它忽略了核心思想，即 ERP 成分产生于特定的神经解剖学模块（或者根据 Donchin et al.，1978 的术语，称为"神经元集合"）。也就是说，在一个特定的实验中，即使一个实验效应的头皮分布不随时间

68

或条件发生变化,头皮分布可能也会清楚地表明有不止一个偶极子是活跃的(例如,如果头皮分布不符合一个简单的偶极子模式)。在这种情况下,我们会推断有多个相互紧密联系的活跃成分。而且我们可以做出合理的假设,认为未来的实验将会证明这些成分是功能特异性的。

其次,Donchin 的实用性定义仅仅关注了实验(可控的)操作,却完全忽视了实际存在的自发性或相关性变化。下面用一个明显的例子来说明为什么可以避免这个局限。考虑这样一个情况,病人组和对照组在 150 至 250 毫秒之间的侧向额叶电极上存在电位差异。这种情况下,可能至少有一个 ERP 成分(根据我的概念性定义)存在组间差异。这与在一个被试内设计的可控实验中,在 150 至 250 毫秒之间的侧向额叶电极上存在电位差异一样,都是令人信服的。也可以考虑更加微妙的例子。例如,如果你观察 EEG 自发变化过程中头皮电位的瞬时分布,则有可能利用高级统计方法(例如主成分分析、独立成分分析)分离出电极之间系统性的共变模式,它反映了潜在 ERP 成分振幅的自发性变化。

考虑到上面这些因素,我们可以对 Donchin 的实用性定义做出如下更新:

> 从实用性方面来说,一个 ERP 成分可以被定义为一些电位的变化,它们符合单一的神经产生源位置,并且在不同的实验条件、时间段、个体等等之间出现系统性变化。也就是说,一个 ERP 成分是一个 ERP 数据集内具有系统性和稳定性特征的变异源。

这并不意味着我们只有在判定一个成分的产生源之后才能将其分离出来。如果一个假定成分的头皮分布具有与单个偶极子不相符的复杂结构,那么不应认为只有一个成分存在。但是如果它的结构简单,且与单个偶极子(或者一对在左右半球间呈镜像对称的偶极子)相符,那么我们可以暂时认为它是单个成分。

9. 如何识别特定的 ERP 成分?

对于 ERP 成分,我们已经有了一个概念性定义和一个实用性定义,现在可以仔细考虑一下本章中多次出现的一个问题:当我们在一项研究中看到不同条件或组别之间存在的 ERPs 差异时,如何判定这些差异对应着哪些潜在成分呢?

这个问题依然不好回答,原因是我们的操作性定义适用于单个数据集,却不能用来判断我们在一个实验中看到的成分(一致性变化的源)是否和另一个实验中看到的成分相同。头皮分布可能有所帮助,尤其是在利用差异波消除其余重叠成分的情况下。如果在一个新实验中,某个效应的头皮分布与已有实验中的头皮分布相同,那么这便是它们属于同一个成分的一点证据;如果头皮分布不同,那么这便是反对原假设的证据。在实际情况下,它可以为反对原假设(反映了相同的成分)提供强有力的证据,却无法为支持原假设提供强有力的证据。首先,由于通常无法对不同实验中得到的头皮分布进行直接的量化比较(例如,当你将自己的数据与另一个实验室发表的数据进行比较时),因此很难确认与已有实验相比,新实验是否存在细微但显著的头皮分布差异。其次,要想推断两个头皮分布相同,就需要接受零假设,而这种类型的结论通常都比较弱。溯源分析技术也能够提供相关证据,用于检验不同实验中的 ERP 效应是否具有相同的源,但是这在本质上与比较头皮分布是否相同是一致的,因此也存在相同的局限性。

对于一个实验中分离出的某个成分,我们还可以观察它与其他因素之间的交互作用,然后判断这种交互作用的模式是否与已有实验中分离出的成分相同。例如,如果我们认为看到了 P3b 效应,那么可以再看看它是否与刺激类别的概率之间存在交互作用(参考 Luck et al. ,2009;以及 Vogel, Luck, & Shapiro, 1998 中的实验 4)。这可以作为比较头皮分布之外的一个有效补充,但它需要交互作用的产生具有坚实的理论基础。一些最为明确的例子涉及到实验效应和头皮分布的组合;正如第三章将会介绍的,N2pc、对侧延迟活动(contralateral delay activity, CDA)以及偏侧化准备电位(LRP)是通过计算同侧(相对于受注意区域或者反应手)半球和对侧半球之间的差异波分离出来的。这些成分可以很容易地从其他 ERP 成分中分离出来,它们在检验关于注意、工作记忆和反应选择方面的假设时特别有用。

一般来说,就像认知神经科学领域中所有其他的难题一样,对于 ERP 成分识别中遇到的难题,也是通过同样的方法来解决:融合的证据。如果你对实验范式进行了轻微改动,并且发现了与之前相同的效应(指的是潜伏期和头皮分布),那么你非常有可能分离出了相同的潜在 ERP 成分。如果你对范式进行了非常大幅度的修改,然后发现了非常不同的潜伏期或者有些不同的头皮分布,那么你必须通过进一步的研究来确认你是否发现了相同的成分。如果潜伏期有相当大的差异,那

70

么你可以通过寻找其他证据,来判断相关过程的时序是否出现了变化。如果头皮分布只出现了小幅变化,那么你可以通过观察头皮分布是否随着该效应的时间过程出现变化,来判断该效应是否包含两个成分。如果头皮分布与你之前的研究大致相同,那么你可以基于潜在成分的本质做出一些假设,然后通过进一步的实验来观察该效应是否与其他实验因素之间存在与假设一致的交互作用。你还可以观察新实验效应中个体间的差异,看它是否与已有实验效应的个体间差异存在相关性。

这里的底线就是,虽然对特定 ERP 成分的分离与识别通常比人们认为的要更加困难,但是如果你仔细思考,并提出巧妙的方法来检验你的假设,那么就可以克服这个挑战。第四章将会介绍可以用来克服这一挑战的不同策略,例如设计出不需要对特定 ERP 成分进行识别的实验,从而完全绕开这个问题。

10. 阅读建议

Donchin, E. (1981). Surprise! ... Surprise? *Psychophysiology*, *18*,493 - 513.

Donchin, E., Ritter, W., & McCallum, W. C. (1978). Cognitive psychophysiology: The endogenous components of the ERP. In E. Callaway, P. Tueting, & S. H. Koslow (Eds.), *Event-Related Brain Potentials in Man* (pp.349 - 441). New York: Academic Press.

Kappenman, E. S., & Luck, S. J. (2012). ERP components: The ups and downs of brainwave recordings. In S. J. Luck & E. S. Kappenman (Eds.), *The Oxford Handbook of ERP Components* (pp.3 - 30). New York: Oxford University Press.

Makeig, S., & Onton, J. (2012). ERP features and EEG dynamics: An ICA perspective. In S. J. Luck & E. S. Kappenman (Eds.), *The Oxford Handbook of ERP Components* (pp.51 - 86). New York: Oxford University Press.

Näätänen, R., & Picton, T. (1987). The N1 wave of the human electric and magnetic response to sound: A review and an analysis of the component structure. *Psychophysiology*, *24*,375 - 425.

Picton, T. W., & Stuss, D. T. (1980). The component structure of the human event-related potentials. In H. H. Kornhuber & L. Deecke (Eds.), *Motivation*, *Motor and Sensory Processes of the Brain*, *Progress in Brain Research* (pp.17 - 49). North-Holland: Elsevier.

(洪祥飞　译)

(洪祥飞　校)

第三章 常见事件相关电位成分概述

1. 本章概述

  本章将对认知、情感和临床神经科学研究中常常遇到的一些 ERP 成分进行概述。对某些成分来说，可能需要耗费整章篇幅才能对其进行全面的介绍，而我将仅会介绍其中的基础部分。对于更加详细的介绍，可以参考 Emily Kappenman 和我主编的关于 ERP 成分的一卷内容(Luck & Kappenman, 2012b)。

  传统上，ERP 成分可以分为 3 大类：(1)由刺激呈现而强制性诱发的*外源性*(exogenous)感官成分(可能也会在一定程度上受到自上而下过程的调控)；(2)完全反映任务相关神经过程的*内源性*(endogenous)成分；以及(3)伴随运动准备和执行过程的运动(motor)成分。尽管这些术语给出了一个对多种 ERP 成分进行初步分类的方法，但是不同类别间的界限并非总是清晰的。例如，体现运动准备过程中是否已经做出反应的偏侧化准备电位，它是属于内源性成分还是运动成分呢？因此，你不需要担心这些术语之间的界限。

  重要的是，你需要了解所有主要的 ERP 成分，即使是那些看起来与你的研究领域无关的成分。举一个例子，心脏病专家需要了解人体中所有主要系统的解剖和生理，原因是心脏影响着整个人体，而人体又影响着心脏。类似地，即使你的主要兴趣是语言，也需要了解与大脑中所有主要系统相关的其他 ERP 成分。这一点之所以重要，不但因为其他领域中的成分将会影响语言诱发的 ERP 波形，还因为其他领域中的成分最后将有助于你检验与语言有关的假设。正如第四章将会详细介绍的，有些高影响力的 ERP 研究可以从一个领域中"劫持"某个成分，用来研究另一个不同的领域。

  对于一个给定的成分，所要解决的核心问题之一，便是弄清它所反映的心理或神经过程的本质。实际上，我在第二章中给出的关于 ERP 成分的概念性定义，就

72 要求一个成分与特定的计算过程相关。结果证明这是一个难于解决的问题。关于是否能够以及如何通过特定 ERP 成分来评估心理或神经功能这个普遍性问题,本章的在线补充章节将对其进行介绍。

本章将会根据各种 ERP 成分出现的大致时间顺序对其进行介绍。我们将会从靶刺激前出现的关联性负变(contingent negative variation,CNV)开始,然后介绍主要的视觉和听觉感官 ERP 成分,并简要介绍其他模态中的感官成分。接下来,我们将会介绍 N2 波形中包含的多个成分,包括听觉失匹配负波和视觉 N2pc 成分(和干扰正波[P_D, distractor positivity]),以及与 N2pc 紧密关联的对侧延迟活动[CDA, contralateral delay activity])。之后,我们将会介绍 P3 家族中的成分,并讨论与语言、长程记忆、情绪、错误处理和运动反应相关的成分。然后我们将会讨论由快速振荡刺激所诱发的神经振荡响应,即稳态 ERPs。最后一节将会介绍四种重要的 ERP 成分最初是如何被发现的。但是在讨论单个成分之前,有必要简单介绍一下 ERP 成分的命名传统(在第一章中曾简略地提到过)。

2. 命名的传统

遗憾的是,ERP 成分的命名通常是不一致的,有时还是构思欠佳的。最常见的传统是利用字母 P 或 N 作为开头,分别表示正向和负向变化。字母之后跟随一个数字,表示波形的峰潜伏期(例如,N400 表示波峰位于主要 400 毫秒的一个负向成分)或者波形中峰值出现的顺序位置(例如,P2 表示第二个主要的正向波峰)。这看起来似乎是一个纯粹描述性的、不依赖于任何理论的方法,但它通常并不是这样被使用的。例如,术语*P300* 的创造是由于首次发现时,它是在 300 毫秒位置出现的正向波峰(Sutton, Braren, Zubin, & John, 1965)。然而,在大多数情况下,同样的功能性脑活动通常在 350 至 600 毫秒之间出现峰值,但是这个成分仍然常常被叫做 P300。因此,许多研究者更加喜欢用数字来表示成分在波形中出现的顺序位置(例如,用 P3 代替 P300)。而这可能仍然令人感到困惑。例如,视觉刺激的第一个主要波峰是 P1,出现在头部后侧电极位置,峰潜伏期大约为 100 毫秒。在前部头皮位置,这个成分通常是看不见的,这里第一个主要的正向波峰大约出现在 200 毫秒。即使它是头部前侧电极位置出现的第一个正向波峰,这个 200 毫秒时刻的前部正向波峰通常仍被称为 *P2*,原因是从总体上来说,它是第二个出现的主要正向波峰。

　　另一个问题是，当考虑不同的感官模态时，一个给定的名称可能指的是完全不同的成分。例如，听觉 P1 成分其实与视觉 P1 成分之间没有特殊关系。然而，晚期成分大部分是与模态无关的，因此无论是听觉还是视觉刺激，这些成分的名称通常指的是相同的大脑活动。例如，无论诱发刺激是听觉还是视觉模态的，N400 反映的都是相同的大脑活动。

73

　　尽管 ERP 成分命名的传统可能会令初学者感到困惑，专家们通常却可以完全理解这些名称所表达的含义。这就好比学习自然语言词汇时遇到的问题：两个表达不同事物的词也许听起来完全相同（同音异义词）；两个不同的词也许有着相同的含义（同义词）；一个给定的词可以按照其字面意思来使用，也可以隐喻性地进行使用。这对于学习自然语言和 ERP 术语来说肯定都是一个阻碍，但它并不是一个不能克服的问题。在这两种情况下，都需要花费一些努力来掌握词汇表。

　　ERP 成分有时会被赋予更加功能性的名称，例如*句法正漂移*（syntactic positive shift，出现在受试者检测到句子中的句法错误时）或者*错误相关负波*（errorr-related negativity，出现在受试者做出明显错误的行为反应时）。这些名称通常很容易记住，但是当后续研究在其他条件下也观察到相同成分时，就存在问题了。例如，一些研究者认为错误相关负波并不是与错误反应直接相关的，甚至当做出正确反应时它也会出现（尽管较小）（Yeung, Cohen, & Botvinick, 2004）。

3. CNV 和刺激前负波

　　也许你可以回想起第一章中的简短介绍，关联性负变（contingent negative variation，CNV）是出现在警告信号和靶刺激之间的一个广阔负向电位偏转（Walter, Cooper, Aldridge, McCallum, & Winter, 1964）。当警告刺激和靶刺激之间的间隔被延长到几秒之后，有可能会看到 CNV 实际上包含了警告刺激之后的一个负电位，再回归基线，然后是靶刺激前的一个负电位（Loveless & Sanford, 1975；Rohrbaugh, Syndulko, & Lindsley, 1976）。第一个负向变化阶段也许体现了对于警告刺激的处理，第二个负向阶段也许体现了受试者准备对靶刺激做出反应时的准备电位（更加详细的解释可以参考 Brunia, van Boxtel, & Böcker, 2012）。

　　一个与此相关的 ERP 成分便是刺激前负波（stimulus-preceding negativity，

SPN)(参考综述论文 van Boxtel & Böcker,2004)。SPN 是一个负电位,当受试者期待一个含有信息的刺激出现(例如一个反馈声音)时会产生,而且它与是否需要对刺激做出显性反应是无关的。SPN 可能是 CNV 的一个子成分。

你需要了解这些成分,原因是它们可能会混淆你的实验。例如,如果一个实验中刺激间的间隔相对比较长,那么 SPN 将会在每个刺激之前出现,而如果期待程度在不同条件之前存在区别,这也可能会对结果产生干扰。

4. 视觉感官响应

4.1 C1

尽管 P1 通常被认为是第一个主要的视觉 ERP 成分,但有时一个被称为 C1 的成分会出现在 P1 之前,其最大幅值出现在头皮后部中线处的电极上。与其他大多数成分不同的是,由于它的极性可能会变化,因此并没有采用字母 P 或者 N 来命名。C1 成分可能产生于 V1 区(初级视觉皮层),人脑中的 V1 区折叠形成了距状裂(calcarine fissure)(图 3.1)。位于距状裂上方的区域负责编码下方的视野,位于距状裂下方的区域负责编码上方的视野。在这两种情况下,偶极子带正电一侧都指向皮层表面,但是位于距状裂上方和下方的皮层表面是互为翻转的。这便导致在距状裂上方的电极上,记录到由下方视野中的刺激诱发的正电位,以及由上方视野中的刺激诱发的负电位(Jeffreys & Axford,1972;Clark,Fan,& Hillyard,1995)。当 C1 是正电位时,它会与 P1 成分叠加在一起,形成单个正向波形。因此,一般观测不到明显的 C1 成分,除非利用上方视野中的刺激来诱发负向 C1 成分(可以容易地与正向 P1 成分区分开)。C1 波通常起始于刺激后 40 至 60 毫秒,并在刺激后 80 至 100 毫秒附近达到峰值,而且它对基本的视觉刺激参数非常敏感,例如对比度和空间频率。

我最喜欢的一个 ERP 成分溯源例子就是关于 C1 的,因为它并不单纯依赖于溯源分析的数学方法。相反,如果假设 C1 产生于 V1 区,那么对由该假设引出的一些预测进行验证,就可以为该假设提供相关证据。这些预测中最重要的一条就是,C1 成分的极性应该在上方和下方视野刺激之间出现翻转,这是基于视觉皮层已知的解剖和生理特征做出的推断。视觉皮层中并不存在其他的区域,以这种可以导致极性翻转的方式进行折叠。此外,极性实际上是在水平中线下方一点点才

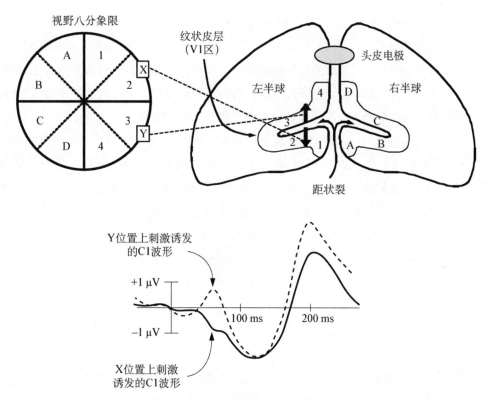

图 3.1 刺激位置与 C1 极性之间的关系。如果受试者注视图中左侧所示的圆形中央,那么视野可以被分为 8 个象限。每个象限投射到纹状皮层的不同区域,环绕在图中右侧所示的距状裂周围。如果一个刺激出现在象限 2 的 X 位置,刚好位于水平中线上方,那么将会形成一个正极朝下,负极朝上的偶极子。这会导致在中线头皮电极(例如,Oz 或 Pz 电极位置)上记录到负电位。相反,如果一个刺激出现在象限 3 的 Y 位置,刚好位于水平中线下方,那么偶极子将会位于距状裂的另一侧,因此其正极将会朝上。这将会导致头皮电极上出现正电位。

出现翻转,这与视野映射到 V1 区的细节吻合得非常好(参考 Clark et al.,1995)。基于 C1 成分产生于 V1 区的假设,还可以预测 C1 成分应该早于任何其他视觉成分出现,而这一假设又被 C1 的起始潜伏期证实了。基于这一假设,还可以预测 C1 的头皮分布应该符合距状裂附近存在的一个产生源,而这也已经被证实了(Clark et al.,1995;Di Russo,Martinez,Sereno,Pitzalis,& Hillyard,2002)。因此,这些强有力的证据汇聚在一起,都支持 C1 产生于 V1 区这一假说。

4.2 P1 和 N1

P1 成分出现在 C1 之后,其最大幅值位于侧向枕叶电极,通常起始于刺激后

60—90 毫秒,并于 100—130 毫秒间达到峰值。但是需要注意的是,P1 的起始时刻可能由于与 C1 的重叠而变得难以估计。此外,P1 的潜伏期受刺激对比度的影响非常大。一些研究试图通过数学建模对 P1 进行溯源定位,有时还会结合上 fMRI 的效应进行共同定位,这些研究表明 P1 的早期部分产生于背侧纹外皮层(位于枕中回),而晚期部分产生于梭状回的腹侧部分(参考 Di Russo et al.,2002)。但是需要注意的是,在视觉刺激出现之后的 100 毫秒内,皮层中有许多部分都被激活了,而且其中许多区域可能都会对 C1 和 P1 潜伏期范围内的电位产生贡献(Foxe & Simpson,2002)。和 C1 类似,P1 也对刺激参数敏感,这一点与其可能产生于纹外皮层是相符的。P1 也会受到选择性注意(参考综述 Hillyard,Vogel,& Luck,1998;Luck,Woodman,& Vogel,2000)和受试者觉醒状态(Vogel & Luck,2000)的调控。其他自上而下的因素似乎不会对 P1 产生稳定的影响。特别地,P1 的振幅对于刺激是否与任务下的靶刺激类别匹配不敏感(Hillyard & Münte,1984)。

觉醒引起的效应如图 3.2 所示。在这个实验中(Vogel & Luck,2000),受试者只要感知到刺激(排列在视野中央的五个字母),便做出按键反应。在*中度觉醒*水平下,受试者按照我们的常规指令完成任务操作,即"尽量做出快速的反应"。在*高觉醒*条件下,则鼓励受试者更快地反应。在每段实验结束时,受试者将会得到他们在此段实验中平均反应时间的反馈,以及一条要求他们必须在下一段实验中做出更快反应的消息。这种操作是有效的:中度觉醒条件下的平均反应时间是 292 毫秒,高觉醒水平下则是 223 毫秒。如图 3.2 所示,P1 在高觉醒条件下的振幅相比于较低觉醒条件出现了升高。然而,这种差异一直持续到 300 毫秒之后,影响到整个波形的振幅。虽然仍不清楚波形中的哪个潜在成分在后期受到了影响,但是显然觉醒能够影响 ERP 波形中几乎所有点的测量值。因此,在 ERP 实验中控制觉醒程度是很重要的。例如,如果两种条件是在不同的实验分段中进行测试的,而且一种条件难于另一种条件,那么就可能导致觉醒水平的差异,进而干扰 ERP 的测量(参考第四章中关于这一问题的进一步讨论)。

P1 后面跟随的是 N1 波形。视觉 N1 包含许多子成分(subcomponents)。也就是说,许多不同的成分叠加在一起形成了 N1 波峰。这些成分在功能上不一定是关联的,而它们被称为子成分,仅仅是因为它们共同构成了波形中的一个显著偏转。

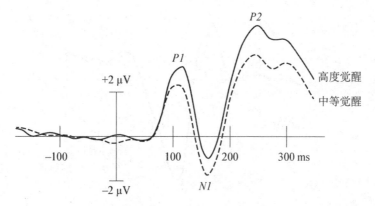

图 3.2　在中等和高度觉醒条件下,由中央凹视觉刺激诱发的 ERPs(引自 Vogel & Luck, 2000)。注意到觉醒水平影响了从 P1 开始的整个波形。

最早的 N1 子成分的峰值出现在刺激后 100—150 毫秒,位于前部头皮电极位置。而在后部电极位置,似乎至少有 2 个 N1 成分的峰值出现在刺激后 150—200 毫秒,其中一个来自于顶叶皮层,另一个来自于外侧枕叶皮层。许多研究已经表明上述三个 N1 子成分都会受到空间注意的影响(参考综述 Mangun, 1995;Hillyard, 1998)。此外,当受试者在完成辨别任务时,外侧枕叶的 N1 子成分可能比其在完成探测任务时更大,暗示这个子成分可能体现了某种与辨别相关的处理过程(Ritter, Simson, Vaughan, & Friedman, 1979;Vogel & Luck, 2000;Hopf, Vogel, Woodman, Heinze, & Luck, 2002)。

　　视觉 N1 成分具有高度的*不应性*。换句话说,在同一个位置上,如果短时间内接连出现两个刺激,那么第二个刺激诱发的响应会减小很多。可以参见图 3.3 中的例子(引自 Luck, Heinze, Mangun, & Hillyard, 1990)。该图展示了在两种不同情况下,由受注意刺激在颞—枕叶区电极位置诱发的 ERP。在受注意刺激出现之前,一种情况是相同位置出现过一个需要注意的刺激,另一种情况则是另一位置出现过一个不需要注意的刺激。尽管在两种情况下,P1 成分大致相同,但是前一种情况下的 N1 成分却大幅减小了。许多 ERP 成分在某些情形下都会出现类似的效应,这会在许多实验中引起混淆(参考第四章的方框 4.5,其中介绍了一些我自己的实验中出现的这种混淆)。

77

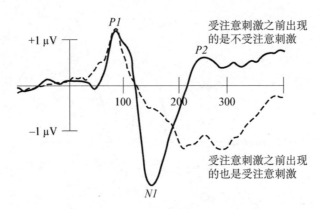

图 3.3 由出现在受注意位置的单侧视觉刺激诱发的 ERPs,前一个刺激可能是出现在同一个受注意位置的刺激,也可能是出现在相反视野中不受注意位置的刺激(引自 Luck et al. , 1990)。当前一个刺激出现在相同位置时,N1 波形的振幅大幅降低。

4.3　N170 和顶正波

　　Jeffreys(1989)比较了由面孔和非面孔刺激所诱发的响应,他在中央区头皮的中线位置发现了一个 150 至 200 毫秒间的差异,并将其命名为*顶正波*(vertex positive potential,VPP;位于头部正上方的 Cz 电极有时被称为*顶点位置*)。Jeffreys 注意到该效应在头皮更外侧的位置会出现极性反转,但是他并没有记录下颞叶皮层表面的活动。后来的研究通过范围更大的电极记录,发现在外侧枕叶电极位置,面孔刺激相对非面孔刺激会诱发出更加负向的电位,尤其在右侧半球最明显,其峰值大约出现在 170 毫秒左右(Bentin, Allison, Puce, Perez, & McCarthy, 1996;Rossion et al. , 1999)。这一效应通常被称为 *N170* 波形(参考第一章的图 1.2)。N170 与 VPP 可能刚好体现了同一个偶极子的两个对立面(参考综述 Rossion & Jacques,2012);N170 和 VPP 的相对大小取决于参考电极的位置(参考第五章中关于参考电极的深入讨论)。注意 N170 是 N1 波形的子成分之一。正如第二章中所讨论的,在 170 毫秒处测得的电位,反映的是 N170 成分与其他面孔无关成分的总和。所以你应该小心,不要假设面孔在这一时间段内诱发的电位仅仅反映了面孔特异的 N170 成分。

　　一个关键的问题便是,N170 效应究竟反映了面孔特异性的处理,还是体现了面孔中恰好更加显著的低级属性。现在有多方面的证据表明,这一效应确实是与面孔感知有关的（参见综述 Rossion & Jacques，2012）。例如，伟大的 Shlomo Bentin 后来证明了，即使是通常不会被感知为面孔的简单刺激，当诱导受试者将其感知为面孔时，也会诱发更大的 N170（Bentin & Golland，2002；Bentin, Sagiv, Mecklinger, Friederici, & von Cramon，2002）。

许多 fMRI 研究探讨了当某领域专家看到复杂但是熟悉的刺激时（例如汽车专家看到汽车时），是否也会调用这些通常在面孔处理中涉及到的神经机制。N170 已经被用来回答这一问题。尽管 ERPs 不具备 fMRI 在解剖上的特异性，但是它们较高的时间分辨率有助于判断面孔与非面孔物体处理是否具备相同的时间过程。这一点之所以重要，是因为基于 fMRI 观测到的面孔与非面孔之间相同的活动，可能体现的是感知觉过程结束很久之后的处理过程。基于面孔与非面孔物体在 170 毫秒处会诱发相同的负向成分这一现象，我们更有信心认为这些效应体现的是感知过程，而非某种感知觉之后的过程。最初的研究发现鸟类和犬类专家分别对于鸟和狗表现出增强的 N170 响应，从而支持了上述可能性（Tanaka & Curran，2001）。然而，如何确定这一效应是否与面孔诱发的 N170 体现了相同的神经环路呢？Bruno Rossion 和同事们通过一系列非常巧妙的实验回答了这个问题。他们发现，将受试者所熟悉的物体与面孔同时呈现时，面孔诱发的 N170 响应会减小，这通常标志着它们竞争的是同一个神经环路（Rossion, Kung, & Tarr，2004；Rossion, Collins, Goffaux, & Curran，2007）。

许多研究试图对 N170 及其对应的磁场活动，即 M170 进行定位（参考综述 Rossion & Jacques，2012）。由于不同研究结果之间存在相当大的差异，因此 Rossion 和 Jacques（2012）推测有多个不同的解剖区域（例如，梭状回面孔区和枕叶面孔区）都对皮层表面的 N170/M170 有贡献。

79

4.4　P2

在 N1 波形之后，前部和中央区头皮位置会出现一个明显的 P2 波形。当刺激包含目标特征时，这个成分会比较大，而且在目标出现概率较低的情况下，它也会增强（参考 Luck & Hillyard，1994a）。例如，图 3.4B 展示了一个视觉 Oddball 范式中，在 Cz 电极上记录到的数据，其中奇异刺激（oddballs）会诱发出比标准刺激更大的 P2、N2 以及 P3 成分。尽管在一些范式中，奇异刺激诱发的 P2 和 P3 都较大，但

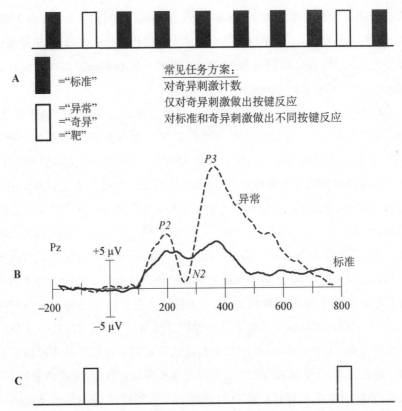

图 3.4 (A)一个典型 Oddball 实验中的刺激序列,其中 80% 是标准刺激,20% 是靶刺激(也称为奇异或者异常刺激)。(B)在视觉 Oddball 范式中,由标准刺激和异常刺激在 Pz 电极上诱发的典型 ERPs。(C)只包含靶刺激的范式,其中靶刺激的呈现时刻与 Oddball 范式相同,但是不包含标准刺激。这个范式中的 P3 与传统范式中的 P3 几乎相同。

是 P2 效应仅在靶刺激是基于相对简单的刺激特征进行定义时才会出现,而 P3 效应在任意复杂的刺激种类下都可能会出现。头皮后部区域的 P2 波形通常很难从与其重叠的 N1、N2 和 P3 波形中分离出来。因此,对头皮后侧的 P2 波形,目前的了解仍然很少。

5. 听觉感官响应

图 3.5 展示了一个由听觉刺激诱发的典型 ERP 成分(参考综述论文 Picton, 2011; Pratt, 2012)。如果刺激是突然开始的(好比滴答一声),那么首个 10 毫秒之内

会出现一系列独特的波峰,体现了来自耳蜗的信息经过脑干传递到丘脑的过程。这些*听觉脑干响应*(auditory brainstem responses,ABRs)通常用罗马数字进行标记(波I至Ⅵ)。这些响应都是高度自动的,可以被用来评估听觉通道的完整性,尤其是针对婴儿。当我的两个孩子出生后,他们都接受了 ABR 筛查测试。令人高兴的是,基于我所采用的主要研究手段的一种变体技术,在临床上已经被普遍使用了。

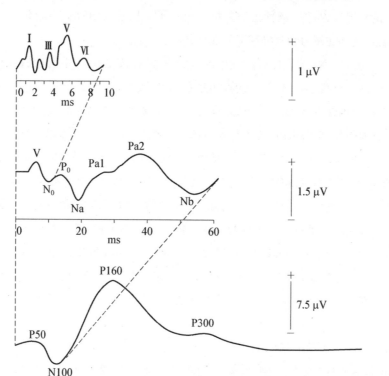

图 3.5　听觉感官成分的典型序列。图中给出了一个由滴答声诱发的波形,对于不同时间范围内的波形采用不同的滤波器设置,以分别突出听觉脑干响应(上方)、中潜伏期响应(中间)和长潜伏期响应(下方)。授权改编自 Pratt(2012)。版权归牛津大学出版社所有。

　　ABRs 之后跟随的是*中潜伏期响应*(midlatency responses,MLRs,指的是 10—50 毫秒之间的反应),它可能至少部分来自于内侧膝状体和初级听觉皮层。注意力对中潜伏期时间范围内的活动有着首个稳定的调控效应,然而我并不清楚这一时间范围内是否还有其他认知因素能够影响听觉活动。

MLRs 之后跟随的是*长潜伏期响应*(long-latency responses),通常的顺序是 P50(又叫 P1)、N100(又叫 N1)和 P160(又叫 P2)。长潜伏期响应这一表述方法可能令人感到困惑,原因是它们的潜伏期与高级认知成分(例如 P3 和 N400)比起来,还是相对较短的。然而,听觉通路中的信息传递是非常迅速的,因此从听觉感官处理的角度来说,100 毫秒已经是相对较晚了。长潜伏期听觉响应会受到高级认知因素,例如注意力和觉醒程度的强烈调控。

与视觉 N1 波形类似,当相邻刺激之间的间隔减小时,中潜伏期和长潜伏期听觉响应也会变小很多,且不应期可能超过 1000 毫秒(也适用于其他模态下的感官成分)。因此,在评价一项 ERP 研究时,很重要的一点就是检查组间或者条件间的差异是否受到了刺激间隔差异所带来的干扰。

与视觉 N1 波形类似,听觉 N1 波形包含许多明显的子成分(参考综述 Näätänen & Picton,1987)。具体包括:(1)一个可能产生于背侧颞叶听觉皮层,峰值约在 75 毫秒的额叶中央区成分;(2)一个源位置未知,峰值约在 100 毫秒且在头顶处幅值最大的电位;以及(3)一个可能产生于额上回,峰值约在 150 毫秒且更加侧向分布的成分。对听觉 N1 波形进行进一步细分也是可能的(Alcaini, Giard, Thevenet, & Pernier,1994)。N1 波形对注意力敏感:虽然某些在 N1 潜伏期范围内的注意效应体现了内源性成分的叠加,但是 N1 波形自身(或者至少其中的一些子成分)可能受到注意的影响(Woldorff et al.,1993)。

图 3.5 展示了 ERP 波形的一个常见特征,即波形早期的波峰较窄,而在波形后期,波峰则逐渐变宽。例如,ABR 的波峰只持续 1—2 毫秒,MLR 的波峰可以持续 10—20 毫秒,而某些"认知"波峰(例如 P3)也许会持续数百毫秒。这并不是巧合。在几乎所有的物理系统内,与起始点相比,时间精度都会随着时间的推移而逐渐下降。这仅仅反映了时间误差的累积。例如,如果一个 10 毫秒的间隔存在 1 毫秒的误差,而我们想得到一个 70 毫秒的间隔,那么这 7 个相邻且长度均为 10 毫秒的间隔中存在的 1 毫秒误差会累加在一起,从而导致 70 毫秒的间隔中存在 7 毫秒的误差。因此,对于晚期 ERP 成分来说,不同试次之间的起始时刻误差更大。将单个试次放在一起进行平均时,这种试次之间的误差会导致成分在时间上变得"模糊"(第八章和在线第十一章将会基于卷积的概念,对这种模糊的本质进行更加准确的介绍)。

6. 体感、嗅觉和味觉响应

因为绝大部分的认知 ERP 实验都是采用听觉或者视觉刺激,所以我仅对其他模态的成分进行一个简要介绍。体感觉刺激首先诱发的是一个体现动作电位而非突触后电位的少见 ERP 成分,它起源于外周神经(参考综述 Pratt,2012)。这个 *N10* 响应后面跟随的是一系列皮层下成分(大约 10—20 毫秒)以及短潜伏期和中潜伏期皮层成分(大约 20—100 毫秒)。随后便是 150 毫秒附近的 N1 波形,以及 200 毫秒附近的 P2 波形。

很难对嗅觉和味觉模态的 ERP 响应进行记录,这主要是因为在这些模态中,很难向受试者呈递时间上精确且突然开始的刺激(这是在计算平均 ERP 波形时所必需的)。不过在使用合适的刺激设备时,这些电位是可以记录到的(参考 Wada,1999;Ikui,2002;Morgan & Murphy,2010;Singh,Iannilli,& Hummel,2011)。

7. N2 家族

在第二个主要负向波峰所处的时间范围内,已经清楚地发现了多个不同的成分(参考综述论文 Näätänen & Picton,1986;Folstein & Van Petten,2008;Luck,2012b)。早期关于 N2 成分的报道通常来自于 Oddball 实验,其中的少见刺激(又叫做奇异刺激或异常刺激)夹杂在常见刺激中间(参考图 3.4A;也可以参考第一章开头关于 Oddball 范式的讨论)。

7.1 细分为 N2a、N2b 和 N2c 子成分

正如 Näätänen 和 Picton(1986)所描述的那样,一个重复出现的非靶刺激会诱发出 N2 波形,这可以被认为是*基础 N2*(尽管它肯定包含许多子成分)。在一个重复训练的过程中,如果偶然出现奇异刺激(例如 Oddball 范式),那么奇异刺激在 N2 潜伏期范围内会诱发出更大的幅值。基于对注意和刺激模态的调控,早期研究(由 Pritchard,Shappell,& Brandt,1991 总结)认为该效应可以被分为 3 个子成分,分别叫做 N2a、N2b 和 N2c。N2a 是一个由听觉失匹配条件自动诱发的效应,甚至当刺激与任务无关时也会被诱发。这一效应通常被称为失匹配负波(mismatch negativity,MMN)。与任务无关的视觉奇异刺激也能够诱发 100 至 200 毫秒附近的负向波形(Czigler,Balazs,& Winkler,2002),但是该效应的早期部分可能体现

了刺激(或条件)在时间上的稀有程度,而非失匹配探测本身(Kenemans,Jong,& Verbaten,2003)。因此,MMN 可能主要是听觉模态中的现象。后续部分将会对 MMN 进行详细讨论。

如果异常刺激与任务有关,那么 N2 效应会延迟一些出现。对于听觉刺激,N2 主要分布在中央区位置,而对于视觉刺激,N2 主要分布于头皮后部区域(Simson,Vaughan,& Ritter,1977)。这种前部和后部的效应分别被标记为 *N2b* 和 *N2c*。近期研究表明,视觉刺激在某些情况下也会诱发前部 N2(下一节中会介绍)。因此,*N2b* 和 *N2c* 在多数情况下已经被*前部N2* 和*后部N2* 的名称代替了。

7.2 前部 N2 成分

文献中反复报道过多个前部 N2(N2b)成分(可以参考一篇优秀的综述论文 Folstein & Van Petten,2008)。其中一个常见的效应与反应抑制有关。例如,图 3.6 展示了一个 go/no-go 范式的例子(Bruin & Wijers,2002)。该范式中,受试者 对一种刺激做出手动反应,而对其余的刺激不做反应。当 no-go 刺激呈现时,会导致 go 和 no-go 之间发生冲突,尤其在 go 刺激比 no-go 刺激更常见的情况下更为明显。相应地,当 go 刺激比 no-go 刺激更为常见时,no-go 引发的 N2 成分最大。

前部 N2 成分也对失匹配敏感,但是这仅发生在刺激被注意的情况下。也就是说,受试者必须对刺激完成某种任务,即使这种任务不需要受试者辨别出刺激失匹配的地方。例如,在 Suwazono,Machado 和 Knight(2000)这项研究中,向受试者呈现 70% 比例的标准刺激(简单形状),20% 比例的靶刺激(三角形),以及 10% 比例的新奇非靶刺激(彩色照片)。即使任务并不要求受试者辨别简单刺激与新奇刺激,新奇刺激也会诱发出增强的前部 N2 效应。类似地,Luck 和 Hillyard(1994a)在研究中向受试者呈现由有色矩形组成的阵列,阵列中可能包含的都是相同类型的矩形,也可能会包含一个"弹出"矩形,它与其他矩形可能在颜色、形状或者大小方面存在差异。这三种偏差刺激之中的一种被设定为靶刺激,然而偏差刺激中的靶刺激与非靶刺激都会诱发出比同类型刺激阵列更大的头皮前部 N2 成分。但是,当受试者不注意这三种偏差刺激时,这种效应会消失。因此,必须是受试者注意刺激阵列的情况下,该 N2 效应才会出现,但是受试者不需要注意偏差刺激具体的失匹配维度。

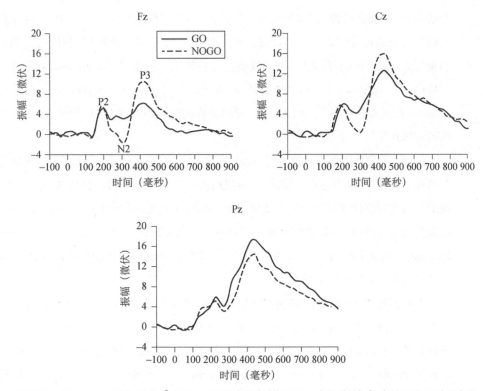

图 3.6　一项 go/no-go 研究（Bruin & Wijers，2002）中的总平均 ERPs。在这项研究中，字母 M 和 W 出现在注视点位置，受试者被要求对其中一个刺激做出抬指反应，对另一个刺激不做反应（不同试次组块之间相互平衡）。go 和 no-go 刺激的概率为 .25/.75、.50/.50、或 .75/.25。图中展示了 go 刺激概率为 0.25 和 no-go 刺激概率为 0.25 时各自诱发的波形。授权改编自 Bruin 和 Wijers（2002）。

　　许多头皮前部的 N2 效应与竞争反应之间的冲突有关。例如 no-go N2 成分也许体现了 go 反应与 no-go"反应"之间的竞争。Eriksen flankers 任务中也能观察到增强的前部 N2。在该任务中，受试者对屏幕中央出现的刺激做出二选一的反应，该中心刺激的两侧会同时出现与任务无关的刺激，这些刺激可能与中央靶刺激所要求的反应相同（一致的试次），也有可能相反（不一致的试次）。与一致试次相比，不一致试次通常会诱发出较大的前部 N2 波形（Folstein & Van Petten，2008），原因可能是位于两侧的刺激在一定程度上激活了错误反应，随后与靶刺激所要求的正确反应之间发生了冲突（参考 Gratton，Coles，Sirevaag，Eriksen，& Donchin，1988；Gehring，Gratton，Coles，& Donchin，1992；Yeung et al.，2004）。事实上，Yeung 等人（2004）曾提出，前部 N2 实际上是与错误相关负波（error-related negativity,后面会讨论)相同的成分。其依据是,随着错误反应激活的增加,实际做出错误反应的可能性也在增加,因此当受试者实际做出错误反应时,相应的大脑活动也更大。在 Stroop 范式中,不一致试次与一致试次相比,会诱发出更大的前部负电位(West & Alain, 1999,2000; Liotti, Woldorff, Perez, & Mayberg, 2000)。与 flankers 范式中的前部 N2 相比,该效应的潜伏期明显更晚,但是尽管如此,它们仍然可能体现了同一个认知过程。

前部 N2 成分还会出现在 stop-signal 范式中。在这个范式中,受试者对视觉靶刺激做出快速反应,但是在一些试次中,靶刺激之后的几百毫秒内会出现一个音调,提醒受试者应该停止反应。与成功停止反应的试次相比,未能成功停止反应的试次会诱发出较大的前部 N2 波形(Pliszka, Liotti, & Woldorff, 2000; van Boxtel, van der Molen, Jennings, & Brunia, 2001)。这与前文提到的观点是一致的,即认为当 go 试次的激活很强并导致其无法被 stop 信号超过时,冲突的程度达到最大。

在给出反应正确或者错误的反馈过程中,也会出现前部 N2 成分。它被称为*反馈相关负波*(feedback-related negativity, FRN),通常错误反馈的振幅会比正确反馈更大(Holroyd & Coles, 2002; Nieuwenhuis, Yeung, Holroyd, Schurger, & Cohen, 2004; Hajcak, Holroyd, Moser, & Simons, 2005)。同样地,这也可以被看成是一种反应间存在冲突的情况,即受试者做出的实际反应和反馈所给出的正确反应之间的冲突。

很容易想到的是,所有这些前部 N2 效应可能体现了相同的潜在成分,它产生于内侧额叶(可能是前扣带皮层)。然而,fMRI 研究却表明,多个不同额叶脑区中的活动与影响前部 N2 的因素有关(参考 Ridderinkhof, Ullsperger, Crone, & Nieuwenhuis, 2004)。因此,前部 N2 很可能是多个 ERP 成分共同作用的结果,类似于 N170 可能包含多个 ERP 成分。

7.3 后部 N2 成分

典型的头皮后部 N2(N2c)很像 P3 波形,它由任务相关的靶刺激诱发,而且少见靶刺激诱发的幅值比常见靶刺激更大。Renault, Ragot, Lesevre 和 Redmond(1982)认为该成分体现了刺激的分类过程,原因是其持续时间(通过靶刺激与标准刺激之间的差异波得到)与分类的难度有关。然而,增加分类难度也会引起 P3 波形的起始潜伏期增加,而这可能会人为地改变 N2c 成分表面上的持续时间。因此,后部 N2 成分的功能性意义目前仍不明确。

　　N2pc(N2-posterior-contralateral)成分出现的时间与 N2c 成分大致相同。N2pc 成分出现在被注意物体的对侧后部头皮,反映了注意力集中的某个方面。由于 N2c 对靶刺激出现的概率高度敏感,而 N2pc 对其不敏感,因此可以将二者区分开来(Luck & Hillyard,1994a)。N2pc 成分将在本章后续部分进行详细介绍。

8. 失匹配负波

　　当一个听觉刺激与前一个不同时,便会诱发一个自动响应,即失匹配负波(mismatch negativity,MMN)。通常来说,它的峰值出现于 160 至 220 毫秒,最大幅值出现在额叶和中央区的中线位置。

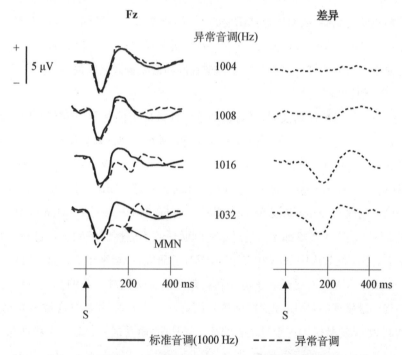

图 3.7　失匹配负波的例子。当受试者读书时,以大约每秒一次的速度向其呈现短音,其中 80% 是标准音调(1000 Hz),20% 是异常音调(1004、1008、1016 或 1032 Hz)。通过由异常刺激诱发的 ERP 波形减去由标准刺激诱发的 ERP 波形构造出的差异波(右侧),可以分离出失匹配负波。授权引自 Näätänen 和 Kreegipuu(2012)。版权归牛津大学出版社所有。

图 3.7 给出了一个典型 MMN 实验的结果(Näätänen & Kreegipuu,2012)。声音以大约每秒一次的速度进行播放,与此同时,受试者进行阅读并忽略声音刺激。大部分(80%)声音都是 1000 Hz 的标准音,其余(20%)则是音调稍高的声音(1004、1008、1016 和 1032 Hz)。大脑并不能很容易地辨别出 1000、1004 和 1008 Hz,因此这三种声音诱发的 ERP 波形之间几乎没有区别。然而,1016 和 1032 Hz 的声音会在大约 100 至 220 毫秒时间范围内诱发出一个比 1000 Hz 标准音更大的负电位,这便是 MMN。通过计算偏差刺激与标准刺激之间的差异波,通常可以将 MMN 从其余的 ERP 波形中分离出来。

关于 MMN,最广为接受的一种理论认为,它体现了由标准刺激形成的短暂记忆痕迹与当前刺激之间的对比(参考综述 Näätänen & Kreegipuu,2012)。然而,MMN 效应通常会受到其他大脑活动的影响。正如本章早些时候所提到的,听觉 N1 波形是具有高度不应性的。当相同的音调多次重复呈现后,神经元对这种音调的响应就会减弱,从而导致其诱发的 N1 振幅变小。当不同的音调出现时,会激活另一个有些不同的神经元集群,这些神经元将会产生一个比编码标准音调的神经元幅度更大的响应。这种存在于标准音调和偏差音调之间的 N1 差异,可能是促成 MMN 效应的原因之一。

有三方面的证据表明,尽管这种不应性效应可能是导致 MMN 形成的原因之一,但并不是所有的 MMN 效应都可以用它进行解释。具体来说,强度低于标准刺激的音调(Woldorff, Hackley, & Hillyard, 1991;Woldorff, Hillyard, Gallen, Hampson, & Bloom, 1998)、意外很早出现的音调(Ford & Hillyard, 1981)以及一个刺激的缺失(Rüsseler, Altenmuller, Nager, Kohlmetz, & Munte, 2001)都会诱发 MMN。这些现象都无法通过偏差刺激导致不应性缓解的理论进行解释。试图从 N1 不应性效应中分离出"真正"MMN 的研究,应当采用上述这些方法。

由于 MMN 在受试者不需要利用刺激信息来完成任务的情况下仍然存在(例如当刺激呈现时,受试者正在阅读),因此它通常被称为*前注意*或者*自动*的过程。然而,如果刺激仅呈现于受试者的某一只耳朵,而受试者此时完全将注意集中到另一只耳朵中出现的竞争刺激,那么 MMN 会消失(Woldorff et al., 1991)。*前注意*和*自动*这样的术语描述存在这样的问题,即注意是一系列认知过程的复杂集合,在不同加工阶段和不同条件下都会出现(Luck & Vecera, 2002;Luck & Kappenman,

2012a),这便导致很难理清前注意和注意之间,或者自动和受控加工之间的关系。因此,描述 MMN 时最好能够避开这些术语,而是仅基于事实。换句话说,你也许可以将 MMN 描述为"当受试者在阅读时,也足够能观测到的一个自动反应"。

正是由于 MMN 具有高度的自动性,在针对那些无法容易做出行为反应的人群所进行的研究中,它就显得非常有用,例如还不会说话的婴儿(Csepe, 1995; Trainor et al., 2003),以及处于昏迷状态的人(Fischer, Luaute, Adeleine, & Morlet, 2004)。例如,MMN 可以被用来评估婴儿对于不同语言对比的敏感性(Dehaene-Lambertz & Baillet, 1998; Cheour, Leppanen, & Kraus, 2000)。

根据 Näätänen 和 Kreegipuu (2012)的综述,MMN 至少包含两个颅内产生源。一个位于颞上平面的听觉皮层,N1 产生源的正前方。此产生源导致了头皮前部的负波和头皮后部下方的正波(当采用鼻尖作为参考电极时),被认为体现了失匹配检测过程(关于参考电极的影响,请参考第五章)。另一个产生源被认为来自于前额叶皮层,体现了将注意转移至偏差刺激的过程。一些有意思的证据表明,MMN 明确体现了 NMDA 受体介导的离子通道中的电流流动(Javitt, Steinschneider, Schroeder, & Arezzo, 1996; Umbricht et al., 2000; Kreitschmann-Andermahr et al., 2001; Ehrlichman, Maxwell, Majumdar, & Siegel, 2008; Heekeren et al., 2008; Tikhonravov et al., 2008),但是也有研究发现了与之相反的证据(Oranje et al., 2000)。

9. *N2pc*、干扰正波和对侧延迟活动

本节中,我们将会介绍 3 个高级的视觉成分,这些成分是通过计算与一个物体呈对侧和同侧关系的电极之间的差异,从 ERP 波形中分离出来的。这个物体可以是受到注意的(N2pc),也可以是受到抑制的(distractor positivity, PD;干扰正波),或者是保存在工作记忆中的(contralateral delay activity, CDA;对侧延迟活动)。由于这些成分能够从其他成分中被分离出来,因此它们在回答关于高级视觉加工过程的问题时非常有用。

9.1 N2pc 成分

88

正如本章之前所提到的,后部 N2 包含一个被称为 *N2-posterior-contralateral*

(N2pc)的子成分,它在与受注意物体所处位置呈对侧关系的电极上的幅值,大于同侧电极上的幅值(参考综述 Luck,2012b)。

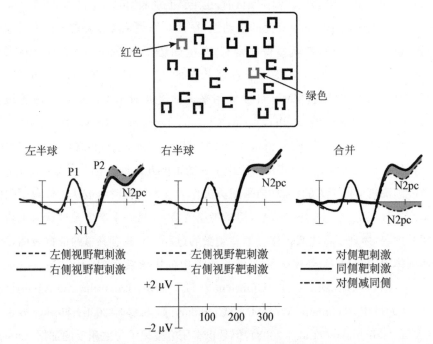

图 3.8　典型 N2pc 范式及头部后方枕叶—颞叶区域电极点的总平均 ERP 波形(引自 Luck et al.,2006)。为了避免任何可能由物理刺激引起的混淆,每个刺激阵列的每一边都包含一个颜色独特的图案,其中的一种颜色在每个试次组块前的指导语中被指定为目标颜色。因此,在要求受试者注意左侧或者右侧视野时,可以采用同一个刺激阵列,只取决于哪一种是目标颜色。图案的位置在试次间随机变化,只有两个颜色突出的图案总是会出现在左右两侧。受试者需要通过二选一的按键反应,判断目标图案的缺口位于正方形的上方还是下方。当靶刺激出现在右侧视野时,左半球在 N2 潜伏期内的电压值相比靶刺激出现在左侧视野时更负;当靶刺激出现在左侧视野时,右半球的电压值相比靶刺激出现在右侧视野时更负。数据被合并为一个同侧波形(左半球/左侧刺激与右半球/右侧刺激平均)和一个对侧波形(左半球/右侧刺激与右半球/左侧刺激平均)。通过构造对侧减同侧的差异波,可以明确地将 N2pc 定义为对侧与同侧波形之间的差异(图中阴影区域)。授权引自 Luck(2012b)。版权归牛津大学出版社所有。

例如,考虑图 3.8 所示的实验(来自于 Luck et al.,2006)。每个刺激阵列包含一个红色正方形,一个绿色正方形,以及很多黑色的干扰正方形。单个正方形的位置在不同试次之间是随机变化的,而两个彩色正方形总是分别出现在屏幕的两侧。受试者根据指令要求,在每段实验开始后,需要注意红色或者绿色刺激,并在每个试次中通过二选一的按键反应,判断所注意颜色的正方形中包含的缺口是在上方还是下方。由于红色或者绿色都有可能是目标颜色(取决于受试者在试次开始前接收到的指令),因此在将注意集中到左侧(例如,图3.8中注意红色)或者右侧(例如,图3.8中注意绿色)的试次中,呈现的是具有相同物理属性的刺激阵列。这一点对于排除刺激本身带来的干扰是很重要的。

N2pc成分包含一个当受注意物体与记录电极呈对侧关系时,幅值比二者呈同侧关系时更大的负波(参考本章末尾关于N2pc如何被发现的故事)。它通常出现在N2波形的时间范围内(200—300毫秒),位于视觉皮层上方的头皮后部区域,在PO7和PO8电极附近的幅值最大。在图3.8中,右侧视野中(RVF, right visual field)的靶刺激与左侧视野中(LVF, left visual field)的靶刺激相比,在左侧半球诱发出了幅值更大的负电位,即N2pc;而对于右侧半球来说,左侧视野中的靶刺激会比右侧视野中的靶刺激诱发出幅值更大的负电位,这便是N2pc。为了避免左侧视野和右侧视野之间,以及左侧半球和右侧半球之间的总体差异,可以构造一个整体的对侧波形(右侧视野时的左侧半球和左侧视野时的右侧半球之间进行平均)和一个整体的同侧波形(左侧视野时的左侧半球和右侧视野时的右侧半球之间进行平均)。通过计算对侧波形和同侧波形之间的差异,可以将N2pc成分从其他重叠的ERP成分中分离出来。图3.8最右侧给出的是对侧减去同侧波形后得到的差异波,说明了差异波是如何消除其他成分的(例如P1和N1)。如果你研究的是听觉模态,你也许会对由Marissa Gamble和我一起发现的听觉模态下类似的N2pc成分感兴趣,我们称其为N2ac成分,原因是它出现在头皮前部的对侧电极位置(Gamble & Luck,2011)。读者可以参考第十章中的图10.6。

在研究注意是否已被隐性地转移至特定物体,以及注意转移的时间过程时,N2pc成分都是很有用的。例如,虽然N2pc通常在简单特征靶刺激和较复杂组合靶刺激的情况下都会出现,但它在后一种情况下的幅值更大(Luck, Girelli, McDermott, & Ford, 1997),而且当受试者需要同时完成一个耗费注意力的次要任务时,简单特征靶刺激诱发的N2pc会消失,但复杂组合靶刺激则不会(Luck & Ford, 1998)。类似地,N2pc能够被用来判断注意是否会自动地被明显但无关的物体所捕获(Eimer & Kiss, 2008; Lien, Ruthruff, Goodin, & Remington, 2008; Sawaki & Luck, 2010)。N2pc还可以证明被遮掩的阈下物体仍然能够吸引注意

(Woodman & Luck，2003a)。此外，还有一些基于 N2pc 成分时序信息的发现，例如与奖赏有关的物体可以诱发更快速的注意转移(Kiss，Driver，& Eimer，2009)，注意力在某些视觉搜索任务下是以串行方式在物体间转移的(Woodman & Luck，1999，2003b)，以及精神分裂症患者在某些条件下的注意转移速度和正常人一样快(Luck et al.，2006)。

联合的 MEG/ERP/fMRI 研究表明，N2pc 成分的地形图与视觉皮层 V4 区以及外侧枕叶皮层复合体(lateral occipital complex，LOC)位置的产生源是一致的(Hopf et al.，2000，2006)。特别地，V4 源可能仅在靶刺激和干扰项之间的竞争程度足以在单个 V4 神经元感受野内发生时才会出现；当干扰项的规模不够大时，N2pc 可能仅来自于外侧枕叶皮层复合体(Hopf et al.，2006)。这又进一步扩展了第二章中关于 ERP 成分的概念性定义。也就是说，虽然 V4 源和 LOC 源可能体现了相同的计算操作(抑制竞争性的干扰项)，但却作用于相邻却不相同皮层区域内的不同信息尺度上。那么，是认为这些源体现了不同的成分，还是将它们当作同一个成分呢？如果我们可以稳定地区分出这些不同的源，并且确认它们体现了相同的计算操作，而不是纠结于这些微不足道的定义问题，我将会很高兴。

方框 3.1　信誉

你可以看到图 3.9 中的实验设计包含一个低级的感官失衡，即屏幕一侧有一个刺激，而另一侧没有，这可能是导致 Hickey 等人(2009)发现对侧与同侧之间存在差异的原因。为了解决这个问题，Hickey 等人采用了与屏幕背景亮度相同的彩色刺激，来减小感官 ERP 成分的幅值。当这篇论文被投到 *Journal of Cognitive Neuroscience* 之后，我是其中的一名审稿人，我在审稿意见中指出，虽然可能性很小，但是侧向的感官响应仍然可能对 N2pc 和 P_D 成分产生干扰。这个研究是由 John McDonald 的实验室完成的。在我离开 Steve Hillyard 实验室多年后，他在那里接受了博士后训练，我对他相当了解。因此，我在审稿意见中给出了如下有趣的评论(我署名了)，"我认为这一点关乎到信誉问题，而不是仅在于能否发表"。

为了应对这一挑战,作者们通过另一项对照实验排除了感官偏侧性干扰的可能性,而且这个对照实验最终还为 P~D~ 成分与干扰项抑制之间的关系提供了额外证据。信誉很重要!

多年以后,Clayton Hickey 受邀评审一篇由 Risa Sawaki 和我一起投到 *Visual Cognition* 的论文。他指出我们的结果存在另一种解释的可能性,并且提出了我曾在他的论文审稿意见中提出的关于"信誉"的问题。他甚至引用了我针对他的论文的审稿意见。Risa 和我令人信服地指出了这种解释是不可能的,然而在我的论文中见到我自己写的审稿意见,仍然是一件相当有趣的事。

最开始我假设 N2pc 体现的是对所注意物体周围干扰项的抑制(Luck & Hillyard,1994b),后续研究则确认了 N2pc 对干扰项的临近程度是敏感的(Luck et al.,1997;Hopf et al.,2006)。然而,Clayton Hickey、Vince Di Lollo 和 John McDonald 开展了一项非常巧妙的研究,证明了 N2pc 并不直接体现对于干扰项的抑制(Hickey,Di Lollo,& McDonald,2009;参考方框 3.1 中关于这项研究的小故事)。他们设计的刺激阵列包含一个靶刺激和一个干扰项,而且他们借用了 Geoff Woodman 和我为了分离两个刺激的 N2pc 而采用过的一个小伎俩(Woodman & Luck,2003b)。具体来说,两个刺激中的一个出现在中央垂直线上,另一个出现在左侧或者右侧(图 3.9A)。对于出现在中线上的刺激来说,由于没有同侧和对侧之分,因此在计算由其他刺激诱发的同侧和对侧波形之间的差异波时,由该刺激诱发的所有大脑活动都应该相互抵消。

91

当靶刺激在侧边,干扰项在中线上时,Hickey 等人(2009)发现靶刺激对侧半球的电位比同侧半球更负(图 3.9B)。也就是说,他们在没有侧向干扰项的情况下,也发现了典型的 N2pc 模式。这就提供了相当有力的证据,说明 N2pc 不是直接与干扰项的处理有关,而是体现了对靶刺激的处理。此外,当干扰项位于侧边,靶刺激出现在中线上时,干扰项对侧半球的电位比同侧半球更正,而非更负(图 3.9C)。Hickey 等人将这一正波命名为*干扰正波*(*distractor positivity*,P~D~)。如果 N2pc 成分体现的是对干扰项的抑制,那么应该在干扰项对侧半球观测到负波,而不是

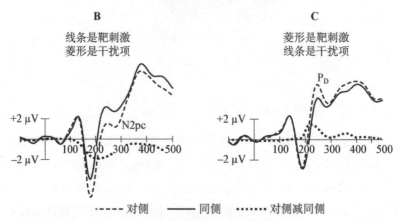

图 3.9　引自 Hickey 等人(2009)研究中的刺激示例和总平均 ERP 波形。(A)每个阵列包含一个亮绿色正方形或菱形,以及一根长或短的红线,其亮度与背景相同。由于红色刺激几乎不会诱发任何偏侧化的感官活动,所以可以将任何更晚期的偏侧化活动归因为自上而下的处理。(B)当红线是靶刺激时,红色图案会诱发一个对侧负波(N2pc)。(C)当绿色菱形是靶刺激时,红色干扰项对侧的 ERP 比同侧更正。这个对侧正波被称为干扰正波(P_D)。波形由 John McDonald 提供。

正波。

　　那么,N2pc 到底体现了什么呢? 很显然,它与将注意集中到某个物体这一过程有关(请参考 Luck,2012b 中关于这一观点证据的讨论)。虽然它体现的不是对于干扰项的处理,但是它的幅值会受到这些相邻干扰项的影响。目前最佳的解释,便是认为它反映了将某种容量有限的过程分配至一个或多个相关的物体(Ester, Drew, Klee, Vogel, & Awh, 2012),但是这一过程会受到相邻干扰项的影响。完全有可能的是,N2pc 体现的不是某个单一的加工过程,而是多个作用于受注意物体,且在对侧半球强于同侧半球的过程。也就是说,N2pc 可能体现的是将注意集中到某个侧向物体所引起的多个结果。

现在,你应该注意到这样一个主题:一个给定的 ERP 成分可能体现了多个相关的加工过程(N170 成分体现的是多个与面孔相关的过程,前部 N2 成分体现的是多个与控制有关的过程,N2pc 成分体现的是多个与注意有关的感知觉过程)。考虑到人脑的高度复杂性,即使是基于相当巧妙的实验设计所得到的差异波,仍然可能包含由多个过程在相同时间段和相邻脑区中引起的活动。

9.2 干扰正波

如图 3.9C 所示,干扰正波(distractor positivity, P_D)是一个在干扰项对侧半球比同侧半球更大的正电位。有三项证据可以表明它体现了某种作用于干扰项的抑制过程。首先,它是与干扰项,而不是与靶刺激呈现对侧关系,暗示它体现的是与干扰项相关的处理过程。针对干扰项的处理过程也非常可能具有抑制的本质。第二,P_D 成分的极性与 N2pc 成分相反,但是二者的头皮分布却非常类似。如果我们假设 N2pc 代表了某种兴奋性(因为它作用于靶刺激),那么在一个相同的神经元集群中,从一个兴奋性突触后电位到一个抑制性突触后电位的反转便会导致相反的极性。由于很难对这个假设进行检验,因此这一点也只能为 P_D 体现抑制过程提供较弱的证据,但是至少它是与抑制过程相吻合的。第三,Hickey 等人发现,当受试者仅需要识别靶刺激的存在,而不需要辨别其具体特征时,P_D 便消失了,因为这种情况可能会减小对于干扰项的抑制需求。

另一些支持 P_D 体现抑制过程的证据来自于 Risa Sawaki 在我的实验室中开展的后续研究。这些研究表明,如果一个双侧阵列中呈现的干扰项非常明显(例如一个突出的颜色),或者干扰项与工作记忆中的表现形式或靶刺激模板是部分匹配的,它便会诱发 P_D 而不是 N2pc 成分(Sawaki & Luck, 2010, 2011; Sawaki, Geng, & Luck, 2012)。Eimer 和 Kiss(2008)报道过一个类似的效应,但这是在 Hickey 等人(2009)分离 P_D 成分并提出它反映了对干扰项的抑制这一假说之前,因此 Eimer 和 Kiss 并没有意识到他们看到的是与抑制有关的成分。Risa 还发现 P_D 的幅值也许与注意力捕获的行为学表现有关,即 P_D 幅值越大,捕获便越少(Sawaki et al., 2012)。因此,越来越多的证据表明,P_D 体现的是一个涉及到对潜在视觉干扰物体进行抑制的过程。值得注意的是,N2pc 成分后面通常跟随着 P_D 成分,似乎体现了感知过程结束后注意的取消或复位(Sawaki et al., 2012)(参考方框 3.2)。

方框3.2　无知并非总是福

　　　　自我在研究生阶段所开展的第一个 N2pc 实验起，我便注意到 N2pc 成分后面通常会跟随一个对侧正波。例如，你可以在 Luck 和 Hillyard (1994b)的图 2 中看到 N2pc 成分后面跟随了这个正波。这个正波在某些实验中出现得更多一些，但是我无法破解这些结果在模式上的一致性。我认为要想理解这个正波几乎是不可能的，原因是它受到 N2pc 成分的影响而被部分抵消，因此很难将其与 N2pc 分开进行测量。因为不想对付这一正波，我便开始发表 N2pc 的论文，其中的图片都大约在 300 毫秒结束，这样人们便无法看到 N2pc 后面跟随的正波了(例如本章中的图 3.8 和 Luck et al.，1997 中的图 5)。

　　　　当 Risa Sawaki 对 P_D 产生兴趣时，她提出这个跟随在 N2pc 后面的正波和 P_D 是同一个成分；也就是说，N2pc 反映的是将注意集中到某个物体上，而 P_D 反映的是物体感知结束后注意的消失。我向 Risa 解释了我在弄清这个后续正波上存在的疑虑，但是她并没有听从我的建议。正如我在方框 3.1 中所提到的，当导师告诉你某件事情不可能完成时，有时忽略他或她的建议可能是对的。Risa 很好地实践了这一原则，她通过几个实验研究了跟随在 N2pc 后面的 P_D 成分，并在 *Journal of Neuroscience* 上发表了一篇非常漂亮的论文(Sawaki et al.，2012)。这需要提出一种新方法来测量 N2pc 和 P_D，以尽量减小抵消的问题(读者可以阅读该论文)。

9.3　对侧延迟活动和工作记忆

　　Ed Vogel 和 Maro Machizawa 通过一系列漂亮的实验，将 N2pc 中采用的基本方法运用到了工作记忆领域中(Vogel & Machizawa，2004)。之前 Dan Ruchkin 等人在研究中发现，工作记忆任务中的保持阶段会出现一个负电位，他们将其称为负慢波(negative slow wave, NSW；参考综述 Perez & Vogel，2012)。NSW 的振幅随着记忆负载的增加而增加，在言语记忆任务中表现出额叶头皮分布，而在视觉记忆任务中则表现出颞—顶叶头皮分布。虽然 NSW 是一个有用的成分,但如果将它作为工作记忆的一个特定指标,则存在如下两大问题。第一,为了证明某个神经指标确实反映了工作记忆中所存储的表现形式本身,必须说明该指标与工作记忆中所存储的信息量是密切相关的。某个给定的指标也许会随着负载的增加而增加,但可能仅仅是因为任务变得更难了,而不是因为工作记忆中存储的信息量改变了。第二,重要的是,要能够将与记忆相关的成分从延迟阶段可能存在的其他成分中分离出来,例如受试者在试次末尾等待报告刺激的提示时,可能会出现与期待相关的成分(参考本

94

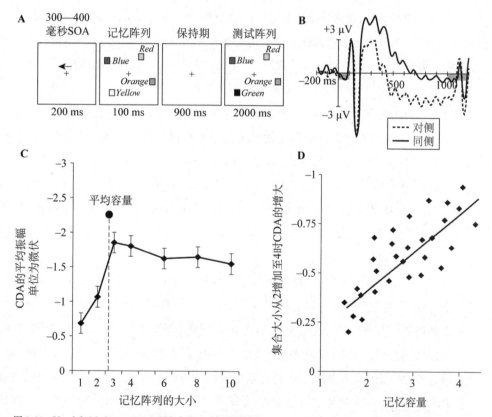

图 3.10　Vogel 和 Machizawa(2004)研究中关于对侧延迟活动(contralateral delay activity, CDA)的 ERP 结果。(A)实验设计。(B)与样本刺激锁时并包含延迟期的总平均 ERP 波形。(C)CDA 的平均幅值是记忆集合大小的函数。(D)当集合大小从 2 增加到 4 时,行为学测得的受试者视觉工作记忆容量与 CDA 幅值增加的幅度之间的相关性。授权改编自 Perez 和 Vogel(2012)。版权归牛津大学出版社所有。

94

章之前介绍的关联性负变和刺激前负波＊)。Vogel 和 Machizawa 通过采用对侧与同侧之间差异波的方法,解决了这两个问题(本章末尾会介绍 CDA 的发现)。

Vogel 和 Machizawa(2004)所采用的基本范式如图 3.10A 所示。每个试次都以一个*箭头提示*开始,告知受试者在这个试次中需要记住的是哪一侧。提示后面跟随的是一个*样本阵列*,包含了位于注视点附近的一至四种彩色方框。受试者将出现在提示一侧的物体存储在记忆中,并完全忽略出现在非提示一侧的物体。在每个试次末尾,会出现一个*测试阵列*,受试者需要报告提示一侧物体的颜色在样本和测试阵列之间是否发生了改变。非提示一侧物体的颜色在样本和测试阵列之间总是保持不变,从而诱导受试者记住提示一侧,而不是非提示一侧的物体。

图 3.10B 给出了在被提示位置的对侧和同侧头皮后部区域记录到的 ERP 波形。波形以样本阵列的出现为锁时点,并包含整个延迟期,直至测试阵列出现。与同侧半球相比,对侧半球在样本阵列后 200 毫秒左右开始出现更大的负电位,且一直持续到测试阵列的出现。这个对侧负电位的早期部分可能包含一个 N2pc 成分,但是 N2pc 通常并不会持续几百毫秒以上。因此,这个在延迟期后段出现的持续活动代表了另一个 ERP 成分,Vogel 和 Machizawa(2004)将其称为对侧延迟活动(contralateral delay activity, CDA)。尽管都是在对侧后部头皮出现的负波,但是与 N2pc 相比,CDA 具有更加偏向顶叶的分布。而且 MEG 研究表明,CDA 产生于后顶叶皮层(Robitaille, Grimault, & Jolicoeur, 2009),而 N2pc 似乎产生于腹侧枕—颞皮层(Hopf et al. , 2000,2006)。

图 3.10C 说明 CDA 振幅与工作记忆容量之间具有密切的联系。行为学测量表明,这个实验中的平均记忆存储容量接近 3 个物体,而 CDA 振幅在 3 个物体时也到达了一条渐近线。这说明 CDA 与记忆容量本身有关,且不会仅随着任务难度的增加而增加。此外,行为学上测得的工作记忆的个体间差异,与 CDA 振幅到达渐近线时所记住的物体数量之间有紧密的相关性。具体来说,图 3.10D 说明当集合大小在 2 至 4 个物体之间变化时,受试者的记忆容量与 CDA 的振幅变化之间具有相关性。这种在 CDA 与行为测得的记忆容量之间的紧密相关性,有力地证明了 CDA 与工作记忆所存储的信息之间是紧密相连的。这也很好地说明了 ERPs 如何

———————————

＊译者注:原文此处有笔误

在评估个体间差异时发挥巨大作用（还可以参考 Vogel，McCollough，& Machizawa，2005；Leonard et al.，2012）。

10. *P3 家族*

10.1 P3 成分的多样性

在 P3 波形的时间范围内存在着多个可辨别的 ERP 成分（关于 P3 波形的综述，可以参考 Polich，2012）。第一个重大发现来自于 Squires，Squires 和 Hillyard（1975），他们辨别出了极值位于额叶头皮的 P3a 成分和极值位于顶叶头皮的 P3b 成分。这两个成分都是由刺激中不可预测且出现概率较小的变化所诱发，但是 P3b 成分仅在这些刺激的变化与任务相关时才会出现。当 ERP 研究者（包括我本人）提到 *P3 成分*或者 *P300 成分*时，他们通常指的是*P3b 成分*（事实上，我在本书中已经好几次用*P3* 来表示 P3b 成分了）。

其他研究已经说明，在一个受注意的刺激序列中出现的不可预期、不寻常或者令人惊讶的任务无关刺激，会在额叶区域诱发一个类似 P3 的响应（例如 Courchesne，Hillyard，& Galambos，1975；Soltani & Knight，2000；Polich & Comerchero，2003），但是尚不清楚这一响应是否与 Squires 等（1975）中描述的 P3a 有关。例如，Verleger，Jaskowski 和 Waushckuhn（1994）提供的证据表明，虽然出现概率较小的靶刺激会诱发 P3b，但是从某种意义上来说，受试者仍然期待或者等待着它们的出现，然而额叶 P3 波形是由完全不受期待或者令人惊讶的刺激所诱发。不管怎样，这个额叶 P3 是否和 Squires 等（1975）中观察到的 P3a 一样，都是自动出现的，目前尚不清楚。

10.2 关于其功能意义的假设

考虑到已有数以千计的 P3 实验被发表，你也许会认为我们已经对 P3 波形了解得相当透彻了。然而你却错了！我们知道，许多调控效应可以影响 P3 的振幅与潜伏期，但是关于 P3 波形究竟反映了何种神经或者认知过程，目前尚未达成清晰的共识。目前被引用最多的理论来自 Donchin（1981），他提出 P3 波形与一个认知过程有关，并将其称为"背景更新"。这通常被解释为 P3 波形反映了工作记忆的更新，但这却并不是 Donchin 的本意。他指出他从来没有使用过"*工作记忆*"这个词

96

语,而且如果你去读他的论文(我强烈建议),他采用了"背景"这个词语来表达某种与工作记忆有着很大区别的东西(而且和 Jonathan Cohen 等人所说的背景一词也有着很大区别)。对于 Donchin 来说,背景代表了环境总体状态的广泛表现形式,而不是单个物体或者任务的特定表现形式。

支持 P3 波形背景更新理论的证据非常少,在 Donchin 提出该理论后,也很少有研究对其进行过直接验证。如果你对 P3 波形感兴趣,那么应该去读一下 Donchin 的 原 始 论 文 (Donchin, 1981)、Verleger 针对该理论的广泛性批判 (Verleger, 1988)以及 Donchin 和 Coles 对该批判的回应(Donchin & Coles, 1988)。在我的实验室有关注意的研究中,我们通常假定 P3 波形体现了工作记忆的更新,这也产生了许多非常合理的结果(例如 Luck, 1998a;Vogel, Luck, & Shapiro, 1998;Vogel & Luck, 2002)。但是这个假设肯定有风险,所以你在做关于 P3 波形意义的假设时应该要小心。

Donchin(1981)提出了另一个关键的概念,即认为 P3 波形体现的加工过程属于战略层面,而不是战术层面。战术层面的响应是指为了应对当前场景而采取的某种措施(例如,飞行员为了躲避一群鸟而向左侧急转弯)。战略层面的响应是指为了应对未来而进行的某种准备(例如,飞行员选择另一条航道来避开一小时之前已预测的气流)。Donchin 提出,P3 波形体现了战略层面,而非战术层面的过程,原因是它通常出现得太晚了,以至于无法对行为反应产生影响。此外,Donchin 认为一个刺激诱发的 P3 振幅可以预测大脑对该刺激产生的后续记忆(可以参考 Wilding & Ranganath, 2012 中与记忆有关的 ERP 效应综述)。

10.3 概率的影响

虽然我们不知道 P3 波形的确切含义,但我们知道哪些因素对它的振幅和潜伏期有影响(针对早期 P3 文献的广泛性综述,可以参考 Pritchard, 1981;Johnson, 1986;近期综述,可参考 Picton, 1992;Polich & Kok, 1995;Polich, 2004,2012)。P3 波形的标志之一就是对靶刺激概率的敏感性。正如 Duncan-Johnson 和 Donchin(1977)中详细介绍的,P3 振幅随着靶刺激概率的增大而减小。然而,有影响的不仅仅是整体概率;局部概率也有影响,原因是当靶刺激前面出现的非靶刺激越多时,靶刺激诱发的 P3 振幅就越大。

关键的一点在于,对于一个给定的物理刺激,它出现的概率并不是相关因素。相反,*由任务定义的刺激类别及概率*是很重要的。例如,Marta Kutas 开展的一项经典实验说明,如果向受试者呈现一个包含男性和女性名字的序列,并要求他们在看到男性名字时做出按键反应,那么 P3 波形的振幅将会取决于序列中男性和女性名字的相对比例,即使其中的每个名字都只出现一次(参考 Kutas, McCarthy, & Donchin, 1977)。类似地,如果靶刺激是字母 E,出现的概率是 10%,非靶刺激是从字母表中随机选择的其他字母,那么即使靶刺激字母出现的概率是任何非靶刺激字母的大约 4 倍,靶刺激字母仍然会诱发一个很大的 P3 波形(参考 Vogel et al. , 1998)。

几十年来,人们都假设 P3 的振幅取决于刺激类别的*顺序概率*(即某个特定类别刺激的数量占总体刺激数量的比例)。然而,近期研究发现,P3 的振幅与刺激类别的*时间概率*(即某个特定类别刺激的数量除以刺激呈现的时间段)关系很大(Polich, 2012)。这两个因素常常混淆在一起。例如,图 3.4A 中描述的刺激序列,既是顺序上少见的(因为 10 个刺激中只有 2 个是靶刺激),也是时间上少见的(因为在相当长的一段时间内,只出现了 2 个靶刺激)。如果你只是去掉这些标准刺激,保持靶刺激的出现时刻不变(如图 3.4C 所示),那么靶刺激诱发的 P3 与标准刺激存在时大致相同,即使此时靶刺激的顺序比例是 100%(Polich, Eischen, & Collins, 1994;Katayama & Polich, 1996)。

10.4　P3、资源分配和任务难度

受试者在某项任务中投入的努力越多,P3 振幅就越大,这便引出一个假设,即 P3 的振幅可以作为资源分配的一个指标(可以参考 Isreal, Chesney, Wickens, & Donchin, 1980)。然而,当受试者不确定某个给定刺激是靶刺激还是非靶刺激时,P3 振幅会变小。因此,如果一个任务变得更难,也许会鼓励受试者投入更多努力,从而导致 P3 振幅增大,但是也许还会导致受试者对给定刺激所属类别的确信程度下降,从而导致 P3 振幅减小。因此,当任务难度增加时,没有一个简单的规则能够判定 P3 是增大还是减小。Johnson(1984, 1986)提出,P3 的振幅受到概率(probability, P)、不确定性(uncertainty, U)和资源分配(resource allocation, R)等因素的共同影响,其关系如下:P3 振幅$=U\times(P+R)$。

98

10.5　P3 潜伏期与刺激分类

P3 的振幅取决于由任务定义的刺激类别及概率,这一事实会导致一个很重要却经常被忽视的后果。具体来说,当少见和常见试次之间的 P3 振幅出现差异时,在逻辑上有必要认为受试者已经开始根据任务规则对刺激进行分类。例如,图 3.11 中的例子提供了一个 Kutas 等(1977)实验的示意图,要求受试者将名字分为男性和女性两类。其中女性名字出现得较少,男性名字出现得较多,但是每个名字都只出现一次。在这个示意图中,这两类之间的差异大约从 300 毫秒开始出现。这基本上提供了一个牢不可破的证据,即大脑在 300 毫秒时已经开始对名字进行分类(需要注意的是,第二章中曾提到,一个差异的开始反映了最早出现差异的那些试次)。

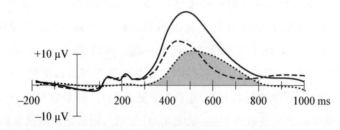

—— 女性名字（少见）　---- 男性名字（常见）　……… 少见减常见

图 3.11　Kutas 等人(1977)研究中的 ERP 波形示意图。这些波形并不代表 Kutas 等人报道的实际波形,而是为了展示利用少见减常见差异波考察刺激分类时间时涉及到的一般性原则。

因为只有在大脑已经对少见和常见刺激做出分类之后,它们的 P3 振幅才可能出现差异,所以任何推迟刺激分类过程的操作(包括增加低等级感官处理或高等级判断所需的时间)必然会推迟 P3 概率效应出现的起始时刻。也就是说,任何可以增加大脑在判别刺激属于少见还是常见种类时所需时间的操作,都必然会推迟少见和常见试次之间大脑活动差异出现的起始时刻。这不但是合乎逻辑的,而且也得到了无数研究的证实。Kutas 等(1977)针对这个想法提出了一个虽然后来不被广泛认可,但是在当时很流行的概念,即少见试次诱发的 P3 反映了惊讶,他们提道,"在一个刺激使人感到惊讶之前,它必须先被识别出来"。因此,他们认为少见刺激的 P3 潜伏期反映了*刺激评估时间*。Donchin 的实验室通常关注 P3 的峰潜伏期而非起始时刻,而且他们关注的是少见刺激诱发的 ERPs,而不是少见和常见刺激之间的差异波。因此,他们关于少见试次的 P3 峰潜伏期反映了刺激评估时间的说法,没有如下说法精确,即只有当大脑已经开始判定刺激属于少见还是常见类别之后,少见和常见试次之间才可能出现合乎逻辑的差异。尽管如此,这两种关于 P3 潜伏期的思考方式仍是密切相关的。

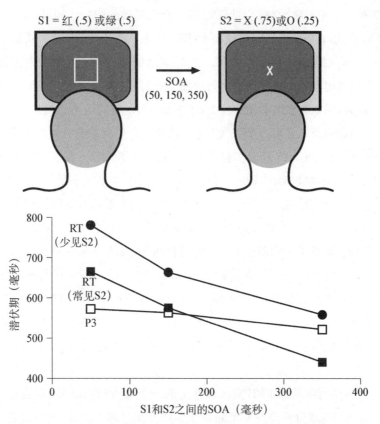

图 3.12　一个在心理不应期范式中,利用少见减常见差异波考察刺激分类时间的例子。在这项研究中,受试者看到一个红色或者绿色*的方框,经过一段可变的刺激起始时间间隔(stimulus onset asynchrony, SOA)后,将看到第二个靶刺激(一个 X 或者 O 字母)。其中一个是少见字母,另一个是常见字母。受试者需要对方框的颜色和出现的字母进行判断,并且都做出快速的反应。第二个靶刺激(字母)诱发的 P3 潜伏期和反应时间,被表示为两个靶刺激间隔时间 SOA 的函数。在少见减常见差异波中,将 50% 面积潜伏期作为 P3 的潜伏期。授权改编自 Luck(1998b)。版权归心理学协会所有。

───────────

　*译者注:原文此处有笔误

当我们采用少见与常见刺激之间的差异波时,便可以对某个特定操作是否影响刺激分类所需时间做出强有力的推论。图 3.12 中的例子给出了一项基于心理不应期范式研究的任务和结果(Luck,1998b)。在这个任务中,受试者在每个试次中会看到两个靶刺激,二者之间的间隔(SOA)是可变的,受试者需要对两个靶刺激都做出快速反应。在较短 SOAs 的情况下,当第二个靶刺激出现时,大脑仍然忙于处理第一个靶刺激,这将会推迟对第二个靶刺激的响应。因此,我们发现与较长 SOAs 相比,在较短 SOAs 的情况下,第二个靶刺激诱发的响应被推迟了数百毫秒。Hal Pashler 提出的理论认为,第二个靶刺激响应的推迟是由反应选择过程造成的,即识别刺激后决定应该做出何种反应的过程(参考综述 Pashler,1994)。更早期的过程,例如刺激的感知和分类,在较短 SOAs 时应该不会被推迟。如果这一理论是正确的,那么对第二个靶刺激进行感知与分类所需的时间应该不会受到 SOA 差异的影响。图 3.12 所示实验对这一假设进行了检验。在该实验中,第二个靶刺激中的一种占少数,另一种占多数,这样可以计算由第二个靶刺激诱发的少见与常见之间的差异波。在该差异波中,P3 在最短 SOA 时的潜伏期仅比最长 SOA 时延后了 51 毫秒,这还不到行为学上观察到的总 RT 延迟的 25%。这一结果暗示着 RT 变慢主要是由于刺激分类之后的过程减缓,而不是刺激分类过程本身变慢,这与 Pashler 的理论是一致的。来自 Allen Osman 和 Cathleen Moore 的另一项研究表明,偏侧化准备电位(lateralized readiness potential,LRP)在较短 SOAs 时出现了严重的延迟(Osman & Moore,1993)。正如本章稍后会提到的,LRP 体现的是反应准备过程,所以该效应进一步证明 RT 变慢的主要原因是反应选择过程的减慢。

这项研究涉及到 ERP 实验设计中的一个要点(将在第四章进行详细介绍)。具体来说,P3 成分本身并不是起源于刺激分类过程。相反,刺激分类必然发生在 P3 出现之前(更准确地说,在少见与常见刺激之间的差异波偏离零值之前)。因此,对于发生在少见与常见刺激波形出现差异之前的认知过程,可以利用以这种方式得到的 P3 潜伏期,来估计其时间信息。当以这种方式估计发生在某个成分之前的认知过程时,我们不需要知道该成分本身反映了什么。因此,许多很有影响力的 ERP 实验都是采用某个特定的 ERP 成分,研究发生在该成分之前的过程,而不是研究引起该成分本身的过程。

10.6　P3 与分类之后的加工过程

虽然从逻辑上来说,少见与常见刺激之间差异波的起始时刻必然在刺激分类过程之后,但是这并不意味着 P3 潜伏期也取决于分类后的过程。许多研究已证明,P3 潜伏期*仅仅*对刺激感知和分类所需的时间敏感,对刺激分类之后反应选择与执行所需的时间并不敏感(参考 Kutas et al.，1977；Magliero，Bashore，Coles，& Donchin，1984)。例如,如果受试者看到刺激**"左"**时用左手点击按键,看到刺激**"右"**时用右手点击按键,与他们看到刺激**"右"**时用左手反应,看到刺激**"左"**时用右手反应相比(增加了刺激—反应映射所需的时间),P3 潜伏期既没有变快,也没有变慢。相反,如果刺激的可感知度降低了,那么 P3 的潜伏期会推迟。

关于 P3 潜伏期对与反应有关的过程不敏感这一推断,另一些研究者存在异议(参考综述 Verleger，1997)。然而,其中大多数研究关注的并不是少见与常见刺激之间差异波的起始潜伏期。例如,在 Leuthold 和 Sommer(1998)这项研究中,屏幕左侧或者右侧会出现刺激(概率相同),受试者需要通过左手或者右手的按键反应来报告刺激出现的位置。在一致条件下,受试者对左侧刺激用左手做出反应,对右侧刺激用右手做出反应;在不一致条件下,这种映射关系是反转的。这种调控方法被认为主要影响的是反应选择过程,它应该对判定刺激所处位置所需的时间影响很小,或者没有影响。在左侧和右侧刺激所诱发的 ERPs 中,通过寻找 250 至 850 毫秒内的峰值,得到 P3 的潜伏期。与一致条件相比,不一致条件下的峰值潜伏期增加了大约 20 毫秒。然而问题在于,在这一广泛的时间段内,ERP 波形可能包含了许多重叠的成分,所以无法知道峰潜伏期的变化是否反映了潜在 P3 成分的时刻。例如,该效应也许是由同一时间段内出现的运动电位所引起,而且人们也预期运动电位会随着刺激—反应一致性的变化而变化。此外,我所介绍的这种逻辑主要适用于 P3 的起始点,而不是波峰。因此,已有的证据充分说明,通过少见减常见刺激差异波得到的 P3 潜伏期,体现了刺激分类所需的时间,而且对后续与反应有关的过程不敏感。

102

10.7　P3 与精神分裂症

针对精神分裂症患者的 P3 研究已经远超 100 项(参考 Jeon & Polich，2003 中的荟萃分析)。虽然大多数研究都采用了简单的听觉 Oddball 任务,即受试者默数奇异球(oddballs),但也有研究采用过许多其他范式。患者组与对照组相比,由少见刺激(oddball)诱发的 P3 峰值,出现了稳定的减弱。在听觉 Oddball 实验中,平均效应量(Cohen's d)可达 0.89。这是一个很大的效应,而且它的稳定性和可靠性很好,使它成为了一个潜在的生物标志物(Luck et al.,2011)。虽然根据这些实验,人们已经得出了许多关于精神分裂症有趣和有用的结论,但是关于 P3 所反映的过程,我们仍没有一个广为接受的理论,这导致我们对于精神分裂症患者 P3 振幅减弱这个简单的发现,无法做出一个精确且有广泛意义的结论(参考方框 3.3 关于精神分裂症患者 P3 减弱的更多顾虑)。

11. 与语言相关的 ERP 成分

有几个对语言相关变量敏感的 ERP 成分(参考综述 Swaab,Ledoux,Camblin,& Boudewyn,2012)。被研究最多的语言相关成分就是 N400,由 Kutas 和 Hillyard(1980)首次报道。本章末尾介绍了 N400 被发现的故事,图 3.13 给出了该实验的主要结果。

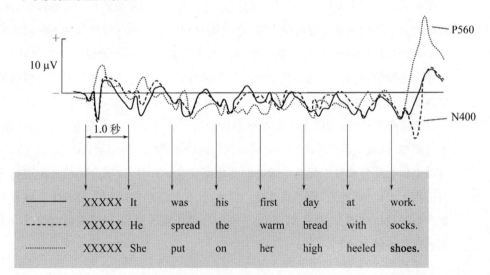

图 3.13 Kutas 和 Hillyard(1980)中使用的原始 N400 范式。一句话中的单词,以每秒一个的速度被依次呈现在注视点位置。句子中的最后一个单词可能与句子的意思相符,也可能与句子的意思不相符,或者呈现的字体变大。当最后一个单词与句子的意思不相符时,可以观测到 N400。当最后一个单词呈现的字体变大时,可以观测到 P3(P560)。授权改编自 Swaab 等人(2012)。版权归牛津大学出版社所有。

　　N400 是一个最大值通常出现在中央和顶区电极位置的负向波形,而且右半球与左半球相比振幅稍大。它通常由语义期待的违背所引发。例如,如果屏幕上的句子以每次一个词的形式出现,那么如下句子中最后一个词会诱发一个较大的 N400:"当我参观我的故乡时,与我共进午餐的是几位老衬衫"(参见图 3.13)。如果句子结尾是*朋友*而不是*衬衫*,那么就几乎没有 N400 了。词语也可以通过自然语音的方式,而非离散视觉词语的方式进行呈现,这时也可以观察到相同的结果。在成对出现的词语中,如果第二个词语在语义上与第一个不相关,那么第二个词语也会诱发 N400。例如,"轮胎……糖"组合中的第二个词语会诱发一个较大的 N400,而"甜……糖"组合中的第二个词语仅会诱发一个较小的 N400。事实上,这也许反映的是词语之间的关联程度,而非语义关系本身(Rhodes & Donaldson, 2008)。有些 N400 活动可能会由任何读到或者听到的实义词所诱发,相对不常见的词语(例如*单片镜*)与相对常见的词语(例如*桌子*)相比,前者会诱发更大的 N400。

方框 3.3　它真的是 P3 吗?

　　显而易见的是,在 Oddball 任务中,我们在 P3 潜伏期范围内测量到的电位来自于许多不同的大脑活动过程,包括仅针对少见刺激的特异性过程,以及对于常见和少见刺激都存在的过程。就我知道的而言,对于精神分裂症患者中少见刺激诱发的电位幅值下降,研究者们还没有弄清它反映的是潜在 P3 成分振幅的减小,还是某种其他正向成分的减小,甚至是某种负向成分的增大。解决这个问题的一种方法,便是检查该效应是否和靶刺激概率存在交互作用。例如,我在第一章中介绍了一个实验,我们在该实验中考察了精神分裂症患者和健康对照受试者的少见减常见刺激的差异波(Luck et al., 2009)。虽然在 P3 潜伏期范围内,精神分裂症患者中少见试次的峰值电压与对照组相比减小了,但是常见试次的电压同样减小了,而且从少见减常见刺激的差异波来看,患者组和对照组的 P3 之间并不存在差异(参考第一章图 1.4)。Geoff Potts 和他的同事们也观察到了类似的结果(Potts，O'Donnell，Hirayasu，& McCarley，2002)。这便对精神分裂症患者的 P3 效应是否确实反映了潜在 P3 成分(即概率敏感的 P3b 成分)的减小提出了质疑。

大多数针对精神分裂症的 Oddball 实验采用的都是听觉刺激，但是我们采用的是视觉刺激，因此我抽时间读了一下文献，想弄清对于听觉刺激而言，少见减常见的差异波是否在精神分裂症患者中减弱了。可是，我却没能够找到任何一篇画出听觉 Oddball 范式中少见减常见差异波的文献。事实上，我读到的大多数文献甚至连常见刺激的 P3 振幅都没有给出。尽管如此，还是有一些文献做到了，而且看起来似乎常见刺激诱发的 P3 在幅值上的下降并没有少见刺激诱发的 P3 那样大，这就暗示着患者组在少见与常见听觉刺激之间的幅值差异小于对照组。然而，这依然无法有力地证明患者的缺陷仅仅反映了潜在 P3 成分，而非其他某种成分(或者成分的组合)幅值的下降。此外，考虑到 P3 可能是一个很大程度上与模态无关的成分，精神分裂症患者在听觉刺激下的少见减常见差异波减小，而在视觉刺激下的少见减常见差异波不变这一发现表明，患者表现出的衰退体现了为 P3 提供输入的听觉特异性过程的衰退，而非 P3 产生源本身的衰退。虽然这仅是一个推测，但是根据已有数据来看，它似乎是合理的。

非语义刺激，只要是有意义的，也可能诱发 N400(或者类似 N400 的活动)。例如，如果一幅素描和出现在它之前的词语序列或者素描所构造的语义情景不一致，它便会诱发一个类似于 N400 的成分(Holcomb & McPherson，1994；Ganis，Kutas，& Sereno，1996)。然而，这些研究中的受试者也有可能以默读的方式命名这些刺激，所以 N400 可能体现的是语言特异性的大脑活动。此外，非语义刺激与语义刺激相比，诱发出的效应通常更偏向于额叶分布(Willems，Özyürek，& Hagoort，2008)。

虽然右侧半球电极的幅值一般比左侧半球更大，N400 却似乎主要产生于左侧颞叶。这个明显的差异，可能是因为左侧半球内的产生源偶极子并不是直接指向上方,而是部分指向中间(例如,向上且偏向右侧)。基于裂脑人和脑损伤患者的研究表明,N400 依赖左侧半球的活动(Kutas, Hillyard, & Gazzaniga, 1988; Hagoort, Brown, & Swaab, 1996),基于神经外科患者皮层表面的记录也已清晰地表明 N400 产生于内侧颞叶的左前部(例如 McCarthy, Nobre, Bentin, & Spencer, 1995)。更为近期的研究也发现,左侧前额叶可能也对头皮表面的 N400 有贡献(Halgren, Boujon, Clarke, Wang, & Chauvel, 2002)。

关于 N400 所体现的具体过程,有两个主要的理论。第一个理论由 Marta Kutas 和同事们提出,认为 N400 成分反映了与寻找及激活词语含义相关的神经活动。由于我不是语言心理学家,我还是采用 Marta 自己的语言来描述这个理论:"总体来说,现有数据表明 N400 的振幅是一个通用性指标,体现的是提取与某个单词(或者其他有意义的刺激)相关的知识储备的难易程度,它与所存储内容本身,以及先前语境所营造的提取线索都有关"(Kutas, van Petter, & Kluender, 2006,669 页)。因此,提取与某个单词相关的知识时需要花费的努力越多,N400 就越大。第二个理论来自于 Peter Hagoort,他认为 N400 反映了将提取到的单词含义整合进入前文语句的过程(Hagoort, 2007;也可参考 Friederici, Hahne, & Saddy, 2002)。这个整合过程耗费的努力越多,N400 就越大。因为我不是语言学家,所以我不知道哪个理论更有可能是正确的(这可能是整本书中唯一一次我对某件事情没有主张的时候)。

语法违背也会引起独特的 ERP 成分。其中一个被称为 *P600*(参考 Osterhout & Holcomb, 1992,1995)。例如,单词 *to* 在句子"The broker persuaded to sell the stock"中诱发的 P600 要比在句子"The broker hoped to sell the stock"中更大。语法违背还可能诱发一个大约在 300 至 500 毫秒范围内的左侧额叶负波,可能和 *wh*-问题(例如"What is the ...")与 yes-no 问题(例如"Is the ...")比较时所观察到的效应相同。考虑到语法和语义间存在的重要区别,语法词和含有丰富语义的语义词诱发出不同的 ERP 活动也就不令人感到惊讶了。特别地,功能词(例如 *to*,*with*,*for*)会在左侧前部电极诱发一个被称为 *N280* 的成分,而实义词(例如名词和动词)是没有这个成分的。相比之下,实义词会诱发一个功能词没有的 N400 成分。

12. *与长程记忆相关的 ERP 成分*

除了工作记忆范式中的 NSW 和 CDA 成分之外,还有许多 ERP 成分被发现与长程记忆有关(参考综述 Wilding & Ranganath, 2012)。在长程记忆的编码和提取阶段,已经发现存在着不同的 ERP 成分。在记忆编码阶段,由刺激诱发的 ERP 包含了多个与编码无关的成分。为了将与编码相关的活动分离出来,ERP 研究通常根据每个试次在编码之后是否被记住,将编码阶段的单个试次 EEG 波形进行分类。随后,针对被记住的试次计算一个平均 ERP 波形,再根据被忘掉的试次计算另一个平均 ERP 波形。这两种 ERPs 中的任何差异都被称为 *Dm 效应*(difference due to memory,由记忆造成的差异)或*后记忆效应*(subsequent memory effect)。大多数情况下,Dm 效应包含一个大约于 400 至 800 毫秒之间出现在中央—顶叶头皮电极位置的广阔正波。然而,它可能还包含左侧前部头皮的活动,而且其头皮分布的细节特征与刺激是单词还是图片有关,也与受试者接收到的具体指令有关。因此,Dm 并不是一个单一的成分,它反映了与刺激能否被记住有关的多个不同过程。

在刺激识别任务中,根据探测刺激与其之前学习过的刺激匹配(*旧探测刺激*)或者不匹配(*新探测刺激*)进行分类,得到与探测刺激锁时的 ERPs,便可以考察记忆提取阶段的 ERPs。将旧探测刺激与新探测刺激诱发的 ERPs 进行比较,可以观察到两个独特的效应。其中一个效应出现在 300 至 500 毫秒范围内,是一个新探测刺激比旧探测刺激更为负向的电位,其最大值出现在额叶中线电极(有时被称为*中线额叶的旧—新效应*,有时又因为像分布在额叶的 N400 而被称为 *FN400*)。另一个效应出现在 400 至 800 毫秒范围内,是一个旧探测刺激比新探测刺激更为正向的电位,其最大值出现在左侧顶叶电极(被称为*左侧顶叶的旧—新效应*)。左侧顶叶的旧—新效应似乎与记忆研究者所指的*回忆*有关,指的是与某个特定时间和/或地点有关的某种清晰且独特的记忆体验(参考综述 Yonelinas & Parks, 2007)。一些研究者认为中线额叶的旧—新效应与熟悉有关,即一种之前见到过探测刺激的感觉(例如 Curran, 2000; Rugg & Curran, 2007)。然而,Ken Paller 和同事们认为该效应反映了*概念流畅性*的提升,即处理其含义时的容易程度,这可能也是熟悉的前驱过程(Paller, Voss, & Boehm, 2007; Voss, Lucas, & Paller, 2012)。

13. 与情绪相关的 ERP 成分

在一个受控实验中，很难反复不断地诱导出强烈的情绪响应，因为大脑对情绪的响应总是会趋于适应。因此，情绪的 ERP 研究倾向于关注大脑在处理情绪相关的刺激（例如，含有令人愉快和不愉快场景的照片）与相对中性的刺激时有何不同（参考综述 Hajcak，Wienberg，MacNamara，& Foti，2012）。其导致的效应体现的是由刺激诱发的情绪，还是与刺激的情绪内容而非情绪响应本身有关的"冷"认知过程，目前仍不清楚。例如，当我在一个情绪 ERP 实验中观看刺激，并在十分钟内看到十几幅含有蛇的图片时，我并不会感受到那种当我在林间小道上骑山地车时遇到真蛇时产生的恐惧和厌恶。虽然我的注意力会转移到含有蛇的图片上，而且我知道这是我不想看到的东西，但是我并不会感到心跳加速（万一你不知道，其实我真的不喜欢蛇）。此外，一种显著情绪体验的产生需要花费不少时间，所以在 ERP 波形中，只有相对晚期的部分才可能与情绪的体验有关。但是，仍然值得利用 ERPs 来研究与情绪相关的过程；你只是需要确认，对于在实验室中由一系列照片诱发出的过程，不要做出关于其本质的无根据推论。

一幅照片中的情绪内容可能会影响许多已经介绍过的成分。例如，与中性刺激相比，情绪相关的刺激可能会导致 P1、N1/N170、N2 和 P3 成分的振幅都增大。有两个与情绪相关的成分受到大多数研究的关注。第一个成分是早期后部负波（early posterior negativity），它是 N2 潜伏期范围内出现在枕叶皮层的一个负波，在情绪诱导刺激，尤其是具有正性效价（positive valence）的刺激情况下会增强（Schupp，Junghofer，Weike，& Hamm，2003，2004；Weinberg & Hajcak，2010）。这个成分被认为反映了情绪诱导刺激所需要调用的额外感知觉处理。第二个成分是**晚期正电位**（late positive potential，LPP）（Cuthbert，Schupp，Bradley，Birbaumer，& Lang，2000；Keil et al.，2002；Hajcak & Olvet，2008），它是一个正电位，通常和 P3 波形有着同样的起始时间和头皮分布（起始时刻在 300 毫秒左右，最大值在顶叶）。它可能会延续好几百毫秒，而且随着时间的推移，其头皮分布可能会更加偏向中央区。这个成分最开始的部分可能确实包含一个增强的 P3 成分，反映了情绪相关刺激的内在任务关联效应。

107

14. 与错误相关的 *ERP* 成分

在大多数 ERP 研究中,行为反应错误的试次都是被舍弃不用的。然而,将错误试次诱导出的 ERP 波形与正确试次诱导出的 ERP 波形进行比较,则可能揭示一些关于错误原因和大脑在检测到错误之后如何响应的信息(参考 Gehring, Liu, Orr, & Carp, 2012)。例如,Gehring, Goss, Coles, Meyer 和 Donchin(1993)在研究中要求受试者完成一个快速行为反应任务。由于反应得太快,受试者会出现偶然的错误,而且会立刻意识到这一明显的错误("糟糕! 我本想按左键的!")。将正确试次与错误试次的 ERPs 进行比较,便可以在行为反应刚结束时,观察到出现在额叶和中央区电极位置的一个负向波动。Gehring 等人将其称为*错误相关负波*(error-related negativity,ERN)。Falkenstein, Hohnsbein, Joormann 和 Blanke(1990)也独立发现了这个成分,并将其称为 N_e(参考本章末尾关于 Gehring 发现 ERN 的介绍)。

图 3.14 展示了一些示例波形(引自 Vidal, Hasbroucq, Grapperon, & Bonnet, 2000)。除了按键反应之外,研究者们还记录了拇指上的肌电信号(electromyogram,EMG)。这样便可以定义完全正确的试次(用正确的拇指做出按键,错误的拇指上没有 EMG 信号),完全错误的试次(用错误的拇指做出按键,并同时出现 EMG 信号),以及部分错误的试次(错误的姆指上出现了一些 EMG 信号,但是没有做出完整的按键反应)。在 ERN 实验中,错误相关的 ERP 活动通常与反应之间具有紧密的锁时关系,而与刺激之间的锁时关系较弱,因此 ERN 通常以反应锁时平均的方式来呈现(反应可以被定义为按键完毕或者 EMG 起始)。图 3.14 中的波形以 EMG 起始为锁时点。这幅图中的数据揭示了几个常见的发现。第一,在完全错误的试次中,靠近反应的时刻会出现一个较大的负向偏转;这便是 ERN。第二,部分错误的试次中会出现一个小一些的 ERN。第三,在正确的试次中,反应之后也会出现一个较小的负向偏移,被称为*正确反应负波*(correct response negativity,CRN)。由于其他重叠 ERPs 的存在,通常看不到清晰的 CRN,但是许多研究者仍然相信它的存在。第四,ERN 后面跟随了一个正向偏转,在图 3.14 所示的波形中,其峰值出现在反应之后 400 毫秒左右。它被称为*错误正电位*(error positivity,P_e)。P_e 可能与意识到错误有关,而 ERN 则可能在几乎或完全没有意识到所犯错误时出现(Endrass, Reuter, & Kathmann, 2007)。

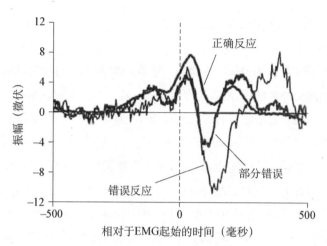

图 3.14　由正确的试次、完全反应错误的试次以及部分错误的试次（有显著的 EMG，但没有完成实际反应）分别诱发的，且与肌电（electromyogram, EMG）活动的起始具有锁时关系的总平均 ERPs。授权改编自 Vidal 等（2000）。版权归 Elsevier 所有。

ERN 的量化会遇到一些复杂的技术问题。一种方法是采用差异波，将错误试次和正确试次之间的振幅差异作为 ERN。这种方法的优点在于可以消除那些在错误和正确试次之间相同的大脑活动，从而分离出与错误相关的过程。但这并不是一个完善的方案。其中一个问题在于，差异也许在一定程度上反映了错误试次与正确试次相比，P3 波形的起始时刻推迟了，而不是存在一个明显的错误过程。第二个问题在于，在做出反应之前，错误试次和正确试次之间可能就存在区别，这将会干扰基线。这两个问题都与 ERN 是一个相关性效应，而非实验性效应有关。也就是说，研究者并没有对试次的正确和错误进行控制，正确与错误试次之间的ERPs 差异可能反映了与错误相关，但不是导致它们的某些因素。第三个与差异波有关的问题在于，不同条件或者受试者分组在 ERN 产生过程的强度上存在的区别，可能在正确和错误试次之间是相同的。例如，强迫症患者似乎在正确和错误试次中都表现出更大的 ERNs，可能体现了患者在做出正确反应时也会出现一种异常的错误感觉（Gehring, Himle, & Nisenson, 2000）。因此，通过错误减去正确得到的差异波来量化 ERN 的振幅，可能会低估这些个体中 ERN 的增大程度，而且还会导致无法考察正确试次中的 ERN 是否也增大了。虽然利用差异波来量化 ERN是存在问题的，但是如果分别基于正确和错误的试次计算 ERN，那么问题可能更大,原因是许多重叠的 ERP 成分将会对结果产生干扰(参见 Gehring et al. ,2012 中的讨论)。

许多研究者认为,ERN 反映了一个反应监测系统的活动,该系统对预期和实际反应之间的冲突敏感,或者会产生反应依赖的情绪响应。事实上,这些过程可能是紧密联系在一起的(Yeung,2004)。ERN 通常被认为产生于前扣带回的背侧部分(dACC, dorsal anterior cingulate cortex),因为 fMRI 和单细胞记录研究发现该区域存在与错误相关的活动,而且偶极子溯源研究发现 ERN 的头皮分布与 dACC 产生源是一致的。尽管如此,偶极子模型仍无法轻易地分辨出单个深层偶极子与多个表层偶极子,而且颅内记录已经在多个脑区发现了类似 ERN 的响应(Brazdil et al. ,2002)。因此,正如我们在其他 ERP 成分中看到的那样,头皮 ERN 的形成可能包含了多个神经源的贡献(参考 Gehring et al. ,2012 中的讨论)。

15. 与反应相关的 ERP 成分

如果要求受试者在没有任何诱导刺激的情况下做出一系列临时的手动反应,那么从这些反应做出之前 1 秒左右开始,额叶和中央区电极位置会出现一个负向慢波。这便是*准备电位*(bereitschaftspotential, BP 或 readiness potential,RP),由 Kornhuber 和 Deecke(1965)以及 Vaughan,Costa 和 Ritter(1968)各自独立发现。准备电位的头皮分布取决于用哪个效应器进行反应,身体左侧和右侧之间存在差异,在一侧身体中使用不同效应器也会引起差异(参考综述 Brunia et al. ,2012)。在受试者需要对刺激做出反应的任务中也可能观察到 BP 或 RP。

准备电位的偏侧化部分被称为*偏侧化准备电位*(lateralized readiness potential,LRP),已被广泛地使用在认知研究中(参考综述 Smulders & Miller, 2012)。正如第二章提到的,LRP 是特别有用的,原因是很容易将它从其他 ERP 成分中分离出来。也就是说,由于它的偏侧性是相对反应用手而言的,而其他成分不会以这种方式出现偏侧化,因此很容易判断某个实验操作对 LRP 的时刻或者振幅产生的影响。相比之下,很难确认某个实验操作影响的是 P3,而非与其重叠的其他成分,这正是很难判断 P3 成分所反映的具体认知过程的主要原因之一。

如图 3.15 所示,在一个要求受试者根据呈现的刺激做出左手或右手反应的假想实验中,可以利用对侧减同侧的差异波方法将 LRP 分离出来。图中的 A 和 B 给

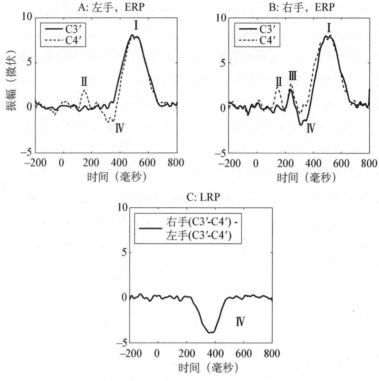

图 3.15　一个偏侧化准备电位(lateralized readiness potential，LRP)实验的仿真数据，实验中呈现的刺激会诱发一个左手或者右手反应。授权改编自 Smulders 和 Miller(2012)。版权归牛津大学出版社所有。

出了在 C3′ 和 C4′ 电极上(位于 C3 和 C4 的侧前方，分别与左侧和右侧运动皮层重合)记录的左手反应和右手反应试次中的波形。首先，图中有一个与电极和反应用手都无关(类似 P3 波形)的较大波峰，被标记为 *peak* Ⅰ。其次，还有一个被标记为 *peak* Ⅱ 的波峰，在用左手和右手进行反应的情况下，它在右侧半球的幅值均大于左侧半球。第三，有另一个被标记为 *peak* Ⅲ 的波峰，在两侧半球表面，它在用右手反应时的幅值都比用左手反应时更大。最后，有一个被标记为 *peak* Ⅳ 的波峰。在右侧半球，用左手反应时其幅值比用右手反应时更负(图 3.15A)；而在左侧半球，用右手反应时其幅值比用左手反应时更负(图 3.15B)。这第四个波峰便是 LRP；即一个在对侧半球比在同侧半球(相对于反应手而言)幅值更大的负波。为了将 LRP 从其余几种波峰中分离出来，第一步需要计算两侧半球联合的对侧和同侧波形。换句话说,对侧波形是指用左手反应时右侧半球的波形和用右手反应时左侧半球的波形之间的平均;同侧波形是指用左手反应时左侧半球的波形和用右手反应时右侧半球的波形之间的平均。第二步便是计算对侧和同侧波形之间的差异。如图 3.15C 所示,这一差异成功地将 LRP(peak Ⅳ)从非特异性(peak Ⅰ)、半球特异性(peak Ⅱ)和反应手特异性(peak Ⅲ)的成分中分离出来。漂亮! 但需要注意的是,该方法存在两种略有差异的版本,其中一种所得到的振幅是另一种的两倍(参考 Smulders & Miller, 2012)。

LRP 至少部分产生于运动皮层(Coles, 1989;Miller, Riehle, & Requin, 1992)。这会导致一个有趣的现象,即脚动之前的 LRP 与手动之前的 LRP 有着相反的极性,这说明手在运动皮层中对应的区域位于大脑外侧面,而脚在运动皮层中对应的区域位于相反的大脑内侧面。LRP 可能体现了反应准备过程的某个方面:刺激起始时的 LRP 越大,反应就越快(Gratton et al., 1988)。

虽然 RP 和 LRP 可能在反应之前数百毫秒就会出现,但也能观察到其他与反应更加紧密同步的成分。早期观点认为,一个正向波动叠加在反应之前 80 至 90 毫秒开始出现的 RP 上,后面跟随了一个在反应时出现的负向波动,以及另一个在反应之后出现的正向波动。然而,后续研究又发现了另外几个与运动相关的成分(参考 Shibasaki, 1982;Nagamine et al., 1994)。

16. 稳态 ERPs

在一个典型的 ERP 实验中,刺激呈现的速度相对较慢,这样在下一个刺激出现之前,大脑基本上已经完成了对上一个刺激的处理。这种情况下得到的波形是一种*瞬态*响应,出现一次,随后结束。然而,如果许多相同的刺激以一种快速且规律的速率呈现(例如,每秒 8 个刺激),那么系统不再会对单个刺激产生*瞬态*响应,而是会进入一种稳态,这时系统将以刺激的速率进行共振。通常来说,稳态响应看起来像两个正弦波的叠加,其中一个是刺激频率,另一个是两倍刺激频率。

图 3.16 给出了瞬态和稳态响应的例子。图中左上角描述了一个由开关周期为 2 Hz(每秒两次出现—消失循环)的视觉刺激引发的响应。在这个足够慢的速度下,每次刺激起始都会诱发一个包含多个明显波峰的瞬态神经响应。当刺激速率增加到每秒 6 周时(图中右上角),虽然仍能看到一些明显的波峰,但是波形总体上

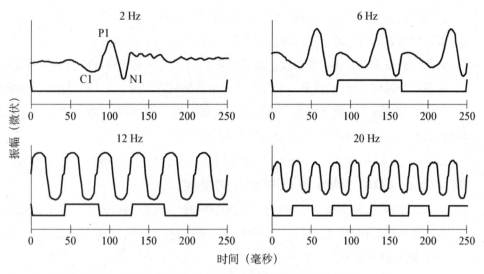

图 3.16　刺激以每秒 2、6、12 或 20 个周期的速率重复呈现时所引起的视觉响应示例。

看起来是在不停地重复，并没有清晰的开头和结尾。随着刺激速率增加到每秒 12 以及 20 周（图中下半部分）时，响应基本上就是一个在刺激频率上振荡的正弦波（再加上一个两倍刺激频率但难以看见的小振荡）。

　　稳态响应可以用 4 个数字来总结，即两个正弦波中每一个的振幅（大小）和相位（时移）。这比包含许多不同成分的瞬态响应简单很多。此外，由于刺激呈现速率较快，可以在很短时间内收集数百个试次的数据。因此，稳态 ERPs 通常被用于诊断感觉障碍。它们还被用来研究视觉处理中的注意效应（Morgan, Hansen, & Hillyard，1996；Di Russo, Teder-Sälejärvi, & Hillyard，2003）。

112

　　然而，稳态 ERPs 有一个显著的缺点，即无法提供精确的时间信息。例如，如果每 150 毫秒呈现一次刺激，刺激之后 130 毫秒处测得的电压将会包含该刺激在 130 毫秒诱发的响应、前一个刺激在 280 毫秒诱发的响应、再之前一个刺激在 430 毫秒诱发的响应，依此类推。尽管如此，稳态 ERPs 在不需要高时间分辨率时仍然非常有用。

17.　基于 ERP 成分推断认知过程时存在的一般性问题

　　我已经介绍了许多有趣且独特的 ERP 成分，其中的每个成分都体现了感知觉、注意、记忆、语言、情绪或认知控制中的不同方面。对于其中的大部分成分,我都试图将其与特定的心理或神经过程联系起来。但是,我将是第一个承认其中的大部分联系都是有些脆弱的人。尤其是 P3 波形,关于它所体现的功能性意义,仍缺乏一个较好的理论,这是一个看起来很明显的缺陷。关于在 ERP 成分与特定神经或心理过程之间建立联系时存在的一般性问题,如果你有兴趣阅读更多这方面的资料,可以参考在线第三章中的补充内容。

18. N2pc、CDA、N400 和 ERN 成分的发现

113

本节中,我将会分享一些关于 ERP 成分如何被发现的小故事。每个故事都包含一些可能对你有用的经验教训,而且我也希望它们能够启发你行动起来,去发现一个新的 ERP 成分!

18.1 N2pc 成分的发现(关于听从导师的建议)

1986 年,在我开始研究生学习后不久,我们在一次实验室组会中阅读了一篇由 Anne Treisman 撰写,发表在 科学美国人 上关于特征整合理论的文章(Treisman, 1986)。该理论的大部分证据——当时的许多行为学研究——都是围绕着视觉搜索任务,受试者在该任务中需要报告靶刺激是否出现在一个由干扰项组成的阵列中。我对这篇文章相当感兴趣,在组会结束时,Steve Hillyard 建议我"应该对那个任务做一下 ERP"。由于当时几乎没有 ERP 研究采用视觉搜索任务,因此我赞同这是一个不错的主意。这也成为了我在 Hillyard 实验室中第一个实际的 ERP 项目。

我编写了用于搜索任务的刺激,Steve 随后也到实验室来看了。他提出了一些小建议,然后问道,"你设计了不同的事件编码来表明靶刺激是在左边还是右边吗?"刺激阵列(类似于图 3.8)两侧的物体数量相同,所以我想当然地认为靶刺激出现在哪一侧并不会影响 ERPs。因此我心里想,"这是一个愚蠢的想法"。但是,由于当时我只是一位一年级研究生(而且因为我成长在威斯康星州一个非常有礼貌的路德教家庭),我的回答是,"不,我还没有那样做。但是我会加上单独的事件编码"。然后我确实那样做了。

几个月之后,我完成了数据收集,然后想到我应该根据靶刺激出现在左侧还是

右侧将波形分开，于是我立刻观察到了 N2pc 成分。我不知道它意味着什么，所以当我们发表这项研究时，我们仅在附注中提了一下这个效应（Luck & Hillyard，1990）。Hajo Heinze 和我随后很快又开展了两个相关的实验，而且我们都再次看到了 N2pc 成分（Heinze, Luck, Mangun, & Hillyard, 1990; Luck et al., 1990）。为了弄清这个新成分的含义，我又开展了大约十几个后续实验，并且将其中的八项实验发表在两篇论文中（Luck & Hillyard, 1994a, 1994b）。这两篇论文发表于1994 年，距离我首次记录到 N2pc 已有八年之久。经历了如此长时间的研究，我才对 N2pc 成分所体现的含义有了一些信心。之后我又发表了 18 篇关于 N2pc 的论文，其中一篇发表于 *Nature*（Woodman & Luck，1999），而且据谷歌学术统计，已有超过 2000 篇论文提到了 *N2pc*。我认为可以很公平的说，N2pc 成分对我真是非常非常好。

　　当然，这个故事的寓意在于，研究生应当听从导师的建议，比如为左侧和右侧靶刺激加上不同的事件编码。但是，我应该指出，当导师认为不应该做某件事时，研究生有时候应该忽略导师的建议。例如，Vince Clark 提出用一个新方法研究刺激位置对 C1 极性的影响，但是 Steve Hillyard 说这样做不行，不值得尝试。我建议Vince 可以先收集一些初步数据：如果实验结果不错，他可以把数据给 Steve 看；如果结果不理想，Steve 也不会知道。Vince 收集了初步数据，当他把数据给 Steve 看时，Steve 才意识到这是可行的，这一结果后来也变成了一篇漂亮的论文（Clark et al.，1995）。

　　我自己的研究生张伟伟也遇到过这种情况。有一天，伟伟找到我，说他有一个新方法可以测量视觉工作记忆的精度。我告诉他，至少有四个理由说明这种方法不可行，他不该浪费时间在这上面。不管怎样，他还是做了实验（没有告诉我），并在一个月之后带着漂亮的数据回来找我。我被数据说服了，这个实验的后续研究最终发表于 *Nature*（Zhang & Luck，2008）。结论就是，你应该听从导师关于在实验中加入某些东西的建议，但是当导师告诉你某件事行不通的时候，你可以选择闭上耳朵，尤其是当你内心相信它是可行的时候。

18.2　CDA 成分的发现

　　Ed Vogel 在爱荷华大学我的实验室中完成学位论文之后，前往加州大学圣地亚哥分校 Steve Hillyard 实验室进行博士后工作。Ed 的论文中有一些行为学实验,比较了注意对知觉编码和工作记忆编码的影响。在 Hillyard 实验室中,Ed 开展了这些实验的 ERP 版本,观察 P1 在这些条件下是否会受到注意的影响。他首先考察了刺激之后数百毫秒处的 P1 波形。虽然 P1 效应很弱,但是他在同侧和对侧电极之间观察到了很大的差异,该差异一直持续到时间窗的末尾。正如 Ed 所描述的:

> 在对 P1 成分失去兴趣之后,我回头再把整个记忆保持的时间段进行了平均,然后稍微看一下晚期的效应。观察试次晚期的 ERP 活动,在当时看来是一种不太被接受的做法。我记得曾对任何晚于 P3 的活动都持怀疑态度。但结果就是这样。非常清楚。

Ed 把结果给 Steve Hillyard 看了,但是 Steve 是一位专注于注意的研究者,对寻找工作记忆的效应不感兴趣。正如 Ed 告诉我的:

> 我决定先把这个结果藏起来,当我建立自己的实验室之后,再对其进行研究,而这已经是 6 个月之后在俄勒冈州的事情了。这绝对是我的实验室在建立之后开展的第一批实验。

> 第一个关于 CDA 如何受到集合大小调控的实验完成于 2003 年春季。当时我正准备去纽约市参加认知神经科学学会的会议,新来的硕士生(Maro Machizawa)在我离开时采集了数据。因为这是一个新实验,而且是由一位新学生单独完成,我便要求他在我离开时只需完成一个或两个受试者的实验,等我回来之后再一起看看数据。那样的话,如果数据有问题(例如,有许多伪迹,缺少事件编码等等),可以将损失降到最低。可是当我回到俄勒冈之后,我很生气,因为他已经完成了 12 名受试者的实验,却还没有做任何数据分析。我们知道,噪声很大或者缺少事件编码的数据是无法使用的。所幸的是,数据很干净,而且首次观察到了集合大小的调控效应和 CDA 的渐近线。

我想指出的是,Ed 在确认各方面都没问题之前,不招募大量受试者进行实验的做法是对的。ERP 实验中可能会出现许多错误,你需要对开始采集的少量受试者的数据进行相当完备的分析,才能确认事件编码都是正确的,数据中没有任何奇怪的现象,如此等等。我看到过许多实验最后不得不重做,原因就是由于没有对开头几名受试者的数据进行仔细分析,而忽略了原本可以被发现的问题。在这个实验中,Ed 和 Maro 是幸运的,所有方面都没有出现问题。事实上,后来这也成为了一篇发表于 *Nature* 的论文中所包含的第一个实验(Vogel & Machizawa,2004)。尽管如此,你仍然应该在前几个受试者的实验结束后,对数据进行完整的分析(包括行为学分析),以确保不存在任何问题。

18.3　N400 成分的发现

我请 Marta Kutas 告诉我 N400 是如何被发现的,下面就是她告诉我的故事:

N400 的发现源自于一个"失败"的 P3 实验,那是 1978 年我在 Steve Hillyard 实验室中进行博士后工作时开展的实验。我们对语言感兴趣,但是当时几乎所有关于语言的 ERP 研究都采用基于单个词汇的 Oddball 实验,要求受试者对每个词汇做出一个二元决策(例如,男性与女性)。我们的目的是将 Oddball 范式拓展到以句子作为材料,这样便可以用 P3 的潜伏期来研究语境在词汇识别中的作用。

Steve 和我利用含有简单句子的 Oddball 范式设计了一个最初的实验,其中 75% 是正常有意义的句子,句子结尾是可以预测的(例如,"他剃掉了上唇的小胡子和络腮胡子。")。但是,其中另外 25% 随机出现的是奇异句子,句子的结尾是可解释但令人惊讶的(例如,"他剃掉了上唇的小胡子和眉毛。")。标准刺激又被进一步分为结尾只有一个词汇合适的成语或谚语(例如,"双鸟在林不如一鸟在手。")和事实("加利福尼亚州的省会是萨克拉门托。"),以及结尾有多种可能性,更加开放(语境限制更少)的句子(例如,"他把书还给了图书馆。")。

最终的计划是考察 P3 的潜伏期如何随着语境限制的变化而变化。然而,我们放弃了这个计划,原因是奇异句子中由结尾词汇诱发的 ERPs 和我们的预期出入很大。奇异词汇诱发的不是一个大的 P3,而是一个小的负波,后面跟随了一个正波。我们认为这个负波可能是 N2,但是它比一般情况出现得更晚;正波可能是 P3,但是我们也不能确定。因此,我们又回到了实验的最初阶段。经过一阵挠头思考之后,我们决定对系统进行最大可能的震动,方法便是使句子的结尾词汇不但是不可能和预想不到的,而且在语义上也是异常的(例如,"他剃掉了上唇的小胡子和城市。"或者"我喝咖啡时加了奶油和狗。")。由于当时还没有电脑可以用来呈现刺激,因此修改这个实验花费了相当大的工作量。我们首先把每个词汇输入到幻灯片大小的一个方框中央,然后把词汇影印到塑料片上,接下来把塑料片切成小矩形,再将它们固定到塑料片支架上,最后用幻灯机将它们投影出来。

这个新实验的结果更加清晰了——异常词汇在中央—顶叶头皮区域诱发出一个峰值在 400 毫秒附近的较大负波。这个负波(无论是否是 P3,它都不是正波)似乎就是我们要找的东西。剩下就是 N400 的故事了。

116

这个故事的重要启示就是,当你在一个复杂实验中发现了与预期不相符的结果时,应该接着做一个更为简单的后续实验,以便能够更清楚地观察到该结果。如果 Marta 当初仅仅发表了最初的实验,而没有开展已成经典的后续实验,那么这个独特且重要的新 ERP 成分可能要再过很多年才能被人发现。正如 Bob Galambos 所说,"你心中要有个目标"(参见第四章方框 4.2)。

18.4 ERN 成分的发现

ERN 是由 Michael Falkenstein 和 Bill Gehring 各自独立发现的。我问 Bill 他是如何发现 ERN 的,他说是在研究生阶段做过的一个分类实验中首次观察到了它(Gehring, Coles, Meyer, & Donchin, 1995)。在这个实验中,两个词汇同时呈现,其中一个位于另一个的上方。如果上方词汇属于下方词汇所指的类别(例如,上方知更鸟,下方鸟),受试者需要用一只手挤压反应装置;反之则用另一只手做出反应(例如,上方勺子,下方鸟)。虽然这个实验设计的目的是观察 LRP,但是 Bill 发现不同试次类型之间的 N400 存在一些有趣的差异。他想知道这是否与任务表现有关,所以他在正确和错误试次之间做了许多比较。他首先通过与刺激锁时的平均波形来观察(图 3.17),但并没有在正确和错误试次之间发现任何令人印象深刻的差异。回想起来,这些波形中 ERN 的缺失可能体现了 RT 存在较大的变异性,从而导致所有与反应正确性相关的活动在较长时间范围内变得模糊了。

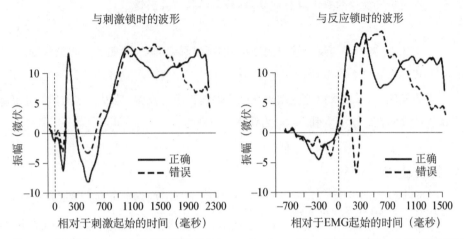

图 3.17　在 Bill Gehring 首次发现错误相关负波(error-related negativity,ERN)的实验中,分别与刺激和 EMG 锁时的 ERPs。图片由 Bill Gehring 提供。

Bill 当时要不是和 Marta Kutas 有过一次交谈,他可能都放弃 ERN 了。Bill 当时是伊利诺伊大学著名的认知心理生理学实验室(Cognitive Psychophysiology Laboratory,CPL)的一名研究生,几十年以来,那里曾经开展过许多经典的 ERP 研究。Marta Kutas 多年以前就曾在那里完成她的博士工作,有一次她回到 CPL 访问时,与 Bill 一起喝了杯咖啡。正如 Bill 告诉我的:

117

她建议我看一下反应锁时的数据:如果我们在反应锁时波形中观察 N400,它与任务表现的关系可能会更好地体现出来。所以 ERN 就是在那里突然蹦出来的……我第一次看到 ERN 时的场景仍然历历在目:我们的哈里斯电脑的绿色 CRT 显示器以每次一个像素的速度画出波形,所以你可以看见它自左向右画出亮绿色的波形。它看起来有点像一个示波器正在黑色背景上画出绿色的波形。首先出现的是正确的波形,随后是错误试次的波形,在反应时刻出现了一个巨大的波峰——它看起来就像示波器上出现的一个巨大的脉冲尖峰。(有段时间我们将 ERN 戏称为"错误信号"。)我确认我那时有一个较大的 P3。事实上,ERN 实在是太大了,以至于我们担心它会是某种伪迹,所以我在接下来的几年中花了大量时间重新分析其他的数据,观察 ERN 是否存在于那些数据中……这些数据的发表经历了很长时间,原因之一就是我们决定在所有可能的数据上进行验证,以确保结果的真实性。

图 3.17 展示了与反应锁时的波形,你可以看到 ERN 确实令人印象深刻。

我很喜欢这个故事,因为一位研究生在另一位资深研究者的建议下,做出了一个重要发现,而且之所以这些结果在数年之内都没有发表,是因为这位研究生想确认它的真实性。这一点和 N2pc 的发现是一样的。

19. *阅读建议*

Donchin, E., & Coles, M. G. H. (1988). Is the P300 component a manifestation of context updating？*Behavioral & Brain Sciences*, 11, 357 - 374.

Folstein, J. R., & Van Petten, C. (2008). Influence of cognitive control and mismatch on the N2 component of the ERP：A review. *Psychophysiology*, 45, 152 - 170.

Gehring, W. J., Goss, B., Coles, M. G. H., Meyer, D. E., & Donchin, E. (1993). A neural system for error-detection and compensation. *Psychological Science*, 4, 385 - 390.

Gratton, G., Coles, M. G. H., Sirevaag, E. J., Eriksen, C. W., & Donchin, E. (1988). Pre- and post-stimulus activation of response channels：A psychophysiological analysis. *Journal of Experimental Psychology：Human Perception and Performance*, 14, 331 - 344.

Kutas, M., & Hillyard, S. A. (1980). Reading senseless sentences：Brain potentials reflect semantic incongruity. *Science*, 207, 203 - 205.

Luck, S. J., & Hillyard, S. A. (1994). Spatial filtering during visual search：Evidence from human electrophysiology. *Journal of Experimental Psychology：Human Perception and Performance*, 20, 1000 - 1014.

Luck, S. J., & Kappenman, E. S. (Eds.). (2012). *The Oxford Handbook of Event-Related Potential Components*. New York：Oxford University Press.

Näätänen, R., & Picton, T. (1987). The N1 wave of the human electric and magnetic response to sound：A review and an analysis of the component structure. *Psychophysiology*, 24, 375 - 425.

Verleger, R. (1988). Event-related potentials and cognition：A critique of the context updating hypothesis and an alternative interpretation of P3. *Behavioral & Brain Sciences*, 11, 343 - 427.

（洪祥飞　译）

（洪祥飞　校）

第四章　ERP 实验设计

1. 本章概述

第二章介绍了分离单个 ERP 成分时遇到的难题。如果你距离阅读那一章已经有一段时间了,也许需要再回去看一下图 2.5 和 2.6。这些问题可以总结为下面一段话:

> 波峰和成分不是一回事,这便导致很难从观测到的 ERP 波形中分离出潜在的成分。例如,一个成分的变化可能会影响多个波峰的振幅和潜伏期。类似地,在与某个特定成分相关的时间段内出现的一个效应,也许反映了同一时间段内另一个活跃成分的变化(例如,出现在 N2 成分时间段内的一个效应,可能反映了该时间段内 P3 振幅的变化)。此外,成分振幅的变化可能会导致峰潜伏期的变化,成分时间的变化可能也会导致峰振幅的变化。因为潜伏期的变异性会引起峰振幅的变化,所以平均过程可能也会导致错误的结论。类似地,在平均波形中,一个效应的起始和结束反映的是所有单个试次中最早的起始时刻和最晚的结束时刻,而非所有单个试次起始时刻和结束时刻的平均值。最后,很难确认一个实验中某个效应所反映的成分是否与之前实验中观察到的成分相同。

此外,第三章介绍了一些 ERP 效应的例子,通常我们认为它们反映的是单个成分,但事实上反映的是相关(但很可能不相同)加工过程中涉及到的多个不同脑区。

总之,这些问题导致很难在 ERP 实验中分离出高度特异的心理或神经过程。这是一个非常现实的挑战,因为许多 ERP 实验都对特定成分的实验调控效应有所预言,而只有当这些观察到的效应确实反映了该成分的变化时,这些实验的结论才是正确的。例如,N400 成分被认为是反映词汇与当前语境偏离程度的一个敏感性指标,可以用它来判断两组词汇中的哪一组更加不相符。然而,由于 N400 与 P3 有着相似的时刻和头皮分布特征,因此很难区分出是 N400 增大了,还是 P3 减小了。如果一组词汇引起的负波比另一组小,这可能意味着第一组词汇在语境上更为适合(导致较小的 N400)或者有更大的资源需求(导致较大的 P3)。这种难题在很大比例的 ERP 实验中都存在。

但是请不要沮丧!你首先应该明白,研究人脑和心理总是很有挑战性的,许多 ERP 研究中遇到的困难在 fMRI 研究中同样存在(关于在心理测量和潜在过程间建立联系时遇到的挑战,请参考在线第三章)。而且 ERP 技术的时间分辨率解决了许多 fMRI 研究面临的难题。此外,ERPs 已经在帮助理解人脑和心理方面做出了许多重要贡献,这也说明上述这些问题并非是无法解决的。

本章聚焦于实验设计,旨在帮助读者弄清如何设计实验,才能利用 ERPs(尽管存在局限性)回答关于心理和大脑的重要问题。我将首先介绍 8 个久经考验的策略,可以在实验设计中帮助你解决或避免 ERP 成分分离时涉及的问题。设计阶段是解决这些潜在问题的最佳时机;一旦数据采集完成,正确的设计将会使你感到轻松。在介绍完这 8 个策略之后,我将会介绍 ERP 实验设计中常常会存在的一些其他问题,并提供一些较好的解决方法。本章的在线补充内容提供了一些例子,这些例子成功克服了 ERPs 中存在的挑战,真正影响了我们对心理与大脑的理解。

实验设计是我作为一名科学家最喜欢做的事。设计就是理论与实验交汇的地方。在这里,真实数据中难以避免的瑕疵尚未破坏美妙的科学思想。Paul Nuñez 和 Ramesh Srinivasan 在一本关于 EEG 物理学的书中指出,与神经科学家和心理学家相比,工程师和物理学家们倾向于花较多时间思考什么实验才是值得做的,而只花较少时间来做真正的实验(Nunez & Srinivasan, 2006)。我并不是百分之百同意他们关于应该做什么的观点,但是我肯定相信的是,在开始采集数据之前,应该花费较多的时间以及脑力劳动来设计实验(参考方框 4.1 关于实验设计的更多思考)。

2. ERP 成分解释时避免歧义的策略

接下来介绍的 8 个策略已经被证明在实验设计时非常有用,有助于最小化或者避免在 ERP 成分识别中遇到的问题。需要指出的是,它们并不是按照特定顺序排列的,你也没有必要在所有实验中用到所有的策略。事实上,如果你遵从了其中一些策略,那么其余的可能就不必要了。关于这些策略在已有研究中应用的具体例子,可以参见本章的在线补充材料。

方框 4.1　实验设计的工艺 121

> 　　苹果电脑公司是全世界工业设计的领导者,其最有影响力的主管之一就是设计部门副总裁 Jonathan Ive。Ive 是设计博物馆年度设计奖的第一届冠军,他曾为博物馆做过一次关于苹果设计过程的有趣访谈(参考 http：//designmuseum. org/design/jonathan-ive/)。他在这次访谈中说道:"也许起决定因素的是超出常规的那份狂热追求:痴迷于那些常常被忽视的细节。"我喜欢这句话! 它道出了一个好的实验设计和一个伟大的实验设计之间的区别。
>
> 　　我喜欢家具和建筑中的工匠风格。正如下图所示,工匠设计利用功利主义的元素,例如连接和支架,将它们转变为美学要素。同样地,在 ERP 实验中,一个巧妙平衡的方案也可能是很美妙的。此外,工匠设计常常还包含那些隐藏在物体内部看不见的元素,但是这些元素可以提高物品的强度和耐用度。类似地,如果你投身并"痴迷于那些常常被忽视的细节",例如测量室的温度和每个电极的信号质量,那么你的结果将会更有力且更牢靠。工匠设计的另一个特点,便是仔细挑选那些仅经过简单的清漆处理,而非含有多层涂料和织物的木材,从而使内在的设计美学显现出来。我发现大部分令人信服的 ERP 实验都具有与此相似的特点,即完美的数据加上简单的处理流程,使内在的设计美学能够显现出来。

策略一：聚焦于单个成分

　　我的第一个实验设计策略就是，一个实验仅仅关注一个或者两个 ERP 成分，并尽量使其他所有成分在不同条件之间保持不变。这体现了第二章中曾介绍过的，在 ERP 成分的概念性和实用性定义之间存在的冲突。Manny Donchin 的实用性定义是，一个 ERP 成分是"一个受控的、可观测的变异源"(Donchin, Ritter, & McCallum，1978，p.354)。这意味着不同条件之间存在的任何有差异的活动都等同于一个成分。然而，我的概念性定义认为，一个 ERP 成分是"当某个特定的计算操作被执行时，在某个特定的神经解剖学模块中形成"。如果有多个反映不同神经解剖学模块和不同计算操作的过程，由于在实验条件之间同步变化而混叠在一起，那么你得到的将会是一团乱麻。但是，如果你采用了非常精确的方法，使得在不同条件之间出现变化的，仅有发生在单个神经解剖学模块中的单个计算操作，那么你根据成分的实用性定义和概念性定义，都可以将单个 ERP 成分分离出来。

如果有人简单地利用已有的行为学范式,记录其运行过程中的 EEG 信号,那么通常会得到最复杂、最无法解释和最难看的结果。但是,当你准备在新项目中采用一个 ERP 研究从未使用过的任务时,这种"试探"可能是非常有用的。如果你试了,可能发现有许多成分都在不同实验条件之间发生变化,那么无法基于结果做出任何有力的推论。但是,这个实验可能会为你提供一些很棒的思路,进而设计出重点更为突出的实验,因此是非常值得的。你需要确认的就是,将这第一个实验仅仅作为一篇包含多个实验的论文中的预实验或实验 1,而不是用复杂且难以解释的结果来"污染"文献。关于如何开始一个新的研究项目,可以参考方框 4.2 中的一些建议。

有时可以采用析因实验设计的方法,利用一个因素分离一个成分,另一个因素分离另一个成分。例如,第一章介绍的精神分裂症研究(参考图 1.4)采用了少见/常见的设计方法来分离 P3 波形,这与分离 LRP 时采用的左手/右手设计方法之间,具有析因正交关系(Luck et al. , 2009)。Emily Kappenman 和我在一项概念验证研究中,利用 4 个因素分离出了 4 个不同的成分,将这一概念又向前推进了一步。我们将其称为 MONSTER 范式(Manipulation of Orthogonal Neural Systems Together in Electrophysiological Recordings,*电生理记录中的正交神经系统调控*)(Kappenman & Luck,2011)。虽然该方法似乎与聚焦于单个成分的策略相违背,但它实际上是该策略的延伸,因为它类似于通过一系列的 4 个实验来分离出 4 个成分。

方框 4.2　给自己找个目标

　　我的研究生导师是 Steve Hillyard,他继承了他的研究生导师 Bob Galambos(下图是他的照片)的实验室。G 博士(我们常这样称呼他)退休后仍相当活跃。他常来参加我们实验室的周会,因此我也有机会和他一起开展一项实验。他是一位伟大的科学家,在神经科学领域作出了开创性贡献。例如,当他还是一名研究生时,便和他的同学 Donald Griffin 一起,发现了首个证明蝙蝠利用回波定位进行导航的有力证据。他还首次发现神经胶质细胞并不仅仅是被动的支持细胞(这个发现实际上导致他丢掉了当时的工作)。在他的自传(Galambos，1996)和纽约时报的讣告中，你可以读到关于他人生中的一些有趣细节(http：//www.nytimes.com/2010/07/16/science/16galambos.html)。

Bob 总是与智慧联系在一起。在他说过的话中，我最喜欢的一句便是："你得给自己找个目标（You've got to get yourself a phenomenon)"(他以一种有点滑稽的方式念出 *phenomenon*，有点像"pheeeenahmenahn")。这句话意味着，在你开始一项研究时，需要找到一个可以被可靠测量到的实验效应。一旦弄清楚了进行可靠测量所需要的设备、实验设计和分析策略，你便可以用它来回答有趣的科学问题。除非你抓住了一个能够反映某个感兴趣过程的"目标"，否则你无法真正回答与心理和大脑相关的有趣问题。而且，除非你弄清楚了如何稳定可靠地记录这一目标，否则你将会很难取得实质性进展。因此，你需要找到一个漂亮的目标(类似于一个新的 ERP 成分)，并且想出能够清晰且稳定地观察到该现象的最佳方法。然后，你就可以开始做真正的科学研究了！例如，可以参考第三章结尾关于几个 ERP 成分如何被发现的介绍。

124

策略二：聚焦于较大的成分

在可能的情况下，研究 P3 和 N400 这种比较大的成分是比较有帮助的。当感兴趣成分远大于其他成分时，它在观测波形中占据主导，此时对该成分的测量，相对来说不太容易受到来自其他成分的干扰。例如，可以回顾一下第一章在介绍精神分裂症研究时提到的较大的 P3 和较小的 N2(图 1.4)。

因为有时一个较小的成分可能是所要研究过程的指标，所以并不可能总是聚焦于较大的成分。然而，你也许可以想出一个不太直观却很巧妙的方法，利用 P3

或者 N400 成分来回答你关心的问题。

策略三：从其他领域中劫持有用的成分

如果你关注在认知心理学或认知神经科学领域中有着广泛影响力的 ERP 实验，会发现其中许多实验利用了与实验主题本身并不明显相关的 ERP 成分。例如，本章在线补充材料中介绍的注意瞬脱实验，利用与语言相关的 N400 成分，考察了注意在知觉和知觉后处理中的作用（Luck，Vogel，& Shapiro，1996；也可参见 Vogel，Woodman，& Luck，2005）。而且，N400 也被用来判断一个特定种类的视觉掩蔽操作所运行的加工阶段（Reiss & Hoffman，2006）。类似地，虽然 LRP 与运动准备有关，但是它也被用来研究无意识知觉的本质（Dehaene et al.，1998）和语言中的句法处理（van Turennout，Hagoort，& Brown，1998）。我以前的一位研究生 Adam Niese，将这种方法称为劫持一个 ERP 成分。

策略四：采用经过充分研究的实验操作

考察一个已被充分研究过的 ERP 成分，且尽可能保持实验条件与先前该成分被研究时的条件相似，通常来说是非常有帮助的。例如，当 Marta Kutas 开始记录语言范式中的 ERPs 时，她关注的是 P3 波形，以及那些会以可预测形式影响 P3 波形的因素，例如"惊讶值"。当然，当她利用语义失匹配诱发惊讶时，并没有观察到预期中的 P3 波形，而是发现了 N400 成分。然而，她的实验与已有 P3 实验之间有着非常紧密的联系，这导致她很容易判断出观测到的效应是一个新的负向成分，而非 P3 波形的振幅减弱（第三章最后一节中有介绍）。

在我自己的研究中，我几乎总是在观察 P3 的实验中纳入对靶刺激概率的调控（Luck，1998b；Vogel，Luck，& Shapiro，1998；Luck et al.，2009），在观察 N400 的实验中纳入对语义/联想关联性的调控（Luck et al.，1996；Vogel et al.，1998；Vogel et al.，2005）。事实上，每个人都利用对刺激位置的调控来观察 N2pc 和 CDA，利用对反应手的调控来观察 LRP，因为这些调控对这些成分的定义来说，是本质上所固有的。

策略五：利用差异波

125

这可能是最重要且适用性最广的实验设计策略。虽然差异波的用法在第二章和第三章中已经详细介绍过了(参考图 2.5、2.7 和 3.11),这里仍然举一个例子作为提示。

试想你对两种不同的名词类型,即*可数名词*(指的是离散物品的单词,例如杯子)和*不可数名词*(指的是无法被分为离散物品的实体,例如水)条件下的 N400 感兴趣。简单的做法便是将可数名词和不可数名词随机混合在一起,每次呈现一个单词,并要求受试者做某种简单的语义任务(例如,判断每个单词的愉悦度)。这将会产生两个 ERP 波形,一个对应可数名词,另一个对应不可数名词。然而,对于在可数名词和不可数名词之间观测到的任何波形差异,很难判断它们体现了 N400 的振幅差异,还是其他某种 ERP 成分的差异。

为了分离出 N400,可以重新设计实验,使每个试次包含一个由两个单词组成的序列,其中一个是语境词,一个是目标词。一些试次中的目标词是可数名词,另一些试次中的目标词是不可数名词。此外,语境词和目标词有时具有语义上的关联,有时则没有语义关联。你将会得到如下四种试次类型:

可数名词,与语境词相关(例如,"盘子……杯子")

不可数名词,与语境词相关(例如,"雨水……水")

可数名词,与语境词无关(例如,"袜子……杯子")

不可数名词,与语境词无关(例如,"垃圾……水")

对于同一个单词,将它跟随在相关语境词与无关语境词之后分别诱发的 ERP 波形相减,构造差异波,便可以分离出 N400。对于可数名词与不可数名词,可以构造出各自的差异波(无关可数名词减去相关可数名词,无关不可数名词减去相关不可数名词)。在每个差异波中,应该都是一个较大的 N400 成分占据主导,几乎不会有来自其他成分的贡献(因为大多数其他成分对语义失匹配都不敏感)。这时,你便能够看出 N400 是在可数名词的差异波中较大,还是在不可数名词的差异波中较大(本章的在线补充材料中介绍了一个基于该方法的真实应用实例)。

这个方法虽然非常有效,但仍存在一些局限性。首先,这样构造的差异波可能包含不止一个 ERP 成分。例如,可能有不止一个 ERP 成分对语义失匹配程度敏感,所以无关减相关得到的差异波可能会包含两个或三个成分,而非只有一个成分。然而,这与原始 ERP 波形相比,仍然是一个巨大的改进,因为原始波形中可能包含至少十个不同的成分。

第二个局限之处在于,该方法对感兴趣变量(例如,可数名词与不可数名词)与构造差异波时所用变异因素(例如,语义相关与语义无关的单词对)之间的交互是敏感的。例如,试想可数名词的 N400 幅值比不可数名词大 1 微伏,与语义失匹配程度无关。如果相关不可数名词的 N400 幅值为 2 微伏,无关不可数名词的 N400 幅值为 12 微伏,那么相关可数名词的 N400 幅值为 3 微伏,无关可数名词的 N400 幅值为 13 微伏(比不可数名词的 N400 幅值大 1 微伏)。接下来,如果我们构造无关减相关的差异波,那么对于不可数名词,差异是 10 微伏(12 微伏减 2 微伏*),对于可数名词,差异同样是 10 微伏(13 微伏减 3 微伏)。幸运的是,当两个因素影响同一个 ERP 成分时,它们可能以乘积的形式产生交互。例如,试想可数名词的 N400 幅值比不可数名词大 50%。如果相关不可数名词条件下的 N400 是 2 微伏,无关不可数名词条件下的 N400 是 12 微伏,那么相关可数名词条件下的 N400 是 3 微伏,无关可数名词条件下的 N400 是 18 微伏(可数名词的 N400 幅值比不可数名词大 50%)。对于无关减相关的差异波,不可数名词条件下的幅值将是 10 微伏,可数名词条件下的幅值将是 15 微伏,因此我们可以在相关减无关的差异波中看到可数名词与不可数名词之间的差异。

当然,这种交互的形式可能更加复杂,会导致无法预期的结果。例如,虽然当单词与语境词无关时,可数名词诱发的 N400 可能比不可数名词更大,但是当单词与语境词相关时,它们诱发的 N400 也许会更小。因此,虽然差异波非常有助于分离出特定的 ERP 成分,但在解释结果时必须要小心。

策略六:聚焦于容易分离的成分

聚焦于那些相对容易通过成熟的操作和差异波分离出的 ERP 成分,会有助于策略 4 和 5 的使用。然而,并不是任何操作或差异波都是可行的,因为除了那个与感兴趣过程相关的成分之外,你想利用差异波消除其他所有的成分。例如,你可能会基于一个"简单"条件和一个"困难"条件,构造困难减简单的差异波。但是,在困

---

　　* 译者注:原文此处有笔误

126

难和简单条件之间可能存在多个不同的加工过程,得到的差异波可能会包含许多反映这些不同过程的成分。此时这种方法并不是很有帮助。

有些成分会比其他成分更容易分离,尤其在当你计划利用某个操作分离某个成分,然后将该操作与另一个操作以析因方式进行整合,并观察该成分在不同条件之间如何变化时。最好的几个例子,便是通过对侧减同侧差异波定义的成分,包括偏侧化准备电位(lateralized readiness potential,LRP)、N2pc 成分和对侧延迟活动(contralateral delay activity,CDA;参考第三章)。例如,LRP 是通过反应手对侧和同侧半球之间的振幅差异来定义的(参考 Smulders & Miller,2012 的综述论文)。由于运动系统的对侧构造特征,这种对侧减同侧的差异波对运动相关的活动敏感,但它却将所有其他不是以对侧形式组织的大脑活动全部减去。它还减去了大脑在判断出该用左手还是右手对当前刺激做出反应之前的所有大脑活动。因此,基于LRP,可以有较大把握确认大脑已经在特定的时刻开始准备做出特定的反应(参考 Smulders & Miller,2012 的综述论文)。很多有较大影响力的研究都利用了 LRP,发现即便最后做出了正确的反应,大脑有时也会准备错误的反应(Gratton,Coles,Sirevaag,Eriksen,& Donchin,1988)。此外,研究还发现一个加工阶段的部分处理结果会转移到下一阶段(Miller & Hackley,1992,本章在线补充材料中有介绍),以及阈下刺激会一直被处理,直至反应选择阶段(Dehaene et al.,1998)。

类似地,在一个双侧视觉刺激阵列中,通过构造受注意刺激所处位置的同侧与对侧之间的差异波,可以分离出 N2pc 成分(参考第三章的图 3.8 和 Luck,2012b中的综述)。因为阵列在总体上是双侧的,所以最初的感官响应和更高级的感知后处理过程所对应的 ERPs 都是双侧的。对侧与同侧相减之后,只有那些既受到靶刺激注意分配的影响,又产生于视觉皮层中具有对侧构造特征的区域中的加工过程可以保留下来。此外,这种对侧减同侧得到的差异波可以很容易地与其他实验操作或者组间比较结合起来。例如,可以调控受注意物体是否与较大或较小的奖赏有关联(Kiss,Driver,& Eimer,2009),或者是否被相邻干扰项包围(Luck,Girelli,McDermott,& Ford,1997),或者研究对侧减同侧的差异是否随着年龄(Lorenzo-Lopez,Amenedo,& Cadaveira,2008)和精神疾病(Luck et al.,2006)发生变化。这样,我们便可以研究与注意有关的精细问题(参考 Woodman & Luck,1999,2003b;Eimer & Kiss,2008;Lien,Ruthruff,Goodin,& Remington,2008)。

策略七：利用某个成分研究其之前发生的加工过程

策略七基于的思想是——第三章关于 P3 潜伏期的那一节有介绍——不同条件之间出现的差异在逻辑上意味着某些过程必然已经发生了。例如，少见刺激诱发的 P3 波形大于常见刺激，而只有当大脑已经开始判断刺激属于哪一类时，振幅上的差异才会出现。因此，少见和常见刺激类别间出现差异，暗示着大脑此时已经判断出刺激属于少见还是常见类别了，而且在差异超过 0 微伏时（假设实验设计得当），大脑必然已经开始对刺激进行分类。P3 本身并不反映分类过程；相反，分类是 P3 概率效应出现的必要前提条件。

图 4.1 给出了一个假想的例子。这个实验的目的，是测量一个数字的识别、奇偶性的判断以及它与另一个数字相加所需要的时间。在这个实验中，受试者观看屏幕中央出现的数字序列，速度为每 1500±100 毫秒出现一个数字（选择这个时间的原因将在本章后续进行介绍）。10 个数字的出现顺序是无法预测的。在每个试次组块开始时，设定好该试次组块中的靶刺激数字。受试者看到靶刺激时点击一个按键，看到非靶刺激时点击另一个按键。靶刺激出现在 10％的试次中，其余90％是非靶刺激。在单个数字条件下，靶刺激被定义为特定的数字（例如数字 3）。图 4.1A 给出了由少见刺激（靶刺激）和常见刺激（非靶刺激）诱发的 ERPs，以及少见减常见刺激的差异波。从逻辑上来说，只有当大脑已经开始判断当前刺激是否为靶刺激数字时，该差异波才会超过 0 微伏。因此，差异波的起始点给我们提供了一个大脑对数字进行分类所需时间的上限。它提供的是上限而非确切的时间，原因是大脑也许更早就完成了分类，但是没有体现在可观测到的 ERP 波形上。图 4.1A 中的箭头标出了差异出现的起始时刻点，被定义为差异超过 1 微伏的时刻（参考第九章关于起始潜伏期量化方法的讨论）。

这个实验还包括一个奇/偶条件，用来确定数字奇偶性判断所需的额外时间。在这个条件中，靶刺激被定义为任何奇数，非靶刺激被定义为任何偶数（反之亦然，在不同试次组块之间做到相互平衡）。与之前相同，靶刺激出现在 10％的试次中，非靶刺激出现在 90％的试次中。根据推测，大脑判断一个数字是奇数还是偶数所需的时间，可能比识别出具体数字所需的时间更长，所以与单个数字条件相比，此时大脑将会需要更长时间才能判断出给定刺激属于少见还是常见种类。因此，奇/偶条件下少见减常见差异出现的起始时刻应当比单个数字条件下更晚（图 4.1B 中

128

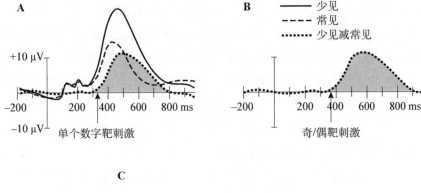

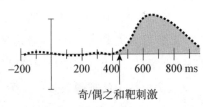

图 4.1　来自一个假想 Oddball 实验的仿真数据,实验中数字 0—9 以随机顺序出现在屏幕中央。靶刺激的类别在每个试次组块开始时进行指定,受试者需要对靶刺激做出按键反应,对非靶刺激做出另一个按键反应(用同一只手)。刺激中的百分之十是靶刺激,90%是非靶刺激。在单个数字条件下(A),某个特定的数字被指定为靶刺激,其他 9 个数字都是非靶刺激。图中给出了少见(靶刺激)和常见(非靶刺激)类别刺激诱发的 ERPs,以及少见减常见的差异波。在奇/偶条件下(B),奇数被定义为靶刺激,偶数被定义为非靶刺激(反之亦然)。同样地,刺激中的 10%是靶刺激。图中仅给出了该条件下的差异波。在奇/偶之和条件下(C),如果一个数字与前一个出现的数字相加之和为奇数,则将其定义为靶刺激;如果相加之和为偶数,则将其定义为非靶刺激(反之亦然)。同样地,刺激中的 10%是靶刺激。图中仅给出了该条件下的差异波。对于上述三种条件,图中的箭头标出了差异波的起始潜伏期。可以看出,起始潜伏期在单个数字条件下最早,在奇/偶条件下较晚,在奇/偶之和条件下最晚。

　的箭头)。此外,奇/偶条件和单个数字条件之间的起始潜伏期差异,可以告诉我们判断奇偶性比识别出具体数字要多花费多少时间。

　　实验中还包括一个*奇/偶相加*条件,要求受试者必须判断当前数字与前一个数字相加之和的奇偶性。与之前相同,10%试次中的相加之和是奇数,90%试次中的相加之和是偶数(反之亦然)。这个任务应当会花费比判断当前数字奇偶性更长的时间。因此,与奇/偶条件相比,这种条件下少见减常见差异的起始点应当更晚(图4.1C 中的箭头)。根据起始潜伏期的差异,可以估计出两个数字相加所需的额外时间。

你也许会问,为什么我们要在该实验中引入一个少见/常见的操作呢？毕竟我们真正感兴趣的是类似奇偶性的事情,将其与少见和常见分类组合起来似乎显得没有必要。然而,事实上引入少见和常见的操作是很必要的。如果我们在奇/偶条件下设计了 50% 奇数刺激和 50% 偶数刺激,那么奇数刺激和偶数刺激诱发的 ERP 波形将几乎完全相同,差异波将会是一条平直线。这将导致无法估计出奇偶类别判断所需的时间。此外,如果我们在三种条件之间直接比较波形,而不是首先计算差异波,那么我们将无法分离出特定的加工过程,也将无法判断靶/非靶刺激辨别完成的时刻。这是 ERP 实验中常采用的一点"诡计":你将一个感兴趣的操作(例如,奇数对偶数)与另一个操作(例如,少见对常见)组合起来,可以使感兴趣操作产生有差异的 ERP 活动。但是,你必须确保在这些组合之间进行平衡,以便不会出现混淆。例如,在我们设计的奇/偶条件下,我们不会在所有试次组块中都将奇数设为少见,偶数设为常见,因为这将会混淆奇/偶和少见/常见这两种操作。相反,对于奇/偶条件,我们会在一半的试次组块中将偶数设为少见,奇数设为常见。

需要记住的是,P3 波形本身并不反映这些*加工过程*,包括判断是否为特定数字、是奇数还是偶数或者两个数字之和是奇数还是偶数。相反,它反映了分类导致的*结果*。换句话说,在这个实验中,这些过程在逻辑上必然发生在大脑判断出刺激属于少见还是常见类别之前。当我推荐用某个成分来研究它之前发生的过程时,我指的就是这个意思。

第一章中的例 3 介绍了一个利用该逻辑研究精神分裂症患者感知和分类的时间过程的实验。受试者在一项任务中判断给定的刺激是字母还是数字；其中一种占少数,另一种占多数。通过测量少见减常见差异波得到的 P3 波形,其时刻在患者组和对照组之间几乎完全相同(参见第一章图 1.4 和 Luck et al.，2009)。这表明,虽然患者组的行为学反应时间显著延长,但是他们对简单字母与数字刺激进行感知和分类的速度和对照组一样快。

在这些例子中,ERPs 被用来测量加工的时间过程,这恰好是 ERPs 最擅长的。然而,这种方法并不能被用来判断某个特定加工过程究竟是否发生过。例如本章在线补充内容中介绍的,N400 成分可以被用来判断某个单词是否已被识别。具体地说,如果一个语境失匹配单词诱发出了一个比语境匹配单词更大的 N400 成分,那么这个单词必然已经被识别了。在*注意瞬脱*(attentional blink)范式中,这种逻

130

辑被用来证明即使单词无法被有意识地报告,它们仍然可以被识别(Luck et al.,
1996;Vogel et al.,1998)。N400 本身并不反映单词识别,但是单词识别是在语境
匹配和语境失匹配词汇之间看到差异的必要前提。

策略八: 与成分无关的实验设计

许多已有策略都聚焦于可以分离出特定 ERP 成分的方法。在许多情况下,完
全回避特定成分的识别问题,可能会是更好的策略。例如,Thorpe,Fize 和 Marlot
(1996)开展了一项实验,研究视觉系统多快能够分辨出物体所属的不同抽象类别。
为了解决这一问题,他们向受试者呈现两组照片——一组包含动物,另一组不包含
动物。他们发现这两类图片诱发的 ERPs 在大约 150 毫秒之前都是相同的,在这之
后波形出现了分叉。基于这一结果,可以推断出大脑在 150 毫秒内便能够检测出
照片中包含动物(需要指出的是,起始潜伏期并不一定表示平均起始时刻,而是代
表了具有最早起始时刻的试次和受试者,它是大脑检测到动物的最初时刻点的
上限)。

虽然这一实验效应发生在 N1 成分的时间范围内,但它是否由这个特定成分的
振幅变化所组成却并不重要;所得结论仅仅取决于该效应发生的时刻。这就是一
个与成分无关的设计,因为所得结论并不依赖于哪个成分受到了实验操作的影响
(还可以参考本章在线补充内容中介绍的第一个实验,它得出了刺激的 ERP 响应
何时受到注意的影响)。

采用某个成分研究其之前发生的加工过程时(策略七),常常会引出一个与成
分无关的实验设计。少见减常见的差异波在精神分裂症患者和对照组之间几乎完
全相同(第一章图 1.4),这一事实说明即使我们不假设差异波中包含对 P3 波形的
调控,也能认为这两组受试者以同样的速度对刺激进行感知和分类。类似地,在线
补充材料中介绍的 N400 实验结论,事实上也不依赖于该效应是否包含 N400 或者
某个成分。这便是成分无关设计的本质所在。

本章在线补充材料中还介绍了更多采用成分无关设计的研究示例。对于其他
采用这一策略且有高影响力的研究,还可以参考 van Turennout 等人(1998)和
Dehaene 等人(1998)。

131

3. **常见的设计问题和解决方法**

虽然分离特定成分通常是 ERP 研究中最困难的一面,但还有其他一些可能会在实验设计中遇到的挑战。我将在本节中介绍一些 ERP 研究中最常见的混淆和误解。对于每个问题,我还会介绍至少一个你可以在设计实验时采取的解决方法。

在线第十五章将会把这些常见问题总结整理为一个事项清单,可以供你在投递论文之前或者评阅别人提交的论文时查阅。我希望这个清单将会有助于消除文献中的这些常见错误。请参考方框 4.3 中关于实验设计时一些重点问题的讨论。

为了使这些挑战和解决方案更加具体,我将介绍一个 *Gedankenexperiment*(假想实验),这也是我多年以来遇到的许多糟糕 ERP 实验的总结(包括一些我自己的实验,但愿当时没有采用这样的设计)。这个假想实验的目的是考察任务难度对 P3 振幅的影响。如图 4.2 上方所示,字母 X 是靶刺激,字母 O 是非靶刺激。每个刺激的时长为 500 毫秒,出现在显示器中央,速度为每 1000 毫秒出现一个字母(SOA＝1000 毫秒;ISI＝500 毫秒)。20％的试次出现 X,其余 80％的试次出现 O。字母 X 不会接连出现,因为连续出现两个靶刺激会导致 P3 减小。受试者看到 X 时用右手食指点击按键,看到 O 时不做反应。在*明亮条件下*,刺激是明亮的,因此容易辨别;在*暗淡条件下*,刺激亮度很低,因此较难辨别。明亮和暗淡条件分别在

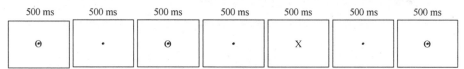

80%比例是O,20%比例是X(X不会重复出现),明亮或暗淡(在不同试次组块中),对X按键

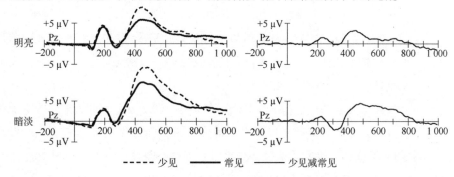

- - - - - 少见 ——— 常见 —— 少见减常见

图 4.2 假想实验的实验设计(上方)和仿真数据(下方)。图中左侧分别给出了明亮和暗淡刺激条件下,由少见和常见刺激诱发的 ERP。图中右侧给出了明亮和暗淡刺激条件下的少见减常见差异波。

不同试次组块中进行测试(以平衡的顺序)。实验结束后,首先进行常规的伪迹去除和平均过程,然后对暗淡和明亮条件下的少见和常见试次,分别提取 Pz 电极的峰值电压作为 P3 的振幅。

当我在 ERP 训练营中讲授实验设计时,我介绍了同样的假想实验,然后请学员告诉我这个实验设计中存在的问题,并提出解决方案。总体来说,他们指出了几乎所有我在设计实验时想到的问题,而且也形成了一些有趣的解决方案。我建议你在进一步阅读之前,先列出在你看来这个实验中存在的问题及可能的解决方案。然后可以和我的进行比较。

方框 4.3　混淆和副作用

132

任何上过基本实验设计课程的人都知道,实验的最基本原则就是确保某个给定的实验效应只存在一种可能的原因。这通常叫做避免混淆。不同条件之间存在不止一个因素的区别时,便会引起混淆。例如,如果 Oddball 范式中的少见刺激为红色,常见刺激为蓝色,那么这些刺激在两方面存在区别(少见对常见,红色对蓝色,二者混淆)。对期刊论文的方法部分仔细阅读,一般都能发现真正的混淆。

当实验者只改变一个因素时,会有一个相关但更加细微的问题出现,但是这个因素具有*副作用*,且最终会成为感兴趣效应出现的原因。举一个简单的例子。试想你通过观察发现,加热一杯水会导致这杯水的质量减少。这也许会导致你做出错误的判断,认为热水比冷水的质量低,虽然正确的解释应该是一部分加热后的水变成了蒸汽,并从杯口上方散了出去。为了得出正确的结论,你需要将杯口密封,从而防止水分散出。类似地,试想当你提高记录室内的温度时,P3 波形变小了。你也许认为温度较高时大脑会产生较小的 P3 波形,但与之相反,这也许只是记录室加热后导致受试者变得更困而引起的副作用。你仅仅明确改变了一个因素(记录室的温度),但是这个变化引起了多个后果(大脑变热,受试者变得更困,以及第五章介绍的皮肤电位增大)。副作用比混淆更难发现,原因在于它们是由单个因素调控引起的次要结果。你需要有一些想象力才能够意识到某个实验操作有副作用。

做实验研究的人与做相关性研究的人相比,有时会有一种优越感,因为相关性总是可以被某种未知的第三方因素所解释。但是,实验效应也总是可以被某种无法预料的副作用所解释。也就是说,在确认某个效应是由与实验操作相关的某个事物所导致时,即使实验有一些优势,但是也无法确保知道其中的确切原因。所以我们应该记住,无论对于实验还是对于相关性研究,科学中总是容易出现替代性解释。

3.1 感官混淆

这个假想实验中存在一些显而易见的感官混淆。首先,靶刺激是字母 X,非靶刺激是字母 O,因此靶刺激和非靶刺激在形状和概率上都不同。这种混淆在绝大多数基于 Oddball 范式的 ERP 实验中都存在。你也许会问,为何人们会设计出具有如此明显混淆的实验,以及为何审稿人同意这些实验发表。如果你问实验者这个问题,很可能会得到诸如此类的回答:"我难以想象一个微小的感官差异能够导致 400 毫秒时的 ERP 出现变化,而 P3 正是在此时测量到的"(参考方框 4.4 中关于这种逻辑的讨论)。这对于 P3 波形来说很可能是对的,因此对于关注晚期成分的实验来说,这种感官混淆是相对温和的。但是,感官混淆最晚也许会在 200 至 300 毫秒时引起显著效应。而且,一个温和的混淆有点像一个良性肿瘤;难道你不宁可没有它吗?在实验设计时,通常很容易避免这种类型的混淆,因此我建议不要让一个难看的小混淆破坏了你设计的漂亮实验。

方框 4.4 无知和缺乏想象力

当某人说,"我难以想象如此微小的混淆怎么能解释我的结果,"这其实是一个一般性的逻辑错误,哲学家们将其称为无知论证。事实上,这是一种被称为无想象力论证的特例(带点幽默)。某人无法想象一个混淆如何会引起某个特定的效应,这可能仅意味着此人缺乏想象力!我自己有时也会采用"我无法想象如何……"这种理由,然后就发现我正遭受缺乏想象力之苦(参考方框 4.5)。但是,现在我意识到这并不是一种有力的论证,所以通常我不会这样说。

134

这个问题显而易见的解决方案便是在 X 和 O 之间进行平衡。也就是说,你可以在一半试次组块中将 X 作为少见刺激,O 作为常见刺激,然后在另一半试次组块中进行调换,将 O 作为少见刺激,X 作为常见刺激。如果你的研究对象是认知受损人群,那么这可能会使受试者感到困惑,因此你可以选择在受试者之间进行平衡。

但是,这个实验还包含一个更加微小,且无法通过简单平衡就可以解决的感官混淆。具体来说,两类刺激出现概率的差异会引起感官适应上的差异,这将导致两类刺激的感官响应出现差异。其中的基本思路就是,当视觉系统多次看到某个特定刺激时,负责编码该刺激的神经元所产生的响应会越来越小。这被称为*刺激特异的适应性*或者*不应性*。在这个假想实验中,O 出现得比 X 更加频繁,意味着编码 O 的神经元将比编码 X 的神经元更加适应,这可能导致非靶刺激 O 引起的感官响应小于靶刺激 X。即使你调换刺激种类,在一半试次组块中将 O 作为少见刺激,X 作为常见刺激,这种情况仍会出现。在每个试次组块中,编码常见刺激的神经元将变得比编码少见刺激的神经元更加适应,从而导致常见刺激引起的感官响应较小。方框 4.5 中提供了一些来自我自己实验中的例子,说明这种适应性如何会导致显著且可重复的,但却虚假的效应。

我们如何来解决这个适应的问题呢?这个问题以及几乎所有感官混淆问题的解决方案,就是遵循如下规则:

Hillyard 原则 为了避免感官混淆,你在比较不同的 ERPs 时,必须确保其诱发刺激在物理属性上完全相同,发生变化的只能是心理条件。

我将其称为 *Hillyard 原则*,因为 Steve Hillyard 成名的标志,就是通过仔细地设计实验,排出了困扰其他实验的混淆因素(也因为当我还是 Hillyard 实验室中的一名研究生时,这个原则就持续不断地被灌输到我的脑海中)。这个原则的关键之处在于,你在实验中应该向受试者呈现完全相同的刺激序列,并利用指令产生不同的实验条件。例如,试想在假想实验中,我们试图通过在少见刺激是 X 还是 O 之间进行简单平衡来解决感官混淆。我们无法简单地通过采用相同的刺激序列,然后改变受试者对 X 还是对 O 进行反应来解决混淆问题,因为这并没有改变少见刺激的种类。确保诱发 ERP 的刺激在不同条件之间相同还不够;必须使整个刺激序列都相同,才能避免所有的感官混淆。

方框 4.5　一个适应混淆的例子

　　多年以前,我开展了一系列实验,以考察视觉搜索阵列诱发的 ERPs。阵列包含 7 个位置随机但朝向相同的"干扰"条,以及一个位置随机且朝向不同的"弹出"条(参考方框中的示意图)。在多次实验中,我注意到弹出项对侧半球的 P1 波形略微却又显著大于同侧半球(图中用圆圈标出了这个微小的效应)。我以为这也许反映了注意被弹出项自动捕获的过程,尽管这与我们对注意的时间过程的认识并不是很吻合。我办公室的同事 Marty Woldorff(现在是 Duke 的教授),认为这可能反映了适应效应。具体地说,在某个试次中弹出项出现的位置,前一个试次中出现的通常是一个朝向相反的干扰项,但是在某个试次中干扰项出现的位置,前一个试次中出现的通常是一个朝向相同的干扰项。因此,编码干扰项的神经元通常在前一个试次中已经对出现在相同位置,且朝向相同的刺激做出了响应,但是编码弹出项的神经元通常在前一个试次中没有对出现在该位置,且具有该朝向的刺激做出过响应。因此,编码弹出项的神经元可能适应得较少,从而引起较大的响应,而且这个响应可能在弹出项的对侧半球表面尤为明显。

　　起初我不愿相信这种适应会影响 P1 波形(事实上 Marty 告诉我,我的第一反应用语并不适合出现在学术书籍中)。我无法想象如此小的适应效应怎么会产生显著的影响,尤其是试次之间还有 750 毫秒的空白期。可是由于 Marty 不停地提醒我,最终我决定设计一个实验来证明他错了。但结果证明他是完全正确的(参考 Luck & Hillyard, 1994b 中的实验 4)。我猜 Marty 的想象力比我好。

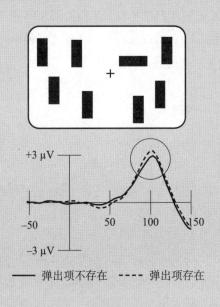

—— 弹出项不存在   - - - - 弹出项存在

根据 Hillyard 原则,我们可以这样对实验进行修改。我们可以用字母 A、B、C、D 和 E,而不是 X 和 O 作为刺激。每个字母出现的概率都是 20%。共有 5 个不同的试次组块,每个试次组块中的靶刺激字母都不相同(例如,在其中一个试次组块中,我们将 D 设定为靶刺激,其他所有字母都是非靶刺激)。然后,我们可以在每个试次组块中呈现完全相同的刺激序列,并将靶刺激(例如 D)出现的概率设定为 20%,非靶刺激出现概率设定为 80%(例如 A、B、C 和 E)。这就可以解决感官适应问题,因为此时无论是靶刺激还是非靶刺激,任何物理刺激出现的概率都是 20%(有时为了避免感官混淆,需要采用更加奇特的实验"设计",才能满足 Hillyard 原则,相关例子可以参考 Sawaki & Luck, 2011)。

Hillyard 原则还有一个小的附带条件:不同条件下的刺激序列应该在原则上

136

相等,而不是实际上相同的序列。你不会想看到受试者可能对不同条件下重复出现的刺激序列进行学习(无论是间接还是直接)的情况。尽管如此,当你在构造刺激序列时,仍应该能够仅通过改变指令,就可以使一个特定的序列能够在任何条件下被使用。

我们的假想实验还包含另一个明显的感官混淆;也就是说,刺激的物理属性在暗淡和明亮条件下是不同的。暗淡和明亮的操作是为了改变任务难度,但是暗淡和明亮的刺激也会引起与任务难度无关的 ERP 波形差异。例如,即使在被动观看任务中,它们也会诱发不同的 ERPs。有两个方法可以解决这个问题。第一个方法就是在简单和困难任务中使用相同的刺激,让受试者在不同任务中辨别刺激的不同方面。例如,受试者可以在简单条件下辨别 X 和 O,在困难条件下辨别同一个刺激的微小尺寸差异。为此,你可以设计 4 种刺激:较大的 X、较小的 X、较大的 O 和较小的 O。虽然每个试次组块中都会包含这 4 种刺激,但是受试者在简单条件下需要辨别 X 和 O(忽略大小),在困难条件下需要辨别大和小(忽略形状)。这个方法可以与许多不同的刺激和任务一起使用,但在所有情况下,简单和困难条件都包含相同的物理刺激,而任务难度可以通过每个试次组块开头给出的任务指令进行调控。

另一个方法便是利用差异波消除感官混淆的影响。为了阐明这一点,让我们试想最初利用五个不同字母(A-E)解决 X 和 O 的感官混淆,其中每个字母出现的概率是 20%。在每个试次组块中,我们告诉受试者其中一个字母是靶刺激。和开始一样,简单条件下试次组块中出现的是明亮刺激,困难条件下试次组块中出现的是暗淡刺激。为了消除明亮程度这一混淆因素,我们分别对暗淡和明亮刺激计算少见减常见的差异波。首先,我们在所有明亮靶刺激之间进行平均,得到一个明亮—少见波形(图 4.2)。我们也可以在明亮非靶刺激之间进行平均,得到明亮—常见波形。然后,我们可以计算两个波形之间的差异,从而得到明亮刺激条件下少见减常见的差异波。因为诱发明亮—少见和明亮—常见波形的刺激完全相同,区别仅在于任务指令,所以二者之间的差异不再包含任何纯粹的感官活动。你可以在图 4.2 中看到这个差异波直到大约 175 毫秒时才开始偏离零值,但是"母"波形在 125 毫秒时就有一个负向下降,随后在 200 毫秒左右又有一个较大的正向波形。这些最初阶段的感官响应在差异波中消失了,留下的大脑活动仅仅反映了由任务引起的少见和常见刺激类别间的处理差异。然后,这个差异波可以与暗淡刺激下少见减常见得到的差异波进行比较。这两种差异波之间存在的任何差异,都无法被归结为明亮和暗淡刺激之间纯粹的感官差异。相反,它反映了明亮程度与任务的交互作用(这正是我们在这个实验中想要研究的内容)。

　　Hillyard 原则并不总是可以实现的,尤其在当你采用自然发生的刺激种类时。例如,可以设计一个语言实验,考察封闭词类(the、for、with,等等)和开放词类(名词、动词,等等)诱发的 ERPs,这些词按照定义来说属于不同的刺激。然而,几乎总是可以纳入一个对照条件,用来说明主要条件中观察到的差异并不是由感官混淆导致的。例如,你可以在两类条件下呈现封闭词类和开放词类。在主要条件中,受试者阅读包含这些词语的句子;在对照条件中,受试者寻找以不同颜色呈现的单词。如果开放词类和封闭词类间的差异在对照条件中消失了,那么你便知道这不是纯粹的感官效应。但是,如果该效应是自动的,因而在对照条件中仍然存在呢?一个简单的方法便是将单词上下颠倒,并证明这会导致对照条件中该效应消失。这可以排除 ERP 效应是由低级感官差异引起的可能性。或者,如果你雄心勃勃,想让你的实验设计能力给所有人都留下深刻印象的话,可以招募两组说不同语言的受试者,用两种语言向他们呈现开放和封闭词类。对于开放和封闭词类在 ERPs 上出现的任何差异,如果它们具有语言学而非感官层面的本质,那么应该只会在受试者所说语言与单词呈现语言一致时才会出现。这时,你将会得到一个漂亮的双分离现象。虽然这个实验比较难做而且耗费时间,但是如果它值得做,难道不值得去好好做吗?

　　在我研究生涯的早期,我常常违反 Hillyard 原则(在我开始教别人这个原则之前,我已经变得更加小心)。但是每次在违反 Hillyard 原则之后,我便会后悔。我最后常常需要通过一个新实验来排除感官混淆。因此,如果一开始就设计出正确的实验,那么我会节约很多时间。

3.2　刺激时长问题

138

　　在假想实验中,刺激的持续时间是 500 毫秒。严格来说,这个持续时间虽然不会导致混淆,但是刺激结束时会在 P3 波形时间范围内引起一个感官响应,导致 ERPs 看起来有些奇怪。如图 4.3 所示,刺激的结束导致在结束之后 100 毫秒左右

(刺激起始后 600 毫秒)出现了一个 P1 波形,并叠加到刺激起始诱发的 P3 波形之上。这导致波形看起来有点奇怪,而且使结果的解释变得复杂,因为此时 P3 波形的时间范围内既包含感官活动,又包含感知觉之后的活动。

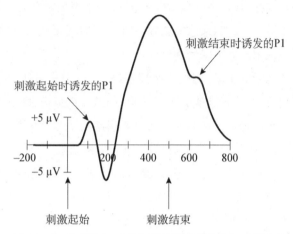

图 4.3　由一个持续 500 毫秒的刺激诱发的模拟效应。刺激起始时诱发出一个 P1 波形,其峰值大约出现在刺激起始后 100 毫秒左右;刺激结束时诱发出另一个 P1 波形,其峰值大约出现在刺激起始后 600 毫秒左右(刺激结束后 100 毫秒)。刺激结束时诱发的 P1 叠加到 P3 波形上,形成了一个小"隆起",这可能会被误认为是 P3 波形的一部分,而非感官响应。

在大多数情况下,如果刺激持续的时间很短,结束响应便是微不足道的。但随着持续时间的增加,它会逐渐变得越来越大。因此,你要么选择一个短的持续时间,这样不会出现显著的结束活动;要么选择一个足够长的持续时间,这样刺激会在你要研究的 ERPs 时间范围之后才结束。例如,如果你对刺激起始后 500 毫秒内出现的 ERP 成分感兴趣,也许可以使用 750 毫秒作为刺激的持续时间。

多短才是足够短呢?视觉模态中,视网膜大约在 100 毫秒内整合光子,持续时间小于 100 毫秒左右的刺激在感觉上等同于一个持续 100 毫秒的低亮度刺激(这里我进行了简化;如果你想了解更多,请参考一本介绍布洛赫定律的教科书)。因此,通常没有理由使用 100 毫秒以下的持续时间——你也许可以使用一个更暗的刺激以及 100 毫秒的持续时间。持续 100 毫秒左右或更短的刺激没有明显的起始和结束,而是仅被感知为一个闪光。然而,一旦刺激的持续时间超过 100 毫秒,持续时间的增加便会被感知为时间的增加,而非亮度的增加。这时,你会开始感知到明显的起始和结束,而且 ERP 波形会包含一个结束响应以及一个起始响应。因此,我通常使用 100 毫秒作为视觉刺激的持续时间(除非我想用很长的持续时间)。但是,如果持续时间仅比 100 毫秒多一点,那么结束响应也会非常小。所以如果我想给受试者多留一点时间来感知刺激,有时我会使用 200 毫秒的持续时间(尤其对于那些感官或认知能力下降的受试者)。

对于简单的听觉刺激(例如正弦波音调),50—100 毫秒的持续时间通常是合适的。如果正弦波(或者其他的重复波形)开始和结束得很突然,那么在起始和结束时会听见一个咔哒声。虽然这个咔哒声引起的是非常早期的成分,但它可能会分散注意力,并且干扰对音调的感知(尤其对于短刺激)。为了避免这一现象,声音波形的幅度应该在开始时的 5 至 20 毫秒内逐渐上升,在结束时的 5 至 20 毫秒内逐渐下降(这被称为刺激的*上升时间*和*下降时间*)。

3.3 运动混淆

我们的假想实验还包含一个明显的运动混淆,因为受试者仅对靶刺激做出运动反应,没有对非靶刺激做出运动反应。因此,靶刺激和非靶刺激间的任何 ERP 差异都可能受到运动相关 ERP 活动的污染。这在 Oddball 实验中是一个非常常见的混淆,但是在更加复杂的设计中就不那么常见了。在 Oddball 实验中,一个常见的解决方案便是让受试者默数奇异刺激的个数。这没有真正地解决问题,因为默数靶刺激会涉及到标准刺激加工时不会出现的额外大脑活动,而且很难评估受试者完成任务的好坏(方框 4.6)。最好的方法通常是要求受试者利用不同的按键,分别对靶刺激和非靶刺激做出按键反应。

3.4 重叠混淆

我在阅读 ERP 研究时最常遇到的问题之一便是,当下一个刺激出现时,上一个刺激诱发的 ERP 活动还没有结束。如果重叠的活动在不同条件之间有区别,那么被归结为针对当前刺激的加工效应,实际上可能是由针对前一个刺激的后续加工所引起。我们的假想实验中存在这个问题。由于我们对刺激做了限制,使靶刺激字母不会连续出现两次,因此靶刺激字母前面总是非靶刺激字母,但是非靶刺激字母前面可能是靶刺激或者非靶刺激字母。如果两个靶刺激连续出现,那么第二个靶刺激诱发的 P3 振幅会倾向于减小,所以这是一种常见的设计方法。然而,采用这种非随机的序列,通常都是很糟糕的想法,因为靶刺激引起的响应常常会持续到下一个刺激,从而影响下一个刺激的波形。

方框 4.6　计数的问题

140

> 当我还是一名本科生,且刚开始学习 ERPs 时,有一次在飞机上碰巧坐在一位来自 Nicolet 仪器公司的工程师边上,而 Nicolet 仪器公司刚好是一个临床 EEG/ERP 系统的生产厂家。那位工程师告诉我,他们刚刚完成一个新的便携式 ERP 系统,问我是否愿意作为一名受试者参加测试,可以挣到一点钱。由于我对 ERPs 和钱都很感兴趣,因此同意了。
>
> 　　测试任务之一就是听觉 Oddball 任务。我被要求坐在一个灯光昏暗的房间内,注视墙壁上的一个点,然后在一个由常见低音和少见高音组成的刺激序列中,数高音的个数。我大概做了十分钟,就感觉实在是太枯燥了,而且似乎会持续数个小时。我发现要记住听到多少个高音实在是太困难了。我在脑海中不停背诵当前的数字,直到听到下一个靶刺激:"33,33,33,33,33,33,33,33,33,33,34,34,34,34,34,35,35,35,35……"但是当我这样做的时候,一旦有点走神,便会记不清是 37 还是 47。在计数任务中,常见方法就是在试次组块结束时,询问受试者他或她数了多少个靶刺激。然而这次体验让我意识到,即使受试者探测到了每个靶刺激,仍然可能在结束时报告一个完全错误的数字。也有可能某名受试者错过了一个靶刺激,然后又把一个非靶刺激错看成了靶刺激,因而在结束时报告了正确的数字。鉴于这个体验,我再也不喜欢用计数任务了。

图 4.4 展示了重叠如何对我们的假想实验产生影响(关于重叠更详细的讨论,参考 Woldorff, 1993)。其中子图 A 展示了在没有重叠的情况下,靶刺激和标准刺激诱发的 ERPs。子图 B 展示了在试次之间间隔较短的情况下发生的重叠(SOA

大约为 700 毫秒)。正如你看到的,前一个试次的 P3 末端在当前试次的基线阶段仍然存在。如果当前试次是靶刺激,那么前一个试次总是非靶刺激,因此重叠就是非靶刺激诱发的 ERP 末端(这在图中被标记为重叠Y)。如果当前试次是标准刺激,那么前一个试次 80％可能是标准刺激,20％可能是靶刺激,所以重叠就是标准刺激诱发的 ERP 末端与靶刺激诱发的 ERP 末端之间的加权和(这在图中被标记为重叠Z)。

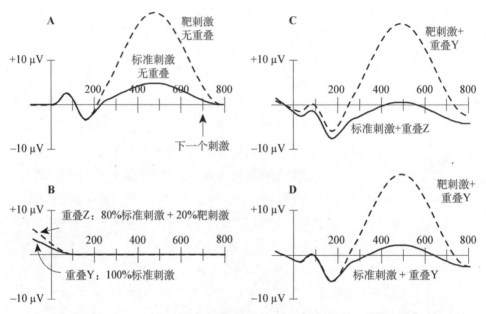

图 4.4 假想实验中不同重叠情况的示例,其中靶刺激之前出现的总是标准刺激,但标准刺激之前出现的可能是靶刺激(在 20％试次中),也可能是标准刺激(在 80％试次中)。(A)无重叠发生时,靶刺激和标准刺激诱发的 ERPs。(B)来自前一个试次尾部的重叠。出现在靶刺激之前的重叠(记为重叠 Y)包含的是标准试次的尾部波形。出现在标准刺激之前的重叠(记为重叠 Z)包含的是标准试次尾部与靶试次尾部的混合波形(80％标准试次和 20％靶试次)。(C)加上重叠之后的 ERP 波形。由于对波形进行了基线校正,重叠最后会导致波形失真(把波形向下推)。(D)如果在计算标准刺激和靶刺激的 ERP 波形时,只纳入那些前一个刺激是标准刺激的试次,则会得到图中所示波形。注意到这个例子中的重叠是假设刺激之间的间隔很短,而且下一个试次也会引发重叠活动(未在图中标出)。

这个例子中,来自前一个试次的重叠在当前试次开始后 100 毫秒时就结束了,所以你也许认为这不会对当前试次的 P3 波形造成多大影响。然而,由于基线校正的原因,重叠依然是一个大问题。根据第八章中将会介绍的原因,几乎总是有必要利用刺激前的平均电压作为基线,将其从整个波形中减掉。如果基线受到来自前一个试次的干扰,那么基线校正会将整个波形向下(如果干扰来自于一个类似 P3 的正向成分)或者向上(如果干扰来自于一个负向成分)"推"。由于假想实验中的重叠是正电位(来自于 P3 波形),所以会将波形向下推(如图 4.4C 所示)。当前刺激是标准刺激时的重叠,比当前刺激是靶刺激时的重叠更大(因为当当前刺激是标准刺激时,前一个刺激有时是靶刺激),因此波形会被向下推得更多。你可以将有重叠时常见刺激诱发的 P3(图 4.4C)与没有重叠时常见刺激诱发的 P3(图 4.4A)进行比较,前者峰值大约为 0 微伏,后者峰值大约为 5 微伏。相比之下,有重叠时少见刺激诱发的 P3 峰值(图 4.4C)只比没有重叠时的 P3 峰值(图 4.4A)稍微小一点。

不同条件下的重叠存在差异时,便常常会导致这种模式,即不同条件之间的人造差异出现得非常早(例如,刺激起始后 50 至 200 毫秒之内),并持续很长一段时间(参见第六章关于观察基线的重要性的讨论)。如果你在一项研究中看到了这种模式,应该仔细考虑是否存在有差异的重叠。

值得一提的是,有差异的准备会导致类似的效应。也就是说,如果某个刺激在一个条件下的起始时刻,比在另一个条件下的起始时刻更加具有预测性,那么在这两种条件下,基线受到准备活动(例如 CNV 成分)的影响将会不同。在随后的基线校正过程中,该基线差异将把 ERP 波形向上或者向下推。

第八章和在线第十一章将对重叠问题进行更加仔细地介绍,这里我将仅讨论一些常见的解决方法。首先,我想强调一个事实,即重叠本身通常并不是问题。事实上,有些重叠(或者准备活动)几乎存在于所有 ERP 实验中。只有当重叠或者准备活动在不同条件之间存在区别时(有一个例外情况,将在第六章进行介绍),才会出现问题。例如,我们的假想实验中就出现了这个问题,原因是靶刺激诱发的波形总是与标准刺激诱发的波形发生重叠,但是标准刺激诱发的波形有时会与靶刺激诱发的波形发生重叠。

解决该问题的一个简单方法,就是在平均过程中不纳入那些前面出现靶刺激的试次。这样,靶刺激和标准刺激诱发的 ERPs 都来自于前面是标准刺激的试次,二者的重叠就是相同的。如图 4.4D 所示,你可以看出,重叠仍然扭曲了波形(比较子图 D 和子图 A)。但是,少见和常见 ERPs 中的重叠是相同的,因此不会对二者之间的差异产生影响。

　　另一个解决方法就是修改实验设计,使刺激序列随机化,去掉少见刺激之前不会出现少见刺激这个限制条件。这可能导致 P3 稍微变小一点,但影响不会很大,因为在完全随机的序列中,也只有 20% 的靶刺激之前会出现另一个靶刺激(假设靶刺激出现的概率是 20%)。依我的经验,增加非随机的序列限制引起的问题通常比它解决的问题更多,所以随机常常是最佳选择。例如,如果我们进行限制,使靶刺激之前不会出现靶刺激,那么这也意味着靶刺激之后不会跟随靶刺激;因此,受试者能够(原则上)闭上眼睛,有 100% 把握能够猜测出下一个将会是标准刺激。因此,我的一般性建议就是使用完全随机的序列,除非有迫不得已的原因需要加上序列限制条件。

3.5　觉醒混淆

　　在假想实验中,一些试次组块通过采用明亮的刺激使任务变得简单,另一些试次组块通过采用暗淡的刺激使任务变得困难。只要不同试次组块之间存在任务难度上的差异,觉醒的变化都会成为一个副作用,因为受试者在困难条件下的觉醒程度可能比简单条件下更高。觉醒可以增大某些 ERP 成分的振幅(例如第三章介绍的 P1 波形),不同条件之间存在的任何 ERPs 差异都可能是觉醒差异引起的副作用。它可能还会改变刺激前的准备活动,导致明亮和暗淡条件下的基线出现差异。

　　避免觉醒混淆的最佳方法,通常是在每个试次组块中以不可预测的方式改变实验条件,而不是将不同条件安排到不同试次组块中。例如,在假想实验中,可以将暗淡和明亮刺激随机混合排列。但是,也有一些实验要求必须在不同的试次组块中测试不同的条件。在这些情况下,有时能够确保行为学正确率在不同条件之间是相同的,这时通常觉醒程度也相同(参考 Leonard, Lopez-Calderon, Kreither, & Luck, 2013)。

3.6　与噪声和试次数量有关的混淆

　　在 ERP 研究中,噪声是指 ERP 波形中与你想记录的大脑活动无关的随机变化(例如,来自外界设备的电气活动,皮肤电位等)。大多数情况下,噪声仅仅在我们的测量上加入了随机变化,降低了数据中的真实效应表现出统计显著性的可能性(减小了统计功效)。较多的噪声意味着我们需要每名受试者完成更多的试次,或者每个实验招募更多的受试者，才能得到统计显著性。但是在某些情况下，噪声会使数据向某个特定方向发生偏移，从而人为地引出某个效应。在这一点上，基于峰振幅的测量尤其存在问题。在其他条件都相同的情况下，如果波形中的噪声增大，那么得到的峰振幅也会倾向于变大。但是，基于一段时间（例如 400 至 600 毫秒）的平均振幅则不存在这种偏移。关于这个问题的详细讨论，可以参考第九章的在线补充材料。

在我们的假想实验中，如果我们试图比较靶刺激和标准刺激的峰振幅，就会出现问题，因为构造靶刺激波形的试次少于构造标准刺激波形的试次，从而导致靶刺激波形中的噪声比标准刺激波形更大。这将倾向于导致少见刺激的峰振幅向朝着大于常见刺激的方向偏移。有两个常见方法可以解决这个问题。首先，你可以测量平均振幅，而非峰振幅（第九章还会讨论它的另一些优势）。第二，你可以从标准试次中选出一部分来构造平均波形，这样得到的靶刺激和标准刺激波形就具有相同数量的试次（波形的噪声水平应该也相同）。虽然有时这是最佳方案，但是它降低了信噪比，因此也降低了发现显著性效应的能力。我发现有些人根本不在意这个问题，并最终采用了有偏差的测量。然而另一些人却非常在意，最终不必要地牺牲了统计功效。其实通过测量平均振幅而非峰振幅，他们便可以简单地解决这个问题。

3.7 避免混淆的技巧

下面将我刚刚介绍的混淆提炼成为 6 个 ERP 实验设计的技巧：

技巧 1 凡是在可能的情况下，尽量在不同心理条件之间使用相同的物理刺激，以避免刺激混淆（即遵守 Hillyard 原则）。这包括"背景"混淆，例如序列的顺序差异。有时可以利用差异波去除感官响应，便可能在不同物理刺激对应的条件之间进行比较。

技巧 2 当物理刺激的混淆无法避免时，则通过对照实验检验它们的合理性。不要假设一个小的物理刺激差异无法解释一个 ERP 效应，尤其对于潜伏期小于 300 毫秒的效应。

技巧 3 虽然在基于不同数量的试次得到的平均 ERPs 之间进行比较通

144

常是没有问题的,但是这时应当小心,不要采用基于波峰的测量方法。

技巧4 避免在包含运动反应和不包含运动反应的条件之间,以及运动反应存在时间差异的条件之间进行比较。为此,可以要求对所有类型的试次都做出反应,或者在具有相同反应的部分试次间进行比较。

技巧5 为了避免与觉醒和准备活动差异相关的混淆,应该将不同实验条件的变化放在试次组块内部,而不是试次组块之间。如果必须将条件变化放在试次组块之间,可以通过平衡不同条件之间的任务难度来避免觉醒混淆。

技巧6 仔细考虑刺激的时间,以避免结束响应或者来自前一个试次的重叠响应污染你的数据。

4. 关于时间的建议:持续时间、*SOA*、*ISI* 和 *ITI*

几乎所有的实验设计都需要确定与刺激有关的时间参数,包括持续时间、SOAs、ISIs 以及 ITIs。这些参数通常取决于实验的具体目标,但仍有一些适用于大多数实验的一般性原则。

如前所述,你总想选择一个可以避免结束响应的刺激持续时间。它可以很短,以至于不会引起较大的结束响应(例如,对于视觉刺激,可以是 100 至 200 毫秒);也可以很长,以至于结束响应出现在感兴趣 ERP 成分之后(例如 1000 毫秒)。行为学实验中,刺激通常在受试者做出行为反应时结束。ERP 实验中,虽然有时这也是一个不错的方法,但是如果你想考察反应锁时波形中位于反应之后的时间段,那么可能会有问题(因为感官结束响应会出现在反应锁时的波形中)。

对于包含简单视觉刺激的实验,我常采用的方法是:如果受试者是大学生,那么刺激持续时间是 100 毫秒;如果受试者的感知觉或者认知能力差一些,那么刺激持续时间是 200 毫秒。对于简单的听觉音调,我常采用的持续时间为 50 至 100 毫秒,包括 5 毫秒的上升和下降时间。如果实验中包含更复杂的听觉或视觉刺激,我常采用 750 至 1000 毫秒的持续时间。

在设计试次之间的最佳间隔时,需要平衡多个因素。一方面,你想将试次间的间隔设置得尽量短,以便在每段实验中得到尽可能多的试次数量,从而使平均 ERP 波形的信噪比最大化。另一方面,也有许多因素偏向于采用较低的刺激呈现速度。首先,随着 SOA 和 ISI 的降低,感官成分倾向于变小。虽然试次增多可以降低平均波形中的噪声,但是成分的减小可能比噪声的减小更加重要。其次,如果要求受试者对每个试次都做出反应,那么相邻试次间的间隔过短会使受试者在任务中变得疲惫。第三,较短的 SOA 会倾向于增加 ERP 活动之间的重叠(如前所述,这并不一定是问题)。但是,通过使用很长的刺激间隔来最小化重叠问题,这可能会引起另一个问题;即刺激起始前大脑的期待活动(尤其当刺激的起始时间相对可以预测时)。

如果实验中每个试次只呈现单个刺激,而且受试者必须对每个试次都做出反应(例如 Oddball 实验),那么我通常采用 1500 毫秒的 SOA。如果受试者仅对一小部分试次做反应,我通常将 SOA 缩减到 1000 毫秒。对于较难的任务或者反应较慢的受试者,我可能会将 SOA 增加几百毫秒。当然,有时根据实验的目的,确实需要用到不同的时间参数,但是我发现对大多数相对简单的 ERP 实验来说,上述这种时间设置都是最佳的。

我几乎总是在 SOA 上加上至少 ±100 毫秒的抖动,这样可以避免 alpha 振荡与刺激发生锁时的可能性,也有助于滤除来自前一个试次的重叠活动。例如,在一个典型的 Oddball 实验中,我会使用 1400—1600 毫秒的 SOA。当给出这样一个范围时,几乎总是意味着这个范围被分解为许多小的增量(例如,增量是显示器的单次刷新周期),而且该范围中每个增量出现的可能性都是相同的。例如,当典型刷新率为 60 Hz 时,两个刺激之间的间隔总是 16.67 毫秒的倍数。1400—1600 毫秒范围意味着 SOA 等于 1400.00 毫秒、1416.67 毫秒、1433.33 毫秒……1600 毫秒的可能性是相同的。这被称为 SOAs 的均匀分布(参考在线第十一章关于概率分布的定义)。

5. 来自文献的例子

具体的例子有助于澄清本章中介绍的一般性原则。读者可以阅读第四章在线补充材料中三个我最喜欢的例子。

6. 阅读建议

Dehaene, S., Naccache, L., Le Clec'H, G., Koechlin, E., Mueller, M., Dehaene-Lambertz, G., van de Moortele, P. F., & Le Bihan, D. (1998). Imaging unconscious semantic priming.

Nature，*395*，597 - 600.

Gratton, G. , Coles, M. G. H. , Sirevaag, E. J. , Eriksen, C. W. , & Donchin, E. (1988). Pre-and post-stimulus activation of response channels: A psychophysiological analysis. *Journal of Experimental Psychology: Human Perception and Performance*，*14*，331 - 344.

Handy, T. C. , Solotani, M. , & Mangun, G. R. (2001). Perceptual load and visuocortical processing: Event-related potentials reveal sensory-level selection. *Psychological Science*，*12*，213 - 218.

Hillyard, S. A. , & Münte, T. F. (1984). Selective attention to color and location: An analysis with event-related brain potentials. *Perception and Psychophysics*，*36*，185 - 198.

Hillyard, S. A. , Hink, R. F. , Schwent, V. L. , & Picton, T. W. (1973). Electrical signs of selective attention in the human brain. *Science*，*182*，177 - 179.

Miller, J. , & Hackley, S. A. (1992). Electrophysiological evidence for temporal overlap among contingent mental processes. *Journal of Experimental Psychology: General*，*121*，195 - 209.

Paller, K. A. (1990). Recall and stem-completion priming have different electrophysiological correlates and are modified differentially by directed forgetting. *Journal of Experimental Psychology: Learning, Memory and Cognition*，*16*，1021 - 1032.

Van Petten, C. , & Kutas, M. (1987). Ambiguous words in context: An event-related potential analysis of the time course of meaning activation. *Journal of Memory & Language*，*26*，188 - 208.

van Turennout, M. , Hagoort, P. , & Brown, C. M. (1998). Brain activity during speaking: From syntax to phonology in 40 milliseconds. *Science*，*280*，572 - 574.

Vogel, E. K. , Luck, S. J. , & Shapiro, K. L. (1998). Electrophysiological evidence for a postperceptual locus of suppression during the attentional blink. *Journal of Experimental Psychology: Human Perception and Performance*，*24*，1656 - 1674.

Winkler, I. , Kishnerenko, E. , Horvath, J. , Ceponiene, R. , Fellman, V. , Huotilainen, M. , Naatanen, R, & Sussman, E. (2003). Newborn infants can organize the auditory world. *Proceedings of the National Academy of Sciences*，*100*，11812 - 11815.

Woldorff, M. , & Hillyard, S. A. (1991). Modulation of early auditory processing during selective listening to rapidly presented tones. *Electroencephalography and Clinical Neurophysiology*，*79*，170 - 191.

（洪祥飞　译）

（洪祥飞　校）

第五章　ERP 记录的基本原则

1. 本章概述

本章将介绍 EEG 记录时涉及的电极、放大器、滤波器以及模数转换器。本章的主要目的是帮助读者记录到干净的数据，以便得到正确且具有统计显著性的结果。

本章第一节将介绍干净数据的重要性。然后，我们将讨论 EEG 放大器是如何工作的，以及为何需要一个接地电极和一个参考电极（大多数系统中）。这包括对如何选择参考电极位置，以及如何进行数据离线重参考的讨论。之后，我们将讨论电极的工作原理，以及电极—皮肤连接阻抗如何会对数据质量和效应的统计显著性产生巨大影响。本章结束时，我们将讨论连续 EEG 信号如何被放大，如何被转换为一组可供计算机存储的离散电压采样，以及为何在转换之前必须使用滤波器。

如果你正在决定为实验室采购哪套 EEG 记录系统，那么本章可以提供一些有用的信息。然而，我并没有测试过市场上的每一套系统，而且我没有在不同系统间进行过仔细的比较，因此我不会给出具体的推荐。尽管如此，我会提供一些你在评估不同系统时能够用到的信息。方框 5.1 给出了财务声明，你在考虑我的建议时可以先读一下。

2. 干净数据的重要性

在介绍关于 EEG 记录的细节之前，我想使你相信，为了确保记录到尽可能干净的数据，花费一些时间和努力是值得的。简单来说，理由如下：为了在实验中得到清晰且可靠的结果，当数据越干净时，你需要每名受试者完成的试次数量以及受试者的数量就越少。如果在每个实验中，你不需要测试那么多试次和受试者，那么

148   你每年就可以开展更多的实验,得到更多可发表的结果。通过记录更干净的数据,你可以发表更多(且更好)的论文。这也将提高你获得博士后/教职、大项目、奖励、名声以及财富的可能性。如果你对发表许多高质量期刊论文不感兴趣,那么尽管去采集含有噪声的数据。但是如果你想有一个成功的职业生涯,想在科学领域做出重要贡献的话,就需要记录到干净的数据。这似乎是显而易见的。但是,我常常看到人们花费很多时间,运用奇特的方法来分析他们的数据,而不是花时间确认他们正在分析干净的数据。

方框 5.1 钱

    无论何时,只要当某人发表的一本书或者一篇杂志论文中包含的信息或者数据可能影响到你在花钱方面的决策时,你就应该询问作者,是否存在任何经济上的诱因,可能会导致有意或者无意的偏见。因此,我决定公开我(微薄的)与 ERPs 有关的经济利益,这样你就能够判断我是否存在偏见了。

    我通过在大学、会议和工业场所举办小型 ERP 训练营获取报酬。我还通过出版书籍(比如这本)来获得稿费(尽管这不可能使我变得富有!)。

    虽然我的实验室使用 BioSemi 生产的 EEG 记录系统,但是从未获得过 BioSemi 或其他任何厂商提供的免费或者折扣设备,或者其他任何经济上的好处。我在 UC-Davis 举办的 ERP 训练营得到了 Cortech Solutions(BioSemi 的美国经销商)提供的电极帽和一小笔钱。ERP 训练营还收到了来自其他几个 ERP 记录和分析系统供应商的经济资助,包括 Brain Products GmbH、EasyCap GmbH 和 Advanced Neuro Technologies,训练营使用的软件则是由 Compumedics Neuroscan、Megis GmbH 和 Brain Products GmbH 提供。这些公司提供的现金捐赠则被用于支持训练营的活动(例如聚餐)。我没有接受过来自任何 ERP 相关产品的厂商或经销商提供的个人收入。我认为没有任何经济诱因可能影响到我的建议,但是决定权仍在你手里。

EEG 中的背景活动掩盖了单个试次中的 ERPs。通过对多个试次进行平均，可以将 ERPs 从 EEG 噪声中分离出来。随着用于平均的试次数量增多，平均之后剩余的 EEG 噪声将会逐渐减小，因此对于 ERP 平均来说，纳入足够数量的试次是很重要的。但是，增加试次数量最终会导致收益递减，原因是噪声的平均效应并不是与试次数量呈线性关系；相反，噪声的降低是试次数量平方根的函数。因此，你无法通过将试次数量加倍，以使噪声大小减半。事实上，将试次数量加倍，只能减小大约 30％的噪声，而只有将试次数量增加到 4 倍，才能够减小 50％的噪声。第八章将对此进行详细讨论。

你显然可以将试次数量增加到 4 倍，但这很容易导致实验时间过长，所以增加试次数量只是解决方案中的一部分。剩下的方案便是在噪声被电极记录到之前，就将它减小。ERP 记录中的许多噪声并非来自 EEG，而是来自其他生物学信号，例如皮肤电位和环境中的非生物学电气噪声。直接减小这些噪声源是可行的。事实上，如果你花几天时间查找并消除这些噪声源，这对 ERPs 结果带来的提升效果，可能等同于将每名受试者需要完成的试次数量加倍。最初的努力将为后续每个实验都带来回报。

除了查找并消除噪声源，以避免它们干扰记录之外，还可以通过数据处理技术（例如滤波）来减小噪声。正如第七章将介绍的，这些技术在 ERP 记录中是必不可少的。但重要的是，不要过多依赖于这些用来"清理"ERP 数据噪声的后处理技术，因为这些技术只在特定条件下有效，而且它们几乎总会显著歪曲你的数据。这便引出了一个重要原则，我将它称为 *Hansen 原理*：

Hansen 原理　　好数据是无可替代的。

这个原则的名字出自 Jon Hansen。当我在 UCSD 读研究生时，他是 Steve Hillyard 实验室中的技术专家。Jon 将这句话放在了一个介绍伪迹去除过程的文档中：

好数据是无可替代的。认为伪迹去除是将坏数据变为好数据的想法是愚蠢的；它可以去除偶然出现的伪迹试次，使好数据变得更好。如果受试者在实验中持续针对某种感兴趣事件眨眼,或者表现出幅值很大的持续性 alpha 活动,那么伪迹去除也无能为力。换句话说,对于含有持续性噪声或者系统性伪迹的数据,无法通过伪迹去除进行改进。(J. C. Hansen,未发表的软件文档)

虽然 Jon 是在与伪迹去除相关的内容中提出了这一点,但它适用于所有的后处理过程,涉及范围包括平均、滤波以及独立成分分析。虽然有些后处理过程是必需的,但它们无法把坏数据变为好数据。从长远来看,在源头上消除噪声,鼓励受试者尽量减小生物电伪迹,以及设计实验时尽量使效应量相比噪声最大化,这些可以帮你节省很多时间。

在线第 16 章介绍了一个寻找并消除实验室中电气噪声的实用方法。然而,在有效消除噪声之前,你需要理解噪声是如何被系统记录到的。本章的一个关键目的,就是帮助你理解这一点。

3. 活动电极、参考电极和接地电极

在详细介绍噪声之前,我需要先介绍 ERP 记录中一个最基本的内容;即用三个电极(活动电极、参考电极和接地电极)记录单个头皮位置的信号。这三个电极结合起来构成单个 EEG 通道。其中参考电极起着尤为重要的作用,却常常不被 ERP 研究者重视。我将对参考电极如何工作进行一个相当详细的介绍,因为这是 EEG/ERP 记录中一个绝对基础性的问题。如果你没有完全理解参考问题,那么你将不会理解记录到的信号。所以当我介绍活动、参考和接地电极时,请保持耐心。即使你使用的系统是在软件中,而非在记录过程中进行参考的,下面这些信息也都是有用的。

3.1 电压是两点之间的电势

如第二章所述,电压是驱使电流从一个位置流向另一个位置的势能(如果你没有读过第二章开头"电学的基本概念"那一节,这将是回去重读那一节的好机会)。因此,不存在所谓单电极电压的概念。

例如,考虑一个典型的家用 120 V 电源插座,它有两个主端子。120 V 电压代表了驱使电流在两端之间流动的势能,谈论某一端的孤立电压是毫无意义的。例如,

你可以在触碰某一端时不被电击(假设你没有碰到其他任何导体),但是如果你同时碰到两端,你将会允许插座中的势能通过你的身体,从一端传递至另一端,从而形成强大的电流。类似地,你永远无法在单个头皮电极上测量电压。相反,EEG 记录的总是一个势能,它驱使电流从一个电极(称为*活动电极*)流向另一个特定位置。"另一个特定位置"通常就是*接地*电极(如果想了解它为何被称为"接地",请参考方框 5.2)。

虽然电压总是在两个位置间进行记录,而且不存在所谓单电极电压的概念,但是我们可以用*绝对电压*这个术语来表示给定活动位置与头部其余位置平均值之间的电势差(因为物理学证明,整个头部表面的 EEG 活动平均值必然是零微伏)。这便允许我们可以用一些非常简单的数学方法描述活动电极和接地电极是如何工作的。我们用 A 表示活动电极的绝对电压(即活动电极和头皮平均之间的电势),用 G 表示接地电极的绝对电压(即接地电极和头皮平均之间的电势)。活动电极和接地电极之间的电势便简单地等于这两个电极绝对电压之间的差值*。换句话说,在活动点和接地点之间记录到的电压就是 A−G。需要注意的是,神经活动同时存在于 A 和 G 中,而非仅仅在 A 中,任何在 A 和 G 之间相等的活动都被减掉了。

EEG 放大器的设计存在一个实际问题:为了构造可以工作的放大器,接地电极必须连接到一个*接地电路*,而接地电路必须与放大器中产生电气噪声的那部分相连接。噪声——电路中无法避免的一个事实——存在于信号 G,而非信号 A 之中。因此,在 A 和 G 之间测量到的电势,将同时包含该噪声和头皮上捕获到的电活动。

方框5.2　接地和大地

你可能在电气系统中听说过*接地*(ground)这一术语,但是大多数人并不知道它来源于真正的大地(即覆盖地球许多地方的泥土)。具体来说,在家用电气系统中,将一根金属棍子埋入房屋下方的土地深处,可以作为电气设备的一个重要参考点。为了区分电路中使用的术语接地和埋入房屋或者其他建筑下方土地中的棍子,我将用术语*大地*(earth)来表示

---

* 译者注:原文此处有笔误

埋入实际土地中的棍子。

在电气系统中使用大地,一定程度上是为了避免大量静态电荷累积在建筑物内部的电气设备与外界环境之间。例如,如果闪电击中了你的房子,来自闪电中的大量电流将汇入大地。因此,标准电器插座中的"接地插头"是与大地相连的。术语接地现在更加被广泛地用来表示一个系统中所有电压的共同参考点,与该参考点是否真正与埋入土地中的棍子相连无关,这便是我使用这个术语的方法。术语公共端(common)有时也被用作接地的同义词。

如果我们测量受试者的某个头皮电极与埋入大地的棍子之间的电势,那么电压反映的是该受试者身上累积的剩余电荷(假设该受试者没有触碰任何与大地相连的导体),而这个静电将会掩盖任何神经信号。我们可以把一个与大地相连的电极放在受试者身体某处,这会导致受试者身上的任何静电都汇入大地,从而消除静电差异,使我们能够更容易地测量神经活动随时间的变化。然而,将受试者直接与大地相连是很危险的,因为如果受试者接触到未正确接地的电气设备(例如用来收集行为学反应的反应盒),可能会遭到电击。因此,EEG 放大器构造了一个虚拟接地,作为不直接与大地相连的参考点。EEG 放大器中的虚拟接地与放置在受试者身体某处的接地电极相连,而你记录的则是每个活动电极与该接地电极之间的电压。

3.2 参考电极

如图 5.1A 所示,EEG 记录系统常常通过在接地电路中使用差分放大器来解决噪声问题。差分放大器中包含参考电极(R)、活动电极(A)和接地电极(G)。放大器记录 A 和 G 之间的电势(等于 A−G)以及 R 和 G 之间的电势(等于 R−G)。放大器的输出是这两个电压之间的差值([A−G]−[R−G]),这便等价于 A−R(因为 G 相互抵消了)。由于 A−G 和 R−G 中的噪声是相同的,因此任何存在于 G 中的噪声都被去除了。换句话说,来自放大器接地电路中的电气噪声在 A−G

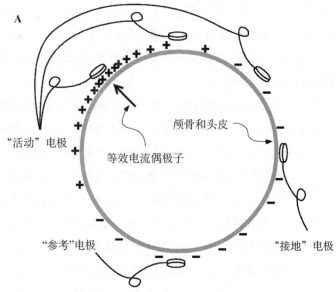

活动与接地电极之间的电压为(A−G)
参考与接地电极之间的电压为(R−G)
输出是这些电压之间的差值
[A−G]−[R−G] =A−R
似乎接地电极不存在
任何A和R中相同的噪声（或信号）都被消除

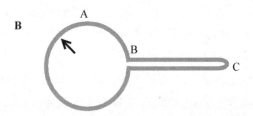

图 5.1　活动和参考电极。(A)一个由球形头部内的等效电流偶极子在头部表面
引起的电位("＋"和"—"分别表示正和负)示例。记录到的电压是活动电极与参
考电极之间绝对电压的差值。(B)一个使用远处参考点的例子。如果 A 点是活
动电极,那么用 B 点还是 C 点作为参考不会有区别,因为尽管距离较远,C 点和 B
点的绝对电压却是近似相同的。

152

和 R−G 电压之间是相同的,因此会在(A−G)−(R−G)的相减中被去除。

　　差分放大器的输出等价于活动电极和参考电极之间的电势(A−R),仿佛接地 153
电极根本不存在(虽然接地电极的良好电气连接是放大器正常工作的必要条件)。
那么,我们为什么需要接地电极呢? 正如前文提到的,在最初测量两个电极间的电压时,其中一个电极必须与放大器的接地电路相连,而这个电路会捕获来自放大器电路中的噪声。如果没有将 R 连接到接地电路(这种情况下,无非 R 就是接地电极),便无法直接记录到 A 和 R 之间的电压。因此,大多数系统都是采用差分放大器来消除接地电路中的噪声。

受试者身体和放大器接地电路之间的电势被称为*共模电压*(因为它对于活动电极和参考电极来说是一样的)。为了记录到干净的 EEG,这个共模电压必须完全被减掉。写成公式来看(如图 5.1 所示),相减似乎是一个完美的解决方案,但是却并不完美,因为公式是在实际的电子电路中被实现的。例如,如果 A-G 信号的放大倍数略大于 R-G 信号,这个减法就会不完美,有一些接地电路中的噪声将留在放大器的输出中。放大器减去共模电压的能力被称为*共模抑制比*(common model rejection),测量单位通常是分贝(dB;参考术语表)。一个不错的 EEG 放大器至少拥有 70 dB 的共模抑制比。正如我们稍后将提到的,电极阻抗会影响共模抑制比。

需要注意的是,有些系统的工作方式不太一样,其中之一(BioSemi ActiveTwo EEG 系统)可参见方框 5.3。

方框 5.3　BioSemi ActiveTwo 系统

BioSemi ActiveTwo 系统的工作方式与大多数 EEG 记录系统有些区别。首先,它没有采用单个接地电极,而是包含了一个*共模传感*(common mode sense, CMS)电极和一个*右腿驱动*(driven right leg, DRL)电极。CMS 类似于传统接地电极;系统记录了每个活动电极和 CMS 之间的电势。DRL 电极是反馈电路的一部分,它驱使受试者与放大器接地电路之间的电势非常接近,从而形成一个非常小的共模电压。也就是说,实际上它向头部注入了一个小电流,使平均电压接近接地电路的电势。这便提高了系统的有效共模抑制比,因为这时需要减掉的共模电压变小了(对于技术型读者,可以阅读 Metting van Rijn, Peper, & Grimbergen, 1990 中的有关细节)。该系统第二个不寻常的地方在于,得益于电子设备的优化,在信号数字化之前,BioSemi 系统并不需要从活动信号中减去参考信号。也就是说，系统提供的是*单端*（single-ended）记录，而非*差分*（differential）记录（参考术语表）。参考电压的去除（[A−G]−[R−G]）是记录完成之后在软件中进行的。最后的结果在概念上等价于差分记录，但是它的噪声更小，而且更加灵活。

术语*活动电极*和*参考电极*背后的最初想法是，假设活动电极靠近活跃的神经组织，参考电极位于某个不会捕获到任何大脑活动的远处位置，例如耳垂。随着活动电极附近的神经信号发生变化，假设这将会影响活动点而非参考点的电压。如果耳垂不包含任何神经活动，那么这种方法就很有效。问题在于，神经活动会传递至耳垂（以及头部或身体的每个地方）。因此，在活动点和所谓参考点之间记录到的电压，同时反映了两个点的神经活动。这便引出了也许是本章中应该记住的最重要的一点，我将其称为*非瑞士原则*（因为瑞士由于政治中立而著名）：

非瑞士原则 头部或者身体上没有电中性的点。因此，ERP 波形体现的是两个都包含神经活动的位置之间的电压差。

例如，考虑鼻尖这个位置。这似乎应该是一个中性点，因为它和大脑之间被一些非神经组织隔开了，但它并不是。把这个例子变得更极端一点，试想头上的鼻子非常长，好像匹诺曹的鼻子那样。来自头内偶极子的电活动传递至整个头部表面，包括鼻根部（参考第二章的图 2.2C）。匹诺曹长长尖尖的鼻子很像一根电线，所以大脑内部产生的神经活动很容易从鼻根传递至鼻尖（如图 5.1B 所示）。因此，鼻尖的绝对电压几乎等于鼻根部的绝对电压。所以参考电极是位于鼻尖，还是位于鼻子连接头部的鼻根，这并不重要；哪个位置都会捕获到神经活动，就和头部表面其他任何地方一样。这并不是说鼻尖不适合作为参考电极的位置——其实它是一个不错的位置。相反，这里我的观点是，因为不存在一个电中性的参考点，所以你必须牢记的是，ERP 波形反映的活动中，既有来自活动点，也有来自参考点的贡献。

参考电极的选择是有些困难的，下面两节将介绍其中的一些关键因素。幸运的是，接地电极的位置选择并不重要：因为接地电极上的信号在参考过程中会被

154

减掉,所以你可以把接地电极放在头上任何方便的位置。接地电极的位置通常不会对记录产生影响。

3.3 离线重参考

整个参考问题其实是一个痛点,但是好在你可以很容易地在数据记录之后,对数据进行离线参考转换。而且你可以做很多次参考转换,以观察不同参考对数据的影响(我强烈建议这样做)。这也就暗示着记录时采用哪个参考点其实并不重要,因为你总是可以进行离线重参考。有些系统允许你在记录时选择任何电极作为参考,另一些系统则需要选择某个特定的位置(例如 Cz)。因为很容易进行离线重参考,所以即使你用的系统强制使用某个不理想的参考电极位置,也没什么问题。

对数据进行离线重参考非常简单。回想一下硬件中的参考,它是用 A 和 G 之间的电势减去 R 和 G 之间的电势(即$[A-G]-[R-G]$),结果就是 A 和 R 之间的电势($A-R$)。你可以在软件中进行同样的操作,用一个通道减去另一个通道。例如,如果你用差分放大器记录到电极 A 和 B 上的电压,R 是参考电极,那么便可以简单地利用通道 A 减去通道 B($A-B$)来计算 A 和 B 之间的电压。换句话说,放大器中通道 A 的输出等价于 $A-R$,而通道 B 的输出等价于 $B-R$,因此这两个通道间的电势($A-B$)等价于$(A-R)-(B-R)$。

我们举一个更加复杂的例子。你想用左右两侧乳突(耳朵后面的骨突起)的平均值作为新的参考电极。换句话说,你想得到活动电极 A,与左侧乳突(left mastoid, Lm)和右侧乳突(right mastoid, Rm)平均值,即($[Lm+Rm]\div 2$)之间的电势。这便等同于 $A-([Lm+Rm]\div 2)$。试想你已经用差分放大器记录了 A 点的电压,以 Lm 作为参考点(即 $A-Lm$)。同时你也记录了 Rm 电极的信号,也是以 Lm 作为参考点(即 $Rm-Lm$)。数据记录结束之后,你可以利用公式 $a'=a-(r/2)$ 将参考转换至双侧乳突平均值,其中 a' 是 A 点重参考之后的波形(即以双侧乳突平均作为参考时的波形),a 是通道 A 的原始波形(以 Lm 作为参考时记录到的),r 是通道 Rm 的原始波形(用 Lm 作为参考时记录到的)。

下面介绍公式的原理。因为我们最初是用 Lm 作为参考,所以放大器通道 A 的输出等于 $A-Lm$。类似地,以 Lm 作为参考时,通道 Rm 上记录到的电压等于

Rm－Lm。我们需要将记录到的这两个信号重新组合成为 A－([Lm＋Rm]÷2) 的形式。这可以通过如下简单的代数运算实现：

$a＝A－Lm$　A点记录到的电压等于A点的绝对电压减去Lm点的绝对电压。

$r＝Rm－Lm$　Rm点记录到的电压等于Rm点的绝对电压减去Lm点的绝对电压。

$a'＝A－([Lm＋Rm]÷2)$　这就是我们要计算的(A点与Lm和Rm平均值之间的电势)。

$a'＝A－(Lm÷2)－(Rm÷2)$　这是前一个公式的另一种代数写法。

$a'＝A－(Lm－[Lm÷2])－(Rm÷2)$　这是因为 $Lm÷2＝Lm－(Lm÷2)$。

$a'＝(A－Lm)－([Rm－Lm]÷2)$　这是前一个公式的另一种写法。

$a'＝a－(r÷2)$　根据之前的公式,我们用 a 代替 $(A－Lm)$,用 r 代替 $(Rm－Lm)$。

156

换句话说,对于一个给定位置上的电压,你可以简单地将它减去另一侧乳突上电压值的一半,就可以得到以平均乳突作为参考时的电压。这与用耳垂作为参考电极时相同。

如果你的系统在记录时没有用到参考电极(例如 BioSemi ActiveTwo),这就更简单了。例如,试想你记录了 A、Lm 和 Rm 位置的电压(每个都是相对于接地电极记录的)。要想把通道 A 的参考电极转换为双侧乳突平均,你只需要利用 $a'＝A－([Lm＋Rm]÷2)$。

重参考有一个很方便的特点,就是可以对数据进行多次重参考。你可以在不同参考电极方案之间来回切换,这不会丢失信息。我强烈建议你在多个不同的参考电极下对数据进行观察。

在大多数 ERP 实验中,EEG 电极都是相对于单个共同参考点(可能是单个电极,也可能是两个或多个电极的平均)进行记录的。有时它被称为*单极记录*(monopolar recordings),但这个术语有些用词不当,因为单极记录体现的是来自活动电极和参考电极的共同贡献,而非活动电极的绝对电压。当每个通道都采用不同的参考点时,通常被称为*双极记录*(bipolar recording)。例如,在针对癫痫的临床评估中,常常将每个电极的相邻电极作为它的参考电极。在认知和情感神经科学实验中,双极记录常被用来测量眼电(electrooculogram,EOG),即由眨眼和眼动引起的电势。例如,为了测量水平眼动,常常将活动电极放置在一只眼睛附近,将参考电极放置在另一只眼睛附近(更多细节可参考第六章)。然而在大多数情况下,所有头皮电极仍使用相同的参考点。

3.4 平均参考

可以将所有头皮电极的平均作为参考,这通常被称为*平均参考*。这种方法相对容易实现,而且也很常见,但是它有一些概念上的复杂性需要介绍。在这之前,我将先解释其基本原理。

为了理解平均参考的工作原理,可以设想头部与身体其他部位是不相连的,这样就可以在整个头部表面(包括底部,因为颈部的原因,这里通常是无法放电极的)都放上电极。通过将所有电极的平均电压作为参考,你可以得到每个电极上的绝对电压。其中的数学原理非常简单:假设记录时所有位置都是基于同一个参考电极,那么可以通过从每个电极中减去所有位置的平均电压,得到每个电极上的绝对电压。然而这只是理想情况,由于颈部和面部的存在,无法在整个头部表面放置电极。尽管如此,许多研究者无论记录了多少个头皮电极,依然采用平均参考。

下面的公式给出了平均参考背后的逻辑。在这个例子中,我们以 Lm 为参考电极,记录 3 个活动电极上的电压。公式中的 A1、A2 和 A3 指的是这三个活动点的绝对电压,a1、a2 和 a3 指的是用 Lm 作参考时记录到的实际电压。如果我们仅仅用记录到的电压减去平均电压(用 $avg[a1,a2,a3]$ 表示),就等价于将每个电极上记录的电压转换为每个电极与所有活动电极平均值之间的绝对电压差值。例如,重参考之后的 a1 等于 A1 与 avg(A1,A2,A3)之间的电势差。注意到这时原始参考(Lm)不再对参考产生贡献。作为练习,你可以推算如何对数据进行重参考,才能使原始参考成为平均参考的贡献点之一。

$$a1 = (A1 - Lm)$$

$$a2 = (A2 - Lm)$$

$$a3 = (A3 - Lm)$$

$$avg(a1, a2, a3) = (a1 + a2 + a3) \div 3$$

$$= [(A1 - Lm) + (A2 - Lm) + (A3 - Lm)] \div 3$$

$$= [(A1 + A2 + A3) - 3Lm] \div 3$$

$$= avg(A1, A2, A3) - Lm$$

$$a1 - avg(a1, a2, a3) = (A1 - Lm) - (avg[A1, A2, A3] - Lm)$$

$$= A1 - avg(A1, A2, A3)$$

$$a2 - avg(a1, a2, a3) = A2 - avg(A1, A2, A3)$$

$$a3 - avg(a1, a2, a3) = A3 - avg(A1, A2, A3)$$

平均参考是相当具有吸引力的。首先,它很方便:你可以简单地从一大堆头皮电极上记录电压,然后离线把所有电极都转换为平均参考。其次,它并不偏向于某一侧半球(假设你使用的电极位置是对称分布的)。第三,因为它体现了多个电极的平均,所以更易于减小噪声。第四,只要电极组合覆盖了大部分头皮,平均参考便不大可能会减掉某个特定成分中的大部分电压(对于平均乳突参考来说,如果成分靠近乳突位置,那么这种情况是可能发生的)。

尽管如此,平均参考仍包含一些不太明显的副作用(可以参考 Dien,1998 中的更多讨论)。这些副作用不一定是缺点,但是如果对它们缺乏充分理解,可能会导致无法预料的结果和误解。为了解释这些副作用,让我们仔细看一下使用平均参考时究竟发生了什么。图 5.2 展示了一个以 Lm 为参考点进行记录,然后重参考至所有电极平均的情况。这些人造数据被设计成类似于一个广泛分布的正向成分,例如 P3 波形。为了简单起见,我们假设数据只是从 11 个中线电极上记录的。图 5.2A 给出了绝对电压(每个电极与整个头部表面平均之间的电势,包括底部一侧)。如果我们假设 Lm 位置的绝对电压是零(如果偶极子的零电压带刚好穿过 Lm 电极下方,这是有可能的),图 5.2B 则展示了以 Lm 作为参考时记录到的原始数据。在这种不寻常的情形下,记录到的头皮电压就等于绝对电压,因为最初的参考过程从每个活动电极中减去的是 0 微伏(Lm 位置的电压)。图 5.2C 展示了重参考至平均参考,即从每个原始值中减去所有原始值的平均值(3.27 微伏)之后,得

158

到的头皮电压分布。需要指出的是,将所有电极重参考至一个新的参考值时,仅仅是将电压值的分布向上或者向下推动,并没有改变不同电极间的相对电压差异。图 5.2 中的 E 和 F 说明了同样的问题,区别仅在于其中的假设(认为 Lm 的绝对电压不是零)更为合理。相反,我们假设 Lm 是 2 微伏(仅仅是一个任意的数字)。有了这个假设,所有以 Lm 为参考记录到的数值都被向下移动了 2 微伏,但是当我们采用平均参考时,最终会得到相同的电压值。

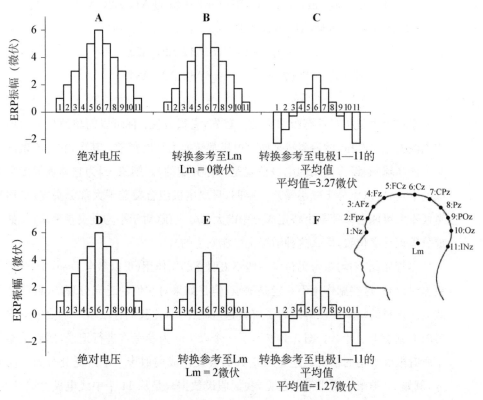

图 5.2 关于参考电极如何影响电压头皮分布的例子。在这个假想例子中,以左侧乳突(Lm)为参考点,记录了 11 个头皮电极在特定时刻点的电压幅值,这些电极分布在鼻根和枕骨隆突(参考右侧头部示意图)间的中线上。图中 A—C 假设 Lm 位置的绝对电压为 0 微伏(非常不可能的情况)。D—E 假设 Lm 位置的绝对电压为 2 微伏(一个完全任意的值,但是对这个例子来说更加真实一些)。A 和 D 给出了真实的绝对电压(即每个头皮点与包括颈部位置在内的整个头部表面平均值之间的电势差)。这个绝对电压完全是理论上的;无法在活人身上进行实际测量。B 和 E 展示了以 Lm 为参考时记录到的电压。C 和 F 分别展示了 B 和 E 中记录到的电压被重参考至 1—11 位置平均电压(排除 Lm)之后的电压值。即使 B 和 E 中 Lm 的值不一样,C 和 F 中的值也是相同的。注意到所有六个子图中的头皮分布,除了在垂直方向上存在上下移动之外,都是完全相同的。然而,某些电极上的实际电压值可能在某些参考电极配置下为正,而在另一些参考电极配置下为负。因此,不同参考电极可能会导致头皮分布看起来区别很大,即使它们的区别仅仅在于一个垂直方向上的移动。

　　这个例子揭示了平均参考的第一个问题：即研究者常常假设它可以为每个电极的绝对电压提供一个较好的估计。虽然有时这是对的（只有当偶极子的正负两侧被记录电极同等捕获时），但通常都是错的。如果你用的电极仅仅覆盖了头部的一部分，那么将缺少许多在计算整个头部表面平均时所需的电压值。此外，即使你尽可能把电极放置在所有地方，你仍将缺少头部下方的部分（除非你想办法将电极从颈部插入至头部的下半部分）。因此，即使是在最理想的情况下，平均参考也只能被认为是绝对电压一个并不完美的近似。Dien(1998)给出了平均参考成为绝对电压良好近似的一些例子，但是这不能保证对特定 ERP 成分就是正确的。例如，对于图 5.2 所示的这个例子来说，它显然是不正确的。当然，即使使用乳突、耳垂或者其他位置，大多数情况下也无法得到绝对电压，但是至少这些参考不会使人认为他们正在记录的就是绝对电压。因此，即使在使用平均参考时，非瑞士原则也是适用的。

　　平均参考的第二个副作用就是，使用平均参考得到的 ERP 波形和头皮分布，将根据你碰巧记录的电极位置而发生变化。图 5.3 给出了该问题的一个极端情况，其中 Fz、Cz 和 Pz 电极上的波形都来源于相同的数据，区别仅在于参考电极：以左侧乳突为记录参考（A 列），转换成这三个点的平均作为参考（B 列），转换成这三个点再加 5 个枕叶和颞叶电极的平均作为参考（C 列）。即使在这三种情况下，Fz、Cz 和 Pz 电极上的信号是相同的，得到的波形看起来也区别很大。例如，以左侧乳突为参考时，可以观察到振幅较大且分布广泛的 P3 波形（A 列）。当波形被转换为平均参考之后，Pz 电极变成了一个中等大小的正波，Cz 电极变成了一条平线，Fz 电极变成了一个中等大小的负波（B 列）。此外，在 B 列和 C 列所示的平均参考数据中，每个电极上的 ERP 波形形状都有很大区别，原因是这两列中用于计算平均参考的电极是不同的。

161

　　为了阐明这一点，试想你从 Fz、Cz、Pz 和其他 30 个电极上记录 ERPs，而我利用相同的范式，也从 Fz、Cz、Pz 和其他 30 个电极上记录 ERPs，但是我所用的 30 个电极和你用的并不相同。试想我们都发表了论文，展示了平均参考后 Fz、Cz 和 Pz 电极上的波形。如果我们采用的"其他电极"之间有较大区别，那么你的波形可能看起来和我的完全不同。然而，对于偶然读到我们论文中方法那一节的读者来说，会感觉我们的数据看起来应该是相同的。这显然是弄混淆了。许多采用平均

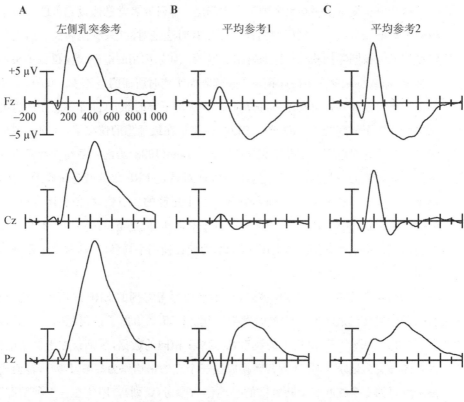

图 5.3 平均参考对 ERP 波形的影响。(A)以左侧乳突为参考时,三个电极(Fz、Cz 和 Pz)上记录到的电压。(B)以 A 中三个电极的平均电压作为参考时的波形。(C)以这三个电极,以及另外五个位于枕叶和颞叶的电极之间的平均电压作为参考时的波形。

参考的 ERP 研究者似乎没有意识到这个问题,因为我看到很多采用平均参考的论文并没有明确标出记录时使用的所有电极(这些电极构成了平均参考,因此会影响波形)。也就是说,研究者在统计分析中标出了所采用的活动电极,但是他们模糊地提到"从总共 33 个头皮电极上记录数据,采用平均参考,但是仅对 Fz、Cz 和 Pz 电极进行分析。"这说明研究者没有意识到那些其他未标明的电极会对他们所分析的 Fz、Cz 和 Pz 电极上的数据有着较大影响(因为这些未标明的电极共同组成了平均参考)。

　　平均参考的第三个副作用就是,在每个时刻点,所有电极的电压相加之和总会是零(这是一个简单的数学结果)。这可以从图 5.2 中看出,数据被转换为平均参考之后,许多电极都变成了负电位。这也可以从图 5.3B 的平均参考波形中看出,A 列中的 Fz 电极在 400 毫秒左右出现的短时正向波峰在 B 列中变成了一个长时负向波峰。这是由于 A 列中的 Pz 电极上有一个较大的 P3 波形;为了使加起来的电压之和为零,在平均参考后的 Fz 电极波形中,必然已经加入了一个较大的负向电压。公平地说,ERP 成分的偶极子特性意味着每个成分实际上在头部某些位置是正值,在另一些位置是负值,而整个头部相加是零(虽然你可能无法通过在头部放置足够多的电极来同时看到正负两侧)。正值和负值区域之间的转换点受参考电压以及采用绝对参考还是其他某种参考方式的影响(例如,图 5.2E 以左侧乳突为参考的数据中,电极 1 和 11 上的人造负向电压)。然而,当采用平均参考,尤其当电极只覆盖了少于一半的头部时,这种失真可能会变得很严重。

许多研究者似乎没有意识到当采用平均参考时,必然有一些电极的电压是正数,另一些电极的电压是负数。例如,我评审过一些采用平均参考的手稿,发现某个实验效应在一些电极上的极性与另一些电极相比出现了反转,作者们对此非常重视。然而,这只是采用平均参考时必然会出现的情形而已。

平均参考的第四个,也是最大的一个副作用,就是它导致很难在不同研究之间比较波形和头皮分布(Dien,1998 提到过)。这确实是一个缺点。正如我之前提到的,即使两名研究者展示了来自相同活动电极的数据,而且声称采用了平均参考,但是如果两个研究使用的整个电极集合不相同,它们的波形和头皮分布也可能看起来区别很大。因此,除非每个人都采用相同的电极集合来构造平均参考,否则使用平均参考可能会引起混淆和误解,导致研究者认为不同实验的结果之间存在区别,而事实上只有记录电极存在差异。当使用其他电极,例如乳突作为参考时,这个问题就不存在了,从而很容易在不同实验之间比较结果。因此,在不同实验中坚持采用完全相同的参考电极配置,对这个领域是很有益的。Emerson 有一句名言"墨守成规的做法是愚蠢的",但是这种特殊的墨守成规通常并不愚蠢。

3.5 参考点的选择

我们已经讨论了几个不同的参考电极选择,你可能想知道自己的实验应该采用什么参考电极。这个问题没有一个简单的答案,你需要考虑如下 5 个因素。

首先,由于不存在真正的电气中性点,你或许可以选择一个方便且舒适的点。

例如,在鼻尖上放置参考电极,可能会对受试者造成干扰。

其次,你会避免选择一个偏向某侧半球的参考点。例如,如果你用左侧耳垂作为参考,那么人们可能会担心左侧和右侧半球间的人为不对称性。一般来说,这个问题不大,但是审稿人可能会在这一点上找麻烦,所以最好避免它。为了避免偏向某侧半球的可能性,你可以采用中线上的单个电极(例如 Cz)。另一个方法就是将两个电极分别放在左侧和右侧半球的镜像对称位置,然后将它们整合为参考电极。例如,有时人们在左侧和右侧乳突都放置电极,用导线将它们实际连接起来,然后用整合后的信号作为参考(用耳垂电极时也可以这样做)。这被称为连接乳突(或者连接耳垂)参考,它不会偏向任意一侧半球。然而,用导线将两个电极实际连接起来,会在两半球间形成一个零阻抗的电桥,这可能会导致头皮电压分布失真,并减小半球间的差异。这还会导致溯源分析技术无法使用。因此,我反对用连接乳突(或者连接耳垂)作为参考。比较好的做法是通过离线重参考,将分开记录的左侧和右侧乳突或耳垂的平均值作为参考。正如前文所述,这将构造出一个平均乳突或者平均耳垂参考(Nunez, 1981)。注意到有些研究者采用术语连接乳突或者连接耳垂来表示乳突或者耳垂的平均,但是为了避免混淆,术语连接应该仅在两侧电极实际相连时采用。

第三,你应该避免使用会引入很多噪声的参考电极。例如,颞肌(位于头部一侧,在吃东西和说话时控制下巴的一块大肌肉)附近的参考电极会捕获许多与肌肉相关的活动。如果用这个电极作为参考,那么所有通道都会包含这些活动(方框5.4)。平均有助于减小噪声,所以如果使用许多电极的平均作为参考,可能会得到更干净的数据。

第四,通常最好避免参考电极与感兴趣效应最大的头皮区域靠得太近。例如,N170 成分的绝对电压在头皮后部侧面靠近乳突的区域最大,因此在乳突位置的绝对电压也较大。如果用乳突作为参考电极,那么这个较大的 N170 将会从所有电极中被减去。这会导致该区域的 N170 看起来相对较小,然而实际上这却是 N170 绝对电压最大的区域,而且还会在较远的头皮位置引发一个较大的正向波形(因为从参考电极中减去一个负向电压,会形成一个正向电压)。这可能会对 N170 的头皮分布造成混淆,所以 N170 实验通常不会采用乳突作为参考。类似地,在 Electrical Geodesics 生产的系统中,Cz 是默认的参考点,使用该系统的研究者通常总会将数据离线重参考至不同的参考点，尤其是当研究者所要观察的成分在 Cz 位置非常大的时候，例如 P3 和 N400。

方框 5.4　噪声来自哪里？

　　无论系统是在硬件还是在软件中减去参考电压，任何参考电极中包含的噪声都会出现在使用了该参考的所有电极中（因为是相减，所以会正负颠倒）。因此，如果你在基于相同参考点的所有通道中都看到了某种噪声，那么几乎可以肯定噪声来自参考点。这仅仅是因为参考之后的数据等于活动点（A）的绝对电压减去参考点（R）的绝对电压。换句话说，参考后的电压就是 A－R。例如，乳突位置的参考电极可能会捕获来自心脏的心电图（electrocardiogram, EKG）电压，基于该参考的所有电极都会包含这个 EKG 正负颠倒后的电压。这一方面暗示着应该避免使用容易捕获许多噪声的参考点，另一方面暗示着可以通过观察基于该参考的所有通道中是否都含有该噪声，来判断噪声的来源。

　　最后一个，可能也是最重要的因素，就是你希望你得到的 ERP 波形和头皮分布，可以与其他研究者发表的结果进行比较。也就是说，因为特定活动点的 ERP 波形在不同参考电极下看起来将会不同，所以通常最好使用该领域中其他研究者常常采用的参考点。否则，你和其他人也许会误认为你的数据与已发表的数据不一致。

　　现在我们已经介绍了所有相关的因素，终于可以讨论究竟什么才是"最佳"的参考点。不幸的是，单个最佳参考点是不存在的，依据某个因素决定的最佳参考点，可能对于另一个因素来说不是最佳参考点。我的实验室通常采用平均乳突作为参考，因为它很方便，无偏向性，而且使用广泛。耳垂和乳突靠得很近，所以无论以哪个为参考，得到的 ERP 波形应该看起来都差不多。我更加喜欢用乳突作为参考，因为我发现耳夹电极在佩戴大约 1 小时后会使人感到很不舒服，而且乳突位置更容易得到较好的电气连接（因为皮肤没有那么硬）。

　　乳突的一个缺点就是由于靠近颈部肌肉，因此易于捕获与肌肉相关的伪迹。

它们也更可能捕获到心电(electrocardiogram，EKG)伪迹，尽管这通常并不是一个重要的实际问题(参考第六章)。正如前文所述，对于 N170 和其他最大振幅位于头皮后部侧面电极的成分来说，使用乳突作为参考是有问题的。但是，对于大部分研究来说，乳突都是最佳选择。P9 和 P10 电极的平均可以作为一个类似的备选方案，它们靠近乳突，但不会捕获来自颈部的那么多噪声。

我的实验室很少使用平均参考。其中的主要原因就是，如果不同的实验室使用了不同的电极点，平均参考会导致很难在不同实验室之间比较波形。即使是在我的实验室中，我们也会在不同实验中采用不同的电极配置，使用平均参考将会导致很难在不同实验之间进行比较。此外，我希望避免鼓励一个错误的观点，即平均参考提供了一个记录每个电极点绝对电压的方法。尽管如此，平均参考肯定在有些情况下是可接受的，甚至会是更好的选择。

因为参考的选择涉及到许多问题，所以我不会为你的研究做出一个简单的推荐。毕竟我根本不知道你在研究什么！然而，我可以给出下面的一些建议，它们可以帮助你决定什么才是最佳的参考点：

- 在不同参考电极下观察数据。这可以使你牢记非瑞士原则。
- 关注电极之间的电压差异特征，而不是每个点具体的电压值。
- 许多情况下，你会使用平均乳突或者平均耳垂作为参考，仅仅因为这是你的领域中最常采用的方案。
- 如果你所在的研究领域中采用其他某种参考电极作为标准，或者感兴趣成分在乳突和耳垂附近的振幅最大(例如 N170)，那么你可能会采用乳突或者耳垂之外的某种参考电极。
- 如果以乳突或者耳垂作为参考时，数据中的噪声很大，你也许可以采用平均参考来获得一些统计功效。
- 如果你想用平均参考，那么应该使用大量间距均匀的电极覆盖头皮表面50％以上的区域，而且你绝对需要在论文的方法部分报告平均参考中包括的所有电极。

3.6 电流密度

如果将数据从电压转换为*电流密度*(有时被称为*头皮电流密度*〔scalp current

density，SCD]或者*电流源密度*[current source density，CSD]），就可能完全避免参考问题。电流密度是从每个头皮点上流出的电流流动。因为电流是电荷通过单点的流动，而非引起电荷流经两点的电势，所以电流可以很自然地在单个点上进行定义，并不需要参考点。方便的是，可以将头皮上的电压分布转换为电流分布的估计。这可以通过计算头皮电压分布的二阶导数来实现（更详细的介绍可参考Pernier，Perrin，& Bertrand，1988）。这通常被称为*表面拉普拉斯算子*（纪念数学家Pierre-Simon Laplace）。

为了理解计算电压分布二阶导数的具体含义，首先想象你从数以千计紧密排在一起的电极上记录数据，因此得到了每一时刻头皮电压分布的一个近乎连续的测量。现在试想你将每个电极上的电压替换为该电极与相邻电极平均电压之间的差值（在每个时刻点）。所得结果就是电压分布的一阶导数。现在试想你再重复这个过程，针对新得到的电压差值，计算每个差值与其相邻差值的平均值之间的差值。这就是二阶导数。导数通常是基于连续数据计算的，但是如果你有数以千计紧密排在一起的电极，则可以得到真实导数的一个较好估计。然而在实际的实验中，你可能只有32个电极，计算相邻电极之间的差值无法为真实导数提供一个非常好的估计。因此，常规方法是首先采用插值算法得到一个连续电压分布的估计，然后用这个连续分布计算二阶导数（Perrin，Pernier，Bertrand，& Echallier，1989）。当然，插值的精度取决于你所用的电极数量。在实践中，基于32个电极可以得到一个相当好的电流密度估计。然而，插值的精度在电极阵列边缘会下降，所以你不应该对基于最外侧电极估计出的电流密度有多少信心。

除了能够消除参考问题之外，电流密度的优点还在于它能够"锐化"ERP成分的头皮分布。换句话说，电流密度比电压的分布更集中。这可能有助于你对两个在时间上重叠的电极分别进行测量，因为电流密度转换使得它们在空间上的区别更明显。你还应该知道的是，电流密度会使来自深层偶极子的活动大大减小，并优先突出位于表层的源（这是因为来自深层源的电流会扩散到整个头皮表面，因此分布不会很集中）。这会导致很难看到分布广泛的成分，例如P3。然而，有时这是有益的，因为它减小了数据中重叠成分的数量。你还应该记住的是，电流密度是距离实际数据一步之遥的一个估计量，因此通常最好同时考察电压波形和电流密度波形。电流密度是一个非常有用的工具，它应该得到更广泛的应用。

166

4. 电极和阻抗

4.1 电极

我们已经讨论了头皮电压的本质,现在让我们讨论用来获取电压并将它们传递至放大器的电极。头皮电极仅仅是导线接触皮肤的一种方式。你可以直接把导线贴在皮肤上,但是那样不会形成一个非常稳定的电气连接。电极选择时需要重点考虑的是,如何构造出一个不会随时间快速变化的稳定连接(例如在受试者轻微移动时)。

电极的构成 大多数情况下,电极是一个金属圆盘或者圆球,它不与头皮直接接触,而是通过导电膏或者生理盐水与头皮建立电气连接。金属的选择相当重要,因为有些金属很快会被腐蚀,从而失去导电性。此外,由皮肤、导电膏和电极构成的电路具有电容的作用,会削弱低频信号的传输(例如电压的缓慢变化)。

最常见的电极材料是将银的表面覆盖一层薄氯化银(通常被称为银/氯化银电极)。这种电极拥有许多优秀的电气特性,而且现代的制造工艺也能保证它具备良好的可靠性。在1980年代,许多研究者开始使用 Electro-Cap International 公司生产的电极帽,其中配备的是锡电极。理论上说,锡电极与银/氯化银电极相比,会更加倾向于削弱低频信号(Picton,Lins,& Scherg,1995),但是 Polich 和 Lawson (1985)却发现这两种电极在测试常见 ERP 范式时基本不存在区别,即使对于慢电位(例如 CNV 和眼睛位置的持续变化)也是如此。这也许说明由电极造成的滤波并不比 EEG 放大器中常见的滤波器设置更严格(Picton et al.,1995)。锡或者银/氯化银在大多数场合下应该都是适合的,但是在记录非常慢的电位时,银/氯化银可能更好一些。

电极的放置 图 5.4 给出了电极位置定义和命名时最常使用的系统(Jasper, 1958;American Encephalographic Society,1994a)。这个系统被称为*国际 10—20系统*(*International 10-20 System*),因为在最初的版本中,电极沿着经纬线被放置在 10%和 20%的点上(现在有时也用 5%的点)。在这个系统中,第一步便是定义一个赤道,它穿过鼻根(眼睛和鼻尖之间的凹陷处,标记为 Nz)、枕骨隆突(头部后面的隆起,标记为 Iz)以及左侧和右侧耳前点(耳朵正前方的凹陷处)。然后在 Iz 和 Nz 之间画一条纵向中线,再将其分为十等份(定义沿线 10%的点)。类似地,沿着赤道上 10%和 20%的点进行分解,便可定义出 F7、F8、P7 和 P8 这些电极。接下

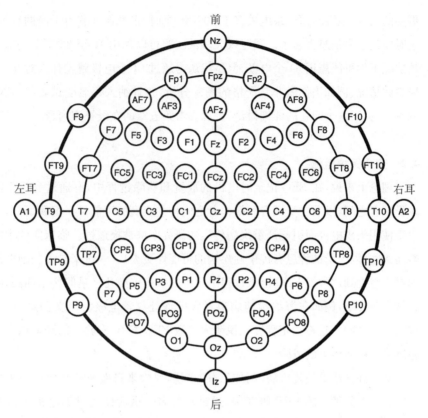

图 5.4　国际 10/20 系统中的电极位置。注意到在该系统的早期版本中，P7 和 P8 分别被标记为
T5 和 T6，T7 和 T8 分别被标记为 T3 和 T4。

来，可以以相同的距离沿着弧线在中线点和赤道点之间放置更多的电极。

　　每个电极的名称都是以一个或两个字母开头，表示该电极所处的大概区域
（Fp＝额极；F＝额部；C＝中央区；P＝顶部；O＝枕部；T＝颞部）。每个电极名称的
结尾都是一个数字，表示该电极与中线间的距离，左半球用奇数，右半球用偶数。
数字越大，则距离中线越远。中线上的位置以字母"z"结尾，表示零（因为数字 0 看
起来与字母 O 太相似了）。

　　有时也会采用其他定位系统，尤其是在含有大量电极的情况下。最常见的替
代方法是测地线排列，即保持任意两个相邻电极间的距离相同。你可以使用任何
你喜欢的系统，但是你需要描述你用的电极位置与 10/20 系统之间是如何关联的。

　　你需要多少个电极？　　也许你会认为记录电极越多越好，因为这样可以获得

更多的信息。然而,当记录电极多于 30—40 个时,很难保证获得干净的数据,因为这时要记录的信息太多了。我建议大多数实验可以采用 16 至 32 个活动电极。少数情况下你可能想用 64 个电极,但是我认为超过 64 个电极就没什么意义了,除非极少数情况(例如当你做非常严格的溯源分析,并且纳入每名受试者的 MRI 结构像时)。关于这个问题的详细讨论,可以参考第五章的在线补充内容。

4.2　安全保护措施

理论上来说,在 EEG 记录时电极的放置和移除过程中,有通过受污染的电极在受试者之间,以及在受试者和操作者之间传递疾病的可能性。据我所知,还没有由于使用头皮电极而引起严重疾病传染的研究案例被报道过。临床实践中的风险略高一些(因为受试者患有传染性疾病的可能性更大)。一份来自美国脑电图学会的报告曾提到,"常规 EEG 记录过程中导致的疾病传染几乎是闻所未闻的,除非是在特定条件下,例如在海绵状脑病患者大脑深处放置电极时"(美国脑电图学会,1994b,p.128)。这在一定程度上说明大多数 EEG/ERP 实验室已经采取了相应措施以降低疾病传染的风险。

对于许多严重的传染病(例如乙肝)来说,风险来自血液和其他体液中的病原体。在大多数种类的 ERP 研究中,通过对每名受试者使用过的电极进行彻底消毒,以及确保操作者在接触受试者时(或者接触未消毒的电极时)佩戴手套,便可以几乎完全消除疾病传染的风险。电极消毒有许多种方法,其中的一些可能对电极造成损害。因此,我建议在对电极进行消毒时,遵循厂家的使用说明。如果你接触的是高风险人群(例如可能患有传染性疾病或者免疫系统存在缺陷的个体),你应该采取更多的预防措施。Sullivan 和 Altman(2008)中有更加详细的讨论和建议可供参考。

4.3　阻抗、共模抑制和皮肤电位

在电极和头皮之间建立良好的电气连接显然是很重要的。正如第二章所述,连接质量通常可以量化为电极—头皮连接的*阻抗*(*电极阻抗*)。阻抗与电阻有关,曾在第二章中定义过。电阻是阻碍恒定电流在某种材料中流动的倾向性,而阻抗是阻碍交流电(随时间快速变化的电流)流动的倾向性。EEG 是一种交流电,所以

在 EEG 记录时,测量阻抗比测量电阻更有意义。阻抗实际上是电阻、电容和电感的组合,这三个值会受到皮肤、导电膏和电极特性的影响。因此,为了评估电流在头皮和记录电极之间流动的程度,重要的是测量阻抗而非电阻。阻抗通常用字母 Z 表示,测量单位是欧姆(Ω)或者千欧($k\Omega$)。正如本章后续将会提到的,头皮表面被一层死皮细胞和皮脂所覆盖,这些物质会大幅增加电极阻抗,从而降低 EEG 记录的质量。你可能认为较高的电极阻抗会造成记录到的 EEG 电压变小,但这对于现代的 EEG 放大器来说并不是问题。然而,高阻抗带来的问题是,它可能会增加数据中的噪声。

许多 EEG 记录系统要求操作者降低电极阻抗,这通常可以通过清洁以及打磨每个电极下方的皮肤来实现。但是,许多较新的 EEG 系统可以接受高电极阻抗(它们常被称为*高阻抗系统*)。我的实验室以前用了很多年的低阻抗系统,目前用的是高阻抗系统。要注意的是,低阻抗系统需要在较低的电极阻抗下才能正常工作,而高阻抗系统拥有特殊电路,允许它们在低阻抗和高阻抗条件下都能工作。

高阻抗系统有三个显著的优点。首先,它们减少了每名受试者需要的准备时间(节约了打磨每个电极下方头皮所需的时间,如果你的记录电极很多,那么这个时间是很可观的)。其次,因为不需要打磨头皮(可能会导致少量出血),所以降低了疾病在受试者之间传染的可能性。当然,将受试者用过的电极彻底消毒,也能使疾病传染的风险最小化,但是免除打磨头皮这一步骤则会更加安全。第三,因为打磨头皮会使人感到不舒服,所以高阻抗记录可能会令受试者更加高兴。

尽管如此,高电极阻抗仍然可能会导致如下两个问题。第一个问题是较差的共模抑制比。回想本章之前提到的共模抑制比,它反映了差分放大器准确减去放大器接地电路噪声的能力。为了使相减准确,活动和参考信号([A−G]和[R−G])必须接受完全相同的处理。如果活动、接地和参考电极之间的阻抗有区别,它们在相减过程中受到的处理可能会有所不同,可能会有一些共模噪声保留在参考后的数据中。阻抗越大,电极间阻抗的差异通常就越明显。因此,随着电极阻抗的增大,放大器抑制共模噪声的能力会下降。然而,有可能设计出不太容易出现这个问题的 EEG 放大器(通过提高放大器的*输入阻抗*)。因此,如果你有可以工作在高电极阻抗条件下的放大器,那么电极阻抗增大对共模噪声消除带来的影响,可能不会对数据质量造成很大影响。在我的实验室所用的高阻抗系统中,我们几乎看不

170

到共模噪声(但我们也花了很多时间来确认已经消除了电气噪声源)。

第二个与高电极阻抗有关的问题就是它可能会增大皮肤电位伪迹。不幸的是,高阻抗 EEG 记录系统对这个问题无能为力。皮肤电位是 ERP 研究中一个非常显著的因素。正如本章在线补充内容中所述,高阻抗记录中的皮肤电位会引入很大的噪声,导致你可能需要将试次的数量增加到两倍甚至是三倍,才能够得到具有统计显著性的结果。因此,有必要理解皮肤电位的产生原理,下一节将对此进行详细介绍。之后的一节将针对如何处理皮肤电位,以及应该用低阻抗还是高阻抗记录提供一些具体的建议。

皮肤、阻抗和皮肤电位 皮肤的内外侧之间存在一个持续性电压,它的幅度会随着阻抗的变化而变化。因此,如果电极阻抗随着时间上下起伏,会导致 EEG 记录到的电压也上下起伏。这些电位变化被称为*皮肤电位*,是 ERP 实验中的主要噪声源。要理解皮肤电位,需要先知道一点关于皮肤的知识。

皮肤是一个非常复杂的器官,图 5.5A 给出了其中一些主要成分的简化示意图。皮肤可以被分为一个名叫真皮的厚底层,以及一个名叫表皮的薄顶层。皮肤细胞死亡和更新的速度很快,表皮上层是一层死亡的皮肤细胞。这些死皮细胞脱落的速度很快(每分钟数以千计的细胞,有点恶心!)。但是在脱落之前,它们在下方的活皮细胞和我们周围严酷且危险的世界之间建立起一个非常重要的保护层。这些死皮细胞是电的不良导体,它们是电极与真皮层(它本身的阻抗非常低)之间阻抗高的主要原因。第二个主要的因素就是,皮肤外面覆盖着一层名叫*皮脂*的薄油层,它是由真皮中的*皮脂腺*分泌的。与死皮细胞层类似,这层油也在外界环境中保护着我们,但它也是电的不良导体。

最后一个决定皮肤外表与电极之间阻抗的因素是汗液。它在汗腺中产生,然后通过皮肤表面的汗腺孔分泌出来(图 5.5A)。汗液中含有盐,因此导电性很好。当汗腺中充满汗液时,它们就为皮肤外表与真皮之间提供了导电的途径。这并不需要将汗液实际排出至皮肤表面——汗液留在汗腺孔之前的管道中就足够可以降低汗腺孔处的皮肤阻抗。汗腺中的汗液量同时反映了环境因素(例如温度与湿度)和心理因素(例如压力)。随着这些因素的变化,汗腺内部的汗液水平会发生变化,从而导致皮肤阻抗发生变化。皮肤阻抗的变化会引起真皮和皮肤外表之间的常设电压出现变化,从而引发皮肤电位。

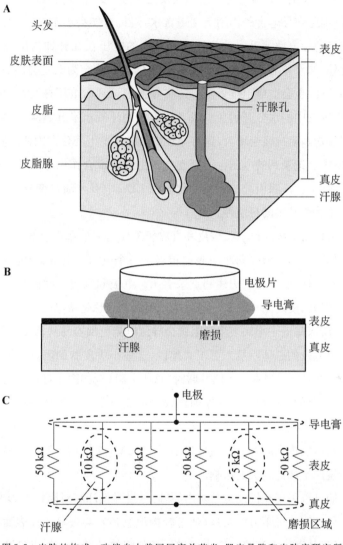

图 5.5 皮肤的构成。改编自由美国国家关节炎、肌肉骨骼和皮肤病研究所
（www. niams. nih. gov/Health_Info/Acne/default. asp）提供的一张公开图片。（B）
电极下方皮肤被打磨之后的皮肤和电极示意图。（C）皮肤阻抗的简化电气示意图。
这些"波浪线"代表电阻器，每个电阻器代表电极下方一小块皮肤的电阻或者阻抗。

171

为了阐明汗液对 EEG 记录的影响，图 5.5B 展示了一个通过导电膏在电极片
与表皮之间建立电气连接的示意图。表皮通常有较高的阻抗（因为油脂和死皮细

胞),会阻止大脑中产生的电压通过真皮层传递至导电膏以及电极。随着时间的推移,死皮细胞在导电膏的作用下变得含水,阻抗可能会逐渐减小,因为含水会导致死皮细胞的导电性上升。这将导致记录到的电压在几分钟内出现非常缓慢的漂移。此外,如果导电膏下方的汗腺中充满了汗液,将会为电流提供一条更容易穿过表皮的途径,也会造成阻抗下降。这将导致记录到的电压在几秒内出现漂移。此外,如果皮肤中的水分开始变少或者汗腺中的汗液水平开始减少(例如,受试者开始变得放松),阻抗将会增大,这将导致皮肤电位发生变化。因此,随着阻抗的不断变化,电极上记录到的电压也不断变化。由皮肤水合作用导致的缓慢漂移通常问题不大,但是由汗腺引起的快速变化会在 EEG 中引入随机变异,从而降低你观察到统计显著性结果的可能性。

你可以将电极、导电膏、表皮和真皮想象成为一个由几个电阻并联而成的简单电路。如图 5.5C 所示,每小块表皮相当于一个电阻。电极、导电膏和真皮的阻抗可以忽略不计,所以它们用线和点来表示。电极和真皮之间的阻抗整体上主要来自导电膏和真皮之间小块表皮的阻抗。因为电流总是从电阻最小(阻抗最小)的路径流过,所以降低一小块表皮的阻抗会导致电流更加容易从真皮流向电极片,从而改变这个电极的总体阻抗。更正式地说,这些小块皮肤的阻抗根据电学中的基本原则组合在一起:当多个电阻并联时,总体电阻(例如图中导电膏与真皮之间的电阻)小于最小的单个电阻。其原因仅仅是电流总是倾向于从阻抗最小的路径中流过。因此,如果表皮的阻抗约为 50 kΩ,但某个汗腺充满汗液后阻抗降至 10 kΩ,那么导电膏与表皮之间的整体阻抗将小于 10 kΩ。这就是为何如此微小的汗腺会对电极阻抗产生如此之大的影响。

我们可以采用相同的电学基本原理,尽量降低汗腺对阻抗的影响。具体地说,如果我们打磨电极下方的头皮(通过轻微地刮擦),会破坏头皮表面的一些死皮细胞和油脂,从而为电流流过表皮提供一条低阻抗的路径。如果打磨区域的阻抗低于充满汗液的汗腺,那么导电膏和真皮层之间的整体阻抗将几乎完全取决于打磨区域的阻抗,汗腺阻抗的变化将不会对整体阻抗产生很大影响。方框 5.5 介绍了一些降低阻抗的方法。

高阻抗系统的优缺点 本章的在线补充内容介绍了一个由 Emily Kappenman 在我的实验室中开展的实验,其目的是为了判断皮肤电位在高阻抗记录时究竟是否是一个显著的问题(Kappenman & Luck，2010)。她用高阻抗系统记录了 Oddball 范式中的 EEG 信号，但是只打磨了一半的电极，以减小这些电极的阻抗。她发现高阻抗(未打磨)电极与低阻抗(打磨后)电极相比，包含更多的低频噪声，造成 P3 振幅分析时的统计功效大幅降低。因此，如果你选择使用高电极阻抗，而不是通过打磨头皮来获得较低的电极阻抗，那么你需要更多的试次或者受试者才能得到具有统计显著性的结果。但是，在分析 N1 波形时，阻抗对统计功效的影响要小很多(参考本章在线补充内容中的详细讨论)。

基于 Emily 的研究，很容易推断出高阻抗系统并不好，大家都应该采用老式的低阻抗系统。但这却是错误的。事实上，当我们测量完数据并看到初步结果之后，我买了一套和之前完全相同的高阻抗系统。在过去几年中，我的实验室已经利用这些高阻抗系统开展并且发表了许多 ERP 研究。然而重要的是，你需要仔细考虑高阻抗系统的优缺点，如果你采用了高阻抗系统，那么应当采取措施，尽量减小皮肤电位伪迹的问题。

方框 5.5 降低电极阻抗

有许多方法可以降低电极阻抗。一些方法可以用在电极被放置之前。例如，可以用酒精擦拭头皮来消除油脂(或者要求受试者洗头之后随即来实验室)。你可以用棉签在头皮上涂擦磨砂膏。为此，一种名叫 Nuprep(磨砂膏的一个品牌，由美国韦弗制造)的产品被广泛使用。有些实验室要求受试者到达实验室之后大力梳头。即使你用的是高阻抗系统，这些步骤也是很有用的。

对于传统的低阻抗系统，为了得到足够低的阻抗，几乎总是需要对每个电极下方的头皮进行打磨。但是只有将电极帽佩戴在受试者头部之后，才能知道电极在头皮上的具体位置。每个电极都有一个小孔，用来向电极与头皮之间的空隙注入导电膏，你可以通过这个小孔打磨头皮。此做法是为了去除一些死皮细胞，从而使活皮细胞暴露出来。常见方法是利用一根钝头的无菌注射器，将导电膏注入小孔中，然后用注射器钝头顶端摩擦皮肤。我不喜欢这种方法,因为钝头注射器并不适合用来去除表面的死皮细胞。你需要相当用力地摩擦,才能够使阻抗下降到可接受的水平。当我自己作为受试者的时候,我感到相当难受。

　　一个比较好的替代方法,就是在一根细木钉尾部(例如,木棉签的尾部)蘸一点磨砂膏,将其放入电极孔内,然后在皮肤表面转动。

　　我最喜欢的方法是用一个锋利的无菌注射针。你将它放入电极孔中,放入时来回移动,以便不会直接戳到皮肤。当你感受到来回移动的一些阻力时,就知道已经开始接触皮肤了。你也可以要求受试者在感受到针头接触皮肤时告诉你。一旦针头顶端接触到皮肤,你只需要将它在皮肤表面轻轻拖动几次。请记住,你的目的是去除死皮细胞,而不是刺穿皮肤。以我的经验来看,这对于降低阻抗非常管用,同时可以将不舒服的感觉减到最小。但是,这需要相当多的操作练习,才能避免偶然刺破受试者的头皮。在开始正式受试者的实验之前,你可以先在自己身上练习,然后在一些朋友或者实验室同学身上练习。这个方法有一点吓人(也会增大疾病传染的风险),而且需要一个医用废弃物处理箱。因此,你也许还是想用磨砂膏和木钉。

　　无论你怎么做,都应该在伦理审批表和知情同意书中清晰地列出你所用的方法。

要记住的是,不同的 EEG 记录系统之间通常存在多个维度上的差异,这可能影响数据质量。厂商 A 生产的高阻抗系统通常不会不如厂商 B 生产的低阻抗系统。事实上,问题并不在于记录系统,而是在于受试者的实际电极阻抗(这取决于你如何进行受试者的准备工作,而不是记录系统本身)。在所有其他条件,包括实际电极阻抗都相同的情况下,高阻抗系统记录到的信号应该与低阻抗系统一样好,或者更好。虽然没有做过正式的测试,但是我认为目前我用高阻抗系统记录到的数据质量几乎和以前用低阻抗系统(一个传统的低阻抗系统)记录到的数据质量一样好。此外,基于对不同种类 EEG 记录系统的非正式观察,我发现高阻抗系统得到的数据质量远高于其他系统。我不想"公开点名",因为我还没有做过正式的比

175

较。但是在购买之前,你当然应该仔细比较(关于一个简短的直接比较,请参考 Kayser, Tenke, & Bruder, 2003)。

在决定使用哪种系统时应当记住的是,打磨皮肤会有轻微的疾病传染风险,高阻抗记录系统的一个好处就是可以降低这种风险。这也是促使我决定购买高阻抗系统的因素之一。

高阻抗系统还意味着你可以节约受试者的准备时间,因为你不需要打磨每个电极下方的头皮。然而从长远来看,并不清楚这能帮你节约多少时间,因为使用高阻抗系统时,你可能需要更多的受试者或者需要每名受试者完成更多的试次,才能够得到统计显著性。此外,正如本章在线补充材料中提到的,你可能不需要记录大量的电极。因此,高阻抗系统是否能真正节省时间并不清楚。

针对婴儿和小孩的记录则是一个例外情况,他们无法忍受长时间的电极准备。如果你需要打磨每个电极下方的头皮,那么针对这些受试者的记录将变得很困难。此外,如果记录结束后电极位置有红斑或者结痂的话,父母们将会不高兴。因此,在以婴儿和小孩为对象的研究中,高阻抗记录的优势是十分重要的。然而,并非所有高阻抗系统都是相同的。如果你开展这种类型的研究,我建议你在选择记录系统和计划电极使用操作时,仔细考虑数据的质量问题。特别地,我猜测通过导电膏在电极和头皮之间建立的电气连接比通过生理盐水建立的连接具有更稳定的阻抗水平(因此人为的电压波动会更少),尤其是对于移动较多的受试者。同样地,我没有正式比较过导电膏和盐水,所以无法做出强有力的判断。我强烈建议在选择系统之前,先咨询不同系统的使用者(咨询实际采集和分析数据的人,而不是坐在办公室喝咖啡,整天写基金和论文的实验室主任)。

如果你决定使用高阻抗系统,可以采取如下措施以尽量减小皮肤电位及其对统计功效产生的影响。首先,许多实验室要求受试者在记录当天洗头,这可以减少头皮表面导致电极阻抗增加的油脂。一些实验室甚至要求受试者在开始处理电极之前用力梳头,这可能会去除一些表皮上的死皮细胞,从而降低阻抗。这似乎是一个合理的想法(只要每次使用后都将梳子消毒),最近我的实验室也开始这样做。其次,许多高阻抗系统为每个电极提供一个指标(例如,阻抗值或者偏移值),用来确保阻抗位于合理范围内。从长远来看,花些时间检查这些值并监测它们在实验过程中的变化,可以帮你节约很多时间。第三,你应当确保一个凉爽的记录环境,

176

这有助于减少出汗。在线第十六章提供了一些具体的建议。第四,如果你正在开展一项需要额外统计功效的实验,那么也许需要稍微打磨一下头皮,以使阻抗保持在一个较低的范围内(例如小于 20 kΩ)。在有些情况下,你可以仅对那些影响主要统计分析的电极这样操作(连同接地和参考电极一起)。最后,对于我在本书中介绍的所有其他大大小小可能影响数据质量和统计功效的事项,你都应当做好。例如,你应该查出并消除电气噪声源,并遵循在线第十六章中关于受试者监测以及使他们保持愉快的一些建议。

5. 信号的放大、滤波和数字化

一旦 EEG 信号被电极记录到,它就必须被放大,然后从连续的模拟电压被转换为可在计算机中存储的离散数字形式。幸运的是,这些过程相对来说比较直接,尽管仍有一些重要的事情需要考虑,例如选择放大器的增益和采样率。

5.1 模数转换和高通滤波

EEG 是一个电压随着时间不断变化的模拟信号,它必须被转换为一系列离散的*样本*,才能存储在计算机中。这被称为 EEG 的*数字化*。如图 5.6 所示,样本在时间和电压上都是离散的(在固定的时刻点,存在一组固定的可能电压值)。连续 EEG 通过一个名叫*模数转换器*(analog-to-digital converter,ADC)的设备被转换为离散样本。在较老的 EEG 数字化系统中,ADC 的分辨率是 12 位。一个 12 位的 ADC 可以编码 2^{12},即 4096 个不同的电压值(中间值被简单地四舍五入至最邻近的整数)。例如,如果 ADC 的范围是 -5 V 至 $+5$ V, -5 V 电压被编码为 0, $+5$ V 电压被编码为 4096,[1] 中间的电压值被编码成 0.002 44 V 步长的离散值(因为 10 V 的电压范围被分为 4096 个相等的步长,即 $10 \div 4096 = 0.002\,44$)。

在数字化之前,EEG 需要先进行放大,这会导致不同离散值之间的步长更小。例如,如果 EEG 在数字化之前被放大 10 000 倍,那么 ADC 的有效范围是 ± 500 微伏,步长大小是 0.244 微伏。这个放大因子被称为放大器的*增益*。放大是确保 EEG 电压值落入 ADC 合适范围内的必要步骤。

大部分现代的 EEG 记录系统所具备的放大器增益和 ADC 性能,都可以将离散 ADC 值重新编码为以微伏为单位。在过去,原始 EEG 以最初的 ADC 为单位进

177

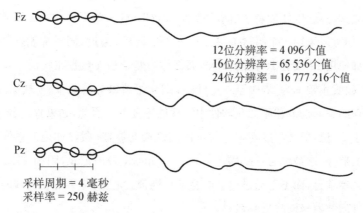

图 5.6　EEG 的数字化(采样)。这个例子中,每 4 毫秒从每个通道中提取一个离散的样本,因此采样周期是 4 毫秒。这等于每秒从每个通道中提取 250 个样本,因此采样率是 250 赫兹。

行存储,需要通过一系列额外的步骤,才能把这些值转换为微伏。

　　比较新的 EEG 系统通常使用 16—32 位的 ADC。这可以提供更高的分辨率(每个可能的 ADC 值之间的电压差值更小)以及更大范围的电压值。更大范围实际上比提升分辨率更加重要。如果你的 ADC 分辨率(步长大小)为 0.244 微伏,你也许会认为将无法检测到 0.2 微伏的实验效应。但是你错了。当你将多个试次进行平均并构造平均 ERP 波形时,便有效地提升了分辨率。例如,即使数字集合{1, 2,2,2,1,1,1,1}仅包含数字 1 和 2,集合的平均值却是 1.375. 因此,四分之一微伏的分辨率对于几乎任何 ERP 实验来说都是足够的。大部分比较新的 EEG 记录系统可以提供远高于此的分辨率。你不用担心分辨率的问题,当然也不应该将电压分辨率上的差异作为选择系统的原因。

　　然而,较大范围的电压值却非常有用。如果你有一个 12 位的 ADC,其有效范围是 ±500 微伏,那么 EEG 会常常发生漂移并偏离出这个范围。引起这种漂移的原因是皮肤电位和电极上的小静电。如果你用的是 12 位或者 16 位的 ADC,则需要滤除低频成分,以确保电压值不会漂移到 ADC 的范围之外。你还需要确保放大器的增益足够低,以便电压值不会经常超过 ADC 的范围(如第六章所述,当这种情况发生时,你需要去除这些试次)。但是,你也要确保放大器的增益足够高,以便可以获得相当不错的电压分辨率(至少四分之一微伏)。

　　虽然滤波器将在第七章和在线第十二章中进行详细介绍,但是我在本章中依然会提到一点,以便读者了解应该如何设置 EEG 采集系统中的滤波器。为了避免漂移,你可以采用一个高通滤波器(一个允许高频通过,同时抑制低频的滤波器)。如果你使用 12 或者 16 位的 ADC,那么你当然希望在数据采集时使用高通滤波器(半振幅截止频率为 0.01 至 0.1 Hz;详细介绍请参考第七章)。然而,EEG 放大器中实现的高通滤波器不如在软件中实现的滤波器。因此,如果你用的 ADC 分辨率不低于 24 位,那么可以在记录时不使用高通滤波器(假设你用的系统允许关闭高通滤波器)。这被称为*直接耦合*(direct coupled,DC)记录,因为 EEG 信号是直接与放大器耦合,而不是通过一个电容进行耦合。之后,你可以在离线时采用更出色的软件滤波器来滤除低频活动。

如果你正打算购买一套 EEG 记录系统,我建议在预算允许的条件下,要买一套至少拥有 20 位 ADC 分辨率的系统。如果买不起,你可以选择 12 或者 16 位的系统,但必须在数字化之前滤除低频成分。如果一个系统的 ADC 分辨率在 12—16 位之间,那么增益应该可调,最小增益为 1000 或者更低,最大增益为 20 000 或者更高。此外,类似的系统应该允许在不同高通截止频率间进行选择,包括 0.01 Hz、0.1 Hz 和 0.5 Hz(或者相近的频率)。这些选项使你可以开展许多不同类型的 ERP 实验。拥有 20 位及以上 ADC 分辨率的系统不需要具备用户可调的放大器增益,因为它们有足够的范围和分辨率,能够胜任几乎任何能想到的 ERP 实验。这些系统也不需要在数字化之前进行高通滤波,因为 EEG 永远不会超过放大器的范围(除非某个电极断线了),低频成分则可以在离线时滤除。尽管我认为超过 24 位的 ADC 分辨率没有任何价值,但即使某一天厂商开始为他们的 64 位 ADC 打广告,我也不会感到惊讶。

5.2 离散时间采样和低通滤波

ADC 在固定间隔的时间点上对连续 EEG 信号进行采样,并将测量到的电压逐点转换为数字。如图 5.6 所示,采样周期是相邻采样点之间的间隔时间(例如 4 毫秒),采样率是每秒采样点数(例如 250 Hz)。当对多个通道进行采样时,大多数系统都是以顺序,而非同时的方式进行采样;然而,数字化过程实在是太快了,以至于你可以认为所有通道是同时被采样的(除非你要研究非常高频的成分,例如脑干诱发电位)。在有些系统中,每个通道都有单独的 ADC,但是这对于绝大多数实验来说,似乎都是没有必要的。

如何选择采样率呢?要想做出选择,你需要了解奈奎斯特定理,它指出模拟信号(例如 EEG)中的所有信息可以通过数字化的形式获取,前提只要采样率是信号中最高频率的两倍或以上。你应当避免使用较低的采样率,否则会丢失信息。此外,如果你用的采样率较低,会在数字化信号中引入人为的低频活动(这被称为*混叠*)。

179

图 5.7 展示了混叠现象。图中上方展示了一个正弦波,每个周期对其进行四次采样,可以看出它很好地捕获了正弦波的频率。图中下方展示了相同的正弦波,但是采样速率略小于每周期一次。当将采样点连接形成波形时,得到的是一个非常缓慢的振荡。因此,当采样率太低时,高频成分将转变为低频成分。

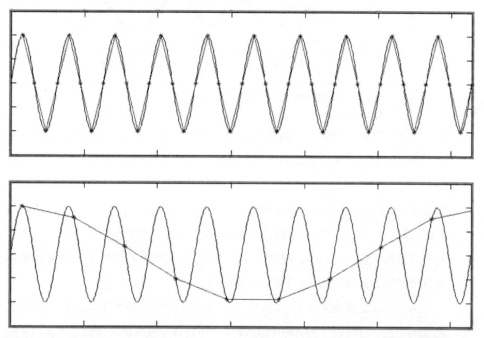

图 5.7 混叠现象的例子。黑色曲线表示原始正弦波,灰色曲线仅仅是将采样点连起来。当采样率足够快的时候(上方),采样点的频率可以反映原始信号的频率。当采样率太慢时(下方),采样后数据的频率看起来低了很多。

采样可以使你捕获到连续信号中的所有信息,图 5.8 针对此观点给出了更进一步的说明。当你采样时,会丢失相邻采样点之间的一小点信号,所以你可能认为

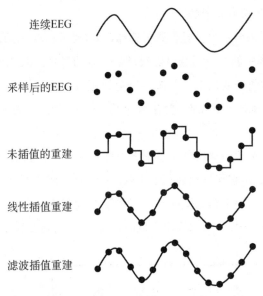

图 5.8　从采样点重建连续 EEG 信号的插值方法。当采用了合适的插值方法时,基本上可以做到完美重建。线性插值方法尽管存在缺点,但是对于大多数情况来说,它都足够好了(假设数据的原始采样率足够高)。

这样会丢失信息。事实上,如果你尝试在重建信号时不进行任何插值,那么将会得到一个与原始信号相比差异相当大的波形。然而,如果你仅在采样点之间以连线的方式进行插值,那么将会得到与原始信号比较相似的波形。为了得到一个精确的重建,你需要使用更加复杂的插值方法(超过了本书的范围)。有了合适的插值方法,你基本上就可以完美重建出原始信号(在物理系统范围内)。因此,你在采样时不会丢失任何信息(只要采样率是信号中最高频率的两倍以上),但是如果你要重建出最初的连续信号,则需要使用智能的插值方法。

　　为了确保足够的采样率,你需要知道被记录信号的频率成分。如果你对主要能量集中在 30 Hz 以下的 ERPs 感兴趣,也许会认为可以选择任何大于 60 Hz 的采样率。然而,即使你不感兴趣,EEG 也会包含 30 Hz 以上的频率成分,而根据奈奎斯特定理,我们选择的采样率需要大于信号中*任何*频率的两倍。你无法事先知道可能存在的频率,所以标准做法是首先利用硬件滤波器消除某个频率以上的所有活动,然后将采样率设定为该截止频率的两倍以上。

虽然滤波将在第七章中进行详细介绍,但是我在这里依然会提到一些,以便读者了解如何在数字化之前滤除高频活动。一个可以抑制高频活动,同时允许低频活动通过的滤波器被称为低通滤波器。数字化之前使用的滤波器通常被称为*抗混叠滤波器*,但其实它们就是低通滤波器。

在绝大多数研究认知或情感过程的实验中,100 Hz 以上的 EEG 活动几乎不包含任何感兴趣信息。对于这些实验来说,你可以将低通滤波器的截止频率设置为 100 Hz,采样率设置为 400 Hz 或以上。你需要将采样率设置为滤波器截止频率的 3 至 5 倍,因为滤波器的输出中仍会包含一些高于截止频率的活动(详细介绍请参考第七章)。如果你对诸如 gamma 振荡的高频活动不感兴趣,可以滤波至 50 Hz,然后以 200 Hz 或者更高的速率采样。如果你对非常早期(<20 毫秒)的感官响应感兴趣,则需要设置更高的滤波和采样频率(可以阅读你所在领域已发表的论文,参考其他人使用的频率)。需要注意的是,许多系统会根据你选定的采样率自动设置低通截止频率(这是个好主意,可以避免意外的错误)。

对于几乎所有的认知和情感神经科学实验,我都建议将采用率设置在 200—1200 Hz 之间。如果靠近这个范围的下限,可以节约很多硬盘空间,而且数据分析将会运行得更快。速度可能是一个显著的问题,有些类型的分析需要花费数个小时或者数天(尤其当你使用的计算机内存容量有限时)。采用较高采样率的主要优势(假设你考察的是常规认知或情感 ERPs)在于可以使潜伏期的测量更加精确。但是更高的精度可能并没有实用价值。对于大多数分析来说,数据中的噪声大小已经足以使±2 毫秒的舍入误差(采用 250 Hz 采样率时所得到的误差)变得微不足道了。采用刀切(jackknife)法(第十章有介绍)时存在一个例外情况,该方法可以大幅减小测量过程中的噪声,从而使很小的舍入误差变得有意义。如果你采用了这种方法,可能需要使用较高的采样率。但是,如果你的数据分析系统在潜伏期测量时采用了智能插值,或者你可以在潜伏期测量之前将数据重采样至更高的采样率(使用插值进行重采样),那么在使用刀切法时,不需要更高的采样率。我发现 250 Hz 左右的采样率适合大多数认知和情感神经科学实验。

5.3　放大器的增益和校准

每个电极的信号在被数字化之前,都需要经过一个单独的放大器(使 EEG 电压值的范围适合于 ADC)。在过去,16 通道 EEG 放大器都是相当大型的设备,上面布满了为每个通道设定增益和滤波器的开关。而在大多数现代系统中,电极与一个包含放大器和 ADC 的小盒子相连,所有设置都是由一台附属的计算机,而非由物理开关进行控制。每个通道通常被设置成相同的增益(放大系数)和滤波器参数,但有些系统也允许不同通道有不同的设置。有些系统不允许用户控制增益和滤波器的设置;它们具有固定的增益,并且会根据用户指定的采样率自动为抗混叠滤波器设置相匹配的截止频率。虽然这样不太灵活,但可以避免错误。当我的实验室使用一套允许用户修改设置的系统时,我们发现有时某人修改参数后没告诉其他任何人,导致在正在开展的研究中,有一部分受试者使用了这种新的设置。我们目前使用的系统不允许用户修改放大器的增益和滤波设置,当我们换到这套系统时,我很乐意放弃设置上的灵活性,以避免此类型的错误发生。

182 无论是否直接设置放大器的增益值,实际增益都不会与设定的值完全相同,而且不同通道的增益值也不会完全相同(因为类似放大器这样的模拟信号装置无法做到完美)。因此系统的校准很重要。校准的最佳方法是将已知大小的电压输入系统,然后测量系统的输出。例如,如果你构造一系列 10 微伏的电压脉冲,将它们输入记录系统,它可能会告诉你某个通道上有 9.8 微伏的信号,另一个通道上有 10.1 微伏的信号。然后,你可以为每个通道计算出一个比例系数(通过实际值除以测量值得到),并将所有数据都乘以这个系数。你可以在 EEG 数据,或者在平均后的 ERP 波形上应用这个乘法校正过程;结果将是相同的。EEG 放大器的增益可能会随时间发生漂移,所以比较好的做法是对每名受试者都进行放大器的校准。

有些 EEG 放大器的校准是永久性的,意味着厂商保证每个通道的实际增益将位于指定增益的很小范围内。例如,如果将增益设定为 1000,厂商保证实际增益将会位于这个值的 X%之内(例如 5%之内)。在这些系统中,普通用户不会明显感觉到 EEG 信号在数字化之前被放大了,原因在于系统输出的单位是微伏。然而,无论你用的是什么系统,信号总是以某种方式被放大了。如果放大器的校准存在缺陷,你的数据将会受到一些影响。

放大器未完成校准的影响可大可小,具体取决于其严重程度以及你想对数据进行何种处理。如果你只想观察单个通道,那么微小的校正缺陷(例如±5%)是不重要的,因为 ERP 效应的精确大小通常并不能意味着什么。例如,如果 N400 的真实值是 4.0 微伏,那么即使你在实验中测量到的值好像是 4.2 微伏,也不大可能改变你的结论。然而,如果不同受试者的增益不同,这会在数据中引入变异,从而减小统计功效。如果你的系统校准不是永久性的,那么你应当对每名受试者都进行校准,以避免这种变异。如果你对多个系统记录到的数据进行整合(即使这些系统都属于相同的类型),那么应当定期进行校准。

　无论你的系统校准是否是永久性的,不同通道间微小的增益差异都可能破坏电压值的头皮分布。例如,如果某些通道的实际增益是设定值的 95%,另一些通道的实际增益是设定值的 105%,这可能会导致 ERP 溯源分析出现系统性误差。无论你想做何种类型的 ERP 溯源分析,都应当对放大器进行校准,即使厂商声称放大器已被永久性校准过。在我的实验室中,由于我们不做 ERP 溯源分析,而且我们已经永久性校准过放大器,因此我们不是很担心校准问题。

6. 阅读建议

Coles,M. G. H.,Gratton,G.,Kramer,A. F.,& Miller,G. A. (1986). Principles of signal acquisition and analysis. In M. G. H. Coles, E. Donchin, & S. W. Porges (Eds.), *Psychophysiology:Systems,Processes,and Applications* (pp.183 – 221). New York:Guilford Press.

Dien,J. (1998). Issues in the application of the average reference:Review,critiques,and recommendations. *Behavior Research Methods,Instruments,& Computers,30*,34 – 43.

Kappenman,E. S.,& Luck,S. J. (2010). The effects of electrode impedance on data quality and statistical significance in ERP recordings. *Psychophysiology,47*,888 – 904.

Keil,A.,Debener,S.,Gratton,G.,Junhöfer,M.,Kappenman,E. S.,Luck,S. J.,Luu,P.,Miller,G.,& Yee,C. M. (in press). Publication guidelines and recommendations for studies using electroencephalography and magnetoencephalography. *Psychophysiology*.

Picton,T. W.,Lins,O. G.,& Scherg,M. (1995). The recording and analysis of event-related potentials. In F. Boller & J. Grafman (Eds.), *Handbook of Neuropsychology,Vol.10* (pp.3 – 73). New York:Elsevier.

Picton,T. W.,Bentin,S.,Berg,P.,Donchin,E.,Hillyard,S. A.,Johnson,R.,Jr.,et al. (2000). Guidelines for using human event-related potentials to study cognition:Recording standards and publication criteria. *Psychophysiology,37*,127 – 152.

Regan,D. (1989). *Human Brain Electrophysiology:Evoked Potentials and Evoked Magnetic Fields in Science and Medicine*. New York:Elsevier.

(洪祥飞　译)

(洪祥飞　校)

第六章 伪迹排除与校正

1. 本章概述

　　ERP实验中记录的信号是由 EEG 加上多种并非源自神经活动的噪声组成。这些噪声主要来自实验环境中的感应电信号（例如，灯和电脑发出的 50 Hz 或 60 Hz 线路噪声）以及一些生物电信号，如眨眼、眼动、肌肉活动和皮肤电位。所有这些非 EEG 信号都被称为伪迹。有些伪迹幅值比较小且恒定（例如，50 Hz 或 60 Hz 的线路噪声和一些肌肉活动），但另一些伪迹则由幅值较大的瞬态信号组成（例如眨眼和眼动）。对于幅值较大的瞬态伪迹，我们可以将被污染的试次从记录中去除，以消除其对 EEG 的影响。而对于幅值较小但恒定的伪迹，由于它们出现于所有的实验试次中，因此我们需要运用校正程序来予以减轻（例如迭加平均和滤波）。

　　EEG 中的伪迹会带来三种问题。首先，伪迹会降低迭加平均后 ERP 波形的信噪比，从而降低在实验组间或条件之间发现显著差异的可能性。第二，一些类型的伪迹可能不是随机的，而是系统性出现的。它们可能更多地出现在某些实验条件下，并且至少在一定程度上是与刺激锁时的，从而导致它们无法被迭加平均消除。这类伪迹可能会导致我们对实验效应做出错误的结论。例如，某些刺激相较于其他刺激可能更容易引起眨眼，从而导致平均 ERP 波形的振幅产生差异。这样，实验条件之间的差异则很可能是由运动行为（眨眼）的差异引起，而并非反映大脑活动的差异。第三，ERP 实验中最常见的伪迹是由眨眼和眼动引起的眼部伪迹，而它们都会改变感官输入。假如这些眼部伪迹在实验条件之间存在差异，则感官输入在实验条件之间也可能会不同，从而成为重要的混淆因素。这类混淆通常对实验者来说并不是显而易见的，因此它是我十大 ERP 论文拒稿理由中的一条（详见在线第 15 章）。

　　减轻伪迹干扰效应主要有两类方法。第一类方法是对于较大的伪迹，我们可以从 EEG 中检测到它们,并将被污染的试次从迭加平均的波形中排除(这被称为 *伪迹排除*,artifact rejection)。第二类方法是估计伪迹对 ERPs 的影响,然后运用校正程序来减除估计出的伪迹成分(这被称为*伪迹校正*,artifact correction)。在本章中,我将分别讨论这两种方法以及它们的优缺点。然而,我首先需要指出一个非常明显却经常被忽视的要点:伪迹排除和校正是有代价的。尽量减少实验中出现的伪迹,总是要好于大量依赖伪迹排除和校正。这实际上是 Hansen 原理的一个特例:好数据是无可替代的。换句话说,投入时间从源头上消除伪迹,将为后续分析节省很多时间。因此,本章也将介绍一些减少伪迹产生的注意事项。

本章将提供非常详细具体的有关伪迹排除的建议。很多商业 ERP 分析软件通常不提供复杂的伪迹排除工具,从而导致本书第一版中提到的大多数建议并没有能够被采用。我对此感到十分沮丧。这也成为一个推动因素,导致我的实验室编写了一个免费的 ERP 数据分析软件包:ERPLAB 工具箱(http://erpinfo.org/erplab)。我的所有关于伪迹排除的建议都能够在 ERPLAB 工具箱中轻易实现。

本章对伪迹校正将进行相对理论化的阐述。这一方面是由于伪迹校正的方法有很多,因此逐一讨论所有方法是不切实际的。另一方面是因为我的首选伪迹校正方法需要用到独立成分分析(independent component analysis,ICA),它是一个复杂且快速发展的方法。我在本章的在线补充内容中详细介绍了基于独立成分分析的伪迹校正方法,以及我的实验室运用该方法的一个实例。

2. 伪迹排除的基本过程

在最早期的 ERP 研究中,伪迹排除就已经被用来减少伪迹的干扰效应。但是伪迹排除有一个显而易见的弊端:丢弃一定比例的试次将导致能够被用于迭加平均的试次数量减少,从而降低统计功效。若被排除的试次总数在实验条件或分组之间存在差异,这将导致数据噪声在一些实验条件或分组中更大(有关不同试次数量的影响,请参见第九章的在线补充)。但是在大多数情况下,伪迹排除都是一个简单有效的步骤,并且它的益处是远甚于弊端的。

在详细阐述如何检测特定类型的伪迹之前,我想先提供一个关于伪迹排除过程的概念性框架[1]。伪迹的检测本质上是*信号检测*问题,其中伪迹被视作将被检测的信号。如果读者不了解信号检测理论,我建议读者阅读一本关于感知学

(perception)的课本。信号检测理论是了解人类心智如何运作的基本理论框架,并且对理解伪迹排除也大有裨益。

我们来看一个信号检测的简单例子。设想你在沙滩上遗失了一枚珍贵的戒指。你租用了一个金属探测器来帮助你寻找它。金属探测器能通过发出声音来告知你附近存在金属的可能性。当探测器探测到的金属物质越多时,其发出的声音越大。可是,沙滩中金属矿物质的随机波动导致探测器的输出很不稳定。假设你每当听到探测器发出一点声响就开始在沙中挖掘,你将进展非常缓慢,因为你每走几步就得停下来挖掘。但是,如果你仅当金属探测器的输出非常强时才开始挖掘,你将可能完全错过戒指。这是因为戒指比较小,所以可能并不会引起探测器的输出产生较大变化。因此,你应该在探测器输出超过某一中间水平时开始挖掘。

这个例子的关键环节在于:你试图基于含有噪声且连续变化的信号(金属探测器的输出)来检测某物件(戒指)是否存在。你预先选定一个阈值。如果信号超过该阈值,你就做出相应的反应(挖掘)。基于本例,我们可对每片沙地定义如下四种结果:(1)*命中*(hit)是指被寻找的物件存在,信号超出阈值,并且你做出了反应(也就是,戒指在金属探测器下面,探测器的输出超出了阈值,你开始挖掘);(2)*漏报*(miss)是指物件存在,但信号没超出阈值,从而导致你未能做出反应;(3)*误报*(false alarm)是指物件不存在,而信号因为随机波动超出了阈值,导致你做出反应;(4)*正确否定*(correct rejection)是指物件不存在,信号未超出阈值,并且你没做出反应。命中与正确否定都是正确的反应,而漏报和误报都是错误。重要的是,你可以靠选择一个较低的阈值来增加命中次数(亦即,当金属探测器输出还非常低时就开始挖掘),但这样将导致误报数目增加。增加命中率且不提高漏报率的唯一方式是更换一台更好的金属探测器,以便其输出能更好地分辨出小金属物件是否存在,并且减轻沙滩中其他矿物质的干扰。

设想你现在不是在搜寻沙滩上的戒指,而是试图从充满噪声的 EEG 信号中检测眨眼。当被试眨眼时,眼睑在眼球上的运动产生电压偏转,从而使我们能通过测量某一 EEG 分段中的最大电压偏转量来评估是否存在眨眼(就像通过检查金属探测器的输出来评估戒指是否存在一样)。若电压偏转超出一定阈值水平,你则判断被试眨眼了并摒弃该试次;若电压偏移未超出阈值,你则判断被试没有眨眼,并将该试次计入到迭加平均的 ERP 波形中。如果你设定一个较低的阈值来排除任何包含微小电压偏转的试次,你将去除所有包含眨眼的试次。但是你也将丢弃许多不含有眨眼的试次,从而降低平均 ERP 波形的信噪比。如果你设置较高的阈值来排除仅含有很高电压偏转的试次,你将有更多的试次来迭加平均,但是其中一些试次可能包含了没有能超出阈值的眨眼。因此,简单的阈值调节无法在不提高误报率的前提下,提高真实伪迹的命中率。但是,正如你可以通过使用更好的金属探测器来寻找戒指一样,你也能通过采用更好的伪迹测量方法来更好地排除伪迹(当伪迹存在时,测量方法能够产生较高的输出值;当伪迹不存在时,测量方法输出较低的值)。

188

在进行伪迹排除时,很重要的一点是要确立清晰的目标。这个目标归根结底是要获取科学问题的真实答案。要想从数据中获取真相,你需要最大化你的统计功效(以便当实验效应实际存在时,你最有机会得到显著的 p 值),并同时避免混淆(以便能从显著的效应中得出正确的结论)。你的目标并不是去除数据中所有的伪迹。通常你只需要去除那些会降低统计功效或产生混淆的伪迹。假如你摒弃每个只包含一丁点伪迹的试次,你最终将丢弃实验中几乎所有的试次(因为它们总会有些许的肌肉活动、感应噪声、眼动等等)。但是,如果伪迹在实验条件或分组之间存在系统性差异,它可能会在实验条件或分组之间引起显著但虚假的差异。因此,伪迹检测的目标是摒弃那些含有"不良"伪迹(即降低统计功效或引起混淆的伪迹)的试次,并保留"好"的试次(即提高统计功效且不产生混淆的试次)。如果你花时间来了解数据中存在的伪迹并仔细思考它们会如何影响你的数据,那么实现这个目标并不困难。

在 ERPLAB 工具包中,我们区分伪迹*检测*和伪迹*排除*。检测是指判断伪迹是否存在的过程。即,当算法判定某一 EEG 分段(epoch)超出伪迹排除的阈值,该分段就被标记下来。在迭加平均时,被标记的分段则不被用于生成平均 ERP 波形(除非用户另有设置)。含有伪迹的分段并没有被永久删除,这使得我们能够轻易改变伪迹排除的参数并重新进行伪迹排除。然而,ERPLAB 也提供伪迹*排除*的工具。这些工具将包含伪迹的分段从数据文件中删除。大多数人用*排除*来表示检测伪迹并将它们排除于迭加平均之外。我也将采用这个定义。然而需要牢记的是,伪迹实际上并没有从 EEG 数据文件中删除;它们只是在 ERP 迭加平均时被排除在外了。

在大多数系统中,只要在任何通道(导联)中检测到伪迹,该试次的所有通道都被丢弃。这是合理的,因为伪迹存在于多个导联中,但在有些导联里可能相对更难被检测到。例如,如果眨眼伪迹在位于眼睛正上方的 Fp1 和 Fp2 电极上是 100 微伏,那么它在 Fz 电极上大约为 36 微伏,Cz 电极上约为 16 微伏,Pz 电极上约为 10 微伏(参见 Lins, Picton, Berg, & Scherg, 1993a)。这个伪迹在 Cz 和 Pz 电极上无法被可靠地排除,但是它却大到足以影响这些电极上一个 2 微伏的实验效应。因此,学者们通常会排除含有眨眼试次的所有导联,即便单试次中的眨眼只能在一部分导联中被检测到。如果你仅当眨眼在 Cz 和 Pz 电极上被检测到时才排除这些试次,你将无法排除许多能够在数据中引起显著失真的眨眼伪迹。此外,假如你只在检测到伪迹的电极中排除试次,那么不同电极上的迭加平均将会基于不同的试次,从而使我们很难相信头皮分布。再者,不同电极上迭加平均的试次数目也将不一致,这可能会给不同电极之间的振幅比较带来问题(参见第九章的在线补充)。请参见方框 6.1 中对此问题的进一步观点。

方框 6.1　电极特异性的排除或插值

　　一些软件系统允许用户只排除检测到伪迹的导联,或用周围电极上波形的插值来替代原导联的波形。该方法在使用大量电极记录 EEG 的用户中尤为盛行。我听一些人说,他们不能每当在某一试次上检测到伪迹时就摒弃所有导联的数据,因为这会使他们丢弃几乎所有的试次。

　　在我看来,这种做法是非常有问题的。如果你的数据质量如此之差,以至于在很高比例的试次中至少有一个导联存在伪迹,那么你的数据质量可能太低,从而无法进行任何需要大量电极的分析(例如,提供非常精确的头皮分布)。我对此的建议是买一套更好的脑电记录系统,或者花更多的时间以确保你能在每个导联上获得良好的记录。

　　如果某一个导联在整个记录中总是很差(例如,因为这个电极坏了),对该导联使用插值则是可以的。然而,这应该是罕见事件:在大多数记录中,你应该能够在任务开始之前就确保所有导联都在提供高质量的数据。

2.1 选择伪迹测量方法

许多 ERP 分析系统仅提供一种原始的方法,用来排除包含伪迹的试次:当脑电分段中的电压超出用户设定的阈值(例如±75 微伏)时,则将该试次排除。本质上,这种方法是用分段中最大电压的绝对值来测量伪迹,如果电压超出这一阈值则排除试次。对于一些公司出售几千美金(或几千欧元、数万元、数十万日元等等)的 ERP 分析系统,却只提供如此原始的伪迹检测能力,我总是感到十分震惊。这种方法在一些情形下排除眨眼还尚可,因为眨眼伪迹非常大。但它却完全不足以用于检测和排除一些更细微的伪迹,例如眼动。这也是我们开发 ERPLAB 工具箱的原因之一。该工具箱提供了非常好的方法,可以用来评估各种特定类型的伪迹。应该指出的是,一些商业软件包也提供很好的伪迹评估方法,因此当你在挑选软件包时,这也是一个需要考虑的因素。

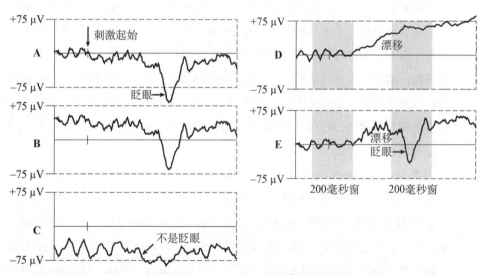

图 6.1 (A)包含一个眨眼的单试次垂直眼电波形,基线校正消除了信号中的总体偏移。虚线表示伪迹排除的电压阈值(±75 微伏)。眨眼(较大的负向电压偏转)导致信号超出阈值,因此该试次将会被正确排除。(B)与(A)相同,但没有进行基线校正。这时眨眼没有超出排除的阈值,该试次从而也不会被排除(错误)。(C)不包含眨眼的单试次眼电波形,没有进行基线校正。信号的总体偏移导致该试次被排除了(错误),即使并不存在眨眼。(D)基线校正后一个试次中的眼电波形,由于该试次中存在的电压漂移超过了排除的阈值,因此它被排除了(错误)。图中的灰色区域表示许多时间窗中的两个,它们将被用于滑动窗峰-峰振幅检测方法中。由于每个时间窗内的峰-峰振幅都较小,因此该试次在这种方法下不会被排除(正确)。(E)基线校正后一个试次中的眼电波形,该试次中既有一些电压漂移,也包含一个眨眼。漂移在一定程度上抵消了眨眼,因此如果采用简单阈值法,该试次将不会被排除(错误)。图中的灰色区域表示许多时间窗中的两个,它们将被用于滑动窗峰-峰振幅检测方法中。峰-峰振幅在包含眨眼的时间窗中较大,因此该试次可以被该方法排除(正确)。

如果某软件强制你使用基于绝对电压的伪迹排除方法,你则必须在伪迹排除之前进行基线校正。正如第八章将要讨论的,基线校正通常是指从整个波形中减去刺激前电压的平均值。图 6.1 中的子图 A－C 阐述了当基于绝对电压排除伪迹时,进行基线校正的必要性。子图 A 展示了一个典型的眨眼,其大小足以超出 75 微伏的阈值。由于对该波形进行了基线校正,因此眨眼起始之前的电压在 0 微伏附近。子图 B 展示了没有经过基线校正的同一波形。因为在整个分段上存在电压偏移(voltage offset),使得波形偶然向上平移,导致该眨眼不再超出排除阈值。子图 C 展示了另一个未经基线校正的分段。该分段中没有眨眼,但电压偏移使电压接近排除阈值,导致常规的电压波动便足以使波形超出排除阈值。因此,如果要使用这类伪迹排除算法,基线校正是绝对必要的。

即使你进行了基线校正,数据中的电压漂移(drift)仍可能导致眨眼检测不佳。图 6.1D 展示了一个经过基线校正的例子。虽然分段中不存在眨眼,但是数据中的漂移导致电压超出了排除阈值。图 6.1E 展示了另一个经过基线校正的例子。该分段中存在一个眨眼,但一个极性相反的电压漂移使它停留在电压阈值内而未能被排除。前者可以通过选择较高的排除阈值来解决,而后者可以通过选择较低的排除阈值来解决。虽然这些解决方案适用于这些特定的试次,但提高阈值会导致更多的漏报,而降低阈值则会导致更多的误报。因此更好的解决方案是用一个更灵敏的眨眼检测算法。

当 Javier Lopez-Calderon 在开发 ERPLAB 工具箱中的伪迹检测工具时,他提出了一个简单但非常有效的算法,可以更可靠地区分包含与不包含眨眼的分段。该方法被称为*滑动窗峰—峰振幅*方法(moving window peak-to-peak amplitude method)[2]。在这种方法中,用户定义窗的宽度,例如 200 毫秒(图 6.1 子图 D 和 E 中的灰色区域)。该算法将窗置于分段的起始并在窗内计算峰—峰振幅(即窗内最正与最负点之间的幅值差)。然后,窗以用户定义的量(例如,50 毫秒)向右移动,并在新的窗内计算峰—峰振幅。该过程一直持续到整个分段都被测试完(或分段中任何用户想测试的部分)。然后,我们将最大的峰—峰振幅与排除阈值进行比较。

由于该方法使用每一个窗内电压最高点与最低点之间的差异,它对分段中总体的电压偏移是完全不敏感的。它对慢电压漂移也相对不敏感。例如,在图 6.1D

中的数据,因为不存在眨眼,所以电压中没有突然变化,因此峰—峰电压在任何200毫秒的窗中都很小。然而,当存在眨眼时,即使存在极性相反的电压漂移,峰—峰电压在包含眨眼的200毫秒时间段内仍将很大(如图6.1E)。我发现这是比绝对电压更灵敏的眨眼测量方法。当设定适当的阈值时,该方法可以检测到所有真实的眨眼,并很少有误报。本章后面将介绍另一个很好的算法。

2.2 选择排伪阈值

当你选定了一个适当的伪迹测量方法后,你必须选择一个好的阈值来权衡漏报与误报。一种方式是基于经验或以前的实验来选择一个阈值并将其运用于所有被试。例如,你可决定将所有含有眼电(EOG)峰—峰振幅达到或超出50微伏的试次排除。然而,特定类型伪迹所导致的电压偏差的大小与形状,以及其周围EEG信号的特征,通常在不同被试之间存在着显著差异。因此,一刀切的通用方法并不是最优的。相反,为每个被试设定单独的阈值通常是最佳方法。

根据你的数据分析系统,你可能也能够控制其他参数,如扫描伪迹所用的时间窗。一些系统强制你在整个分段中检测伪迹,而另一些系统则允许你在分段中选择一个时间窗。你通常希望能够在窗内任意时间排除伪迹。但请记住,我们的目标不是去除所有的伪迹,而是最大限度地提高统计功效并避免混淆。例如,在我实验室的N2pc实验中,被试经常向靶刺激的方向做微小的眼动,从而引起偏侧化的EOG电压并导致N2pc测量的失真。这些眼动相比单试次中的其他噪音是非常小的,但它仍大到足以引起平均ERP波形的失真。在这种情况下,我们关注的是那些朝向靶刺激一侧的一致性眼动,而不是随机眼动。这些一致性的眼动不会在150毫秒之前发生,也很少在500毫秒之后发生。因此,只在150到500毫秒之间排除小的眼动是合理的。这使我们能够使用较低的排伪阈值且不丢弃太多的试次。在某些情形下,我们还是可能排除太多的试次,或者无法捕捉到所有的眼动。但在这种情况下,我们再单独仔细考察这些被试,并为他们专门调整时间窗。例如,某名被试可能仅在刺激后200到300毫秒之间出现一致性的眼动,而另一被试在250到400毫秒之间出现眼动。我们则可以对他们使用不同的排伪窗口。

你也许认为这种实验者对数据处理的操控有可能使实验结果产生偏差。如果实验只涉及被试内的操作,这实际上并不是一个问题。这是因为对于给定被试,在

192

每个实验条件下都使用了相同的参数[3]。但是,如果你的实验涉及不同的被试分组,那么排伪参数应该由对分组成员不知情的人来设定。我们在精神分裂症研究中就是这样做的。这可能会很不方便,因为如果做分析的人对被试分组不知情,那么在实验完成之前很难查看结果。但即便如此,我相信这仍是最好的方式。

如果你为每名被试单独设置排伪参数,最好的方法通常是对原始 EEG 进行肉眼检查。你可以按照以下步骤来完成。首先,根据以往的经验(或发表的数值)来选定一个初始阈值。然后,让软件包使用这些参数执行初步的伪迹检测。这可以使你直观地判定含有伪迹的试次是否未能被排除,或者不含伪迹的试次是否被排除了。当然,这需要你能够通过肉眼检查来确定伪迹是否存在。在大多数情况下,这是很简单的,并且我在下一节中也将给出一些提示。在测试了这个初始阈值的效果之后,你可以调整阈值(或其他参数)并重新尝试伪迹排除。你可以重复以上步骤直到能够将所有含有明显伪迹的试次排除,而且不排除过多的不含伪迹试次(通过肉眼评估)。一些伪迹会在迭加平均波形中留下独特的"特征"(下文将对此进行讨论),因此也有可能在数据迭加平均之后再来评估所用阈值是否充分排除了含有伪迹的试次。

在实验开始时,让被试做一些眨眼和眼动也会很有帮助,因为这样你就可以轻易地观测到该被试的伪迹。然而需要记住的是,主动产生的眨眼通常比自发的眨眼要大。

当第一次学习伪迹排除时,你可能需要花费一个小时来观察一名被试在整个实验中的数据,并尝试许多不同的参数。在你认为得到了正确的参数后,应当请有经验的人来检查,以确保你做得对。这将帮助训练你的视觉系统来检测伪迹。一旦你有了更多的经验,你通常只要在每名被试上花 5—10 分钟来观测实验中的几个部分,便能确保参数适合整个实验。此外,在大多数实验中,你将能够对其中的大多数被试使用相同的参数。

2.3　肉眼检查

一些研究人员会对每一个试次的 EEG 进行肉眼检查,以确定哪些试次含有伪迹。但这个过程在概念上与我刚才所描述的过程是相同的。唯一的区别是该过程用实验者的视觉系统取代了计算机算法来判断伪迹是否存在,并用一个主观的、非正规的、未经详细说明的内部阈值来决定哪些试次被排除。该方法的优势在于，当人类的视觉系统经过训练之后，可以在辨别真正的伪迹和正常 EEG 噪声方面做得很出色。然而，一个设计优良的计算机算法也可能同样灵敏。此外，计算机算法还具有快速、一致和无偏差的优点。

以我的经验，使用手动伪迹排除的原因，通常是商业数据分析包只提供非常原始的自动伪迹排除工具。如果让我使用这样的软件包，我最终也会通过肉眼检查来排除伪迹。在几乎所有情形下，我都建议使用一个好的自动伪迹排除系统，而不是花几个小时试图通过眼睛来识别伪迹。你的视觉系统仍将被用来设置排伪参数，但是计算机将完成大多数在每个试次中检测伪迹的冗长工作。如果你处理的数据很难获得且所含试次数目很少（例如，来自婴儿或罕见病人的数据，且他们只能耐受较短的记录），你可以先进行自动伪迹排除，然后再用肉眼检查来验证每个试次。假如你使用肉眼检查来排除伪迹，那么绝对重要的一点是，进行伪迹排除的人必须对实验分组与条件完全不知情。

3. 特定类型伪迹的最小化与检测

在本节中，我将讨论几种常见类型的伪迹，并对如何减少伪迹的出现以及检测到它们提供一些建议。

3.1 眨眼

194

深入理解眨眼 在每只眼睛内，位于眼球正面的角膜与位于背面的视网膜之间存在一个大且恒定的电势（角膜—视网膜电势；the corneal-retinal potential）。这正如一个电流偶极子，其正极位于眼球前端，负极位于眼球后端。该电势扩散到头部的临近区域，并向头部后端逐渐减弱。这是 EEG 和眼电图（EOG）记录中电压偏移的源之一（见图 6.1B）。通常情况下，该电压偏移在基线校正中被减去，因而并不可见。然而，任何能够迅速改变该电势的事物都将在头皮上引起较大的电压变化。在头皮上记录到的源自该偶极子的电压被称为*眼电图*（electrooculogram，EOG）。这不应与*视网膜电图*（electroretinogram，ERG）混淆，因为相比 EOG，ERG 是视网膜对视觉刺激所产生的小得多的神经响应。

当眨眼时，眼睑划过眼球表面，就像一个可变电阻改变了眼睛附近电极记录到的 EOG 电压。其他因素(例如眼球转动)也会引起该电压的变化,但眼睑的运动是主要原因(关于 EOG 的综述,请参阅 Plochl, Ossandon, & Konig, 2012)。图 6.2 显示了眨眼反应在眼睛下方以及头皮上若干位置的典型波形(前者被标记为 VEOG;所有波形都以乳突电极为参考)。眨眼反应主要由大小在 50—100 微伏之间,持续时间通常在 200—400 毫秒之间的单相电压偏转组成。眨眼反应最重要的特征在于,位于眼睛上方和下方位点上的电位极性相反(例如,比较图 6.2 中 VEOG 与 Fz 上的记录)。这使我们能够区分眨眼和真正的 EEG 电压偏转,前者会在眼睛上下方产生极性相反的电压偏移,而后者通常在眼睛上下方产生极性相同的电压偏移。图 6.2 的右侧展示了一个真实的 EEG 电压偏转,其在 VEOG 和 Fz 位点上的偏转极性相同。

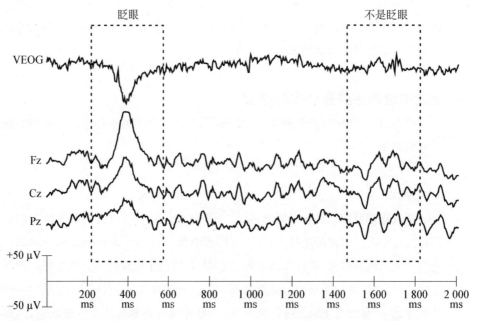

图 6.2 从一个位于左眼下方的垂直眼电(VEOG)电极,以及 Fz、Cz 和 Pz 电极上记录到的信号,所有记录均以右侧乳突为参考。在大约 400 毫秒时可以看到一个眨眼,其导致 VEOG 电极上出现了一个负向偏移,头皮电极上出现了一个正向偏移。注意到这一偏转在 Fz 上相当大,在 Cz 上变小,而在 Pz 上变得更小。标记为"不是眨眼"的区域在所有这些导联中都包含比较大的电压偏转,但是这些偏移并非反映眨眼,因为电压极性在位于眼睛下方的 VEOG 电极和头皮电极之间并没有反转。

减少眨眼的出现 减少伪迹的出现总是要优于排除包含伪迹的试次。有几种方法可以减少眨眼的次数。首先,可以要求那些通常佩戴隐形眼镜的被试佩戴框架眼镜来代替隐形眼镜,因为隐形眼镜会引起大量眨眼。这些被试甚至在佩戴框架眼镜时也比一般人更容易眨眼,因此为他们提供眼药水是会有作用的(但是这些应该仅供平时使用眼药水的被试使用,并且应使用一次性的瓶子以避免感染风险)。另外,在实验中使用1—2分钟的短试次组块也是有帮助的,因为这样可以为被试提供频繁的休息时间,以供他们眨眼(也有助于被试保持对任务的集中与警觉度)。

如果观察到许多眨眼(或眼动),很重要的一点是要让被试知道。不要不好意思告诉被试他们需要更好地控制这些伪迹。我的学生告诉我,他们花了很长一段时间才适应这样做,但你确实需要这样做,即便在刚开始时这让你感到不舒服。

一些实验设计允许被试在试次间时间间隔(intertrial interval, ITI)中某个明确的时间段内眨眼。例如,在试次间时间间隔中,注视点可能会消失,并且被试被告知当注视点消失时可以眨眼。这或许会很有效,但你需要注意两个潜在问题。其一,如果注视点在感兴趣刺激之前不久才出现(例如,在靶刺激前500毫秒),由注视点诱发的 ERP 会与感兴趣刺激诱发的 ERP 重叠。我见到许多论文中,由于注视点的起始而导致刺激前的基线中包含一个出乎意料的电压偏转。其二,如果大部分试次中,眨眼都在刺激之前即刻发生,那么虽然由眨眼引起的电压偏移可能小到不需要被排除,但是仍足以污染数据。

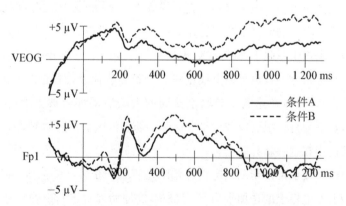

图 6.3　从位于左眼下方的垂直眼电(VEOG)电极和位于左眼上方的 Fp1 电极上记录到的信号。在刺激出现前的时间段中,可以看到眨眼的结束效应,看起来像是 VEOG 电极上的一个负向电压偏转,以及 Fp1 电极上的一个正向电压偏转。图中给出了单个受试者在两个不同实验条件下的波形(一个神经系统疾病患者)。

196 　　图 6.3 展示了一个真实实验的例子。该数据采集自一个神经系统疾病患者，并由我的合作者 Erik St. Louis 记录。Erik 一天将该图中的迭加平均 ERP 波形通过电子邮件发给我，并询问可能导致基线出现明显失真的原因。很明显，被试在试次起始之前经常眨眼，因此眨眼伪迹的末端残留在刺激前的基线中。确切地说，眨眼伪迹的结束在−200 到＋200 毫秒之间(相对刺激起始)引起了一个大约 10 微伏的电压偏转。该电压偏转太小，以至无法在单试次中检测到并被排除，但其又足够大且一致，因而导致 ERP 波形显著失真。我在下文中将回到这个波形，并阐述我们是如何处理这个伪迹的(答案可能令你吃惊)。

　　检测眨眼　单试次中的眨眼是相对容易检测的。如前所述，当数据很干净时，运用简单的电压阈值就有相当好的效果。但即使有干净的数据，该方法也无法完全胜任，甚至在一些情况下是远远不够的。滑动窗峰-峰振幅测量方法则非常有效，因此我强烈推荐它(如果你用的软件可以执行该方法)。我将在关于眼动的一节中描述另一个测量方法——*阶跃函数*(step function)法，该方法对于眨眼检测也近乎完美。我从未对这两种方法做过正式的比较，但我觉得阶跃函数法比滑动窗峰-峰振幅法可能更好一点。然而，两种方法都比简单的电压阈值要好上一万倍。

197 　　由于眨眼电位在眼睛下方为负，上方为正，因此可以通过记录眼睛上下方电极之间的差异，将其与其他 EEG 活动区分开。这同时也增强了眨眼反应的大小(因为从负值中减去一正值将得到一更大的负值)。因此，最佳的分离眨眼的方法是从眼睛下方和上方的电极上分别记录，且这两个电极都以同一个远距离位点为参考(例如，一个位于左眼下方的 EOG 电极与位于左眼上方的 Fp1 电极，两者都以乳突电极为参考)。然后，你可以离线创建一个新导联代表这些值之间的差(眼睛下方减去上方)。任何在这两个导联上共同的大脑活动都会被去除(例如，绝大多数 EEG)，剩下的是眨眼反应和少量在这两个邻近位点上不同的 EEG。眨眼检测算法然后被运用在这一新导联上。

　　极性反转也可以帮助判定伪迹排除是否工作正常。如前所述，可以观察眼睛下方和上方电极上的迭加平均 ERP 波形(在原始参考下)，以确定是否存在任何极性反转。你可能会看到类似图 6.3 中的波形，在这种情况下，你可能需要重新检查一下伪迹排除参数。如果一个实验效应在眼睛上下方有相反的极性，那么你应当格外小心，因为这可能意味着一种实验条件下的伪迹排除相比另一种实验条件漏掉了更多的眨眼。当然,如果偶极子位于额极且具有垂直朝向,这种极性反转则有可能是真实的效应。但是在接受它是真实效应之前,你应该明确地排除它是眨眼伪迹的可能性。

当 Erik St. Louis 发送给我如图 6.3 所示的数据时,无法通过调整排伪参数来避免眨眼结束对数据的污染。被试几乎在每个试次中,都在刺激出现之前眨眼,因此使用一个很低的排除阈值将导致几乎所有的试次都被排除。但我告诉 Erik 不要担心,因为实验效应(实验条件之间的差异)在眼睛的上下方之间具有相同的极性,所以不可能是眨眼伪迹。若该数据采集自我的实验室基础科学研究中的一个大学生被试,我们很可能会替换掉该被试。但是图 6.3 中的数据源自一位罕见的神经科病人,考虑到伪迹并未影响实验效应,因此并不值得丢弃这些数据。在这种情况下,眨眼伪迹的污染非常类似于无差异的重叠,所以通常可被忽略(如第四章以及在线第十一章中的讨论)。

3.2 眼动

与眨眼一样,眼动也是由眼内强偶极子导致的结果。当眼睛静止时,该偶极子在头皮上产生一个静态的电压梯度,可以被基线校正(和高通滤波)去除。而当眼睛移动时,眼睛指向的头皮一侧的电压将更趋于正向(参阅 Plochl et al.,2012 的综述)。例如,向左侧的眼动在头皮左侧引起正向电压偏转,而在头皮右侧产生负向电压偏转。因此,双极记录最容易观测到此类水平眼动,即,以位于一只眼睛外侧的某个电极为活动点,而以位于另一只眼睛外侧的某个电极为参考点。这就是所谓的*水平眼电图*(horizontal electrooculogram,HEOG)记录。垂直眼动可以在分离眨眼与其他 EEG 活动的双极记录中观测到(即,位于眼睛下方与上方电极间的差异)。这被称作*垂直眼电图*(vertical EOG;VEOG)记录。那些不完全垂直或水平的眼动将在 VEOG 和 HEOG 导联上都引起电压偏转,其在给定导联上的偏转振幅反映了眼球在相应方向上移动的角度。

除非被试在观看移动的物体或者缓慢地移动头部,绝大部分眼动都将是眼跳(saccades;即眼睛突然的移位)。图 6.4 下方的三个波形给出了眼跳的例子。在没有噪声的情况下,眼跳由从一个电压水平到另一个电压水平的突然阶跃所组成,该电压将保持直到眼睛再次移动(除非数据经过高通滤波,导致电压逐渐归零)。在

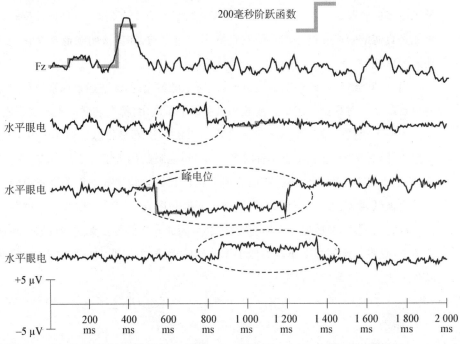

图 6.4　阶跃函数及其在眨眼和眼动检测中的应用。眨眼通过 Fz 电极记录,眼动通过水平眼电(HEOG)通道记录。Fz 电极以右侧乳突为参考。水平眼电通过紧邻右眼的活动电极进行记录,以紧邻左眼的电极为参考。虚线标出的区域为眼动,即视线离开注视点然后又回来,从而形成了一个"矩形"形状。阶跃函数被覆盖在眼电波形的一些位置上,以便你可以容易地看出阶跃函数是否与眼电匹配。阶跃函数通常会与眼电波形中的每个点都进行比较,而不是仅与图中所示的几个点进行比较。

大多数 ERP 实验中,被试先从注视点朝其他位置眼跳,然后再经一眼跳以返回注视点。这将导致 EOG 记录中出现方脉冲形状的(boxcar-shaped)电压偏转(例如图 6.4)。方脉冲的长度取决于眼睛在返回注视点之前于周边位置停留的时长。这种特征形状可帮助区分真正的眼动与 EOG 记录中的噪声。

与眼跳相关的平均电压偏转大小已经由 Hillyard 和 Galambos(1970)以及 Lins 等人(1993a)运用双极记录进行了系统性测量。这些研究有以下发现:(a)至少在 ±15°的眼动范围以内,给定电极位点上的电压偏转量与眼动大小成线性函数关系;(b)在紧邻两只眼睛的电极之间记录的 HEOG 中,每一度的水平眼动将产生大约 16 微伏的电压偏转;(c)当电极位点与眼睛之间的距离增大时,电压以可预测的方式减弱(关于各种标准电极位点的传输因子列表,参见 Lins et al., 1993a 中的表 V 和 VI)。

应该注意的是,眼动还会导致视觉输入在视网膜上发生移位,从而引起一个视觉 ERP 响应(眼跳抑制机制使我们无法察觉该运动)。这种由眼跳引起的 ERP 取决于眼动时可见的刺激属性,正如移动的刺激诱发的 ERP 随着刺激属性变化一样。用来校正眼动所产生的 EOG 电压的方法(本章结尾将讨论)无法校正这些由眼跳诱发的 ERP 响应。

由于眼动大小与相应的 EOG 偏转量之间存在近似线性的关系,因此在单试次中大的眼动相对容易被检测,而小的眼动则很难被检测到。如果使用简单的电压阈值来检测和排除眼动伪迹,且使用 100 微伏的典型阈值,那么 10°大的眼动都有可能漏过检测(例如,若起始电压为−80 微伏,在某一方向上 10°的眼动导致电压偏移至 80 微伏,这完全在允许的±100 微伏范围以内)。当然,10°的眼动也极大地改变了刺激在视网膜上的位置,这是一个严重的混淆。由此产生的电压偏转相比典型 ERP 成分要大得多,甚至在距眼睛很远的头皮位点也是如此。

我所见过的检测小眼动的最佳方法,便是使用如图 6.4 所示的*阶跃函数*(step function;有关此方法最初是如何被开发的,请参阅方框 6.2)。阶跃函数通常是指电位在某一时段内持平,而紧接着在下一时段中持平于另一个较低或更高的水平。阶跃函数正如滑动窗峰—峰振幅算法一样,使用一个窗口(例如,200 毫秒)沿数据滑动,并在每个窗内进行某项运算。但阶跃函数并不是计算峰—峰振幅,而是求出窗口中前半段与后半段之间平均振幅的差异(例如,在 200 毫秒窗中的前 100 毫秒与后 100 毫秒)。这是一种用于检测那些在相邻时段中振幅发生变化的伪迹的好方法。如图 6.4 中间的 HEOG 波形所示,阶跃函数很好地匹配了与眼跳相关的 HEOG 电压偏转波形。该方法也能很好地检测眨眼。这个方法之所以有效,有两个原因。首先,在每个 100 毫秒的半窗中计算平均电压,能够过滤掉高频噪声。第二,在连续的 100 毫秒时段之间计算差值,可将渐变电压的影响降至最低,从而与眼跳引起的电压突然变化相对应。

方框 6.2　阶跃函数

　　当我在读研究生时,我做了很多有关 N2pc 的实验,其中眼动是一个难缠的问题,因此我需要开发一种更好的方法来检测含有小的水平眼动的试次。如图6.4所示,眼跳运动在 HEOG 记录中有一个独特的形状,即从一个相对平坦的电位突然过渡到另一相对平坦的电位。也就是说,它们有一个阶跃状的形状。我于是想可以通过观察 HEOG 波形和实际的阶跃函数(如图6.4中100毫秒的一1,然后是100毫秒的+1的序列)之间的相关性来检测这些类似于阶跃的过渡。更准确地说,我计算了阶跃函数与 HEOG 波形之间的互相关函数(cross-correlation function)。我首先将阶跃函数与 HEOG 波形的初始200毫秒对齐并计算它们之间的相关性(Pearson 相关系数 r)。然后,我将阶跃函数相对于 HEOG 波形在时间上向右移动一个采样周期,再计算相关系数。该过程被重复多次,每次阶跃函数移动一个采样点。这于是产生一组相关系数,即在 HEOG 波形中的每200毫秒时间段内都有一个相关系数。我然后考察试次中最高的相关系数值并将其与一个阈值进行比较,从而决定该试次是否应被排除。我认为阶跃函数与 HEOG 波形中任何200毫秒时段之间的高相关性意味着眼动很可能在那一段 HEOG 中发生。

当我将这个程序编写好之后,我在测试中发现它工作良好,但时常错误地识别到 HEOG 中相当平坦的部分。我仔细观察后发现这些分段中确实有一个阶跃形状,但却非常小。换句话说,使用相关可以很好地找到正确的形状,但它对 HEOG 偏转的大小完全不敏感。我回想起几年前在 Manny Donchin 的一篇论文中读到的一个重要事实,即,当你关心效应的大小时,你应使用协方差而不是相关。我修改了我的程序,使之计算阶跃函数与 HEOG 之间的协方差而不是相关,于是它的性能变得非常好。

唯一的问题是程序当时运行得很慢。我花了几个小时试图优化它,然后我突然意识到:阶跃函数与其他函数之间的协方差等于该函数在阶跃函数的前半段与后半段之间的平均振幅之差。即,在200毫秒时间段上的协方差,便是该时段内前100毫秒的平均振幅与后半段的平均振幅之间的差值。当我重写我的程序后,我只用10%的时间便得到了完全相同的结果。

现在你们知道当其他人都在冲浪时,我是怎么打发我在圣地亚哥的时间的了。

阶跃函数可以很轻易地检测到 2°以上的眼动，在最优条件下，此方法也可以很好地检测到 1°以下的眼动。如果你的研究需要考虑更小的眼动（例如，测量 N2pc 或 CDA 成分），请参阅方框 6.3 以获取更多的建议。

方框 6.3　检测较小但一致的眼动

眼动对大多数研究人员来说并不是一个大问题。然而，对于那些研究内隐性空间注意转移的人来说，眼动是一个主要问题。首先，当眼球向一侧旋转时，EOG 会在对侧半球产生负电压，从而污染 N2pc 和 CDA 成分。第二，如果眼动发生在侧向刺激出现之前，这将改变刺激产生的感官输入。即使是很小但指向特定位置的一致性眼动，也能产生很大的 EOG 伪迹并改变刺激的位置。

使用阶跃函数，在单试次中往往可以检测小到 1°的眼动（16 微伏的电压阶跃），但 EOG 信号的信噪比不足以在不产生大量误报的前提下检测到更小的眼动。然而，有时可以使用迭加平均 EOG 波形来证实一组给定的 ERPs 并未受到非常小但系统性眼动的污染。具体来说，如果预期不同类型的试次会诱发不同方向的眼动，则可通过将与预期眼动相似的试次进行迭加平均，以获取几乎无穷的分辨率。例如，如果实验包含一些出现在左视野（left visual field，LVF）和一些出现在右视野（right visual field，RVF）的靶刺激，我们则可以分别计算并比较 LVF 和 RVF 靶刺激的 EOG 迭加平均波形。同样，在线索化范式中，我们可以分别迭加平均左侧提示（left-cue trials）与右侧提示（right-cue trials）的试次（与线索锁时）。任何一致性的差异眼动都将导致迭加平均 EOG 波形中的差异。由于迭加平均过程提升了信噪比，因此甚至非常小的眼动也能被观测到（若眼动在大多数试次中出现）。

该方法既无法将单个试次排除，也无助于检测少见或与靶刺激所在方位不持续一致的眼动。但是，当它与单试次较大眼动排除方法相结合，并构成一个两级程序时，该方法是有用的。第一级是通过阶跃函数排除包含较大眼跳(＞1°)的试次。残余的 EOG 活动则可在迭加平均中进一步检查。任何差异性 EOG 活动超过某一指标(例如 1.6 微伏,对应于 0.1°)的被试都将被排除在最终数据集之外(参见 Woodman & Luck, 2003b)。

眼动是由眼外肌收缩引起的。这种肌肉收缩主要发生在眼球运动起始时,一旦眼跳结束,保持眼球的位置几乎不需要肌肉活动。因此,一个眼外肌活动尖峰(*峰电位*;the spike potential)经常出现在眼动起始时。在图 6.4 中,你可以在每个方脉冲电压偏转的开始和结束时看到这一点。这个伪迹通常不是一个严重的问题,但它会在时频分析中产生 gamma 频段的振荡(Yuval-Greenberg, Tomer, Keren, Nilken, & Deouell, 2008)。我们将在在线第 12 章中对这一问题进行进一步讨论。

需要注意的是,上述方法对于检测眼跳是有效的,但通常不适用于检测眼睛位置的缓慢移动或评估眼睛的绝对位置。要想评估这些,则通常需要使用基于视频的眼动仪。

3.3 皮肤电位与其他慢电压漂移

如第 5 章所述,当汗腺中开始累积汗液时,皮肤电位便产生了。此时,皮肤的阻抗发生改变,从而使皮肤的静息电位在一段时间内发生变化。图 6.5 中可以看到一些例子。

电压偏移也可由电极位置的微小变化引起。这通常是因为被试移动所致。电极位置的改变往往会导致阻抗的变化,从而引起电压的持续性漂移。这类伪迹可以通过确保被试的舒适度,从而不产生太大的移动来减少。若电极放置在枕叶区位点,则被试不应将头的后部靠在椅背上。

如果电压漂移较小并且是缓慢与随机的,它们应该不会引起迭加平均 ERP 的较大失真,因而没有必要为此排除试次。如第 7 章所述,这些慢电位可以通过高通滤波来最小化。然而,电极移位有时会导致电压突然变化到一个新的水平,对此可以运用滑动窗峰—峰振幅或阶跃函数法来予以检测(但你需要保持相当高的阈值,以避免排除含有较大 ERP 偏转的试次,比如较大的 P3 波)。

3.4 放大器及模数转换器的饱和与阻塞

慢电压漂移有时会引起放大器或模数转换器（ADC）饱和，导致 EEG 在一段时间内成为平线（这也被称为*阻塞*，*blocking*）。如果这种情况经常发生，你应该在放大器上使用较低的增益。这在具有 24 位或更高分辨率的系统中应该很少或根本不发生（参见第 5 章）。

如图 6.5 所示，放大器的阻塞相对容易识别，因为 EEG 实际上变成一条平直的线了。你可以通过检测电压超出某一仅仅略低于放大器饱和点的值来排除包含放大器饱和的试次。但在实践中这是很困难的，因为饱和点在不同导联上可能不同，甚至可能随着时间的变化而变化。另一种可能的方法是判断试次中是否存在大量电压相同的点，但这也并不是很理想，因为每一时刻的电压可能并不完全相同。更好的方法是使用由 Jon Hansen 在 UCSD 开发的算法，我称之为 *X-within-Y-of-peak* 方法。该方法首先找到一个试次中 EEG 的最大值（峰值），然后对处于或接近该最大值的时间点进行计数。X 是点数，Y 则定义被计入的点在电压上需要与峰值的接近程度。例如，你可能希望排除任何包含 30 个或更多的点与峰值差异小于 0.1 微伏的试次（即，X=30，Y=0.1 微伏）。当然，你必须对正峰值电压和负峰值电压都使用相同的函数。若系统容易发生阻塞，则应将其应用于每个导联。同样的方法也可以用于检测其他导致平直数据的原因，比如间歇性的电极断路。

Alpha 波 Alpha 波是大约 10 Hz 的 EEG 振荡，通常在后部电极位点上最大，并常发生在被试疲劳或闭上眼睛时（见图 6.5 中最下方的波形）。减少 alpha 波的最好方法是要求被试在实验前休息好，并让他们做有趣的任务，但有些被试即使在完全警觉时也有较大的 alpha 波。当刺激以恒定的速率呈现时，alpha 波可能会特别成问题。由于此时 alpha 节律可能会与刺激同步，因此无法通过迭加平均来削弱 alpha 波。因此，在试次间时间间隔上使用至少±50 毫秒的抖动会很有用（如第四章所述）。

通常来说，排除包含 alpha 波的试次是不值得的，因为你常常会最终在一些被试上排除几乎所有的试次，而在另一些被试上排除很少的试次。此外，alpha 振荡并不都是噪声，它们可能会是 ERP 效应产生的重要因素（参见 Mazaheri & Jensen，2008；Bastiaansen，Mazaheri，& Jensen，2012；van Dijk，van der Werf，Mazaheri，Medendrop，& Jensen，2010）。

203

204

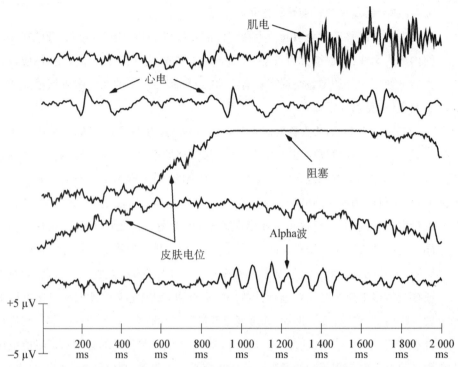

图 6.5　EEG 记录的不同试次中存在的伪迹示例。肌电、阻塞和皮肤电位伪迹是在以右侧乳突为参考时,在 Cz 上记录到的。心电伪迹是在以右侧乳突为参考时,在左侧乳突上记录到的。Alpha 波是在以右侧乳突为参考时,在 O2 上记录到的。

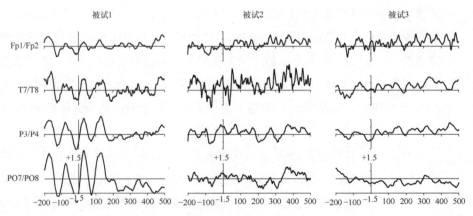

图 6.6　在三个不同被试的三个电极点上,迭加平均之后仍然可见的伪迹示例。这些是一个 N2pc 实验(数据由 Emily Kappenman 提供)中的对侧减同侧差异波。你可以在被试 1 的后部电极上看到 alpha 活动,在被试 2 的 T7/T8 电极上看到肌电活动,在被试 3 的 Fp1/Fp2 电极上看到肌电活动。

图 6.6 展示了一个 alpha 伪迹非常大的被试在迭加平均之后 alpha 波的样子（图中被试 1）。如通常情况，该被试的 alpha 波在试次间时间间隔（刺激前基线）中很大，但从刺激起始 200 毫秒以内开始，便暂时得到抑制。此外，alpha 波在头的后部最大，而在 Fp1 和 Fp2 电极位点上很小。当然，本例是一个相当极端的情形（该被试是在一个实验所有 16 名被试中 alpha 波最大的）。

3.5　肌肉与心脏活动

肌肉收缩过程所产生的电势被称为肌电图（electromyogram 或 EMG；参见图 6.5 中最上方的波形）。EMG 通常由高频电压波动组成，大部分 EMG 可以通过使用截止频率在 30 到 100 Hz 之间的低通滤波器来消除。减少 EMG 最好的方法是让被试放松相关的肌肉。因此，你需要知道哪些肌肉会引起不同电极位点上的 EMG 伪迹。

颞肌是我们用来收缩下颌的强大肌肉，它们位于 T7 和 T8 电极下（如图 6.7 所示）。如果你在头部这个区域观测到大量的 EMG，你可以要求被试放松下巴并避免咬紧牙齿。然而颞肌很大，以至于在一些被试中，即使他们试图放松，你仍会在整个实验过程中看到 T7 和 T8 电极上小而持续的高频肌电伪迹。图 6.6 中的第二

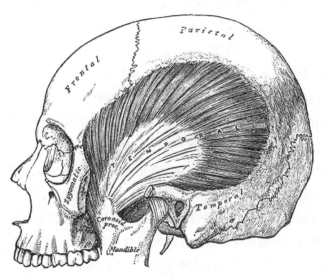

图 6.7　颞肌。引自 Gray, H.（1918）. *Anatomy of the Human Body*, 20th ed. Philadelphia：Lea & Febiger（现在可以自由印行了）。

个被试就具有这种位于 T7 和 T8 电极上的高频噪声。如果被试在咀嚼,你会在 T7 和 T8 以及周围电极上观测到很大的突发性肌电活动。

206
额头上的肌肉也是一个常见的肌电噪声源,它在前部电极位点上最大。当电极帽拉扯到前额或被试在高度集中时皱眉,这些肌肉可被激活。图 6.6 中的第三个被试具有这种集中在 Fp1 和 Fp2 电极上的高频噪声。前额肌肉产生的 EMG 通常可以通过要求被试放松这些肌肉来最小化。

颈部的肌肉是另一常见肌电噪声源。如果使用乳突作为参考,该肌电活动可能会被参考电极记录到,从而出现在所有使用该参考点的导联上。若使用其他的参考位点,颈部产生的 EMG 噪声则出现在枕叶和颞叶最下部的电极位点。通常要求被试直立坐着而不是头向前倾斜,可以尽量减小该噪声。通过让被试坐在躺椅上且头靠在斜的椅背上,也可以尽量减小颈部 EMG,但是这可能会在枕叶电极上引起伪迹。

若采取了适当的预防措施来最小化 EMG,则通常没有必要排除含有 EMG 的试次。但是,如果需要排除含有 EMG 活动的试次,则可以通过计算信号中的高频功率来检测 EMG(例如,高于 100 Hz 的功率)。

应该指出的是,一些刺激会引起反射性肌肉抽动。这类肌肉活动由于与刺激锁时,因而不会在迭加平均过程中得以减弱,所以它们会特别成问题。这类活动也经常是突然出现的高频电压变化,但由于它们通常局限在非常短的时间内,因此难以通过检查整个试次中的高频功率来检测。若要排除这类伪迹,则最好在其可能发生的短时段内(通常在刺激呈现的 100 毫秒以内)搜寻突发的电压漂移。

心脏跳动(electrocardiogram, EKG)在一些被试的 EEG 记录中也可以被观测到,其特有的波形如图 6.5 所示。EKG 通过颈动脉传播到头部,通常会被乳突电极记录到。如果使用乳突作为参考,EKG 则在所有电极位点上以反向的形式出现。虽然有时可通过稍微移动乳突电极的位置来减少 EKG,但在通常情况下没有办法控制其产生。此外,在整个记录期间,该伪迹通常以大约每秒一次的频率发生,因此排除带有 EKG 偏转的试次通常会导致太高比例的试次被排除。幸运的是,这种伪迹几乎总是非系统性的,所以它仅仅只会降低整体上的信噪比。由于无法实际排除含有 EKG 伪迹的试次,因此如果当 EKG 对数据造成严重影响时,伪迹校正通常是最好的办法。

上一段的论述引出了一个重点：如果你在所有的 EEG 导联中都观测到同样的伪迹或噪声，它很可能是由参考电极记录到的。大多数的伪迹和噪声源在某些电极上会更加明显，但是由参考电极记录到的任何信号则会以反向的形式出现于所有使用该参考的电极中。然而，如果你在部分导联上使用双极记录（例如 EOG 记录），这些记录将不会具有来自于主参考电极的伪迹或噪声。这可以帮助你识别并消除噪声和伪迹的产生源。

207

3.6 与说话相关的伪迹

我总是听到这样一个说法，即你无法在被试说话的时候记录到干净的 EEG 数据，但我不知道这是为什么。我想这应该是由于嘴部运动导致了肌肉活动的结果。几年前，我和 Emily Kappenman 设计了一个实验，并希望在实验中使用言语反应（verbal response）。为了减少嘴部运动，我们使用了/d/和/t/作为言语反应。但是 EEG 仍被一些形状奇特的伪迹严重污染。当 Emily 在心理系的学术研讨会上展示数据时，一位语言学方面的研究生解释了为什么我们的数据中存在如此多的噪声。原来在舌根与舌尖之间存在很强的电位梯度。因此，当舌头在嘴中上下移动时，它会产生很大的电压并传导到头部表面。这些电压被称作*舌电伪迹*（glossokinetic artifacts）。/d/和/t/音节涉及到大量的舌部运动，这就是我们观测到大量伪迹的原因。

相当不幸的是，这限制了对语言产生的研究。如果分析集中在口语输出之前的波形上，仍有可能使用言语范式。但在言语开始后再观察 ERPs，则通常是不可行的。虽然伪迹校正可能可以去除该伪迹，但是我尚未见有人这样做。

3.7 不明来源的偶发性伪迹

你有时候会看到"疯狂"的电压波动。这种情况通常发生在休息结束，并当你告诉被试即将开始下一个试次组块时。这时，你将在许多导联中观测到很多持续数秒的较大电压偏转，之后所有的导联又恢复正常。该情况也偶尔发生在试次组块中段，通常持续数秒钟。在大多数情况下，引发这种伪迹的原因并不明确，且它可能是由多种因素引起的（例如，被试打哈欠、伸展，然后清嗓子）。

在我的实验室中，我们将这些伪迹称为*常见伪迹电位*（commonly recorded artifactual potentials；C. R. A. P；见方框 6.4）。它们几乎能被任何算法轻易地排除掉。

4. 关于伪迹排除的几点实用建议

在过渡到伪迹校正之前,我想提供一些关于伪迹排除的非常具体的建议。

首先,如本章前文所述,我建议在对 EEG 进行肉眼检查的基础上,为每个被试单独设置伪迹排除参数,并根据需要调整参数以优化伪迹排除。当你对此很熟练之后,就不需要花费太多时间,并且这将是非常值得的。但如果实验涉及到组间比较,你则需要确保参数是由对分组不知情的人来设置。

208 **方框 6.4 常见伪迹电位(Commonly Recorded Artifactual Potentials)**

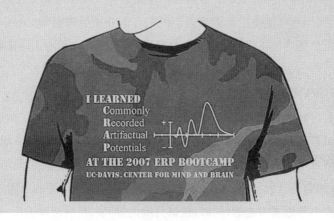

许多年前,当我向学生阐述各种伪迹时,我会把它们称为数据中的"垃圾"(crap)。有一次,我在一个研究生课程中做了个关于 ERPs 的客座讲座,我说了一句类似于"垃圾是一个技术术语"的话(只是为了打趣)。于是我提议可以考虑将 C. R. A. P. 变成一个合理的短语缩写词。Tamara Swaab 当时是这门课的老师,她想出了"commonly recorded artifactual potentials"(常见伪迹电位)。我觉得这非常好,于是现在我经常使用这个缩写词。我的实验室把这个缩写词融入了我们为第一个 UC-Davis ERP 训练营设计的 T 恤上。

第二,检查迭加平均的 ERP 以确定伪迹排除是否有效(如前所述,尤其是对于眨眼与眼动)。仅用包含伪迹的试次来迭加平均也是有用的。这将允许你观察到伪迹在不同实验条件下的差异,从而帮助你推测未被检测到的伪迹如何影响数据。

　　第三,不要担心排除含有伪迹的试次会降低信噪比,除非你摒弃了超过20％的试次。如第5章所述,平方根定律(square root law)意味着试次数目减少20％仅会导致信噪比降低11％。

　　第四,对于特定的伪迹,在最容易观测到它们的导联中进行检测(例如,在VEOG导联中检测眨眼,在HEOG导联中检测眼动)。此外,可通过设置较高的排伪标准,在所有导联中检测C. R. A. P(例如,使用200微伏阈值的滑动窗峰—峰值检测)。

　　第五,记录每名被试中被排除试次的百分比,并在你的期刊文章中汇报这一点。我偏向于列出所有被试的平均百分比和范围(在适当情形下,为每一实验分组分别汇报)。在大多数情况下,你可以合并实验条件来汇报这些百分比。但在那些剩余试次数目可能很小的实验中(例如,婴儿的认知研究),你可能需要对每一种实验条件分别汇报这些信息。

　　最后,对于那些大量试次都被排除的被试,你可能希望将这些被试完全排除,但你应该注意避免在结果中引起偏差。例如,你偶尔会遇到几乎在每个试次中都眨眼的被试。当我的实验室遇到这种情况时,我告诉我的学生,应该在实验完成之前就让被试回家,这样该被试就自动被排除在最终数据集之外。然而,若眨眼发生在试次间时间间隔中但污染了基线,你仍有可能会排除90％的试次。显然,你不希望将这样的被试纳入最终数据分析中。但如果你排除了80％的试次呢?抑或是60％、30％或者5％?

　　设想以下情形。你花了18个月为一个非常重要的实验采集数据。你完成了所有的数据处理,并最终进行了统计分析。你的结论(以及你在学术界的未来)取决于你是否观测到一个显著的三因素交互作用(three-way interaction)。你紧张地审视着统计程序的输出,但你的心往下一沉,因为你看到的三因素交互作用的 p 值是全科学界最憎恶的数值,即0.06。你该怎么做呢?你可以看看每名被试的ERP,以确定是否其中一名被试出了问题。试想你注意到一名被试的数据含有很多噪声和一些奇异的波形。你于是意识到,这名被试有很多眨眼,并且48％的试次被排除了。显然,该被试应被排除在统计分析之外。你于是重复统计分析,三因素交互作用的 p 值变成了0.04。你的脸上挂起了一个大大的微笑。你将你的结果写成论文,并指出你排除了一个在48%的试次中含有伪迹的被试。你的论文得以发表,因为审稿人都同意应该将48%的试次中含有伪迹的被试剔除。于是你得到晋升和一个新的大项目。

　　这是关于一些被试怎样被排除的很实际的例子。它合乎该领域的标准,而不是道德不端的行为。在某种意义上,很明显当48%的试次中含有伪迹时,你应将该被试排除。问题是,该被试的排除是在观察了实验总体结果之后做出的决定(即,它是事后的;post hoc)。如果你仅在发现实验效应不显著时才排除被试,你的结果中将产生系统性的偏差,并导致假阳性率超过5%(即,你以超过5%的概率拒绝零假设,即便其为真)。这显然是一个问题,因为它使你难以发现真相。p值应该反映Ⅰ类错误(假阳性)的概率,任何使p值比真实的Ⅰ类错误概率更好(更小)的方法都是对统计的误用(关于排除"异常"被试的一些抱怨,请见方框6.5)。

210　　**方框6.5　异常值(outliers)**

　　许多年前,我审阅了一篇期刊投稿,其作者研究了两个变量之间的相关性。我不记得那两个变量具体代表什么了,所以就称它们为X和Y吧。这两个变量之间的相关性对论文的结论非常重要,但除非去掉一个"异常"被试,否则相关性并不显著。该异常被试的X值和Y值都在典型的X和Y值范围内,但是其X与Y之间的组合与其他被试有很大的不同。换句话说,这个被试是"多维空间中的异常值"(outlier in multidimensional space)。论文作者计算了一些统计量以表明该被试的X,Y组合确实超出了通常所期望的范围(例如,一些类似于与均值相距2个标准差的统计量)。当然,在一个从无穷分布中抽取的真正的随机样本中,总有机会得到这样的异常值。

　　在实践中,移除这样的异常值所引发的问题是,它会使结果产生偏差并增加Ⅰ类错误的概率(即,当零假设为真时拒绝零假设)。我对此相当肯定,因为在我30年阅读学术期刊文章的生涯里,我还从未见过任何一项研究的作者在查看数据之后,决定去除某个原本对结果有帮助的异常值。也就是说，我从未见过任何这样的案例：当所有数据都被纳入时，实验效应显著（且与预期方向一致），而作者仍决定去除一个异常值，即便去除该异常值将导致效应不再显著。

当排除被试的标准在实验开始之前就被制定并被自动执行时，上述情况能够且确实会发生。然而，我从未见有人事后这样做。相反，我看到很多人在事后排除那些对效应造成负面影响的异常值。

越来越多的人意识到诸如事后移除异常点的做法会极大提高心理学、神经科学以及相关领域中的假阳性率（例如，Simmons，Nelson，& Simonsohn，2011）。为了解决该问题，你能够做的就是不让那些进行事后异常值移除的人逍遥法外（当然，我确信你们自己不会这么做）。

为避免该问题，我强烈建议采用一种标准来排除被试，并以先验的方式将其应用于你的所有实验。例如，在我的实验室以大学生为被试的基础科学实验中，我们自动移除那些多于 25% 的试次被排除的被试，并且自动纳入任何不超过 25% 的试次被排除的被试（合并所有试次类型）。无论波形形状如何以及统计分析的结果好坏与否，我们都会这样做。在我们关于精神分裂症的实验中，由于我们观测到更多的伪迹（在患者和对照组被试中都是如此），因此我们移除了那些超过 50% 的试次被排除的被试。通过采用预设的标准，我们有同等的可能性移除那些能"帮助"或"损害"实验效应的被试，因而移除被试并不会使我们倾向于获得显著的结果。我鼓励大家采用这样的标准，并在论文的实验方法部分将其汇报出来（例如，"我们移除了那些因伪迹导致多于 25% 的试次被排除的被试；在本研究中，三名被试因此被移除"）。

5. 伪迹校正基础

211

在本节中，我将描述为什么减去由伪迹引起的电压变化（伪迹校正）有时会比伪迹排除更好。然后，我将描述三种主要伪迹校正方法的原理。最后，我将讨论伪迹校正的一些潜在缺陷。本章的在线补充材料详细介绍了一种基于独立成分分析（independent component analysis）的方法。

5.1 伪迹校正为什么有用

伪迹排除是一个相对原始的操作,因为它将一部分试次完全排除在 ERP 迭加平均之外。正如 Gratton,Coles 和 Donchin(1983)所论述的,排除包含眼部伪迹的试次会存在三个潜在问题。第一,在某些情形下,摒弃包含眨眼或眼动的试次可能会导致试次样本失去代表性(例如,你有可能会最终只纳入当被试处于某种警觉状态的试次)。第二,有几类被试(例如儿童和精神病患者)无法很好地控制眨眼和眼动,从而很难获取足够数量的无伪迹试次。第三,在一些实验范式中,眨眼和眼动是任务不可或缺的一部分,排除含有这些伪迹的试次将适得其反。在这些情况下,减去由眨眼和眼动引起的电压变化,相比排除包含这些伪迹的试次要更为有用。

Ochoa 和 Polich(2000)发现了一个相关的问题:如果你让被试在执行任务时不眨眼,你实际上同时给了两个任务让他们执行(你正在明确研究的任务以及抑制眨眼的任务)。如果你曾经当过 ERP 任务的被试并被要求最大限度地减少眨眼,你一定知道这需要耗费相当大的心理努力(mental effort)。我亲身的经验是,努力不眨眼会使我注意力集中在眼睛产生的感觉上,从而让我更想眨眼而不是不眨眼。Ochoa 和 Polich 在被试完成 Oddball 实验时,要么告诉他们避免眨眼,要么不提及任何有关眨眼的事宜,并由此直接测试了双任务可能带来的干扰。当被试被要求避免眨眼时,P3 成分的振幅减小且潜伏期较长。本实验的被试为大学生,但若在总体认知水平较低的被试中,则可能观测到更大的效应。例如,患者组与对照组在 P3 上的任何差异都可能反映疾病与避免眨眼之间的交互作用。

让被试控制眼动甚至会更加困难。被试无法直接获知他们眼睛的注视方位以及眼睛何时移动,从而使其很难避免产生眼动。在某些情况下,训练被试以保持注视是很有用的,这可以通过一项非常简单且不需要眼动仪的任务来完成(Guzman-Martinez, Leung, Franconeri, Grabowecky, & Suzuki, 2009)。

5.2 伪迹校正的一般方法

212

为了处理这些问题,研究者开发了多种处理程序,用来估计眨眼和眼动产生的伪迹电位并将其从 EEG 中减去。其中一些处理程序也适用于其他类型的伪迹。伪迹校正程序可分为三类:(1)基于回归的程序;(2)偶极子定位程序;(3)统计成分分离(statistical component isolation)程序。在阅读这些校正程序之前,你需要先阅读方框 6.6,因为它阐释了为什么要慎用伪迹校正。

方框 6.6 为什么伪迹校正令人畏惧

我个人对伪迹校正有些畏惧。任何从我的数据中减去一个估计值的处理程序都让我感到紧张。例如,基线校正和重参考都是非常简单的过程,它们只是从整个波形中减去一个常量,但我在本书中用了很多篇幅描述这些减法可能引发的问题(见第 5 章和第 8 章)。伪迹校正程序比基线校正和重参考复杂得多,因此很难准确地预测它们会如何引发 ERP 波形的失真。因此,我担心解决方案可能比问题本身更糟糕。

此外,我对有关伪迹校正程序准确性的证据感到有些失望。数学上的证据并不能令人满意,因为很难获知校正程序的假设在实际数据中能否充分满足。许多尝试性的验证仅将校正程序应用于现有数据并表明结果看起来是合理的。然而,这些研究中并不包含一个可以用来评估校正准确率的真实数据(ground truth)。换句话说,在这些研究中没有办法知道真实的、不含伪迹的波形应该是什么样的,因而无法判断伪迹校正引起了多少失真。最好的研究是采用真实的 EEG 数据,但在数据中添加由实验者生成的伪迹波形。这使我们能够观测到已知伪迹是否被充分去除(关于该方法在另一领域中的例子,请参见 Kiesel,Miller,Jolicoeur,& Brisson,2008)。

我至今还未被任何我读过的关于伪迹校正的验证性研究完全说服(尽管我可能漏掉了一些)。通用性是一个问题:一个校正程序在一组被试、条件和伪迹上表现良好并不意味着它对其他被试、条件和伪迹也同样有效。特别是在有些情形下,伪迹可能尤其难以校正,且大多数研究都不会试图通过测试这些具有挑战性的情形来"破坏"校正程序。许多这类研究都是由开发这些校正程序的人进行的,因此很自然,他们不会试图去"破坏"他们自己的校正程序。我很自然地对这些研究持怀疑态度,并且我更倾向于信任由独立的第三方进行的研究。因此我对此的底线是:当有研究声称为某伪迹校正程序提供了有效性证据时,请保持怀疑的观点,并且不要假设他们的结果会推广到你的研究中,除非其被试、实验条件和伪迹与你的研究很类似。

Gratton 等人(1983)开发了一种基于回归的校正程序,用来估计眨眼和眼动产生的伪迹电位,并从 EEG 中减去它们。其基本思想是,眼睛产生的伪迹以非常可预测和可量化的方式传播到各个头皮位点。在给定电极位点上记录到的伪迹电压即等于在眼睛处记录到的伪迹大小乘以一个传输因子。因此,为了校正眼睛产生的伪迹,你可以估计眼睛和每个头皮电极之间的传输因子,并从各个头皮位点的 ERP 波形中减去相应比例的在眼睛处记录到的 EOG 活动。例如,Lins 等人(1993a)发现双极 EOG 记录中 47%的电压传播到 Fpz 电极,18%传播到 Fz 电极,8%传播到 Cz 电极。若要从这些电极位点的迭加平均 ERP 波形中减去 EOG 的贡献,则需在 Fpz 电极上减去 47%的 EOG 波形,在 Fz 电极上减去 18%的 EOG 波形,在 Cz 电极上减去 8%的 EOG 波形。

虽然开发该校正程序是向前迈出的重要一步,但它也有一个重大缺陷。具体来说,EOG 记录除了包含真正的眼部活动以外,还包括大脑活动,因此减法程序在减去眼部伪迹的同时,也会减去一部分大脑的响应(例如,见 Lins, Picton, Berg, & Scherg, 1993b; Plochl et al. , 2012)。因此,我不建议使用 Gratton 等人(1983)的方法或类似基于回归的方法。自该方法问世以来已过去了三十年,如今更好的技术已经被广泛普及。

第二种方法是使用偶极子模型来对伪迹及其在头部的传导建立更详细的生物物理模型(Berg & Scherg, 1991a, 1991b)。虽然我通常对偶极子模型并不十分热衷(见在线第 14 章),但眼部偶极子的位置是已知的,因此消除了偶极子模型中通常涉及的不确定性。然而,要想准确地使用该方法,仍需要耗费相当大的努力。例如,Lins 等人(1993b)建议应至少从七个位于眼睛附近的电极进行记录,且必须对每名被试进行校准。此外,该方法通常假定垂直眼动和眼睑划过眼睛的效应具有相同的头皮分布,但事实并非如此(例如,见 Plochl et al. , 2012)。

第三种方法是利用数据的统计特性来识别出一组成分,每个成分都具有特定的头皮分布,然后使用这些成分分离并减去与伪迹相关的电压波动。可以采用不同的统计方法来估计这些成分,它们包括主成分分析(principal component analysis,PCA)、独立成分分析(independent component analysis,ICA)以及二阶盲辨识(second-order blind inference,SOBI)。

这些方法假设在给定被试中,每个伪迹都有固定的头皮分布。例如,眼睑闭合会有一个头皮分布,眼动有另一个头皮分布,而 EKG 则又会有其自己的头皮分布,以此类推。该假设对于很多伪迹是正确的。EEG 在任何时刻的头皮分布,可被假设为由伪迹与其他大脑信号的头皮分布的加权和所构成。通过检查每个电极位点以及每个时间点上电压的关系,这些方法能够找出少量头皮分布,它们相加之和能够解释每个时间点上的 EEG。ICA 已成为这些统计方法中最常用的,主要原因是它的普及性,而且相对容易在免费的 EEGLAB 工具箱软件包中实现(Delorme & Makeig,2004)。第六章的在线补充材料中包括了一个针对基于 ICA 的伪迹排除的详细论述,以及一个来自真实实验的示例。

这些方法并不局限于眼部伪迹。它们可以校正任何具有一致性头皮分布的伪迹,包括 EKG 伪迹以及来自附近电器设备的工频噪声。然而,这些方法并不适用于具有可变头皮分布的伪迹(如皮肤电位以及运动伪迹)。

5.3 伪迹校正的潜在不足和一般性建议

无论使用何种方法,你都应该知道伪迹校正有两个潜在的不足。

首先,没有任何伪迹校正技术被证明能够在所有情况下都完美运行。为撰写本节做准备,我阅读了一些综述和验证性研究,而对于几乎所有主要的伪迹校正方法,我都发现了支持和反对它的证据。不同的方法似乎在不同情况下效果最佳。若你决定在研究中使用伪迹校正,你应该对你使用的任何方法持适当的怀疑态度,并应采取措施评估结果的正确性。

一种验证伪迹校正的方法是将伪迹校正与伪迹排除进行比较。若两种方法得到的数据很相似——尽管伪迹排除后试次数目的减少导致噪声变大——则校正程序可能没有造成很大的数据失真。Carly Leonard 是我实验室的博士后,她在我们第一次尝试使用 ICA 来校正眨眼和眼动伪迹时就采用了这种方法。她发现用伪迹校正和伪迹排除时得到的结果相似,但伪迹排除后数据中的噪声更大,并且她在论文的"方法"一节中说明了这一点(Leonard et al.,2012)。如果伪迹校正与伪迹排除得到的结果不同,这可能意味着伪迹校正造成了数据失真。或者,这也可能意味着大脑在包含与不包含伪迹的试次中运作不同,因此移除带有伪迹的试次会导致对大脑实际活动的观测不完整。如果你遇到了这种情况,则需要仔细考虑后续步骤。对于这种需要神来干预的困难情况,有句西班牙语说得很好:*愿主与你同在*(Vaya con Dios)。

第二个潜在不足便是,即使伪迹校正完美运行,它也无法校正由眨眼和眼动引起的感官输入的变化。例如,若被试在视觉刺激呈现时眨眼或做眼动,那么该刺激可能无法被正确观测到,且该情形不能用伪迹校正技术来弥补。显然,闭上或移动眼睛会改变对刺激的加工。事实上有一项实验已经量化了这一点,其结果表明若眨眼发生于刺激呈现时,反应时大约增加 200 毫秒(Johns, Crowley, Chapman, Tucker, & Hocking, 2009)。刺激持续时间为 400 毫秒时,被试即使眨眼也能检测到刺激。然而,如果刺激持续时间更短一些,被试则有可能完全错过刺激。

215

显然,该问题的一个解决方案便是在伪迹校正之前,排除那些在刺激呈现的几百毫秒内发生眨眼或眼动的试次。另一种解决办法是证明在这段时间内几乎没有眨眼或眼动发生。虽然这些解决方案看似很显而易见,但我很少看到有发表的研究处理了眨眼改变感官输入的问题。这可能在一定程度上反映了一个事实,即在商业 ERP 分析软件中,并不容易同时兼顾伪迹校正与伪迹排除。当我们在设计开发 ERPLAP 工具箱时(它依靠 EEGLAB 来进行基于 ICA 的伪迹校正),我们的目标之一是使这成为可能。

你应该使用伪迹校正,还是应该坚持传统的伪迹排除方法呢?我在本书第一版中曾说过:"我建议不要使用伪迹校正程序,除非实验或被试的性质导致不可能进行伪迹排除。"自那以来,我的实验室在一些实验中使用了基于 ICA 的伪迹校正,我们对其结果进行了仔细观察,以寻找其中的问题。结果就是,我已经改变了我的建议。我认为使用新的校正技术来校正几乎所有实验中的眨眼都是合理的。眨眼伪迹很大,因此这些方法效果很好。我尚未见到有任何证据表明基于 ICA 的眨眼校正会造成数据实质性的失真。

有三种情况我建议谨慎使用眨眼校正。第一种情况是当你的实验效应为类似于眨眼头皮分布的微小效应,且具有相对较长的持续时间(＞＝200 毫秒)时。在该情况下,由眨眼校正算法引起的微小失真可能会带来难以检测到的问题。第二种情况是当眨眼的时间高度一致时(例如,当被试在反应或强刺激呈现时眨眼);在这种情况下,检测眨眼相关活动的统计方法可能会将大脑活动与眨眼混为一谈。如果你不处于上述任何情形之中,你可尝试使用伪迹校正,但请非常仔细地测试是否有迹象表明它引起了数据失真(例如,通过比较伪迹排除与伪迹校正)。

　　第三种需要谨慎使用眨眼校正的情况,同时也是更为常见的情况,便是当眨眼在不同的实验分组或条件之间有显著差异时,特别是在发现显著 ERP 效应的时间段内。那么如何判断是否处于这种情况呢? 一种判断方法是执行与伪迹校正相反的操作:你不移除与眨眼相关的成分,而是移除其他所有的成分。若在这之后再对数据进行迭加平均,则生成的波形将显示每个实验分组和条件之中与伪迹相关的活动。这似乎是每个使用伪迹校正的实验都应该做的一项工作。若你发现伪迹在不同实验分组和条件之间确实存在差异,你则要更详细地查看数据,以确定实验的主效应可否由伪迹校正的误差来解释(朋友,愿主与你同在!)。

　　我对于在其他类型的伪迹上使用伪迹校正并不那么赞同。例如本章在线补充内容中所述,我们发现用 ICA 去除眼动伪迹的效果不佳。在我之前提到的 Carly Leonard 的研究中(Leonard et al., 2012),我们最终仍使用了 ICA 去除眼动伪迹,尽管其效果并不完美。但它表现仍是"足够好的",即结果的几个方面都使我们确信其并未影响我们的结论(例如,眼动的时间与 ERP 效应的时间不同)。但如果我们要寻找的效应更微小,或者我们需要获取精确的头皮分布信息,则用 ICA 去除眼动伪迹就不够好了。如果你使用眼动伪迹校正,那么请确保你能够判断它是否会导致你的结论不正确。Plochl 等人(2012)发现 ICA 校正眼动伪迹的效果良好,但我怀疑这实际上只是反映了他们实验的特殊之处:他们的任务仅涉及针对少数几个位置做出较大的眼动。此外,该项研究的性质(涉及真正的眼动而不是仿真数据)导致难以量化伪迹校正的效果。

　　对于这类方法是否足以去除 EMG 伪迹,目前仍存在争议(例如,见 McMenamin, Shackman, Maxwell, Greischar, & Davidson, 2009;McMenamin et al., 2010;Olbrich, Jodicke, Sander, Himmerich, & Hegerl, 2011)。问题可能是因为 EMG 伪迹的头皮分布不够稳定,特别是当涉及多个肌肉群时。与此类似,皮

216

肤电位也可能没有一致的头皮分布,导致它们难以被这些方法校正。工频噪声与EKG伪迹在我看来会相对容易校正,并且之前的研究已经为此提供了一些证据(Jung et al., 2000; Ille, Berg, & Scherg, 2002)。

我有时看到人们从 EEG 中移除数十种与伪迹相关的不同成分,但并不明确了解这些成分到底是什么。一个实验者告诉我:"它们看起来像是伪迹。"这是个很糟糕的做法。正如方框 6.6 中所指出的,从数据中减去复杂的信息是一种危险的做法。你应该仅在确切理解了要删除的内容之后才这么做。

总的来说,我发现期刊文章很少关注伪迹校正的细节。作者们往往很少提及他们是如何校正伪迹的,且审稿人也经常放过了他们。期刊文章的读者们似乎也就默认了伪迹校正的有效性。我认为当我们在阅读那些运用了伪迹校正的文章时,我们都需要多进行批判性的思考。期刊的编辑和审稿人也应强烈要求作者提供关于伪迹校正的细节,并在许多情况下,提供证据表明伪迹校正没有导致数据和结果失真。

6. 阅读建议

Berg, P., & Scherg, M. (1994). A multiple source approach to the correction of eye artifacts. *Electroencephalography & Clinical Neurophysiology*, *90*(3), 229 - 241.

Frank, R. M., & Frishkoff, G. A. (2007). Automated protocol for evaluation of electromagnetic component separation (APECS): Application of a framework for evaluating statistical methods of blink extraction from multichannel EEG. *Clinical Neurophysiology*, *118*, 80 - 97.

Gratton, G., Coles, M. G. H., & Donchin, E. (1983). A new method for off-line removal of ocular artifact. *Electroencephalography and Clinical Neurophysiology*, *55*, 468 - 484.

Groppe, D. M., Makeig, S., & Kutas, M. (2008). Independent component analysis of event-related potentials. *Cognitive Science Online*, *6.1*, 1 - 44.

Hillyard, S. A., & Galambos, R. (1970). Eye movement artifact in the CNV. *Electroencephalography and Clinical Neurophysiology*, *28*, 173 - 182.

Lins, O. G., Picton, T. W., Berg, P., & Scherg, M. (1993). Ocular artifacts in EEG and event-related potentials I: Scalp topography. *Brain Topography*, *6*, 51 - 63.

Lins, O. G., Picton, T. W., Berg, P., & Scherg, M. (1993). Ocular artifacts in recording EEGs and event-related potentials. II: Source dipoles and source components. *Brain Topography*, *6*, 65 - 78.

Jung, T. P., Makeig, S., Humphries, C., Lee, T. W., McKeown, M. J., Iragui, V., et al. (2000). Removing electroencephalographic artifacts by blind source separation. *Psychophysiology*, *37*, 163 - 178.

Jung, T. P., Makeig, S., Westerfield, M., Townsend, J., Courchesne, E., & Sejnowski, T. J. (2000). Removal of eye activity artifacts from visual event-related potentials in normal and clinical

217

subjects. *Clinical Neurophysiology*，*111*，1745 – 1758.

Plochl，M.，Ossandon，J. P.，& Konig，P.（2012）. Combining EEG and eye tracking：identification，characterization，and correction of eye movement artifacts in electroencephalographic data. *Frontiers in Human Neuroscience*，*6*，278.

Talsma，D.（2008）. Auto-adaptive averaging：Detecting artifacts in event-related potential data using a fully automated procedure. *Psychophysiology*，*45*，216 – 228.

Verleger，R.，Gasser，T.，& Moecks，J.（1982）. Correction of EOG artifacts in event-related potentials of the EEG：Aspects of reliability and validity. *Psychophysiology*，*19*(4)，472 – 480.

（刘岳庐　译）

（洪祥飞　校）

第七章 傅里叶分析与滤波基础

1. 本章概述

当你记录 EEG 并计算迭加平均 ERP 波形时,你是用每个时间点的电压值来描述你的数据。然而,也可以使用*傅里叶分析*(Fourier analysis)将 EEG 和 ERPs 表示为一组在不同频率上振荡的电压之和。这种基于频域的描述对于理解滤波器的工作原理是必不可少的,且它也有助于理解时频分析。很不幸的是,许多人误解了频域描述的真正含义,从而也导致了滤波器和时频分析的误用。本章旨在对傅里叶分析和滤波进行一个基本的概述。这对于大多数常规 ERP 研究来说都将够用了。若你对更复杂的频域分析感兴趣,可在在线第十一章和第十二章中找到更详细的信息。

在本章中,我将首先简述傅里叶分析,然后介绍基于傅里叶分析的 EEG 和 ERP 数据常规滤波方法。之后,我将再介绍一种数学上等效的滤波方法。该方法完全基于时域,通常更适合 EEG 和 ERP 数据。最后,我将阐述滤波器如何引起数据失真,并且我将就如何以及何时使用滤波器给出一些具体的建议。我将运用很少的数学推理来呈现这些内容(除了简单的算术和迭加平均以外)。我的目标是阐述概念以帮助理解基于频域的表达与滤波,并且给出关于数据滤波的实用建议。

滤波是极其必要的,但若应用不当,它会引起严重的失真。我将在本章末尾列举一些失真的例子,然后提供一些简单的建议以帮助避免这些失真。你也许不想采用这些建议,但我强烈建议你遵循它们,直到你阅读并完全理解了在线第十一章和第十二章(这些章节提供了相关的数学原理)。

你可能已经对傅里叶分析和滤波有了一些了解,因此你可能会想跳过这一章的部分甚至全部内容。然而,尽管本章集中阐述了基础知识,但你至少应该通读一遍,因为你仍可能学到一些重要的原则。例如,如果你认为傅里叶分析中包含的

18 Hz 能量成分意味着大脑中存在 18 Hz 的振荡,那么你一定需要阅读本章。同样,如果你不知道一个半振幅截止频率为 0.5 Hz 的高通滤波器能在数据中产生伪峰,或者你不知道为什么高通滤波器通常应该用于连续的 EEG 而不是迭加平均后的 ERP,那么请你阅读本章。

2. **傅里叶分析基础**

2.1　将 ERPs 变换为频域表达

图 7.1A 显示了一段受 60 Hz 线路噪声污染的 ERP 波形。你可以从图中看出它是 60 Hz,因为这种噪声中每 100 毫秒有 6 个峰(因此每 1000 毫秒有 60 个峰)。该波形相当于在"干净"的 ERP 波形中加上一个 60 Hz 的正弦振荡(如果需要温习什么是正弦波,请参看术语表)。傅里叶分析,以法国数学家约瑟夫·傅里叶(Joseph Fourier)的名字命名,提供了一种在复杂波形中确定 60 Hz 振荡的振幅与相位的方法。这使我们能够设计一个滤波器,以去除 60 Hz 振荡并留下干净的 ERP 波形。

虽然很明显在图 7.1A 所示的波形中存在 60 Hz 振荡,但我们实际上可以将整个波形都分解为正弦波。约瑟夫·傅里叶证明任何波形——无论多么复杂——都可通过将一组不同频率、振幅和相位的正弦波相加来重构。这确实是一个令人震惊且违背直觉的想法:图 7.1A 中所示的波形显然看上去不像是可通过一组正弦波相加来重构。但事实上它是可以的,并且这也是许多广泛应用于数学、工程和科学领域中相关技术的基础。

一种叫*傅里叶变换*(Fourier transform)的数学方法可被用于确定重构一给定波形时所需要叠加正弦波的频率、振幅和相位[1]。例如,图 7.1B 显示了将傅里叶变换应用于图 7.1A 中 ERP 波形的结果。这被称为将数据从*时域*(X 轴为时间)转换至*频域*(X 轴是频率)。图 7.1B 所示的频域表达显示了每个频率的正弦波在重构图 7.1A 所示 ERP 波形时所需的振幅。每个频率也有一个相应的相位值(未在图中显示)。假若你选取具有如图 7.1B 所示频率与振幅(以及适当的相位)的一组正弦波并把它们加起来,你将得到与图 7.1A 所示完全相同的波形。如果你这样做,你实际上是在进行*傅里叶逆变换*(inverse Fourier transform),也就是将频域描述转换回时域描述的数学过程。

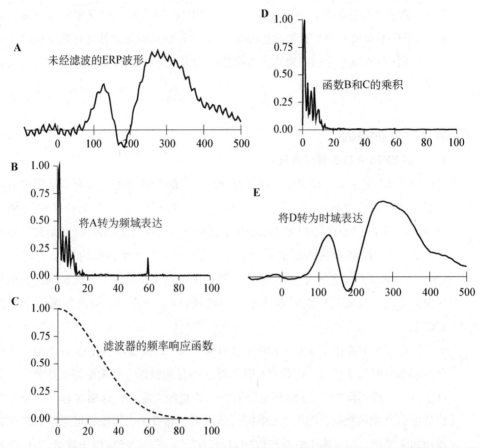

221　图 7.1　频域内滤波的概念。(A)未经滤波的 ERP 波形,受到大量 60 Hz 噪声的污染。(B)通过傅里叶变换,将子图 A 中的波形转换至频域内。注意到 60 Hz 处存在清晰的峰。(C)可以用来减弱高频成分(包括 60 Hz 噪声)的低通滤波器的频率响应函数。(D)子图 B 和 C 中波形的乘积;在每个频率点上,子图 B 中的幅值与子图 C 中的幅值相乘。注意到子图 D 在低频范围内几乎与子图 B 完全相同,而在高频范围内则衰减至零。(E)通过傅里叶逆变换,将子图 D 中的波形转换回时域内。得到的波形与子图 A 中的原始 ERP 波形非常相似,除了不存在 60 Hz 噪声之外。为了简单起见,频域图中的相位部分被省略了。而且为了避免引入过多的数学细节,Y 轴的单位也被省略了,然而子图 C 是个例外,其中的 Y 轴表示滤波器的增益(每个频率处的缩放系数)。

222　　　　注意到图 7.1B 中 60 Hz 处的振幅要高于其附近的频率。这告诉我们,需要在 60 Hz 处包含一个相当大的正弦波才能重构出 ERP 波形。这也与 ERP 波形中明显包含 60 Hz 振荡的事实是一致的。图 7.1B 中也包含许多 15 Hz 以下且振幅相对较高的频率,但我们是否需要这些频率分量却并不明了。这是傅里叶分析的"神奇"之处:即使看上去我们不需要这些频率分量,但实际上这些频率仍是我们用正弦波重构 ERP 波形时所必需的。

人们经常用功率而不是振幅来表示每个正弦波的强度。功率只是振幅的平方,而振幅也就是功率的平方根。用功率代替振幅有一些优势,但它实际上只是在不同的尺度上表达同样的信息。

关于将傅里叶分析应用于 ERP 波形,请留意如下注意事项。具体来说,正弦波的持续时间是无限长的,而 ERP 波形则不是。因此,如果你通过把一组无限长的正弦波相加来重构原始波形,那么重构出的 ERP 波形就会在时间上向前和向后无限地重复。也就是说,我们看到的位于−100 到+500 毫秒之间持续 600 毫秒的波形将在 500 到 1100 毫秒,1100 到 1700 毫秒之间重复。它也会在 − 700 到 −100 毫秒,−1300 到−700 毫秒间重复,以此类推。这在实践中并不是一个问题,也不代表傅里叶分析是有问题的。毕竟,我们没有给傅里叶变换任何在这个狭小时间窗之外的电压信息,因此我们不能指望它在这个时间窗之外也是合理的。如果我们给它一个无限长的波形作为输入(例如,通过将刺激间间隔扩展到负无穷大以及 ERP 的末尾扩展到正无穷大),则用正弦波重构出的波形便不再会重复。尽管如此,这仍是一个警示,提醒我们在解释傅里叶分析的结果时需要谨慎。我们很快还将回到这个问题上来。

你可能听到过人们讨论傅里叶变换的"正弦和余弦分量"。有时这也被称为"实部与虚部分量"。这其实只是另一种表示振幅和相位的方式,它们并没有什么"虚构"之处。如果你有兴趣了解这些术语,请参阅第七章的在线补充。

2.2 简单方波的傅里叶变换

图 7.2 显示了一个简单时域波形(周期性方波)的傅里叶变换。你也许会认为不可能用一组平滑的正弦波来重构一个由直线和尖锐拐角组成的方波。然而,这个例子表明事实上你可以用正弦波来重构方波,只要你愿意累加足够多的正弦波。与图 7.1 中的 ERP 波形不同的是,方波的傅里叶变换仅需一组特定频率的正弦波,而重构 ERP 波形则需要许多连续频率的正弦波。具体来说,如果方波以每秒 F 次的频率重复,则重构方波所需的正弦波频率为 F、3F、5F、7F 等,而不需要任何之间的频率。这些频率被称为*基频*(fundamental frequency;F)和*奇次谐波*(odd harmonics;3F、5F、7F 等)。

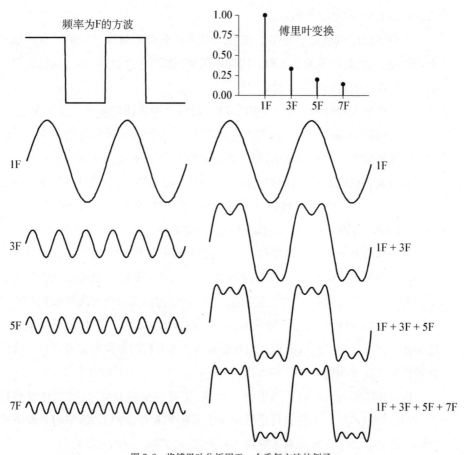

图 7.2 将傅里叶分析用于一个重复方波的例子。

如果将频率为 1F 与 3F 的正弦波相加(见图 7.2 中的 1F＋3F),结果看起来有点像方波,但仍缺少方波中的直线与尖锐拐角。然而,当你把 1F、3F、5F 和 7F 的正弦波相加,结果就开始逼近方波了。我希望你可以想象通过累加越来越多的奇次谐波,我们会越来越接近一个完美的方波。要想完美地重构方波,需要无穷多个奇次谐波,但实际上只需相对较少的谐波数目,就能获得非常好的近似结果。

2.3 傅里叶变换的真正含义

人们在解释傅里叶变换(以及相关的过程,如时频分析)时经常会犯一个根本性的错误。该问题出在人们把数学上的等效误认为*生理*上的等效。傅里叶分析的本质是任何波形都可由一组正弦波的累加来重构。然而这并不代表该波形实际上是由一组正弦波组成。例如,图 7.1B 中所示的傅里叶变换在 18 Hz 处有一些功率,这意味着如果要通过累加一组正弦波来重构图 7.1A 中的 ERP 波形,我们需要使用一个 18 Hz 的正弦波。但这并不意味着大脑在产生该 ERP 波形时形成了 18 Hz 的正弦波。这就好比说一张 1 美元的钞票在价值上等于 100 美分。你可用一张 1 美元的钞票兑换 100 个 1 美分硬币,但这张钞票不是由 100 个 1 美分硬币制造的。你也可以用 1 美元的钞票兑换 9 个 10 美分和 2 个 5 美分的硬币。以上在数学上都是等价的,但它们并不是物理上的等价。这便引出了一个关键的概念,你应该牢记:

　　频域分析的基本原理：在给定频率上存在的功率并不意味着大脑在该频率上进行振荡。

　　当我在开设 ERP 训练营时,我总是问学员们是否对这个基本原理感到惊讶。至少有一半的人说是。这与我在阅读讨论频域分析的期刊文章时的个人经验是一致的。也就是说,在我读到的论文中,至少有一半默认在给定频率下的功率意味着大脑在该频率上存在振荡。例如,论文可能说:“我们观测到了一个在 25 到 60 Hz 之间的神经振荡,其在不同条件下存在差异”。这样的结论通常大大超出了实际数据,因为他们实际上并没有*观测*到振荡;他们只是在频域分析中检测到了特定频率范围内的功率。本质上,这些论文在应用频域分析技术时就*假设*数据是由一组正弦波累加而成,其结论只是重申这一假设。但无论数据中是否含有正弦波振荡,在一些频率上总会有功率存在。因此,在基于傅里叶(或小波)的分析中,频谱上的功率只是一种数学上的必然,而不是存在生理振荡的证据。

　　当我在 ERP 训练营中描述这个基本原理后,我总被问到的第一个问题是:“如果在给定频率上的功率并不代表大脑在该频率上有振荡,那么它意味着什么?”它仅说明若我们试图通过累加一组正弦波来重构观测到的数据,则在该频率上需要一定的功率。正弦波的累加只是实验者为重构波形而做的,而并不一定是大脑在生成该波形时所做的。大脑在该频率上既可能存在振荡,也可能不存在振荡,而傅里叶分析无法获知是否真的存在振荡。

　　当然,在给定频率上的真实振荡会在傅里叶变换中引起该频率上的功率。例如,图7.1A中的ERP波形包含一个由环境中交流电活动引起的60 Hz振荡。因此,在图7.1B所示的傅里叶变换中,60 Hz处的功率实际上是数据中60 Hz的振荡引起的。与此类似,你经常能在原始EEG中看到alpha波段的振荡(约10 Hz)。Alpha振荡至少部分反映了在大脑皮层和丘脑之间构成回路的反复连接,而随着信号在该回路内进行传递,大脑活动便以每秒10个周期进行振荡(Schreckenberger *et al*., 2004; Klimesch, Sauseng, & Hanslmayr, 2007)。在EEG的傅里叶变换中,alpha活动通常会在10 Hz左右的窄频带内产生高功率。这是另一个可通过傅里叶变换中特定频率上的功率来测量真实振荡的案例。但是,图7.1所示ERP波形的傅里叶变换中18 Hz的功率,可能并不反映一个每秒18个周期的神经振荡。18 Hz上的功率反映的是数学上的等效,而不是生理上的等效。

这里存在着一个不对称性:给定频率上的神经振荡在傅里叶分析中总会引起该频率上的功率,但在傅里叶分析中给定频率上的功率并不说明大脑在该频率上存在振荡。

我在ERP训练营中常被问到的第二个问题是:"如何获知给定频率上的功率是否反映该频率上的真实振荡?"在大多数情况下,傅里叶分析中某个窄频带内的强功率反映了该频率范围内的真实振荡。例如,图7.1B中有58到60 Hz之间的强功率,并且40到58 Hz以及62到100 Hz之间的功率非常低,因此这反映了在图7.1A的ERP波形中可以看到的60 Hz振荡。相反,18 Hz的功率与16 Hz或20 Hz的功率并没有太大的区别,这种活动很可能不反映真实的振荡。因此,如果你看到一窄带的高功率信号,则它可能是振荡,但假若其为一宽频信号,则很可能

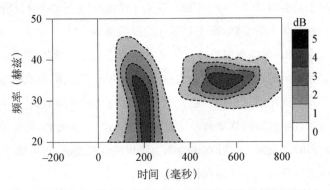

图7.3 仿真的时—频数据。X轴表示时间,Y轴表示频率,明亮程度表示功率相比刺激前基线的变化(单位是分贝,dB)。

不是振荡。特别地,大脑的瞬态响应(即持续时间很短的非振荡电压偏转)通常在一直延伸至 0 Hz 的频带上都具有功率。当然这也有例外,不过在大多数情况下这是一个很好的法则。在线第十二章中提供了该法则背后的论证。

如果你读到一篇运用了某种频域分析的论文,但它却没有展示在低频发生了什么(例如,<10 Hz),你则应该对此论文中关于振荡的任何结论都持怀疑态度。真实的振荡可能存在,但没有低频信息的话,则难以确认。例如,图 7.3 展示了一个仿真的时频分析。其中 X 轴代表相对于刺激起始的时间,Y 轴代表频率,而阴影的深度则代表相对于基线的功率变化。Gamma 波的功率(30—40 Hz)大约出现于100 至 300 毫秒和 400 至 800 毫秒之间。其中 400 至 800 毫秒间的 gamma 频带功率可能反映真实的神经振荡,因为它被隔离到相当窄的频带(30—40 Hz)内,且在更低的频率上没有功率。相反,在 100 至 300 毫秒之间的功率一直延伸至所显示的最低频率(20 Hz),因而不可能知道这是一个真实的振荡,还是某种非振荡的瞬态响应。我不愿指名道姓,但我在许多论文中看到类似图中 100 至 300 毫秒间的活动被解释为振荡,尽管它很可能只是反映瞬态的、非振荡的大脑响应。

最后一个我常被 ERP 训练营学员问到的问题是:"为什么是否是真实的振荡如此重要?"答案便是特定频带上存在的振荡暗示着产生该大脑活动的神经环路类型。例如,gamma 频带的振荡通常被认为涉及快闪中间神经元、小清蛋白阳性中间神经元与锥体细胞之间的短距离反复连接(例如,Knoblich, Siegle, Pritchett, & Moore, 2010;Volman, Behrens, & Sejnowski, 2011)。此外,振荡通常是神经同步的标志,可能在神经环路的信息表达与处理中起着重要作用(例如,Singer, 1999)。因此,知道大脑是否在给定频率存在振荡是有用的。不幸的是,研究者常常在没有有力证据表明大脑确实存在振荡的前提下,就假定已经检测到了振荡。

226

3. **频域滤波基础**

在阐述了傅里叶分析的基础之后,现在该学习滤波的基本原理了。我将讲解最常见的滤波方法,即抑制特定的频带。该方法把 ERPs 视为一组正弦波的总和,这有时会导致对数据的错误诠释。尽管如此,滤波器最常见的用途是减少那些可被正弦波很好近似的噪声源,因此该方法具有相当大的价值。而且一旦你理解了频域滤波方法,时域滤波方法的理解也就水到渠成了。

3.1 为什么滤波器是必要的?

本章的一个关键信息是滤波器可以造成数据显著失真。因此我们有必要问一问为什么使用滤波器仍然是值得的。这个问题有两个答案,第一个答案与奈奎斯特定理(见第五章)有关。该定理指出,当数字化的采样率是模拟信号中最高频率的两倍以上时,就可以将该连续的模拟信号(如 EEG)转换成一组离散样本且不损失任何信息。这意味着我们可以合理地将 EEG 信号以一组离散样本的形式存储到计算机上。然而,该定理也指出,如果原始信号中包含了超出采样频率一半的频率成分*,那么这些高频会以伪低频的形式出现在数字化以后的数据中(这被称作混叠)。因此,EEG 记录系统中都使用基于硬件的抗混叠滤波器来抑制数据中的高频成分,这些滤波器通常被设置为消除数据中大于或等于奈奎斯特频率(采样率的一半)的成分。例如,典型的认知 ERP 实验可能使用 250 Hz 的采样频率,因此有必要确保一切大于或等于 125 Hz 的频率成分都被消除。

滤波的第二个主要目标是降低噪声,而这相比第一点来说要复杂得多。其基本思想是,EEG 由信号加上一些噪声组成,其中一些噪声可通过削减特定频率来抑制。例如,在典型的认知神经科学实验中,ERP 波形中的大部分有关成分由大约 0.1 Hz 至 30 Hz 之间的频率组成,而肌电活动主要由 100 Hz 以上的频率组成;因此,抑制 100 Hz 以上的频率将极大地减少肌电活动,而与此同时它对 EEG 的影响很小。然而,若信号与噪声的频率成分很相似,则很难在不使信号产生显著失真的前提下抑制噪声。例如,alpha 波是 ERP 分析中相当大的噪声源,但由于它在 ERP 的频率范围内,因此很难对其进行滤波,而又不在 ERP 波形中产生显著失真。

除了抑制高频,大多数实验中也运用滤波器来衰减极低频,这些低频通常产生自电极和皮肤,而非源自大脑(如第五章所讨论的)。使用滤波器抑制低于 0.1 Hz 的频率成分,通常可以有效去除这些慢电压漂移。当数据采集自病人或儿童时,这一点便尤为重要,因为头部和身体的移动是导致这些持续性电压漂移的一个常见原因。你可以通过使用更高的截止频率(如 0.5 或 1.0 Hz)来进一步减轻慢电压漂移,但这些频带也是 ERP 波形的重要组成部分。使用如此高截止频率的滤波可能会引起 ERP 波形的严重失真,并可能降低统计功效(如本章后面所述)。

---

* 译者注:原文此处有笔误

我还应指出的是,滤波器通常有助于对 ERP 波形进行肉眼观测。若 ERP 波形中包含大量的高频活动,这将使你(以及你论文的审稿人)很难观测到不同条件或分组之间的差异。因此,在对数据进行绘图之前,滤除高频噪声是有用的。

滤波器通常根据它们抑制或通过不同频率的能力来描述。最常见的滤波器类型包括:(1)*低通滤波器*,即衰减高频并通过低频;(2)*高通滤波器*,即衰减低频并通过高频;(3)*带通滤波器*,即同时衰减高频与低频,但让某一中间频带通过;(4)*陷波滤波器*,它在某一窄频带上衰减(例如,60 Hz),并让其他任何频率通过。对我个人而言,根据滤波器的通带来描述它们非常容易令人混淆,我觉得将*低通滤波器*称作*高阻滤波器*反而更自然。但这是惯例,因此我们需要接受它。注意,带通滤波器等效于用低通滤波器先滤一次波,然后用高通滤波器进行第二次滤波(反之亦然)。

228

3.2 滤波作为频域内的乘法

滤波器的效应通常用滤波器的*频率响应函数*来表示,其描述了滤波器如何影响每个频率成分。通常,我们关注的是滤波器如何改变每个频率上的振幅,这是由每个频率上的*增益*所决定的。增益是一个乘法因子;滤波器输入中的每个频率都与将该频率上的增益相乘。增益为 1.0 表示滤波器不改变该频率上的振幅。增益为 0.25 则表示振幅将乘以 0.25,因此减小 75%。增益为 1.5 表示振幅将乘以 1.5,从而增加 50%。在用于 EEG/ERP 信号的典型滤波器中,每个频率的增益都在 0 到 1 之间。

图 7.1C 显示了一个典型低通滤波器的频率响应函数。当频率低于 10 Hz 时,其增益在 1 附近,因此这些频率不会受到该滤波器的较大影响。当频率超过 80 Hz 时,其增益接近于零,因此该滤波器将几乎完全消除这些频率。该滤波器的增益在 5 至 80 Hz 之间逐渐下降,这些频率将部分被抑制,部分被通过。在 60 Hz 处的增益约为 0.10,因此 90% 的 60 Hz 噪声将被滤波器抑制。

当我们以这种方式将滤波概念化时,滤波的实际过程其实非常简单。原始 ERP 波形(图 7.1A)通过傅里叶变换被转换到频域(图 7.1B)。然后,在数据的频域表达中,将每个频率上的振幅乘以滤波器频率响应函数(图 7.1C)中相应的增益值,便得出滤波后频域中的数据(图 7.1D)。最后,滤波后的频域数据通过傅里叶逆变换被转换回时域,从而得出滤波后的时域 ERP 波形(图 7.1E)。

如果比较原始和滤波后的频域数据(图 7.1B 与 D),可以看到它们在低频(低于 10 Hz)的振幅非常相似。这是因为滤波器在这些频率上的增益接近 1.0。然而,因为滤波器在 60 Hz 处的增益约为 0.10,出现在滤波前数据中(图 7.1B)的 60 Hz尖峰在滤波后的数据中(图 7.1D)几乎被完全去除。因此,滤波前 ERP 波形中(图 7.1A)的快速振荡噪声在滤波后的 ERP 波形中基本上被去除了(图 7.1E)。

你可以使用任何函数作为频率响应函数。例如,你可使用这样一个函数,它在 0 到 50 Hz 之间的每个频率上增益为 1,而对于 50 Hz 以上的频率增益为 0。你可能会认为这是一个更好的频率响应函数,因为它不会造成如图 7.1 中滤波器在中间频率上的部分衰减。然而,正如我稍后将更详细阐述的,这种频率响应函数中非常突然的过渡可能会带来一些不良的副作用。

3.3 二次滤波

如果对相同的数据进行两次滤波会怎么样呢? 例如,你可能在数据采集时使用硬件低通滤波器来避免混叠,之后你可能希望在软件中离线使用一个低通滤波器以进一步降低数据中的高频噪声。你可从图 7.1 所示的运算序列中理解这背后

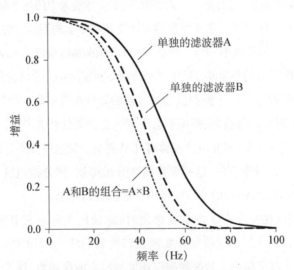

图 7.4 两个滤波器 A 和 B 的频率响应函数,以及将两个滤波器连续用于数据滤波之后所得到的有效频率响应函数。用滤波器 A 对数据进行滤波,然后再用滤波器 B 对数据进行滤波,等价于用频率响应函数为滤波器 A 和滤波器 B 频率响应函数乘积的滤波器对数据进行一次滤波。也就是说,两个滤波器组合后的频率响应函数是由两个独立函数在每个频率处的增益相乘而得到的。

的原理。进行两次滤波只是将这个运算重复进行两次。

但是,有一种更简便的方式来理解二次滤波。具体来说,你可以将两个滤波器的频率响应函数相乘,便得到使用两个滤波器时所对应的频率响应函数。图 7.4 显示了两个滤波器的频率响应函数,分别标记为"滤波器 A"和"滤波器 B"。对数据进行两次滤波,一次使用滤波器 A,一次用滤波器 B,等效于用两个滤波器的频率响应函数相乘所得到的频率响应函数滤波一次。即使其中一个滤波器是在硬件上实现的,而另一个是在软件中实现的,该描述也成立。

你可能会认为,使用完全相同的滤波器进行第二次滤波不会改变数据。毕竟,如果你已经去除了某频率,怎么可能通过第二次滤波改变这个频率呢? 但是第二次滤波确实是会改变数据的。例如,设想我们使用图 7.4 中的滤波器 A 滤波两次。该滤波器在 38 Hz 处的增益约为 0.80。在第一次滤波时,我们将在 38 Hz 处去除 20％的信号。而第二次滤波时,我们将在 38 Hz 的剩余信号中再去除 20％。类似地,滤波器 A 在 41 Hz 处的增益约为 0.71。如果用该滤波器进行两次滤波,则在 41 Hz 处二次滤波的增益为 0.5(因为 0.71×0.71＝0.5)。因此,虽然滤波器 A 的半振幅截止频率大约在 50 Hz,用该滤波器进行两次滤波的半振幅截止频率却大约为 41 Hz。

3.4　相移

如图 7.1B 所示,当我们用傅里叶变换建立频域表达时,在每个频率上都存在相位与振幅(虽然相位经常在图中被省略,且本书也如此)。类似地,频率响应函数对每个频率都指定一个增益和相移。在大多数离线(软件)滤波器中,每个频率上的相移都为零,因此在使用这些滤波器时不需要担心相位问题。然而,硬件滤波器总是存在相移,它以复杂的方式将 ERP 波形向右移动。对于大多数截止频率相对较高的抗混叠滤波器来说,其相移是可忽略不计的,所以你无须担心相移。但若使用的硬件滤波器具有相对较低的截止频率(例如,低于 50 Hz),则可能会产生有实际意义的潜伏期漂移。这也是为什么尽量进行离线滤波,且使用不产生相移或潜伏期漂移的滤波器的原因之一。

正如我将在本章后面更详细阐释的,滤波器通过计算周围时间点的加权组合以求出给定时间点上的滤波值。多数离线滤波器以对称的方式来实现,即对当前时间点之前与之后的时间点赋予相等的权重。因此,他们不会产生相移。相反,硬件滤波器只"知道"过去的时间点,因为未来的时间点还未发生,因此只能使用过往的电压在给定时间点上计算滤波值。在给定时间点上的电压将影响后续时间点上的电压值,其结果是将该电压值在时间上"推"迟,从而导致相移。这类滤波器被称为*因果*(causal)滤波器,因为它们遵循因果关系的基本原则,即过去可以影响未来,但未来不能影响过去。

离线滤波器使用先前和后续的电压来计算给定时间点的滤波值。因此,它们违背了时间的单向性,因而被称为*非因果*(non-causal)滤波器。虽然使用不符合基本因果原则的滤波器听起来像是个坏主意,但在实践中这通常并不是一个问题。在几乎所有情况下,你都希望在离线滤波中使用非因果滤波器以避免潜伏期漂移。

3.5 截止频率、滚降与斜率

在 ERP 研究中,滤波器通常仅以它的*半振幅截止频率*来描述,即振幅减低至 50% 的频率。然而,这对于描述整个频率响应函数是远远不够的。例如,图 7.5 展示了两个频率响应函数,它们都具有 30 Hz 的半振幅截止频率。子图 A 中的函数在 10 至 80 Hz 之间非常缓慢地下降,而子图 B 中的函数在 0 至 25 Hz 之间非常平坦,在 25 至 35 Hz 之间迅速下降,之后又非常平坦。

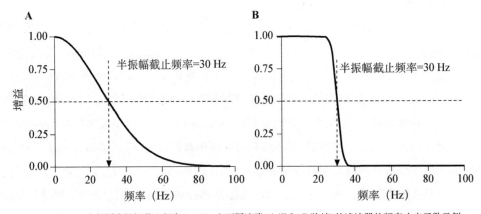

图 7.5 两个具有相同半振幅截止频率(30 Hz)和不同滚降(A 温和,B 陡峭)的滤波器的频率响应函数示例。

增益下降的陡峭程度被称为滤波器的*滚降*(roll-off),它通常由截止频率处频率响应函数的*斜率*（slope）来量化。图 7.5A 中的频率响应函数滚降较平缓，而图 7.5B 中的频率响应函数则有较陡峭的滚降。斜率通常以对数尺度的分贝/倍频程（dB/octave）来表示。一个 3 dB 的下降即代表功率减弱 50%，6 dB 的下降则代表振幅减小 50%。一个倍频程（octave）代表频率的加倍。因此，一个半振幅截止频率为 30 Hz 且斜率为 6 dB/octave 的滤波器将使 20 至 40 Hz 之间（一个倍频程）的振幅下降 50%（6 dB）[2]。

　　需要注意的是，截止频率有时是根据功率而不是振幅来指定的。半振幅截止频率是指增益降低 6 dB 的点，而半功率截止频率是增益仅降低 3 dB 的点。我们可以这样描述半功率截止频率："数据经低通滤波（−3 dB 于 30 Hz）。"在功率降低了 50% 的频率点上，振幅只降低了 29%。如果滤波器的斜率相对较小，则半功率截止点可能与半振幅截止点相差很大。例如，一个半功率截止频率为 30 Hz、斜率为 12 dB/octave 的滤波器，其半振幅截止频率约为 46 Hz。其半振幅截止频率高出半功率截止频率 50%！方框 7.1 简要说明了在撰写论文时详细描述滤波器的重要性。

232

方框 7.1　到底是哪种滤波器？

　　我在《认知、情感与行为神经科学》杂志（*Cognitive, Affective, and Behavioral Neuroscience*）担任了几年的副主编。在那几年中，我负责了几乎所有投稿至该杂志的 ERP 手稿。除了对每一投稿作出是否可发表的宏观决策以外，我还确保杂志中的每一篇 ERP 论文对于方法与结果的描述都至少符合一套最低限度的标准。令我十分惊讶的是，我发现绝大多数手稿都远远未能对其所使用的滤波器提供充分的描述。例如，它们常常都未提及是否在数据采集中使用了抗混叠的硬件滤波器。此外，大多数提到滤波器截止频率的论文都没有说明是半振幅还是半功率截止频率。并且，大多数的论文都省略了滤波器的斜率。说起来，有一篇论文比较了在两个不同实验室进行的实验，可是却不清楚用于这两个数据集上的滤波器是否等效。撰写该论文的研究生只得学习了许多关于滤波的知识，才令人满意地修改了论文（该论文最终被接收）。

　　我还听闻有两个实验室试图重复对方的实验却一直失败,尽管他们认为在以完全相同的方法处理数据。他们最终发现造成差异的原因是因为一个实验室使用了半振幅点指定截止频率,而另一个实验室用了半功率点指定截止频率。当他们使用了相同的滤波器后,差异就消失了。

　　因此,底线是你需要足够详细地描述你使用的滤波器,以便读者能获知你到底对数据做了什么,从而可以重复你的数据处理程序。这本应是一个显而易见的问题,但大多数 ERP 研究者似乎没有意识到滤波对结果能产生多大的影响。请勿在你们自己的论文中犯同样的错误。至少,你应该指出滤波器的截止频率,该截止频率是半振幅还是半功率点,以及滚降斜率。汇报滤波器的类别(如高斯、贝塞尔或巴特沃斯)也是有帮助的,但这是个更高级的主题,我将在在线第十二章中阐述。

3.6　高通滤波器与时间常数

　　至此,我们主要考虑了低通滤波器。在大多数认知实验中,低通滤波器有助于减少电感应噪声与 EMG 噪声。高通滤波器可用来减少由皮肤电位引起的慢电压变化以及其他的慢电压偏移,从而提高统计功效。图 7.6 给出了高通滤波器被应用在一段 30 秒连续 EEG 的例子。未经滤波的数据在该时间段内有明显的向上漂移,这种漂移由一个半振幅截止频率为 0.1 Hz 且斜率为 24 dB/octave 的高通滤波器消除。如果你只查看较短的 EEG 分段(例如,5 秒或更短的时间),你甚至可能不会注意到漂移。所以你应该查看更长的时间段(例如,60 秒或更长),这样才可以检测到数据中的缓慢漂移。如本章末尾的“什么时候应该滤波?”一节所讨论的,高通滤波器通常用于连续 EEG,而不是用于 EEG 分段或迭加平均后的 ERPs。

　　高通滤波器有时是以*时间常数*,而不是半振幅截止频率来描述。如图 7.7 所示,如果给高通滤波器输入一恒定电压,则滤波器的输出将以此电压为起始点,然后逐渐降至零。滤波器的时间常数是指其导致电压下降的速率。滤波器的输出电压随时间呈指数下降,即在给定长度的时间段内,电压在该时段的起始与结束之间将下降一个特定的百分比(例如,在一个 8 秒时间段的开始和结束之间,电压下降

未滤波

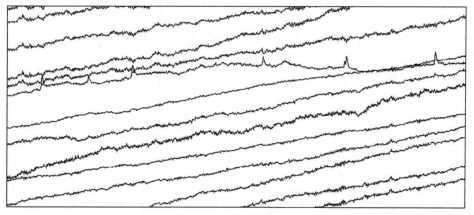

高通滤波（半振幅截止频率=0.1 Hz），斜率=24 dB/octave

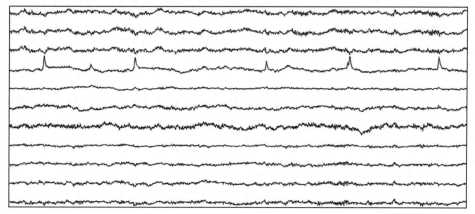

图 7.6 一段 30 秒的 EEG 信号在未经任何滤波（上方）和通过一个半振幅截止频率为 0.1 Hz、斜率为 24 dB/octave 的高通滤波器之后（下方）的波形示例。滤波器消除了数据中逐渐向上的漂移。

50%，而在下一个 8 秒时间段中，电压在剩余电压基础上继续下降 50%）。因为一个时间段内的电压下降总是该时段起始电压的一个百分比，所以电压永远不会降至零。因此，时间常数则被表示为滤波器输出下降至起始值的某一特定比例（$1/e$ 或 37%）所需的时间。其之所以被称为"常数"，是因为对于任何起始电压值，电压都会在这段时间内下降到起始值的 $1/e$。

当半振幅截止频率提高时，时间常数就会减小。若已知高通滤波器的半功率截止频率（fc，即滤波器输出降低 3 dB 的频率），则时间常数可由 $1/(2\pi f_c)$ 求出。

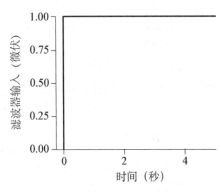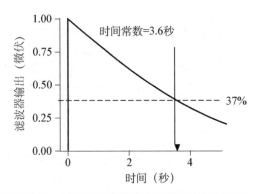

图 7.7 一个高通滤波器的时间常数示例。如果滤波器的输入是一个恒定电压(左侧),那么滤波器的输出将按照指数函数的形式朝零值逐渐衰减。这个特定滤波器的时间常数是 3.6 秒,意味着滤波器在给定时间点的输出将是 3.6 秒之前的 1/e(37%)。只要滤波器的输入是一个恒定电压,这个基于百分比的下降对于任何 3.6 秒的时间段都将是成立的。

4. 时域滤波基础

在传统的 ERP 分析中,频率本身并不是分析中的一个重要变量。相反,ERP 研究通常关注大脑活动的时间进程。然而,ERP 研究者又几乎总是提及滤波器的频域特性,而不是它们的时域特性。我觉得这有些奇怪。因此,在本节中我将阐述滤波器是如何在时域中进行工作的,而不涉及任何频域表征。我将重点讨论一种被称作滑动平均滤波器的简单时域滤波器,它除了简单的平均以外,不需要任何复杂的数学运算。在线第十二章提供了关于滤波器如何在时域中工作的更广义的讨论。除了本章末尾提供的有关滤波的建议之外,如果你想了解更多内容(或者你希望有一天成为 ERP 专家),那么我鼓励你阅读。

4.1 使用滑动平均滤波器进行低通滤波

让我们从图 7.8A 中的 ERP 波形开始。该波形具有很多高频噪声(图中小且快速的电压变化使波形看上去有些模糊)。一个可以简单减少这些快速电压变化的方法是将波形中的每一点替换为该点与其之前和之后时间点上电压的平均值。例如,如果每 4 毫秒有一个样本,则在 68 毫秒处的滤波后电压值将等于在 64、68 和 72 毫秒处滤波前电压的平均值。类似地,在 72 毫秒处的滤波后电压值将等于在 68、72 和 76 毫秒处滤波前电压的平均值。这被称作三点滑动平均滤波器,因为滤波后波形是由原始波形中每三个点的滑动平均计算得出的。图 7.8B 显示了运用这个简单滤波器所得到的效果。滤波后的波形看起来比图 7.8A 中的原始波形更加平滑,但其基本波形和原始波形仍保持一致。

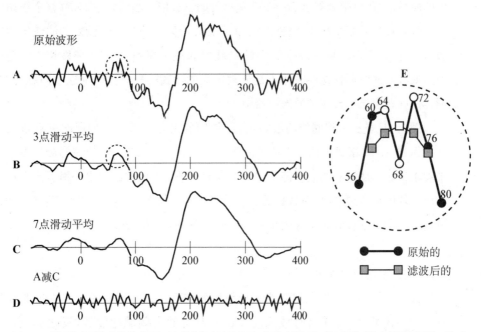

图 7.8 利用滑动平均滤波器对 ERP 波形进行滤波的例子,它通过将每个时间点附近的电压进行平均而实现。(A)未经滤波的 ERP 波形,受到大量高频噪声的污染。(B)对子图 A 中的波形进行滤波后得到的结果,方法是将波形中每个时间点上的电压与其周围相邻时间点上的电压进行平均(一个三点滑动平均滤波器)。(C)对子图 A 中的波形进行滤波后得到的结果,方法是将波形中每个时间点上的电压与其两侧各三个时间点上的电压进行平均(一个七点滑动平均滤波器)。(D)高通滤波后的波形,由子图 A 中的未滤波波形减去子图 C 中的滤波后波形而得到。(E)原始数据和滤波后数据在 56 至 80 毫秒之间的特写。原始值用圆圈表示,滤波后的值用正方形表示。每个数字表示该值所处的时间点。三个白色填充的圆圈被平均在一起,形成了白色填充的正方形。

　　为确保清晰无误地理解该滤波器,图 7.8E 将原始波形中的七个样本点(图 7.8A 波形中的圈出部分,从 56 到 80 毫秒)以及滤波后波形中的五个对应样本点(图 7.8B 波形中的圈出部分,从 60 到 76 毫秒)放大。在 68 毫秒处的滤波值(白色方块)是原始波形中 64、68 和 72 毫秒处的平均值(三个白色圆圈)。类似地,在 64 毫秒处的滤波值是原始波形中在 60、64 和 68 毫秒处的平均值。

　　在图 7.8E 中我给出了原始波形中的七个值,但在滤波后的波形中我只列出了五个点,省略了该时间段内的第一点和最后一点。这是因为滤波器在波形的起始和结束处会遇到问题。要计算 56 毫秒处的滤波值,你需要知道在 52、56 以及 60

毫秒处的原始值。类似地,若要计算 80 毫秒处的滤波值,则需要知道 84 毫秒处的原始值(并将其与 76 和 80 毫秒处的原始值平均)。因为我没有给出 52 和 84 毫秒处的原始值,所以很难展示 56 和 80 毫秒处的滤波值。当然,如果观察整个原始波形,我们可以得到 52 和 84 毫秒处的原始值并计算 56 和 80 毫秒处的滤波值。然而,这个问题仍将出现在整个波形的最开始和最末端(在−100 毫秒和 400 毫秒处),滤波后的波形在这些时间点是未被定义的。我将稍后再讨论这个问题,因为同样的问题也会出现在频域滤波器中。

图 7.8C 显示了相同的滤波方法,但使用的是七点滑动平均而非三点滑动平均。例如,在 68 毫秒处的滤波值可由在 56、60、64、68、72、76 和 80 毫秒处原始值的平均求出。该滤波后的波形甚至比用三点滑动平均生成的波形更平滑。当滑动平均所平均的点数越多时,对数据的滤波效果越强。如下一节将更详细阐述的,增加滑动平均的点数在数学上等效于降低频域滤波器的半振幅截止频率。

4.2 与频域滤波的关系

你可能想知道这种类型的滤波与频域滤波有什么样的联系。正如在线第 12 章详细阐述的那样,任何时域滤波器都有其等效的频域滤波器,反之亦然。图 7.9A 展示了一个 13 点滑动平均滤波器的频率响应函数(假设采样率为 250 Hz)。低频可完全通过该滤波器,但其增益随频率的增加而减小,并在 20.83 Hz 时下降

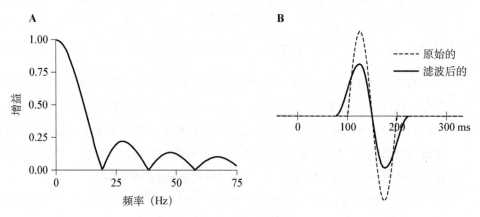

图 7.9 (A)一个 13 点滑动平均滤波器的频率响应函数(假设采样率为 250 Hz)。(B)一个起始于 100 毫秒,由单个周期 10 Hz 正弦波构成的人造波形(虚线),以及该波形通过 13 点滑动平均滤波器之后的结果(实线)。

至零。然后,其增益又上升一点并在 41.67 Hz 处再次降至零。这种上下起伏的模式将无限地继续下去,并随频率的增加变得越来越小。如果使用频域滤波方法对 ERP 波形进行滤波(例如,将 ERP 波形转换至频域并乘以该频率响应函数,然后再将其转换回时域),结果将与应用 13 点滑动平均滤波器完全相同。

　　滑动平均滤波器的频率响应函数有些奇怪,因为它有许多上下起伏。但是我们只需对滑动平均滤波器稍作修改,就可以得到一个更好的单调递减的频率响应函数。这个改动还解决了滑动平均滤波器的时域奇异性。具体来说,当我们用 13 点滑动平均滤波器计算给定时间点的滤波值时,我们对当前时间点两侧的所有 6 个点赋予相等的权重。一个可能更明智的做法是对更接近当前点的时间点赋予更高的权重。例如,对于一个三点滑动平均滤波器,我们可以对当前点赋予 0.5 的权重,而对其两侧的点赋予 0.25 的权重。因此,在 68 毫秒处的滤波值则为 0.25 乘以 64 毫秒处的电压加上 0.5 乘以 68 毫秒处的电压再加上 0.25 乘以 72 毫秒处的电压。通过选择一组适当的权重,你可以得到一个具有单调递减频率响应函数的"加权"滑动平均滤波器。事实上,通过选取适当的权重,你可以创建任何你想要的频率响应函数。在线第十二章对此提供了详细的阐释。

4.3　滤波与时间拖尾

238

　　当使用滑动平均滤波器进行滤波时,很明显我们会失去一些时间上的分辨率。也就是说,由于在给定时间点上,滤波后的电压是其周围时间点的平均值,因此滤波值代表在某一时间点范围内的平均活动,而并非代表单个时刻上的活动。图 7.9B 显示了当我们将 13 点滑动平均滤波器应用于一个仿真波形(从 100 毫秒开始的单周期 10 Hz 正弦波)时的情形。滤波后的波形振幅总体上比原始波形的振幅要低,这是合理的,因为由图 7.9A 所示的频率响应函数可见,该滤波器在 10 Hz 处的增益远低于 1.0。然而,在滤波后的波形中最需要注意的是,它相比原始波形具有更早的起始时间(以及更晚的结束时间)。考虑到滑动平均的计算方式,这也是合理的。例如,在 92 毫秒处的滤波值是 68 到 116 毫秒之间电压的平均值(这是 13 个时间点,假设每 4 毫秒有一个采样点)。因为原始波形在该时间范围内开始上升至零以上,所以这些电压的平均值将大于零。这导致 92 毫秒处的滤波值大于零,即便原始波形在 100 毫秒之后才从零偏移。

你可能会认为,这就是我们不应该使用滑动平均滤波器,而应该使用频域滤波器的原因。然而,时域滤波器与频域滤波器在数学上是等效的,因此在对 ERPs 进行频域滤波时,这种时间信息上的"拖尾"效应同样也会出现。我将在本章后面继续讨论这一点。

4.4 使用滑动平均滤波器进行高通滤波

你现在已经知道如何进行简单的低通滤波操作。你可以通过添加一个简单的步骤,即可以同样的方式进行高通滤波。该步骤利用了一个事实:ERP 波形等效于其低频与高频信息的总和,而经低通滤波后的波形仅包含低频信号。若我们从原始波形中(包含高频以及低频)减去低通滤波后的波形(仅含低频),其结果便是一个仅包含高频信息的波形。换句话说,我们可以通过从原始数据中减去经低通滤波的波形,以得到高通滤波后的波形。图 7.8D 显示了从原始波形中减去 7 点滑动平均滤波器的输出后所得到的波形。如果仔细观察,经高通滤波的波形中每一个小的上下起伏都与原波形中小的上下波动相对应。这个由 7 点滑动平均所得到的高通滤波器具有很高的半振幅截止频率,因此在 ERP 研究中不会被用到。然而,你可以减去一个经过 101 点滑动平均滤波的波形,便能得到一个更有用的半振幅截止频率。

图 7.8A 所示未经滤波的波形中仅包含 125 个点(即 500 毫秒,当采样频率为 250 Hz 时)。如果使用 101 点滑动平均滤波器,你将无法对波形中起始的 50 点和最后的 50 点计算滤波值(因为在给定点的两侧各需 50 个点来计算 101 个点的平均值)。这将使滤波后的波形中只剩下 25 个点,这显然是个问题。因此,基于很多时间点的滤波器应该被用于连续的 EEG(即在分段之前)。在 5 分钟的连续 EEG 中失去起始的 50 点与最后的 50 点不是什么大问题。事实上,你可以在刺激开始之前就开始记录数据,并在刺激结束后稍等片刻再停止记录。这样,滤波就不会导致任何重要数据的丢失。

5. 由滤波引起的失真

虽然滤波器是非常有用的,但它们实际上是一种系统性的失真。对数据使用的滤波越多,数据的失真就越严重。由滤波所造成的失真可以用一个关键原则来总结，你需要将它牢记，并且每当提及滤波时都能回忆起来。

　　滤波的基本原理：时域中的精度与频域中的精度成反比。

　　换句话说，你对 ERP 波形的频率约束越严格（即，滤除一窄频带以外的所有频率或使用陡峭的滚降），ERP 波形在时间上就变得越发散。相反，当时间精度越高时，数据中的频率范围也会越宽。鉴于时间分辨率是 ERP 技术的主要优点之一，该原理清楚地表明如果我们试图在频域中达到很高的精度，我们则会放弃很多。

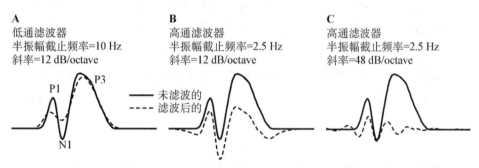

A
低通滤波器
半振幅截止频率=10 Hz
斜率=12 dB/octave

P1　P3

N1

未滤波的
滤波后的

B
高通滤波器
半振幅截止频率=2.5 Hz
斜率=12 dB/octave

C
高通滤波器
半振幅截止频率=2.5 Hz
斜率=48 dB/octave

图 7.10　滤波器引起失真的例子。（A）低通滤波对 ERP 波形起始和结束时间的影响。（B）一个滚降相对温和的高通滤波器所造成的影响。注意到在滤波后的波形中，位于开始和结束处的人造负峰。（C）一个滚降相对陡峭的高通滤波器所造成的影响。注意到滤波后波形中的人造振荡。

　　为了使这一原理更加具体，图 7.10 显示了在对真实 ERP 波形进行滤波时，可能产生的三种时间扩散效应（temporal spreading）。这些都是相当极端的例子，如果你遵循本章末尾的建议，你应该不会在数据中看到这类失真。图 7.10A 显示了对 ERP 波形进行低通滤波（半振幅截止频率为 10 Hz）可导致滤波后的波形相比未经滤波的波形具有更早的起始与更晚的结束时间。这与图 7.9B 中 13 点滑动平均滤波器所造成的拖尾现象很类似。无论是在时域还是在频域中实现，低通滤波器都有这种拖尾效应，并且这可能会影响 ERP 成分的起始与结束时间以及实验效应。例如，如果你在经过严重低通滤波的波形中观测到于 120 毫秒处开始的实验效应，那么该效应的实际起始时间可能大大晚于 120 毫秒（例如，150 毫秒）。

图 7.10B 展示了由一个半振幅截止频率为 2.5 Hz,斜率为 12 dB/octave(相对平缓)的高通滤波器所产生的效应。该子图表明高通滤波器产生的扩散效应在电压上是极性反转的。该极性反转的扩散效应是因为高通滤波器等效于从原始数据中减去低通滤波后的波形(如本章前面所述)。由低通滤波器产生的时间拖尾因为减法而产生极性反转。本例中,位于未经滤波波形的开始和结束处的 P1 和 P3 正峰,导致在滤波后波形的开始和结束处出现了虚假的负峰。波形中部的 N1 峰在其周围时间点上也会引起正向的虚假活动,但因它们混合到 P1 和 P3 峰中,所以很难在本例中观测到。然而,如果两种条件仅在 N1 振幅上存在差异,则这类滤波会在 P1 和 P3 峰上产生虚假的正效应。

图 7.10C 展示了由另一高通滤波器引起的失真,该滤波器具有同样的半振幅截止频率(2.5 Hz),但其斜率更大(48 dB/octave)。该滤波器虽然没有在滤波后波形的开始和结束时各产生一个单独的虚假峰,但却造成了在时间上进一步延伸的虚假振荡。这类虚假振荡可使实验效应看上去像是振荡。因此可以想象,使用这类滤波器可能会让人完全曲解 ERP 实验的结果。方框 7.2 描述了一项颇具影响的研究,但其结果中的振荡可能源自这类滤波伪迹。

241 **方框 7.2　一个来自文献的例子**

Luu 和 Tucker(2001)发表了一项关于错误相关负波(error-related negativity; ERN)的非常有影响力的研究。其中他们使用了相对较强的滤波,以试图证明 ERN 是一个对持续振荡(ongoing oscillation)的调控,而并非离散的瞬态神经响应。方框中左图显示了基于正确与错误反应试次的原始波形(与反应锁时),而右图显示了滤波后的数据(4—12 Hz 的带通滤波)。当我第一次看到这些波形时,我在想:“这些滤波后的数据像极了本书中所示的虚假振荡的例子”(例如,见图 7.10C)。换言之,滤波后数据中的振荡可能只是滤波器造成的伪迹,而并不反映真实大脑活动的特征。

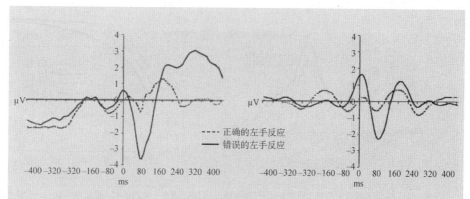

　　我原本计划进行一些仿真实验以证明 Luu 和 Tucker(2001)所观测到的结果可能反映了滤波伪迹,但我后来发现 Nick Yeung 和他的同事已经发表了一篇论文来阐述这一点（Yeung, Bogacz, Holroyd, Nieuwenhuis, & Cohen, 2007）。他们通过仿真实验表明,Luu 和 Tucker(2001)中滤波后数据上出现的振荡,既可能是真实振荡,也可能是滤波伪迹。这并不是说 Luu 和 Tucker(2001)的结论是不正确的。它仅意味着他们所用的滤波程序并未提供任何关于是否存在振荡的实质性证据。假若你用一窄带带通滤波器对 EEG 或 ERP 数据进行滤波,则无论大脑信号是否存在振荡,你几乎总会在滤波后的数据中见到振荡。

　　图 7.11A 显示了当提高高通滤波的截止频率时,P3 波形会随之衰减,并且在波形起始处会生成一个虚假峰（引自 Kappenman & Luck, 2010）。我们发现截止频率为 0.1 Hz 的高通滤波器只轻微地衰减了 P3 波形,并且没有产生任何明显的伪迹。截止频率为 0.5 Hz 的滤波器则明显地衰减了 P3 波形的振幅,并且它还在大约－50 到 100 毫秒之间产生了虚假的负向电压偏转。截止频率为 1.0 Hz 的滤波器进一步降低了 P3 波形的振幅,且增加了位于波形开始处的虚假负偏转的振幅。我希望通过本例澄清的是,当半振幅截止频率高于 0.1 Hz 时,高通滤波器的使用需要非常谨慎。

　　如果你已经对数据进行了滤波,你可能会想得知滤波器是否在波形中引起了显著的伪迹。类似地,你可能想知道如何判断一个给定滤波器是否会产生虚假的

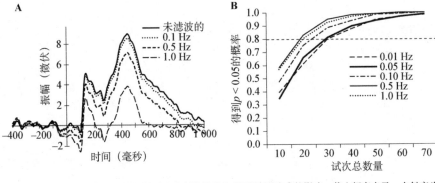

图 7.11 不同高通滤波器对由视觉 oddball 刺激诱发的 ERP 波形造成的影响。截止频率表示一个斜率为 12 dB/octave 的非因果巴特沃兹滤波器的半振幅点。(B)试次数量和高通滤波的截止频率对于在少见靶刺激和常见标准刺激之间(来自于一个凉爽且干燥记录环境下的高阻抗记录)获得显著性振幅差异的概率的影响。引自 Kappenman 和 Luck(2010)。

峰或振荡。确定滤波器如何造成数据失真的最佳方法是将滤波器应用于人为构造的已知信号。方框 7.3 为此提供了一些实用的指导。我强烈建议你试一试。你也许将得知你的滤波器使用得当(这会使你感觉很好),或者会发现你需要使用其他滤波器重新分析数据(这将使你避免错误的结论)。

5.1 真的要使用高通滤波器吗?

在大多数实际情况下,高通滤波器比低通滤波器更有可能导致错误的结论。这是因为由低通滤波器产生的在起始和结束时间上的扩散是相对适度的(只要截止频率不是太低),并且通常对所有实验分组与条件有着同等的影响。换言之,实验效应的绝对起始时间可能会稍稍提早,但这种时移在同一研究中的所有波形上都类似。相反,高通滤波器在使用时若截止频率选择不当,则更有可能导致明显的失真,并且能在波形中产生虚假的峰。

因此,你可能在想是否应该避免使用高通滤波器。如果使用一个半振幅截止频率为 0.1 Hz 或更低的高通滤波器,则该滤波器不太可能会引起任何明显的失真,并且它可能会大幅提高统计功效,尤其是当研究相对较晚的成分时,如 P3 和 N400。图 7.10B 中显示了 Emily Kappenman 用图 7.10A 中 P3 数据进行的一组蒙特卡罗仿真的结果(Kappenman & Luck, 2010)。不足为奇的是,统计功效(当真实效应存在时,获得统计显著性的概率)随着每个被试中试次数量的增加而增加。

但关键的发现是，在给定数目的试次下，通过使用一个半振幅截止频率为 0.1 Hz 的高通滤波器，相较于更低的截止频率(0.01 Hz)或未经滤波的数据(该图中未显示)，可以显著提高统计功效。统计功效在更高的截止频率下(0.5 或 1.0 Hz)甚至更好。但是，这些更高的截止频率导致了波形的严重失真(如图 7.11A 所示 *)。因此，在 P3 波形的统计功效与波形失真之间，0.1 Hz 似乎是最佳的平衡点。

方框7.3 滤波器是否使你的数据失真?

　　若你已经对过往实验的数据进行了滤波，你可能会想知道你的数据是否存在显著的失真。同样，如果你的导师坚持让你以某种不符合本书建议的方式对数据滤波，你可能会担心这会造成数据失真。值得庆幸的是，有一种简单方法可以判断滤波器造成数据失真的程度(假设存在问题的滤波是由一个相对灵活的软件包离线实现的)。具体地，你可以人为构造波形，以模拟数据在无噪声情况下可能的样子，从而可以观测滤波器是如何在这些人工生成的波形中引起失真的。

　　为此，你可在电子表格程序(例如，微软 Excel)中构造波形并将它们保存为文本文件，之后再将文件导入分析系统并进行滤波。为了使你更容易地实现这一点，我已经提供了一个 Excel 电子表格及其相应的文本文件和 ERPLAB 数据文件(文件下载网址：http：//mitpress. mit. edu/luck2e)。如果你使用 ERPLAB，你只需要加载 ERPLAB 文件并进行滤波。但如果你使用的是不同的分析系统，则可能可以将文本文件直接导入你的系统。你可能只需要不到一个小时就能看到你的滤波器如何引起数据失真。因此我强烈建议你花时间来做这项工作。至少，你可能看到你的滤波器所产生的失真小到可以忽略，你也会安心。但你也可能发现滤波器产生了严重的失真，这样便可以防止你发表一项错误的研究结论，或者可以帮助你说服你的导师以遵循我对滤波的建议。

＊译者注：原文此处有笔误

243

应该指出的是,该项研究还有另外两个发现。首先,图 7.11B 所示的实验效应来自使用高阻抗记录的数据。如第 5 章所论述的,当电极阻抗较高时,低频噪声的问题通常比电极阻抗较低时更大。Emily 发现,在低阻抗记录中,滤波对功效的影响要小得多,这大概是因为需要过滤的低频噪声较少。第二,高通滤波对 N1 振幅分析时的统计功效影响很小,而对 P3 振幅则并非如此。这正如在第 8 章中将论述的,基线校正其实是另一种形式的高通滤波,但它对于分段中较晚期阶段低频成分的滤除效果逐渐降低(见图 8.2D)。N1 波形出现在基线后不久,因此对低频进行的额外滤波不会引起很大的变化。而 P3 波形则距基线较远,因此它受慢电压漂移的影响更大。因此,高通滤波器在测量如 P3、N400 和 LPP 等较晚期成分时是特别有用的。

6. **关于滤波的一些建议**

我已经论述了为什么要使用滤波器,它们是如何工作的,以及它们如何引起数据失真,现在我将提供一些关于滤波的具体建议。这些建议可能并不适用于每一个实验,但它们对绝大多数认知与情感神经科学中的 ERP 实验都有很好的效果。如果你希望对数据进行超出推荐范围的更强效滤波,你则需要了解滤波器的工作细节(例如,通过阅读在线第 12 章并理解其中所有数学推导),并且你也应该尝试对人工生成的波形进行滤波,以获知由你的滤波器引起的失真(见方框 7.3)。

在开始对数据进行滤波之前,你须谨记 Hansen 原理:*干净的数据是无可替代的*(参见第五章)。在数据采集时进行一些轻微的滤波是必要的,离线分析时进行适量的额外滤波通常也会有帮助。然而,如果你的数据由于被试或试次间的变异性,或由于迭加平均时纳入的试次数量过少等原因而存在噪声,那么滤波器也无能为力。滤波器可使这些情况下的数据*看*起来更好,但这可能只是一种错觉,并且会导致你得出错误的结论。

6.1 对于在线滤波的建议

一般来说,你应该只进行极少的在线滤波(即在数据采集时进行的硬件滤波)。你总是可以对数据进行更多的离线滤波,但是你却无法"复原"已经滤波的数据。此外,应用于软件中的离线滤波器要优于在线滤波器(例如,在线滤波器会产生潜伏期漂移,但大多数离线滤波器则不会)。

无论使用何种 EEG 记录系统,你都必须在数据采集过程中使用低通滤波器以防止混叠。滤波器的半振幅截止频率应该在采样率的 1/3 至 1/5 之间,以使频率响应函数在奈奎斯特频率(采样频率的一半)处的增益接近于零。很多系统会根据你选择的采样率来自动选择合适的抗混叠滤波器。

在许多情况下,我建议抗混叠滤波器是唯一被使用的在线滤波器。一些系统为了便于在数据采集时对数据进行观测,允许你使用额外的 EEG 滤波器,而并非将这些滤波器应用于最终保存的数据上。这是一个非常好的选择,因为如果观测滤波后的数据,你将更容易监视数据中的伪迹或连接问题。但是,在软件中离线进行最终的滤波总是更好的选择。如果你的系统具有该功能,我建议在观测 EEG 时可使用 0.1—30 Hz 的带通(即半振幅截止频率为 0.1 Hz 的高通加上半振幅截止频率为 30 Hz 的低通滤波)。你也应偶尔查看未经滤波的数据,以得知是否有很大的皮肤电位、线路噪声或 EMG 活动。

如果你的数据采集系统的分辨率小于 20 位,你应该在数字化之前使用硬件高通滤波器(有关原理见第五章)。否则,较大的电压偏移(由皮肤电位和运动伪迹等引起)可能会导致系统饱和。如果发生这种情况,你应该将滤波器的半振幅截止频率设置在 0.01 与 0.1 Hz 之间。假如你的被试容易产生皮肤电位和运动伪迹(例如儿童或神经科病人),我建议采用 0.1 Hz 的截止频率,以避免过多的数据损失。对于高度配合的被试(例如健康的年轻人),我建议采用 0.01 Hz 的截止频率(离线时再进行额外的高通滤波)。

如果你的数据采集系统不允许在保存未经滤波数据的同时查看滤波后的数据,你可能需要在工频频率(50 或 60 Hz,取决于你的居住地)上应用陷波滤波器(notch filter)。陷波滤波器并不理想,但如果线路噪声很大,没有陷波滤波器可能会使你无法充分对 EEG 进行监测。当然,最好是尽量减少环境中的电噪声源,这样 EEG 就不会受到线路噪声的污染(如在线第十六章所述)。然而,这并非总是可行的(例如,如果你在医院的病床旁边记录)。

6.2 对于离线滤波的建议

对于典型的关于认知和情感过程(或在刺激后大约 50 毫秒开始的感知过程)

的实验,我建议在必要时可使用离线滤波器,并最终达到约 0.1—30 Hz 的带通滤波。即,你应该以半振幅截止频率为 0.1 Hz 的高通来衰减皮肤电位和其他慢电压变化,并以半振幅截止频率为 30 Hz 的低通来衰减线路噪声和肌电噪声。你不需要使用与这里完全相同的截止频率;任何下限在 0.05 至 0.2 Hz 之间,上限在 20 至 50 Hz 之间的数值都可以。我建议滤波器斜率在 12 到 24 dB/octave 之间(对于低通滤波器,更陡峭的斜率通常是可接受的,而对于高通滤波器则不行)。如前所述,对于离线滤波,你应该使用非因果滤波器(而不是因果滤波器),以避免潜伏期漂移。

我想再次强调,你不应该使用比这更窄的带宽,除非你真正知道自己在做什么。否则,你可能会得出不合理的结论(如方框 7.2 中所述的研究)。

如果你在数据采集时使用了大约 0.1—30 Hz 的带通滤波器,你则无需再次进行离线滤波。然而,如果你在数据采集时使用了更宽的带通(例如,0.01—100 Hz),你则可以再次进行离线滤波,以实现 0.1—30 Hz 的最终带通滤波。

当然,任何规则都有例外,以下是针对我的基本滤波器建议的一些常见例外:

● 如果你在研究非常缓慢或晚期的成分,例如 CDA 或 LPP,传统的建议是将高通滤波器截止设置在一较低的频率(如 0.01 Hz),以避免衰减你试图测量的成分振幅。然而,滤除低频噪声对于这些晚期成分的益处也是很大的,而信号的适度衰减可能会被噪声的大幅衰减所抵消。因此,虽然你可能想尝试使用较低的截止频率,但我怀疑最终你会发现 0.1 Hz(或 0.05 Hz)是信号衰减和降噪之间的最佳折衷方案。

● 如果你通过测量至少 50 毫秒时间窗中的平均振幅来量化 ERP 成分的振幅(例如,用 300 至 500 毫秒之间的平均电压作为 P3 振幅),你则无需在测量之前使用低通滤波器。使用较宽的测量窗已经衰减了高频噪声(详见第 9 章)。

● 如果你测量 ERP 成分的起始潜伏期(或一些其他易受噪声影响的波形特征),你可能需要一个具有更低截止频率的低通滤波器(例如,10 Hz)。然而,在你对滤波有一个更全面的理解之前(例如,通过阅读在线第 12 章以及对一些人工生成的波形进行滤波),请勿这样做。

● 如果你对刺激呈现后 50 毫秒以内的快速感官响应感兴趣(例如,听觉脑干响应),你则需要使用具有更高截止频率的低通和高通滤波器。为了选择准确的截止频率,请阅读你所在研究领域的论文,参考别人的做法。

6.3 什么时候应该滤波?

在 ERP 训练营期间,我几乎总是被问到滤波器是应该被用在分段之前还是之后,在伪迹排除之前还是之后,在迭加平均之前还是之后,等等。对于诸如此类的问题,答案往往取决于实验的细节,但是如果你理解数据处理的一项基本原则:线性运算的顺序根本无关紧要,你便可以做出正确的选择。

本书的附录中充分阐释了这一原则(包括线性运算的含义)。其基本思想是,对于一些数学运算程序,无论它们被应用的顺序如何,其最终结果都相同。例如,(A+B)+C 与 A+(B+C)是完全等同的。对于诸如滤波等一些更复杂的运算,如果其仅涉及线性运算,则运算的顺序对结果没有任何影响。例如,如果 X 和 Y 都是线性运算,则可将运算 X 先应用于 ERP 波形,然后将所得波形作为运算 Y 的输入,其产生的结果将与先对 ERP 波形进行 Y 运算,再将所得波形作为 X 运算的输入时所生成的结果完全一致。

许多应用于 EEG 和 ERP 数据的滤波器是*有限冲激响应*滤波器(*finite impulse response* filters),它们都是线性的。另一些滤波器被称作无限冲激响应滤波器(*infinite impulse response* filters;例如,巴特沃斯滤波器),它们则是非线性的。然而,当无限冲激响应滤波器的通带比较宽且斜率比较平缓时,它们是近似线性的。因此,如果你遵循我对滤波的建议,你能够以任何顺序进行滤波和其他线性运算,并得到完全(或几乎完全)相同的结果。但是,你需要注意下一节中将阐述的一种例外情形。

该原则的一个非常简单的例子便是对数据进行两次滤波。在图 7.4 所示的例子中,无论先使用滤波器 A 再使用 B,或是先使用滤波器 B 再使用 A,都无关紧要。无论使用哪种顺序,其结果都等价于使用一个频率响应函数为滤波器 A 和 B 的频率响应函数乘积的滤波器。类似地,无论你先进行低通滤波再进行高通滤波,还是先进行高通滤波再进行低通滤波,都无关紧要。并且,依次使用低通和高通滤波器,等效于使用一个带通滤波器。

迭加平均也是一种线性运算。因此,无论在迭加平均之前对 EEG 进行滤波,还是在迭加平均之后对 ERP 进行滤波,结果都不会有区别。重参考也是一种线性运算(除了一些不常见的情形),因此你可在重参考之前或之后进行滤波。

相反,伪迹排除是一种非线性运算,因此先对 EEG 滤波再进行伪迹排除,其结果与先进行伪迹排除再滤波时的结果会不同。一个简单的原则是,如果滤波使伪迹检测更容易,则应该在伪迹排除之前进行滤波,但如果滤波使伪迹检测更加困难,则滤波应该在伪迹排除之后进行。例如,如果数据中存在大量 60 Hz 噪声,这可能使利用绝对电压阈值法或滑动窗峰—峰振幅等方法检测眨眼时变得困难(见第 6 章)。在这种情况下,你可以在伪迹排除之前使用一个半振幅截止频率为 30 Hz 的低通滤波器。假若你的数据比较干净,则在伪迹排除之前或之后滤波所得到的结果会相同(或几乎相同)。

6.4 边缘伪迹

关于操作顺序有一种重要的例外情形,即当滤波器被用于很短的数据分段时(例如,分段后的 EEG 或迭加平均后的 ERP 波形),可能无法正常运作。特别是,滤波器可能在波形的最开始或最末端产生边缘伪迹(edge artifacts)。该类伪迹的出现,是因为给定时间点上的滤波值是用其周围时间点来计算得到的;对于在波形开始和结束处的时间点,其周围的一些时间点可能不存在,从而可能导致滤波器无法正常工作。我们已经在介绍滑动平均滤波器时讨论了该问题,但同样的原则也适用于任何滤波器(无论是在时域还是在频域)。

该问题在当截止频率较低(对于低通和高通滤波器)和滤波器滚降较陡峭时尤为严重,因为这时滤波器需要使用更多的时间点来计算滤波后的数据。一个截止频率为 30 Hz,斜率为 12 dB/octave 的滤波器不需要使用当前时间点周围的很多个时间点来进行滤波,而一个截止频率为 0.1 Hz 且斜率为 48 dB/octave 的滤波器则需要很多时间点。此外,很难在较短的时间段中精确地估计低频信号。例如,在 1000 毫秒的迭加平均 ERP 波形中,只包含半个周期的 0.5 Hz 正弦波,从而难以从数据中准确地估计和去除该频率。因此,你应避免使用具有较低截止频率的滤波器对短数据分段进行滤波。在 EEG 分段或迭加平均的 ERP 上进行低通滤波通常是可行的,但高通滤波器则应被用于连续的 EEG。一般情况下,我建议使用 0.1 Hz 的高通滤波器对连续 EEG 进行滤波,然后在迭加平均后使用 30 Hz 的低通滤波器。

在持续时间较长的连续 EEG 上使用低截止频率的效果相对较好,这是因为
EEG 波形的开始和结束仅代表整个信号的一小部分,并且信号中的低频成分也将
有许多周期。例如,如果你对一段 5 分钟的连续 EEG 进行滤波(即,在一个试次组
块中记录的 EEG),那么任何边缘伪迹都只是整个 EEG 中很小的一部分。为了格
外小心,我建议在试次组块开始前 20 秒左右时开始记录 EEG,并在试次组块结束
后 20 秒左右时结束记录(并确保在这两个时段内没有太多运动以及其他伪迹)。
这样,任何边缘伪迹都将出现在没有任何事件编码的时段,因此不会对 ERP 造成
影响。

　　无限冲激响应滤波器(例如,巴特沃斯滤波器)不需要像有限冲激响应滤波器
那样使用很多时间点来计算滤波值。因此,当你对 EEG 分段或迭加平均的 ERP
数据进行滤波时,使用无限冲激响应滤波器是有优势的。为此,ERPLAB 工具箱中
主要实现的是巴特沃斯滤波器。

(刘岳庐　译)

(洪祥飞　校)

248

第八章　基线校正、迭加平均与时频分析

1. 本章概述

　　本章主要将集中讨论基线校正与迭加平均。这些都是 ERP 分析中非常简单的过程。基线校正是通过从波形中减去刺激前的平均电压来实现的，而迭加平均则是指将一组 EEG 分段相加并除以分段数目。这听上去是不是非常简单？可事实上这些过程虽然很简单，但是它们却可能带来相当复杂的效应，并且可能导致对结果严重的曲解。因此，我将在本章中用较长的篇幅来阐释这些过程是如何工作的，以及如果你不注意的话，它们如何导致错误的结论。

　　我将在本章开始时论述 EEG 分段提取和基线校正的过程。这些过程通常运用于迭加平均之前。然后，我将描述迭加平均如何减少数据中的噪声，以及试次数目如何影响实验所得到的 p 值。在本节中，我将提供一些关于如何决定迭加平均中所需试次数目的建议。我还将演示为什么不同被试会有着非常不同的迭加平均 ERP 波形，并讨论这些差异是如何产生的。

　　我然后将讨论 ERP 成分的振幅与潜伏期在试次间的变异，并集中讨论潜伏期变异如何导致错误的结论，以及为该问题提供一些解决方案。这个问题将在在线第十一章中进行更详细地论述，其中会引入一个被称为*卷积*（convolution）的重要数学概念。

　　本章最后将介绍时频分析，即从数据中提取特定频带的时间进程。我在在线第十二章中对时频分析进行了更详细的探讨，但它实际上只是在迭加平均前对数据进行一步额外的预处理。

2. 从 EEG 数据中提取分段

　　正如第五章所论述的，EEG 通常是在整个试次组块中记录到的连续信号，并

以事件编码标记刺激和反应的发生。在迭加平均之前,需要以感兴趣的事件编码
为锁时点,从连续 EEG 信号中提取固定长度的*分段*(epochs 或 segments)。每个分
段都包含一个位于事件编码之前的基线时段(通常为 100 至 200 毫秒),以及一个
位于事件编码之后的时段(依据所要研究的成分,通常为 500 至 1500 毫秒)。图
8.1 显示了一段采集自 Oddball 实验中长为 9000 毫秒的连续 EEG。在该实验中,
字母 X 为常见刺激(90%),而字母 O 为少见刺激(10%)。该段 EEG 恰好包含了 4
个 X 和 2 个 O,虽然这似乎不符合 90%/10% 的刺激比例,但因刺激序列是随机生
成的,所以该情形是正常的。在原始 EEG 信号中,可看出两个少见刺激(字母 O)
都诱发了较大的 P3 波。

在迭加平均之前,需从连续 EEG 中提取起始于刺激前 200 毫秒并结束于刺激
后 800 毫秒的分段。如今大多数的 EEG 记录系统都会将整个连续的 EEG 保存到
硬盘上,但有些系统可让用户选择仅保存事件编码周围离散的分段。虽然仅仅保
存 EEG 分段通常能够节省磁盘空间,但我通常不建议这么做,因为这将限制后续
的分析。例如,审稿人可能会要求更长的基线,或者做与反应锁时的迭加平均
(response-locked averaging),若你没有保存连续的 EEG,你将无法提供相应的分
析。此外,如第七章所述,高通滤波器通常应该用在长时段的连续 EEG 上,而非用
在 EEG 分段上。应该注意的是,当分段相对于刺激出现的速率来说较长时,可能
在前一个分段结束之前,下一个分段就已经开始了(这通常不是个问题)。

3. 基线校正

在从连续的 EEG 中提取出分段后,通常需要进行基线校正过程。该过程是必
要的,因为诸如皮肤水合作用或静电等因素可导致 EEG 在垂直方向上出现整体偏
移(详见第 5 章的论述)。图 8.1 显示了该偏移,在整个 9000 毫秒的时间段上,
EEG 电压变化远远超过 100 微伏。若不对此进行校正,电压偏移会对 ERP 的振幅
测量产生极大影响。例如,假设我们对少见刺激的 EEG 分段进行迭加平均,然后
在不进行任何基线校正的情况下测量 P3 振幅,则该被试的 P3 测量值将约为 180
微伏。而对于另一个被试或时间段,测量的 P3 振幅可能为 −270 微伏(如果在该
被试或时间段上存在负电压偏移)。这些在不同时间段或被试之间的电压偏移是
完全随机且与大脑活动无关的。若我们不去除这些电压偏移,它们将在数据中引

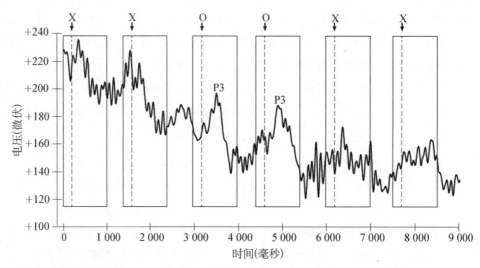

图 8.1　分段提取。这个例子展示了在一个 Oddball 实验中,于 Pz 电极上记录到的 9000 毫秒 EEG,其中包含常见标准刺激 X 和少见靶刺激 O。碰巧刚好有两个连续的靶刺激出现在这个特定的 EEG 分段中。每个靶刺激之后都有一个可见的较大 P3 成分。在选加平均之前,先提取 1000 毫秒的 EEG 分段。每个分段从事件编码前 200 毫秒开始,一直持续到事件编码后 800 毫秒。注意到 EEG 中有一个较大的电压偏移(当还没有对数据进行高通滤波时,这种情况是常见的),而且变化的皮肤电位也导致了向下的漂移。在提取分段时,通常用基线校正来去除该漂移。

入极大的偏差,从而导致很难在实验条件或分组之间观测到显著的差异。

　　皮肤水合作用、皮肤电位和静电荷等因素往往在时间上变化缓慢,因而导致偏移电压逐渐向上或向下漂移。例如,在图 8.1 所示的 EEG 中,电压在 9000 毫秒区间内逐渐向下漂移。我们需对此进行校正,否则它会在振幅测量中引入很大的误差方差,从而降低统计功效。

　　基线校正是一个可以减小电压偏移和漂移的简单过程。大多数情况下,分段中锁时的事件为刺激,我们可以假设刺激前时间段的电压能够较好地估计该试次中的电压偏移(因为它仅含有偏移量,而不含有任何刺激诱发的 ERP 活动)。我们可简单地通过从整个分段中减去该电压偏移的估计值来消除电压偏移。如图 8.2A 所示,我在数据分析时通过计算刺激前时段的平均电压来估计电压偏移,然后在分段中的每个时间点上减去该估计值。这仅使波形向上或向下平移(取决于电压偏移是正还是负),从而使刺激前时段的波形居中于 0 微伏线(提示:如果操作正确,则在刺激前时段内,波形位于零线以上的面积与零线以下的面积应当相等)。

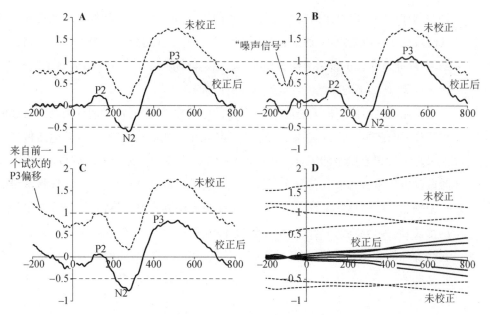

图 8.2　基线校正。(A)没有进行基线校正时,平均后的 ERP 波形在垂直方向上发生了偏移(反映了 EEG 中的总 **252**
体电压偏移)。通过计算刺激前时段中的电压平均值,并将其从波形中的每一个点上减掉,便可以对该垂直偏移进
行校正。这通常在单试次 EEG 分段上进行,但是它也可以被用在平均后的 ERP 波形上。(B)在这个例子中,由于
刺激前时段中有一个负向的电压偏转(噪声信号),因此基线校正未能将波形向下"推"至本该到达的位置。这影响
了 P2、N2 和 P3 成分的振幅。图中位于−0.5 和+1.0 微伏位置的水平虚线是用来使子图 A 和 B 之间的振幅比较
更容易。(C)在这个例子中,来自前一个试次的重叠 P3 活动存于刺激前时段中,导致基线校正过程将 ERP 波形
向下推了很多。(D)随着时间经过基线期的中央,试次间的变异逐渐趋于增大。每条虚线代表了没有进行基线校
正时单个试次中的慢漂移(也没有任何刺激诱发的 ERP 活动,只是为了使漂移更清晰)。实线代表基线校正后的
单试次波形。基线校正使每个波形垂直移动,以便它们在基线期聚集在一起。随着时间离开基线期,信号越来越
趋于偏离基线电压。

　　在多数情况下,以上提到的基线校正方法在减小电压偏移和缓慢漂移方面具
有良好的性能。然而,它假设刺激前的时段内仅含有电压偏移,而该假设并非总是
正确的。例如,刺激前时段可能包含前一试次末尾时的 ERP 活动,或者含有当被
试预期刺激起始时所产生的准备性活动。正如我们将要讨论的,基线校正是必要 **253**
的,但是它可能会导致意想不到的结果,因此我们需要谨慎考量它在数据上产生的
效应。

　　基线校正通常是在 EEG 数据分段之后立即进行的。该操作是必要的,因为它
能够避免在伪迹排除中遇到的一些问题(见第六章),并且它也使分段后的数据更
加容易查看。因此,大多数软件系统都在分段后立即执行基线校正。一些系统允

许在迭加平均之后再次执行基线校正,以便用户可以更改基线时间段(假设新的基线时段位于分段之内)。通常在迭加平均之前或之后进行基线校正会得到相同的结果,除非基线校正影响了伪迹排除(请参阅本书附录以了解影响诸如基线校正、伪迹排除、迭加平均和滤波等运算顺序的因素)。

高通滤波器能够极大地消除 EEG 中的电压偏移,因此你可能认为既然已经使用了高通滤波器,则没有必要再进行基线校正了。然而,滤波对于消除电压偏移来说只是一种相当粗略的工具。相反,基线减除是基于非常精确的假设,即刺激前时段的电压不应含有任何除了偏移和噪声以外的成分。当该假设满足时,基线校正是消除电压偏移的最佳方法。即便该假设无法满足时,基线校正仍优于仅仅使用滤波,因为当滤波作为唯一的基线校正方法时,可能会在不同实验条件之间引起系统性的差异。因此,在几乎所有的传统 ERP 研究中,明确的基线校正程序都是必要的。

3.1 基线校正对振幅测量的影响

虽然基线校正通常在 EEG 分段时进行,但它对于数据处理流程结尾时,在迭加平均 ERP 波形上进行的振幅测量有着很大的(且经常是未受重视的)影响。具体而言,基线校正涉及从整个波形中减去平均基线电压,因此将影响波形中每个时间点的振幅。一旦基线被减去,波形中每一时间点的电压值即为该点与平均基线电压之间的差值,因此任何影响基线的因素都会影响刺激后的振幅测量。为了说明这一点,图 8.2B 显示了在刺激前基线时段的"噪声尖峰"(小的随机瞬态电压)如何影响 ERP 波形中每个成分的振幅。这类尖峰电压在 ERP 数据中非常常见(通常反映了有限试次迭加平均后残留的 EEG 噪声)。图 8.2B 中的负向尖峰电压导致刺激前的电压均值低估了实际的电压偏移,因此导致从 ERP 波形中减去的电压值太小。因此,基线校正程序未能将波形向下"推"到足够低的程度。这导致测量到的 N2 振幅偏小(较小的负值),而 P3 的振幅将偏大(更大的正值)。图中水平线分别代表 -0.5 微伏和 1.0 微伏,以便你可以观测到在包含噪声尖峰的情况下,峰值是如何向上平移的。

因此,当测量某个刺激后时间段内的振幅时,你应该谨记你实际上是在测量该时段和基线之间的电压差。因此,基线中的任何噪声都将在测量中引入噪声,从而降低统计功效。

图 8.2C 显示了来自前一个试次的重叠如何影响当前试次中 ERP 成分的振幅测量。该示例模拟了极短刺激间隔(约 600 毫秒)所产生的效果,即某一试次中 ERP 的最后部分(在本例中为 P3 波)与下一试次的刺激前时间段重叠。这将导致刺激前电压过高地估计了实际的偏移电压(更大的正值),当从波形中减去平均刺激前电压时,整个波形将会过度地向下平移。接下来,这将人为地导致测量到的 N2 振幅偏大,而测量到的 P3 振幅偏小。与随机噪声不同的是,这种试次间的重叠在被试间是一致的,从而使测量到的电压在每个被试上都存在负向偏差。同理,刺激前的准备活动和眨眼导致的偏移也是如此(见第六章图 6.3)。重叠导致的混淆是我给出的 *ERP 论文十大拒稿理由* 之一(见在线第十五章),我将在在线第十一章中更详细地讨论重叠。我鼓励大家阅读 Marty Woldorff(1993)撰写的关于重叠的论文,它也是我给出的 *ERP 初学者应读的经典论文* 之一(见第一章末尾)。

正如 Urbach 和 Kutas(2006)中详细讨论的,基线校正可能会对 ERP 波形产生很大的影响,因此你不应该假设这只是一个将波形居中于零电压的温和过程。所有刺激后的测量值都将是基线和该刺激后测量时段之间的差值。这与第 5 章介绍参考电极时描述的非瑞士原则类似。即,正如给定电极位点上的电压是该位点与参考点之间的差值一样,给定时间上的电压实际上是该时间和基线时段之间的差值。

图 8.2D 显示了一个基线校正的重要原则,即与基线时段之间的距离越远,由慢电压漂移造成的偏差就倾向于越大。例如,在基线后的 100 毫秒时,因其距离基线很近,不足以导致电压偏离基线平均电压。然而,到了基线后 600 毫秒时,则有更长的时间使电压偏离基线电压。电压漂移有时为正,有时为负,导致试次之间振幅的方差随着逐渐远离基线时段而变大。该方差的增加使波形后期对振幅的测量相对于波形早期更不可靠(在其他条件都均等的前提下),从而降低波形末期测量时的统计功效。因此,ERPs 对于评估事件起始后一秒之内的大脑活动性能优异,而对于测量事件起始后几秒或几分钟时的活动则不够精确(假设以事件前的时段作为基线)。对此感兴趣的读者,方框 8.1 提供了一种更精确的方法来描述试次之间的方差是如何随时间推移而增加的。

方框 8.1　方差随时间的累积

　　基线期后的漂移效应可以用一项基本的统计原理来解释。具体来说,如果将两个不相关的随机变量相加以构造一个新的随机变量,则新的随机变量的方差等于两个原始变量方差之和(这被称为 Bienaymé 公式)。例如,如果测量人群中每个人的体重与年薪,然后计算每个人的体重和年薪之和,则该总和的方差将等于体重的方差加上年薪的方差。将该原理应用于 EEG 漂移,试想电压随时间随机地上升和下降,导致在 100 毫秒基线之后的 0 到 100 毫秒之内,测量到的平均振幅中出现试次间的随机变化。如果电压在基线后 100 到 200 毫秒之间继续随机上升或下降,将进一步增大不同试次间的随机变化。如果假设电压漂移是完全随机的,那么在 100 到 200 毫秒之间的方差会与 0 到 100 毫秒之间的方差累加。因此,如果试次间的方差在每 100 毫秒时段内为 X 微伏,则 200 毫秒后的方差将为 2X 微伏,300 毫秒后的方差为 3X 微伏,依此类推。但需注意的是,这只是一个近似,因为 Bienaymé 公式只适用于不相关的变量,而一个时段内的 EEG 与下一时段内的 EEG 是相关的。然而即使在这种情况下,方差仍然会随时间的推移而增大。

　　因为距离基线期越远时测量越不可靠,所以该如何选择基线时间段就显得非常重要。例如,在许多语言学实验中,被试看到或听到包含多个单词的句子,而每个句子中由最后一个单词诱发的 ERP 是研究者所感兴趣的。你可能认为最好选择在句子起始之前的电压作为刺激前基线,因为它不被来自之前单词的重叠 ERP 活动所污染(例如第三章图 3.13)。然而,研究者通常使用位于最后一个单词之前的时间段作为基线——尽管它受到了来自之前单词的重叠污染——因为这能够减少基线时间段与最后一个单词诱发的 ERP 之间的慢电压漂移量,从而提高测量的可靠性。虽然该基线被来自前一单词的重叠所污染,但若这种重叠在不同实验条件下是相同的,则通常这不会是一个问题(详细讨论见在线第十一章)。因此,如果能够使基线期更接近测量期,则使用受重叠污染的时间段作为基线或许也是可取的。

3.2 查看基线的重要性

这里有一个重要的实用性建议：每当查看一组 ERP 波形时——不管是你自己的还是别人的——在查看任何其他活动之前，你应该首先查看刺激前的基线活动。查看基线能获取几项重要的信息。首先，它会告诉你在迭加平均后的数据中仍存在多少噪声。具体来说，如果刺激前基线中的电压波动和刺激后的实验效应一样大，你应该怀疑该效应是否真实存在（即使它们在统计上是显著的，因为每 20 次虚假效应中也会有一次是显著的）。

第二，基线能反映波形是否被来自上一试次的重叠活动或本试次刺激起始之前的准备活动所污染。这些污染效应并不总是有问题的，但你必须谨慎对待它们。

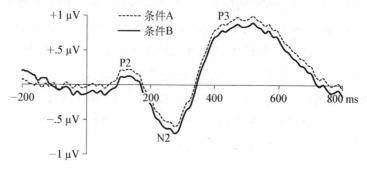

图 8.3　不同条件之间的刺激前活动差异如何导致刺激后活动中出现人为差异的例子。这些波形之间的真实差异只存在于刺激前的基线期。

第三，如果实验条件或分组之间的差异在刺激前或刺激后不久开始，它们则很可能是某种伪迹。在图 8.3 所示的 Oddball 实验仿真数据中，刺激前基线时间段的电压在两种实验条件下不同。由于在基线校正过程中，刺激前时间段的差异被从整个波形中减去，所以刺激前的差异导致刺激后的实验条件之间存在人为差异。这使得条件 B 中的 P3 看起来比条件 A 中的 P3 要小，尽管该差异实际上源自刺激前的活动。若不仔细查看基线，你可能会得出 P3 在不同条件下是不同的错误结论，例如认为。然而，在查看基线后，你会发现所谓的"实验效应"开始于零时刻，这当然是不可能的。因此，查看基线非常重要，你应该对起始于零时刻附近的任何效应(实验分组或条件间的差异)持高度怀疑态度。对于那些在 ERP 波形图中不显示刺激前基线的论文,你也应保持一定的怀疑态度(虽然我不得不承认,该问题恰巧也发生在我合著的一篇论文中——见 Hopf, Vogel, Woodman, Heinze, & Luck,2002)。

此外,你也应该高度怀疑任何在刺激起始后 100 毫秒内出现的效应,除非它们反映了刺激本身的差异(例如,更明亮的刺激引起的感官响应更大)。单纯的认知操纵能影响如此早期的活动是非常罕见的。当注意力在刺激起始之前就集中时,它能够影响 100 毫秒以内的 ERP 响应(参见综述 Luck & Kappenman,2012a),但大多数早期效应都是由噪声、伪迹或混淆所导致的。

从第六章图 6.2 和 6.3 中所示的例子来看,你可能认为基线校正是个坏主意。毕竟,基线校正使刺激前时段内的噪声和重叠引起刺激后电压的失真。然而,如果你试图在不进行基线校正的情况下观察 ERPs,那么由于 EEG 电压偏移中的随机差异,你将面临不同被试间的巨大差异(如图 8.2A 所示)。你可尝试使用高通滤波器过滤掉 EEG 中的电压偏移,但这也会带来与基线校正相同的问题,并且还会引起诸如第七章和在线第十二章所述的额外失真。因此,在 99.9% 的实验中,使用刺激前的电压均值进行基线校正都是最佳选择,而对于噪声尖峰和重叠问题,则最好通过记录干净的数据和设计不同条件下重叠相同的实验来解决(或者运用在线第十一章中描述的方案来使重叠最小化)。

3.3 对于基线校正的具体建议

最佳基线长度的选择应权衡使用长基线的优势与劣势。在理想情况下,使用较长的基线时间段将使真实电压偏移量的估计更加准确(因为当在基线中使用更多的时间点计算均值时,小的噪声尖峰将会倾向于抵消掉)。这将使刺激后的振幅测量更加精确。

然而,使用过长的基线可能会带来三个负面后果。首先,较长的基线意味着需在较长的时间段内执行伪迹排除,这可能会大大增加被排除的试次数目(尤其当被试在试次间时间间隔中眨眼时)。第二,它将使基线时间段远离将要测量的 ERP 成分所在的时间段,从而增大在基线期之后随时间推移而出现的缓慢电压漂移(见图 8.2D)。第三,刺激前的基线时间段越长,基线受到上一试次中 ERP 活动污染的可能性就越大。

在大多数情况下,我建议基线时段应该至少占整个分段时长的20％(例如,对于500毫秒和2000毫秒的分段,可以分别使用100毫秒和400毫秒的刺激前基线)。当我希望测量诸如P3的晚期成分时,我通常使用200毫秒的刺激前基线和800毫秒的刺激后时间段。当我只关注诸如P1和N2pc的较早期成分时,我则使用100或200毫秒的刺激前基线和300—500毫秒的刺激后时间段。

通常,我们可以将基线长度设定为100毫秒的倍数,因为这会抵消alpha频段(10 Hz)的EEG振荡。也就是说,在一给定的100毫秒时段内将出现相同数量的alpha波正半周与负半周,因此这些部分将相互抵消。一个200毫秒的基线时间段包含两个完整的alpha振荡周期,我发现这能够最小化alpha活动带来的影响。

到目前为止,我们的讨论只局限于与刺激锁时的迭加平均,因为对于与反应锁时的迭加平均来说,基线校正要更为复杂。图8.4显示了一个由对侧减同侧波形得到的与反应锁时的LRP差异波例子(详见第三章"与反应相关的ERP成分"一节)。零时刻在本例中为反应的起始。从图8.4所示的波形中可以看出,在紧邻零时刻之前的200毫秒期间存在大量的ERP活动,因此该时间段不能很好地估计EEG偏移量。

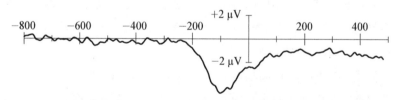

图8.4　通过对侧减同侧,并在C3和C4电极上合并后得到的与反应锁时的偏侧化准备电位差异波。在迭加平均之前,从−800延伸至+500毫秒的单个分段都被基线校正至−800至−600毫秒(相对于行为反应的时间)。

若要确定合适的基线时间段,第一步通常是在一较长的反应前时间段中进行迭加平均,并以此确定波形何时偏离平直线。例如,图8.4所示的数据最初以−800到−600毫秒进行基线校正,且整个分段从−800延伸到+500毫秒。但很明显,波形在从−800毫秒到大约−250毫秒之间基本上是平坦的,并且LRP在+200 ms时已基本结束。因此,更为合理的EEG分段为−500到+200毫秒(相对于反应),并使用−500到−300毫秒作为新的基线时段。

另一种解决方案是计算每个试次中刺激前 200 毫秒内的平均电压,并从与反应锁时的分段中减去这个在刺激前时段上定义的电压。然而,刺激相对于反应的起始时间在不同试次中存在很大的差异(因为反应时在试次与试次之间存在差异),因此在实践中,使用刺激前时段作为与反应锁时的数据基线并不容易。

4. 迭加平均

4.1 信号迭加平均的基础

在对 EEG 进行分段和基线校正之后,下一步通常是伪迹排除(见第 6 章),而在此之后才可对数据进行迭加平均。实际的迭加平均过程其实相当简单。先将 EEG 分段与锁时的事件对齐,然后将所有 EEG 分段在给定时间点上的电压进行平均。这类平均有时被称为*信号平均*(signal averaging)。这等价于先计算所有单试次 EEG 波形之和,然后再除以试次数目。

信号平均是用来降低噪声,以便更容易地观测到与事件相关的大脑活动。采集到的单试次 EEG 数据中包含与事件相关的大脑活动(即 ERP)以及其他与事件无关的活动(例如,其他 EEG 活动、皮肤电位、肌电伪迹、眼部伪迹和感应噪声等等)。假设每个试次中的 ERP 都基本相同,而其他活动相对于锁时的事件而言是完全随机的。即,在给定时间点上,一些试次中的噪声是正的,而另一些试次中的噪声是负的。当在不同试次间计算平均值时,这些正负值将相互抵消,从而仅留下在试次间一致的 ERP 活动。

当我还在攻读博士学位时,Steve Hillyard 曾教我一些"高级"术语来描述正向和负向电压偏转,我在此分享给大家。向上的电压偏转被称为 *uppie*,而向下的偏转被称为 *downie*[1]。因为噪声的存在,在给定时间点上,一些试次会有 uppie,而另一些试次则为 downie,当将许多试次迭加平均时,这些 uppies 和 downies 将相互抵消。鉴于试次数量是有限的,uppies 和 downies 不会完全相等,因而无法完全抵消,所以一些噪声将残留于迭加平均的 ERP 波形中。然而,迭加平均波形中残留的 uppie 和 downie 将随着参与迭加平均的试次增多而减小。

图 8.5 显示了增加试次数目如何降低迭加平均 ERP 波形中的噪声,该 ERP 波形为图 8.1 所示 Oddball 实验中的靶刺激所诱发。图 8.5 左列显示了 8 个不同靶刺激试次的 EEG 分段。该被试具有较大的 P3 波,在每个试次中都表现为一个位

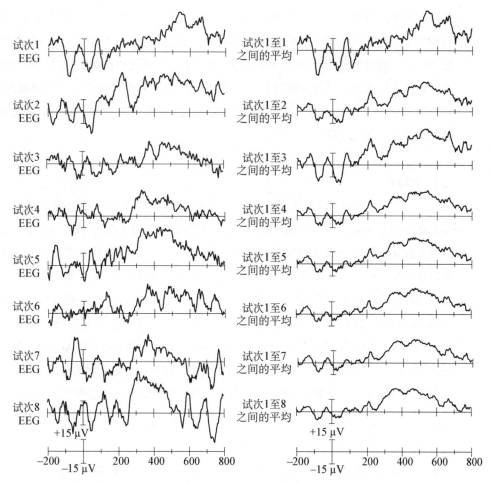

图 8.5 信号迭加平均的例子。左列表示在图 8.1 所示的 Oddball 范式中，与刺激起始锁时的几个靶刺激试次的 260
EEG 分段。右列表示将这些 EEG 分段中的 1、2、3、4、5、6、7 和 8 个进行迭加平均后的效果。

于 300—700 毫秒间的广阔正向电压。然而，P3 波的形状在不同试次间具有较大
的变异性，而这至少在一定程度上是由随机 EEG 波动引起的（虽然 P3 本身可能也
存在试次间的变异性）。该被试的其他 ERP 成分太小，以致于无法在单个试次中
清晰地观测到。

图 8.5 的右列显示了当参与迭加平均的试次数目增加时，EEG 中的随机波动
是如何减小的。图中每一行显示了直到该行中试次的迭加平均波形（例如，第 3 行
显示了前三个靶试次的迭加平均，而第 6 行则显示了前六个靶试次的迭加平均）。

如果仅看刺激前的基线时间段,你将看到迭加平均波形中的 uppies 和 downies 随着迭加平均的试次增多而逐渐减小。刺激后的波形也随着试次的增多而逐渐变得更加稳定。值得留意的是,在图 8.5 中,P3 在只有 8 个试次的迭加平均波形中看起来已经相当稳定。这是因为该例子中单试次 EEG 的噪声相对较小,且 P3 波很大。通常情况下,你需要远大于 8 个的试次数量来计算迭加平均。我将在本章后面对此提供一些具体的建议。

4.2　信噪比

我在上一节中已经定性地描述了迭加平均如何减少噪声,在本节中我将更精确地对此进行定量描述。噪声的绝对大小其实并没有它相对于信号幅值的大小那么重要。因此,研究者通常关注的是*信噪比*(signal-to-noise ratio, SNR),即信号的大小除以噪声的大小。例如,如果感兴趣的信号为 20 微伏的 P3 波,而典型试次中 EEG 噪声的峰—峰振幅为 50 微伏,则信噪比为 20:50,或 0.4。若假设信号在每个试次中都相同,那么迭加平均只会降低噪声,而不会改变信号的大小,从而提高信噪比[2]。

随着试次数目的增加,迭加平均中的噪声逐渐减少,导致信噪比逐渐提高。但信噪比的提高并不是线性的。例如,将试次数目增加一倍并不会使信噪比提升一倍。相反,信噪比的提升与试次数目的平方根成正比。因此试次增加一倍,信噪比仅提升至原来的 $\sqrt{2}$ 倍。我们用 S 来表示信号的大小,N 表示一典型试次中噪声的大小,T 表示试次数目。单个试次中的信噪比即为 S/N(信号除以噪声),而 T 个试次迭加平均的信噪比为 $(S/N)\sqrt{T}$(单试次的信噪比乘以试次数目的平方根)。你需要牢记这一非常重要的事实,在此我将其重复一遍:*信噪比的提升与试次数目的平方根成正比*。

为使以上讨论更为具体,让我们设想如下实验。在该实验中,我们需要测量一个振幅为 20 微伏的 P3 波。若单试次 EEG 数据中的噪声通常为 50 微伏,则单试次的信噪比即为 20:50,或 0.4。如果计算两个试次的迭加平均,则迭加平均波形的信噪比等于单试次的信噪比乘以 $\sqrt{2}$($\sqrt{2}$ 约等于 1.41),即 0.566。若要将信噪比从 0.4 提升一倍至 0.8,则需用 4 个试次来计算迭加平均(因为 $\sqrt{4}=2$)。若要使信噪比提升至原来的 4 倍,即从 0.4* 提升至 1.6,则总共需要迭加平均 16 个试次(因

＊译者注:原文此处有笔误

为 $\sqrt{16}=4$）。因此，使信噪比提高一倍需要试次数目翻两番，而要使信噪比翻两番，则需将试次数目增加至原来的 16 倍。试次数目与信噪比之间的这种关系发人深省，因为它意味着要想实现信噪比的大幅提升，则需要极大地增加试次数目。试次数目呈平方律的递增将很快导致 EEG 的记录时长变得不切实际。这便引出了一条非常重要的原则：通过减少噪声源来提高迭加平均 ERP 波形的信噪比，通常比通过增加试次数目更容易。

虽然平方根原则导致难以获得较好的信噪比，该原则也有其积极的一面。具体来说，如果你因某种原因需要减少试次数目，则信噪比不会随着试次数目的减少而直线下降。例如，假设你因伪迹排除摒弃了 20％ 的试次，这并不会导致信噪比降低 20％。相反，在 80％ 的原始试次数目中，新的信噪比将为原始信噪比的 $\sqrt{0.8}$ 倍（约为 89％）。

你可能在想到底多高的信噪比才是可接受的。这个问题不好回答。事实上，信噪比的概念并不像我刚刚描述的那么简单，因为感兴趣的信号以及噪声将取决于你如何量化 ERP 成分（例如，平均振幅或起始潜伏期等等）。并且，当你拥有很多受试者或者需要测量的效应很大时，则不需要那么高的信噪比。因此，一般来说你不需要担心信噪比的具体值。相反，你只需在合乎情理的前提下尽可能地提高信噪比（通过提高信号并降低噪声）。

262

4.3　需要多少试次？

新的 ERP 研究者经常问的一个问题是："我需要用多少试次来计算迭加平均？"该问题与什么样的信噪比是可接受的有关。虽然它们看上去是很简单的问题，但其实要回答它们却不简单。本章的在线补充材料详细讨论了该问题相关的理论基础。在此，我将根据自己的经验给出具体的建议。这些建议源自并反映了我的实验室开展的特定实验类型，以及我们如何记录和分析数据的细节。如果你进行类似的实验，并遵循本书中提供的有关记录与分析的建议，你将得到与我的实验室类似的结果。若你的实验完全不同，那么你需要查阅相关文献以了解同领域的研究者们是怎么做的。但在你阅读文献以获取这些信息时，请查看它们的波形并评估波形中噪声的大小。这可能使你决定在实验中增加试次的数量。你还应该牢记的是，如果试图观测个体之间的差异，那么将会需要更多的试次。

　　在我的实验室的基础科学实验中,几乎总是在被试内,而不是被试分组之间设计实验操作。这使得统计分析能够移除被试间总体差异的影响(如下节所讨论的,这个差异可能会很大),因此通常会提高统计功效。如果你的研究涉及被试分组间的比较,或者需要对个体差异进行分析,那么你可能需要更多的试次和/或被试。

　　我们的基础科学实验通常需要 12—16 个被试(如第六章所述,该被试数目是指在排除了一些含有过多伪迹的被试之后的总数)。这些实验中的被试都为大学生,因此在认知能力方面比更广泛人群的同质化更高。他们通常也非常合作,而且能够很好地理解实验指令并专注于任务。这些因素可使方差最小化,从而提高统计功效。如果你的被试之间差异较大或者不太合作,你则需要更多的被试和/或试次。

　　在这些实验中,试次数目的选择取决于预期实验效应的大小,而实验效应的大小又与我们测量的 ERP 成分的大小有关。当测量较小的 ERP 成分时(例如,视觉 P1 波),我们通常需要每名被试在每种实验条件下完成 300—500 个试次。当测量一些较大的成分时(如 N2pc),通常每种实验条件需要 150—200 个试次。而当测量非常大的成分时(如 P3 或 N400),通常每种实验条件只需要 30—40 个试次。该数值为每名被试中含有最少试次的实验条件所需的最低试次数目(例如,我们可能需要在 Oddball 实验中使用 200 个试次,才能使每名被试有 40 个靶试次和 160 个标准试次)。此外,该试次数目是在将为了平衡而设计的理论上不重要的因素合并之后,迭加平均波形中所需的试次数目(例如,我们可以将 20 个靶刺激为 X 的试次与 20 个靶刺激为 O 的试次合并,以得到总共 40 个靶试次)。

　　在我们对精神分裂症患者与对照组进行比较的实验中,我们通常试图检测到被试分组与实验条件之间的交互作用(例如,患者组中两个实验条件之间的差异小于对照组)。这类交互作用的统计功效通常比被试内设计中主效应的统计功效要弱得多。此外,这时观测到的个体间差异通常高于基础科学研究,这是因为被试间真实值的方差(因为患者组与对照组之间的差异大于基础研究中大学生被试之间的差异)以及测量误差(因为 EEG 记录将含有更多的噪声,并导致更多的试次因为伪迹被排除)都会更大。因此,在这类实验中,我们使用了比基础科学实验中更多的被试,每组包含 20—30 名被试。若条件允许,我们也会将每名被试的试次数目相比基础科学实验增加一倍。这意味着通常我们在每项精神分裂症实验中测试的实验条件比基础科学实验中要少。

以上所有数据均反映了我们最初包括在实验中的试次数目，我们假定伪迹会导致基础科学研究中 10%—25% 的试次被排除，以及精神分裂症研究中 20%—50% 的试次被排除。如果你预计伪迹的出现频率与此不同，或者你将使用伪迹校正而非伪迹排除程序，你则可以在我列出的数据基础上进一步调整试次数目。

5. 迭加平均 ERP 波形中的个体差异

期刊文章中显示的大多数 ERP 波形都为*总平均*（grand averages）。ERP 研究者所使用的该术语，是指对每名被试的迭加平均波形在被试间进一步平均而生成的波形（例如第一章图 1.2 和 1.4*）。基于单个被试的波形很少出现在发表的论文中（虽然它们在早期的 ERP 研究中更为常见，因为原始的计算机系统很难计算和绘制总平均）。总平均的使用掩盖了被试间的差异，这既有益处（因为被试间的差异导致被试分组或实验条件之间的差异难以被观测到），也有坏处（因为总平均可能并不能准确地反映单个被试上的实验结果）。当你查看实验中单个被试的数据时，你可能会惊讶地发现被试间存在很大的差异，并且单个被试的波形可能与文献中的总平均波形相差甚远。

图 8.6 显示了来自一个 N2pc 实验中若干单个被试的波形（该实验类似于第 3 章图 3.8 中所示的实验）。图中左列显示了分别来自 5 名被试的外侧枕叶电极位点上的波形（该实验一共包含了 9 名被试）。如图所示，这些波形之间存在很大的差异。每名被试都有 P1 和 N1 峰，但这些峰的相对振幅与绝对振幅在不同被试间差异很大（例如，比较被试 2 和被试 3）。此外，并非所有被试都有一个明显的 P2 峰，且三名被试在 200—300 毫秒之间的总体电压为正，一名被试接近于零，而另一名被试为负。该图所示的被试间变异性在 ERP 实验中非常典型。我并没有为此特意寻找不寻常的例子——这确实是一个随机选择。

到底是什么导致了该变异呢？要回答这个问题，我们首先需要确定这些变异在多大程度上反映了被试之间稳定的个体差异，以及在多大程度上反映了有限试次在迭加平均后残余的试次间随机噪声。图 8.6 右列的前 3 行大致说明了这一

265

---

* 译者注：原文此处有笔误

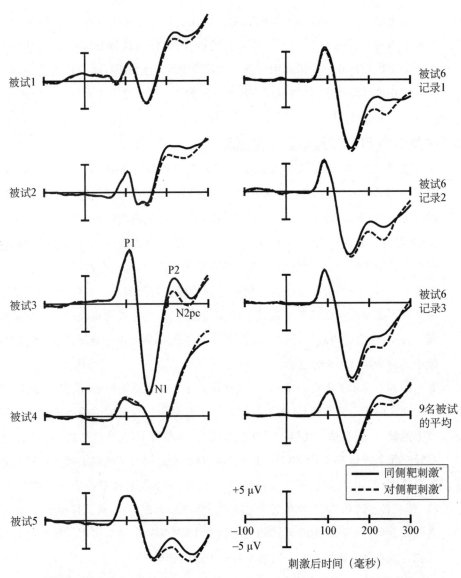

图 8.6 迭加平均 ERP 波形中个体差异的例子。数据来自于一个 N2pc 实验,其中包含 6 名被试(从总共 9 名被试中随机选出)。被试 1—5 参加了单次实验记录,被试 6 参加了 3 次实验记录。图中右下角给出了实验中所有 9 名被试的总平均波形。

* 译者注：原文将同侧与对侧写反了

点,其中显示了第 6 号被试来自同一实验中三次不同记录的 ERP 波形。可以看出在不同的记录之间,被试 6 的波形中存在一些差异,但与图中左列 5 名被试之间的差异相比,该差异非常小。被试 6 不同记录之间的波形相当稳定,这是因为每个记录中的迭加平均波形都是在数百个试次上平均所得到的,因此具有良好的信噪比。如图所示,该被试刺激前基线期中的噪声很小,由此也可以得出信噪比很高的结论。不同记录之间的一些波形差异反映了未能被迭加平均完全消除的随机噪声,但另一些差异可能反映了该被试在不同记录之间的真实变化,包括全局状态因素(例如,被试前一晚的睡眠时长)或任务策略的转变。John Polich 发表了一系列有趣的研究,表明 P3 波形对各种全局因素都很敏感,例如距上一次进餐的时间、体温,甚至是一年中的某个时间(见 Polich & Kok,1995 的综述文章)。

鉴于图 8.6 右列显示的不同记录之间波形的稳定性,图中左列所示被试间波形的差异主要反映了被试间稳定的差异。但是,你不能假设该情形总是成立的。如果迭加平均中的试次较少,或者我们未能最小化实验中的噪声源,则会在被试 6 的不同记录之间观测到更高的变异性,从而导致被试之间的方差更多地反映了噪声,而不是真实且稳定的差异。

如图 8.6 所示,当噪声很小时,有几个潜在的原因可导致不同被试之间的波形出现稳定的差异。一个主要因素是每个被试大脑皮层特有的折叠模式。正如第二章所讨论的,ERP 成分在大脑皮层中的产生源位置和朝向对该成分在特定头皮电极位点上的大小有着极大的影响。每个被试都有一个独特的大脑皮层折叠模式,并且大脑功能区与沟回中特定位置之间的关系也可能有所不同。虽然我从未见过任何关于皮层折叠模式与 ERP 波形个体差异之间关系的正式研究,但我一直认为这是健康青年被试中波形变化的最主要原因(更多讨论请参见 Kappenman & Luck,2012)。当然还有其他因素也会影响波形的形状,它们包括药物、年龄、精神疾病,甚至性格。但在以健康年轻人为被试的实验中,这些因素所起的作用可能相对较小。

在 ERP 研究中,被试之间波形的差异往往被忽略。在多数情况下,这是非常合理的。然而,当你试图在所有被试中使用相同的时间窗口和电极位点来测量某一成分时,这种变异性可能会带来一些问题(见第九章中与图 9.2 相关的讨论)。若你试图研究不同个体在心理或神经过程中的差异,那么不同被试间较大且稳定的差异实际上是有益的。但如果这些差异反映的只是诸如皮层折叠模式的非功能性因素,那么个体间的大部分差异则可能与心理或神经过程无关。尽管如此,一些个体差异是可能与心理或神经因素相关的,尤其如第四章所述,当你用差异波来分离特定的过程时。我的前研究生 Ed Vogel 在工作记忆的研究中,利用差异波发现了 ERP 效应与行为学表现之间漂亮且稳定的相关性(参见 Vogel, McCollough, & Machizawa, 2005;Drew, McCollough, Horowitz, & Vogel, 2009;Anderson, Vogel, & Awh, 2011,2013;Tsubomi, Fukuda, Watanabe, & Vogel, 2013)。

图 8.6 右下角的波形显示了本实验中 9 名被试的总平均。总平均波形的一个重要特点是其峰值要小于大多数单被试波形中的峰值。这看上去有些奇怪,但却是完全可以理解的。某一给定被试中电压到达峰值的时间与其他被试不一样,并且总平均中的峰值时间也与单个被试的峰值时间不同。此外,在许多时间点上,某些被试的电压为正,而另一些被试的电压为负。因此,总体上来说,总平均比大多数单个被试的波形都小。这是本章后面将要讨论的一个原理的例子,即潜伏期的变异会导致迭加平均波形中的峰振幅降低。

6. 振幅变异(不)引起的问题

信号平均是基于几个假设的,其中最明显的假设是与锁时事件相关的神经活动在每个试次中都应相同。该假设显然将问题过度地简化了,因为神经和认知过程在不同试次中显然会有所不同。若给定成分的振幅在不同试次间发生变化,这便违背了该假设,但是对这一假设的违背通常却不会产生任何问题。例如,如果N2 波的振幅在不同试次间发生变化,那么迭加平均 ERP 波形中的 N2 波将反映各试次中 N2 波的平均振幅。这与科学研究中典型的平均用法并没有什么不同,即用一组值的平均值来衡量其集中趋势。因此,我们可将迭加平均 ERP 波形中的电压值看作是在波形中的每个时间点上,对集中趋势进行的一系列测量。

均值并不总是一个很好的集中趋势的测量标准,但几乎任何心理或神经活动的测度(包括ERPs)都是如此。例如,如果 N2 的振幅在一半的试次中很大,而在余下的试次中很小,则迭加平均波形中的 N2 将为一个中间值,且该中间值并未出现在任何试次中。类似地,N2 的振幅可能在大多数试次中都很小,而在某几个试次中很大(即偏态分布)。ERP 研究者通常不太关心这些可能性,但它们有时却非常重要。例如,从迭加平均 ERP 波形中进行测量时,精神分裂症患者的 P3 振幅通常小于健康对照组,这可能反映了在每个试次中 P3 振幅一致性的降低,也可能反映了在一些试次中完全没有 P3,而在其余大多数试次中具有正常的 P3 振幅。Ford, White, Lim 和 Pfefferbaum(1994)进行了单试次分析以区分这些可能性,他们发现有证据表明患者不但产生 P3 波的概率降低,且在含 P3 波的试次中 P3 的振幅也较低。

在大多数情况下,你可以忽略振幅在不同试次中的变化。这很少会影响到你从实验中得出的结论。

7. 潜伏期变异带来的问题

虽然试次之间振幅的变异通常不是问题,但潜伏期的变异(也称作*潜伏期抖动*)则是一个很大的问题。神经过程在时间上总存在一定的变异性,且该变异在较晚的认知成分上往往更大。例如,像 N400 这样相对较晚的成分,其变异性通常大于诸如 P1 的早期成分。P3 潜伏期的变异尤其显著,这是因为 P3 波的起始取决于对刺激进行分类所需的时间(见第三章),而该时间在不同试次中可能差异很大。潜伏期变异对于迭加平均 ERP 的影响如图 8.7A 所示。该图显示了 4 个试次以及它们的迭加平均。其中类似于 P3 的 ERP 成分在每一个试次中分别出现于不同的潜伏期。首先注意到的是,迭加平均波形中的峰振幅比单试次中的峰振幅小得多。当不同实验条件下的潜伏期变异程度存在差异时,该问题尤为严重。通过比较图 8.7A 与 8.7B 可以观察到这一点:在这两个图中,单试次中的振幅是相同的,但因图 8.7B 中的潜伏期变异程度小于图 8.7A,所以图 8.7B 中迭加平均波形的峰振幅比图 8.7A 中的迭加平均波形更大。因此,如果某个 ERP 成分的潜伏期变异程度在两个实验条件或两组被试间存在差异,那么即使单试次中的振幅完全相同,该成分在迭加平均波形中的振幅看上去也可能并不相同。这会导致你得出振幅存在差异的错误结论。例如,在比较精神分裂症患者与健康对照组之间的 P3 振幅时,一个很重要的问题是患者中 P3 振幅的降低是否反映了更大的 P3 潜伏期变异,而非更小的单试次振幅。潜伏期变异的差异是可能的,因为精神分裂症患者反应时间的变异性通常比对照组更大。Ford 等人(1994)研究了这种可能性,发现患者确实比对照组有更大的潜伏期变异性,但该变异性却不是引起 P3 振幅降低的唯一原因。

当 ERP 响应同时包含正负部分时,潜伏期变异可能会导致某一试次中的正向

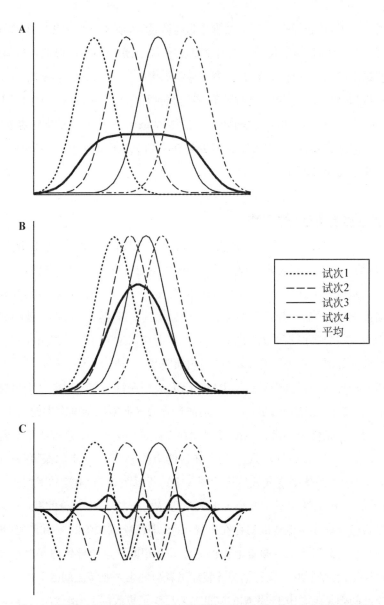

图 8.7　潜伏期变异问题的例子。每个子图都给出了 4 个试次的个体波形以及平均后的波形。子图 A 和 B 中的波形相同,但是子图 A 中波形的潜伏期变异性大于子图 B 中的波形,导致子图 A 中的平均波形与子图 B 相比,具有更小的峰振幅和更广的时间范围。子图 C 展示了当单试次波形不是单相,而是具有正向和负向的子成分时,潜伏期的变异性可能导致迭加平均波形中出现相互抵消。

波形与另一试次中的负向波形在时间上重叠,从而导致互相抵消(见图 8.7C)。在极端情况下,正负部分将完全抵消,导致 ERP 在迭加平均波形中完全消失。例如,设想某刺激触发一个正弦振荡,其相位在不同试次间随机变化(这不仅仅是一个假设的问题,见 Gary, König, Engel, & Singer, 1989)。该 ERP 响应经迭加平均后将为零,从而在迭加平均波形中不可见。

7.1 潜伏期抖动的例子

图 8.8 显示了一个真实的潜伏期抖动的例子(引自 Luck & Hillyard, 1990)。在该实验中,我们研究了两种视觉搜索任务中的 P3 波。在其中一种实验条件下(*并行搜索*,parallel search),被试搜索一个具有独特视觉特征的靶刺激,该视觉特征使靶刺激能够从屏幕中"突显"出来,且无论刺激阵列中含有多少干扰项,靶刺激都可以被立即检测到。在另一种实验条件下(*串行搜索*,serial search),靶刺激被定义为某一特征的缺失;在该条件下,我们预期被试会在刺激阵列中依次搜索每个项目,直到找到靶刺激。在串行搜索条件下,我们预期反应时间会随着集合大小的增加而增加,而在并行搜索条件下,则不会出现集合大小的效应。我们得到的结果与预测一致,并且重复验证了许多过往视觉搜索实验中的结果(见 Treisman & Souther, 1985; Treisman & Gormican, 1988)。

我们也预测在不同的实验条件下,反应时间在试次之间的变异性也存在一致性的差异。在并行搜索条件下,靶刺激会立即"突显"出来,因此搜索靶刺激所需的时间在试次之间应该相对一致。而在串行搜索条件下,被试需将注意力从一个项目随机转移到下一项目,直至找到靶刺激,从而导致找到靶刺激之前所经时间上的变异性。例如,当集合大小为 4 时,靶刺激可能是搜索的第一、第二、第三或第四个项目,但当集合大小为 12 时,则可能在第一至第十二个项目之间的任何一个找到靶刺激。因此,我们预测在串行搜索条件下,反应时间在不同试次之间会有很大的差异,并且该变异性随着集合大小的增大而增大。当然,我们的结果与该预期完全一致。

因为 P3 与将刺激归类为靶刺激的过程有关(见第三章),所以我们预测每一试次中 P3 的时间都会与反应时间紧密联系在一起。因此,我们也预测 P3 的潜伏期在并行搜索条件下相对恒定,因为在该条件下,搜索靶刺激所需的时间在不同试次之间不应该有较大变化。然而,在串行搜索条件下,尤其当搜索的集合较大时,搜

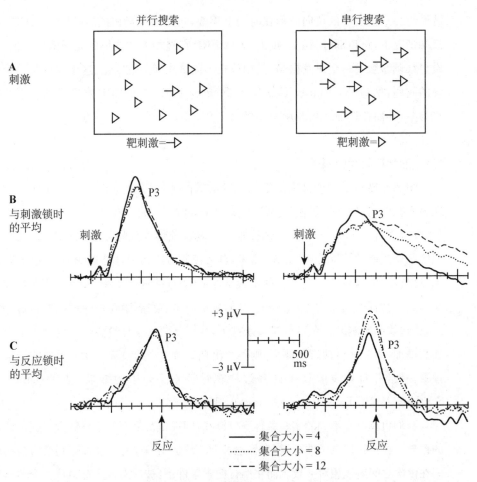

图 8.8 一个预期 P3 波形中存在显著潜伏期变异的实验例子(Luck & Hillyard, 1990)。(A)两个实验条件下的示例刺激。(B)Pz 电极上与刺激锁时的平均波形。(C)Pz 电极上与反应锁时的平均波形。

索靶刺激所需的时间在不同试次之间差异很大,因此我们预测随着集合的增大,P3 的潜伏期变异也会逐渐增大。潜伏期变异的增大将降低迭加平均 ERP 波形中 P3 波的峰振幅。

271　　　　　　图 8.8B 显示了该实验中与刺激阵列起始锁时的迭加平均 ERP 波形。在并行搜索条件下,P3 波的振幅相对较大而持续时间较短,并且不以集合大小为函数变化。串行搜索条件下 P3 的峰振幅比并行搜索条件下的峰振幅小,但持续时间很长。此外,在串行搜索条件下,集合大小为 4 时的 P3 峰振幅大于集合大小为 8 和

12 时的 P3 峰振幅。如果没有考虑到潜伏期变异的效应，你可能会得出如下结论：与执行并行任务时相比，大脑在执行串行任务时产生的 P3 响应通常更小，并且在串行任务中，大脑在集合大小为 8 和 12 时产生的 P3 比集合大小为 4 时产生的 P3 更小。然而，考虑到较小的峰振幅是在预期具有较大试次间潜伏期变异性的条件下观测到的，而较大的变异性会人为地降低迭加平均波形的峰振幅，因此图 8.8B 中的峰振幅可能是误导性的。如果我们仅观测与刺激锁时的 P3 峰值，我们无法判断是单试次中的 P3 振幅在不同条件下有差异，还是峰值的差异仅仅是由 P3 潜伏期变异的差异所引起的伪迹。

那么我们是否可以去除潜伏期抖动的效应，以确定单试次中的 P3 振幅在每种实验条件下发生了什么变化呢？本章后面的几节将描述一些可以处理这种潜伏期抖动的简单有效的方法。在线第十一章将对潜伏期抖动进行更详细地分析并且将引入卷积（convolution）的数学概念，这将使你更深入地理解潜伏期抖动如何影响迭加平均 ERP 波形。

7.2　如何处理潜伏期抖动

面积测量　在许多情形下，你可以通过测量平均或面积振幅而非峰振幅来减轻潜伏期抖动的影响。这些基于面积的测量对于*单相*（monophasic）ERP 成分尤为有效（即在给定电极位点上完全为正或完全为负的成分）。在单相 ERP 成分中，若干试次迭加平均波形的曲线下面积的均值，等于在单试次中计算曲线下面积然后在试次间进行平均。因此，潜伏期变异并不影响单相成分的曲线下面积。例如，图 8.7A 所示迭加平均波形的曲线下面积与图 8.7B 所示迭加平均波形的曲线下面积相同，尽管前者的潜伏期变异大于后者。平均振幅也不受潜伏期变异的影响；图 8.7A 与 8.7B 中迭加平均波形的平均振幅一样大，尽管其潜伏期变异和峰振幅都有差异。

因此，我们可以对图 8.8 所示的实验数据使用平均或面积振幅测量，以确定迭加平均波形中 P3 峰振幅的差异是否反映了单试次中 P3 振幅的差异。当我测量了图 8.8B 波形中的平均振幅时，我发现在串行搜索任务中的 P3 振幅实际上比在并行搜索任务中更大（而峰振幅结果则相反），并且在串行搜索条件下，P3 的振幅随着集合大小的增大而增大（而峰振幅结果则是减小）。这意味着串行搜索任务中的单试次 P3 振幅大于并行搜索任务，并且振幅随着串行搜索任务中集合大小的增加而增大。在下一节中,我将运用与反应锁时的迭加平均为该结论提供融合的证据。值得注意的是,如果我只观测峰振幅,我也会得出与此截然相反的错误结论。

除了对潜伏期抖动不敏感以外,面积和平均振幅测量相比峰振幅还有着许多额外的优势,我将在第 9 章中对此进行详细论述(还将描述如何在这种情形下测量潜伏期)。然而,如果具有抖动的 ERP 成分是多相的(multiphasic;即,同时具有正向和负向部分),这些测量则也是无效的。如图 8.7C 所示,当起始时间可变时,波形中正向和负向的偏转相互抵消。在这种情况下,使用时频分析可能会有所帮助,我将在本章结尾处对此进行讨论。在许多情况下,单个较晚期成分(例如,P3 波)具有很大的潜伏期变异,但该成分会叠加在波形中的其他正峰和负峰之上(例如,P1、N1、P2 和 N2)。在该情形下,整个波形为多相的,但仅有一个单相成分在不同试次中存在较大的潜伏期变异(P3)。对此,面积和平均振幅测量通常效果良好。因此,关键在于具有潜伏期抖动的 ERP 成分(而非整个波形)是否是多相的。只要具有潜伏期抖动的大脑活动是单相的,面积和平均振幅测量便是适用的。

与反应锁时的迭加平均   在某些情况下,ERP 成分的潜伏期与反应时紧密耦合,因此在这种情况下,可以使用与反应锁时而非与刺激锁时的迭加平均来校正潜伏期变异。在与反应锁时的迭加平均中,用来将单试次 EEG 分段对齐的事件是被试的反应,而不是刺激。例如,图 8.8C 显示了视觉搜索实验中与反应锁时的波形。在该实验中,我们预期每个试次中的 P3 大约在行为反应发生的同时达到峰值。在串行搜索条件下,P3 在与反应锁时的迭加平均中比在与刺激锁时的迭加平均中更窄且更高。如果 P3 与反应锁时比与刺激锁时更紧密,那么这便正好符合我们的预期。此外,与反应锁时的 P3 在串行搜索条件下比在并行搜索条件下更大,而且在串行搜索条件下,P3 随集合大小的增大而增大。这与我们在对与刺激锁时的迭加平均波形采用平均振幅测量法时得到的结果一致,却与使用峰振幅测量法时得到的结果相反。因此,当大脑活动与反应的锁时比与刺激的锁时更紧密时,与反应锁时的迭加平均对于弄清不同实验条件或分组之间的单试次振幅变化非常有效(关于实验分组之间差异的例子,请见 Luck et al. , 2009)。

Woody 滤波器技术   第三种减轻潜伏期变异影响的方法是 *Woody* 滤波器技术(Woody, 1967)。该项技术的基本方法是在单试次中估计出感兴趣成分的潜伏期,并使用这个潜伏期作为锁时点进行迭加平均。单试次中 ERP 成分的识别,是通过搜寻单试次波形中与该 ERP 成分模板最接近的部分来实现的。当然，这项技术的成功应用取决于单试次中感兴趣成分的可识别度，而这又取决于单试次的信噪比以及 ERP 成分波形与噪声波形之间的相似度。

Woody 滤波技术从感兴趣成分的最优猜测模板（例如半个周期的正弦波）出发，在每个试次中利用互相关（cross-correlation）来搜寻与模板波形最匹配的部分 EEG 波形[3]。然后，将 EEG 分段相对于该成分估计出的峰进行对齐并计算迭加平均。生成的迭加平均 ERP 波形将被用做第二次迭代中的模板，该迭代过程将持续到相邻两次迭代之间的波形几乎没有差异为止。

该项技术的缺点是，给定试次中与模板最匹配的部分可能并不一定是真正的感兴趣成分，从而导致迭加平均波形不能准确地反映该成分的振幅和潜伏期（Wastell, 1977）。此外，这并不是简单地向迭加平均波形中添加随机噪声；相反，它使每个实验条件中的迭加平均都与模板更加类似，因此使实验条件之间彼此更加相似（这本质上是趋于均值的回归）。因此，该技术仅在当目标成分相对较大且与 EEG 中的噪声不同时才有效。例如，P1 波很小且形状与 EEG 中的自发性 alpha 波相似，因此在许多试次中，模板可能与噪声更加匹配，而不是与真实的单试次 P1 波形匹配。相反，P3 成分相对较大且其波形与常见 EEG 模式存在差异，因此模板匹配程序更有可能在单试次中找出真实的 P3 波。

即使在考察 P3 波这样较大的成分时，Woody 滤波也仅在潜伏期变异不大时效果最优；当潜伏期变异很大时，单试次中的搜索时间窗必须非常宽，从而使噪声偏转相比目标成分有更多的机会能够更好地匹配模板。例如，我曾试图将 Woody 滤波应用于图 8.8 中所示的视觉搜索实验中，但其效果并不理想。该实验中 P3 波的峰值可出现在刺激后 400 至 1400 毫秒之间的任何时刻，而在这么宽的搜索窗口下，该算法经常可以找到与搜索模板匹配较好，但并不对应于真实 P3 峰的部分波形。其结果导致迭加平均波形看起来与搜索模板非常类似，并且在不同条件下也非常相似。

应该指出的是，Woody 滤波器技术的主要难点在于从单试次中识别感兴趣成分，因此任何能够改进这一过程的因素都将导致迭加平均更为准确。例如，除了成分的波形之外，还可能通过指定成分的头皮分布，排除波形正确但头皮分布不正确的 EEG 偏转。

274 ## *8. 时频分析基础*

如图 8.7C 所示,若单试次中的 EEG 活动由振荡组成,则潜伏期抖动可导致迭加平均 ERP 中的单试次活动消失(因为某个试次中的 uppie 会与另一个试次中同一时刻上的 downie 抵消)。在过去的十年里,关于 EEG 振荡的研究飞速增长,其主要原因是*时频分析技术的发展*,使得在将不同试次合并时,能够避免传统信号平均过程中产生的抵消。我将在在线第 12 章中更详细地讨论这些技术,但我也将在本节中提供一个简要的概述,因为这些技术实际上只是一种更为高级的信号平均。如果你还未读过第七章中关于傅里叶分析的一节,你应该在继续阅读之前回去读这一节。此外,我还建议阅读 Roach 和 Mathalon(2008)撰写的一篇优秀的综述文章。

8.1 基于滑动窗傅里叶分析的时频分析方法

时频分析是基于*傅里叶变换*的变体。如第七章所述,傅里叶变换将波形转换成一组具有不同频率、相位和振幅的正弦波。例如,如果将傅里叶变换应用在一个 1 秒的 EEG 分段上,你可以计算出在 10 Hz、15 Hz、20 Hz 或几乎任何频率上活动的大小。傅里叶分析对于振荡的振幅测量与其相位无关,这使我们能够避免与试次间潜伏期变异有关的问题(潜伏期变异与相位有紧密的联系)。

然而,我们在此不能使用标准的傅里叶变换,因为它不提供任何关于振荡的时间进程的信息。即,傅里叶变换仅在每个频率上计算出一个单一的值,代表整个分段中该频率上的功率(振幅的平方)。相反,我们需要一种方法能够在波形中的每个时间点上计算给定频率的功率。功率实际上在单个时间点上无法定义,但我们可以通过在短时间窗内(例如 200 毫秒)测量给定频率上的功率来进行近似,并用该近似值来表示时间窗中点潜伏期处的功率值。有两种基本方法可以实现该近似:一种是*滑动窗傅里叶分析*,而另一种是*小波分析*。

在滑动窗傅里叶分析中,傅里叶变换被应用到若干相邻时间窗中的每一个窗口中(Makeig, 1993)。如图 8.9 所示,四个单试次中均存在一个 10 Hz 的振荡,但其在每个试次中的起始时间不同。图中灰色区域表示分析中使用的时间窗。我们对该时间窗内的信号做傅里叶变换,并将每个频率上的功率分配到该窗口的中点时刻。然后窗口向右滑动一个样本周期(例如,4 毫秒),并在新的时间窗内进行傅里叶分析。图 8.9 中只显示了三个窗以说明时间窗的概念,但在实际分析中我

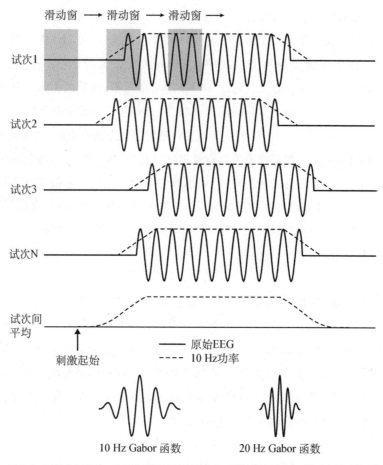

图 8.9 时频分析基础。在这个例子的每个试次中，刺激起始后经过一段可变的时间，诱 275
发出一个 10 Hz 振荡（实线）。如果我们计算一个传统的试次间平均，这些振荡大部分将
会抵消，导致平均后成为一条直线。为了进行时频分析，用一个窗（本例中为 200 毫秒）沿
着每个试次中的 EEG 数据进行滑动，并为每个窗的位置估计特定频率处的功率（虚线）。
图中给出了三个不同的窗，但实际上对于波形中的每个采样点，都有一个以该点为中心的
窗，并对这些数量巨大的重叠窗都进行上述操作。对于单试次 EEG 波形中的每个采样
点，计算其在给定频率上的功率，从而构造出每个试次的单试次功率曲线。然后，将这些
单试次功率曲线放在一起迭加平均（图中下方的虚线）。另一个方法是将 EEG 与一个
Gabor 函数进行卷积，例如图中下方所示的两个 Gabor 函数。

们将使用很多互相重叠的窗，波形中的每个采样点都是一个时间窗的中心点。这
使我们可以估计波形中每个频率和每个采样点上的功率。然而需要注意的是，给 276
定时间点上的功率实际上反映了以该时间点为中心的整个时间窗口内的信号功

率,因此这将损失一定的时间分辨率。

图 8.9 显示了如何使用 200 毫秒的窗对单个频率(10 Hz)进行滑动窗傅里叶分析。图中实线表示每个试次中的 EEG,虚线表示每个 200 毫秒窗中点处的 10 Hz 功率。在 EEG 分段起始处,10 Hz 的功率为零,这是因为每个分段都以一条平直线开始。当窗移动至与振荡重叠时,10 Hz 的功率则开始上升。而当窗与 10 Hz 振荡完全重合时,10 Hz 的功率就变得平坦。当振荡结束时,功率又回落到零。

在对每个试次都进行了滑动窗傅里叶分析后,即可将代表每个试次中给定频率上的功率波形进行迭加平均,正如你通常对原始电压波形做迭加平均一样。图 8.9 下方显示了该迭加平均的波形。在传统的迭加平均中,振荡会抵消,导致平均后的波形为一条平直线,但 10 Hz 功率波形的迭加平均则很好地表示了单试次中的 10 Hz 功率。

8.2 基于小波的时频分析

虽然图 8.9 中所示的滑动窗傅里叶分析方法有一些优势,但它也有两个缺点。首先,它将窗口内的功率仅视为窗中心时刻的功率,即便整个窗口中的信号对功率的贡献是完全相等的[4]。其次,它在每个频率上计算功率时所使用的窗口长度是相同的,这导致对低频的估计精度要低于对高频的估计精度。现在大多数研究者使用一种基于小波的方法来克服这两个问题。

图 8.9 中左下角显示了一个小波的例子。该图中的小波是由一个 Gabor 函数构成,但除此之外还存在许多不同种类的小波。它是由 10 Hz 正弦波与一个高斯函数(钟形曲线)的乘积所产生。正弦波的持续时间是无限长的,但与高斯函数相乘后则使振荡随时间逐渐减小。这解决了滑动窗傅里叶变换的两个缺点中的第一个:小波对时间窗的中心点赋予最高的权重,而并非对窗内所有时间点同等对待。但需注意的是,使用小波依旧会损失一些时间分辨率,这是因为在给定时间点上的功率仍然受到窗内相邻时间点的影响,但该问题已经因较远的时间点被赋予较低的权重而有所减轻。

而对于滑动窗傅里叶变换的第二个缺点,即不同频率的精度不同,则可通过对不同频率使用不同宽度的 Gabor 函数来解决。例如,在图 8.9 右下角显示的 20 Hz 小波与 10 Hz 小波具有相同的周期数,因此它们具有相同的精度,但 20 Hz 小波的持续时间是 10 Hz 小波的一半。当多个具有相同属性的小波仅在水平（时间）方向上被压缩或延伸以表示不同频率时，这些小波被称为一个小波族。当小波族中的每个小波都为 Gabor 函数时，该小波族被称为 *Morlet 小波族*。

你可能在想如何使用小波族来计算给定频率和时间点上的功率。该问题的答案是一种叫做卷积（convolution）的数学运算。在线第十一章描述了有关卷积的基本原理，而在线第十二章则用简明的数学推导阐释了如何使用卷积实现时频分析。在我看来，你在运用时频分析之前必须了解其基本原理。如果你计划在不久的将来运用时频分析，你当然应该阅读在线第十一章和第十二章。此外，Mike Cohen 最近出版的一本书（Cohen，2014）提供了关于时频分析的详细数学推导和使用建议。如果你想运用该技术，我也强烈推荐你阅读此书。

277

8.3 使用时频分析观察随机相位活动

图 8.9 显示了针对单一频率的时频分析，但人们通常是对多个频率同时进行时频分析。其结果通常用*热度图*（heat map）进行绘制，它使用不同颜色（或不同灰度）来表示给定时间和频率上的功率。图 8.10 给出了一个例子，显示了来自

A 单个试次上的时间×频率活动   **B** 平均ERPs中的时间×频率活动

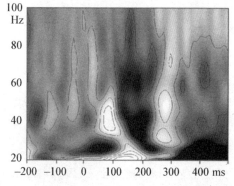
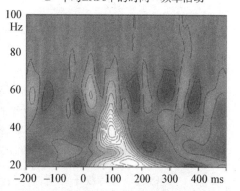

图 8.10 引自 Tallon-Baudry 等人（1996）研究中的时频分析例子。X 轴是时间；Y 轴是频率；灰度表示特定时间和频率上的功率，越浅代表功率越大。在子图 A 中，针对单个试次进行时频转换，然后将转换后的数据迭加平均。因此，该图既包含与刺激起始非锁相的活动，也包含锁相的活动。在子图 B 中，针对迭加平均后的波形进行时频转换。因此，该图仅包含与刺激锁相的活动，因为相位随机的活动在 ERP 迭加平均过程中被消除了。授权引自 Tallon-Baudry 等人（1996）。版权归神经科学学会所有。

Tallon-Baudry 等人(1996)研究中的数据。该图中 X 轴与传统的 ERP 迭加平均一样,表示时间。但 Y 轴表示的则是频率(该图显示的频率范围为 20 到 100 Hz)。图中灰度表示每个时间点和频率上的功率值,并以较浅的灰度值代表较大的功率。在刺激后约 90 毫秒处可以观测到一个以 40 Hz 为中心的频带活动,并且在刺激后约 300 毫秒处可以观测到另一个位于 30 至 60 Hz 之间较弱的频带活动。

278　　　　该方法的关键之处在于,对于某频带内的活动,不论其相位在试次间发生变化与否,它都能够被观测到,而这些具有随机相位的活动在传统的迭加平均波形中将完全消失。然而,研究者们常常假设在时频分析中观测到的仅仅是具有随机相位的振荡,但该假设通常并不正确。例如,图 8.10B 显示了 Tallon-Baudry 等人(1996)将时频分析运用于迭加平均 ERP 波形(而非单试次 EEG)时得到的结果。迭加平均 ERP 波形仅包含在不同试次间相位一致的活动,因此平均 ERP 波形的时频变换中包含的任何活动都不可能来自具有随机相位的振荡(除了方框 8.2 所述条件之外)。如图 8.10B 所示,在迭加平均 ERP 波形的时频变换中,90 毫秒处的 40 Hz 活动依然可见,因此该活动是传统迭加平均 ERP 波形的一部分,而并非随机相位振荡。然而,图 8.10A 中 300 毫秒处 30 至 60 Hz 之间的活动在图 8.10B 中不可见,因此它必然是随机相位活动。

方框 8.2　具有随机相位的振荡如何在常规迭加平均之后仍然存在

　　　　虽然随机相位振荡通常在常规迭加平均中抵消,但 Ali Mazaheri 和 Ole Jensen 的研究表明情况并非总是如此(Mazaheri & Jensen, 2008)。鉴于神经环路的生物物理学特性,振荡可能并不总是对称分布于基线电压两侧。如下图所示,电压可能相对于基线上升,且在每一个周期都回落至基线(依据偶极子的朝向,与此相反的情形也可能发生)。因为电压永远不会下降至基线以下,所以 downie 是接近于零而不是负值,从而无法与 uppie 相互抵消(例如,图中虚线所标出的时间点)。其结果是,这种具有随机相位试次的迭加平均可能是一个宽广的正向(或负向)波形。

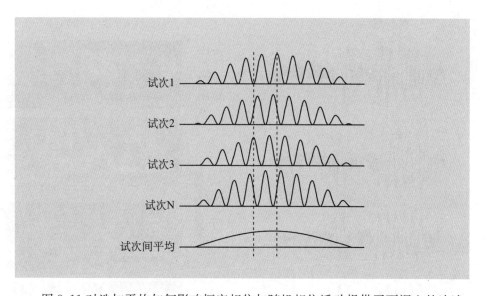

　　图 8.11 对迭加平均如何影响恒定相位与随机相位活动提供了更深入的论述。图中左侧显示了四个试次中的 EEG 以及常规信号平均后的 ERP 波形。在每个试次起始处，EEG 中包含了一个具有相同相位的 10 Hz 脉冲。试次中随后还包含另一个 10 Hz 脉冲，但其相位在每个试次中都不同。当对电压波形进行迭加平均后，试次开始处锁相（phase-locked）的 10 Hz 脉冲在平均波形中可见，但其后的随机相位脉冲则不可见。图中右列显示了单试次的时频变换，以及这些单试次时频变换的迭加平均。你可在每个试次以及迭加平均中都观测到这两个 10 Hz 脉冲。因此，尽管在常规迭加平均中只有第一个 10 Hz 脉冲可见，但当时频变换之后于试次间进行迭加平均，则两个 10 Hz 脉冲均可见。方框 8.2 描述了一种在常规平均中可观测到随机相位振荡的特殊情形。

　　虽然 Tallon-Baudry 等人（1996）的开创性研究显示了迭加平均 ERP 波形的时频变换以及时频变换之后的迭加平均结果，但近期的研究却往往未能给出将时频变换运用于迭加平均 ERP 波形的结果。这导致无法得知结果反映了随机相位活动，还是只反映了传统 ERP 波形。因此在阅读时频分析的研究时，你应该查看作者是否提供了必要的信息，以确定随机相位振荡是否真实存在。

8.4　时频分析中的基线

　　如本章开头所述，传统 ERP 研究中基线校正的主要目的是消除大的电压偏移

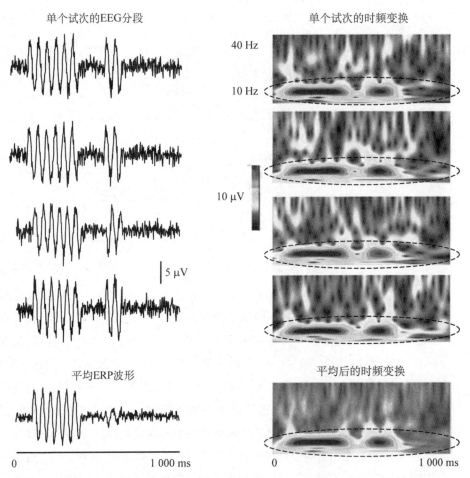

单个试次的EEG分段

单个试次的时频变换

平均ERP波形

平均后的时频变换

图 8.11 深入观察时频分析。左列显示了四个试次的电压波形以及它们的平均。单个试次中包含一个初始的 10-Hz 振荡,其相位在每个试次中都是相同的,后面跟随着另一个 10-Hz 的振荡,其相位在不同试次中并不相同。相位相同的振荡在平均后仍然存在,但是相位随机的振荡由于相互抵消,在平均后基本不存在了。右列展示了单个试次的时频变换,以及时频变换的平均(注意到这并不是平均电压波形的时频变换)。你在每个试次以及平均后的结果中都能看到早期和晚期的 10-Hz 振荡(用虚线椭圆标出)。如果时频变换已被用于平均 ERP 波形,那么只能看到第一个 10-Hz 振荡。授权引自 Bastiaansen 等人(2012)。版权归牛津大学出版社所有。

以及慢电压漂移。这些电压偏移与漂移发生在极低频段(<1 Hz)。因为时频分析通常估计的是远高于 1 Hz 频率的功率,所以电压偏移与漂移对时频分析的结果影响很小。因此,在时频分析中基线校正并不总是必要的。

时频分析中基线校正的主要价值是将与刺激相关的大脑活动与刺激起始之前

的活动区分开。若某实验涉及比较以随机顺序呈现的刺激所诱发的活动,则所有试次类型中的基线活动都应相同,因此基线校正不是绝对必要的(虽然它可能有助于减少随机波动,从而提高统计功效)。

但是,若实验涉及比较不同试次组块中记录到的来自非随机刺激顺序的活动,或比较不同被试分组中记录到的活动,则需要执行一定形式的基线校正。在这些情况下,刺激后活动中的任何差异都可能只是刺激前差异的延续。例如,如果某种实验条件比另一种条件更枯燥乏味,那么更枯燥的实验条件可能在刺激前和刺激后都产生更大的 alpha 活动。在不进行基线校正的情况下,观测到刺激后 200 至 300 毫秒之间 alpha 的增大并不意味着与刺激相关的 alpha 在 200 至 300 毫秒之间增大,因为这可能只是与刺激无关的 alpha 功率差异。对于跨组比较也是如此:如果不进行基线校正,则无法判断刺激后分组之间的差异是否反映了与刺激或任务无关,且在刺激之前也存在的整体性差异。

然而即使已经执行了基线校正,你仍需要对如何解释数据保持警惕。回顾在第 6 章中提到的,alpha 活动通常在刺激起始后不久便受到抑制(例如,见图 6.6 中被试 1 的数据)。因此,如果在刺激前时间段,患者组比对照组有更高的 alpha 活动,但在没有进行基线校正的情况下,两组被试在刺激后 300 至 400 毫秒期间的 alpha 活动相等,那么在进行基线校正后,患者组的 alpha 活动看似将低于对照组。

在我阅读过的文献中,运用时频分析的研究在是否以及如何进行基线校正上存在很大的差异。有些研究使用基线校正,而另一些则不使用。在进行基线校正时,一些研究从每个刺激后时间点的给定频率上的功率中减去该频率上的平均基线功率。另一些研究则使用除法而不是减法来做基线校正(即,对于每个频率,刺激后每个时间点的功率都除以刺激前平均功率)。在其他研究中,刺激前基线和刺激后时间段之间的变化是以对数尺度(分贝)表示,以考虑到功率通常随着频率的增加而下降。这种不同研究之间的差异性并不意味着研究者所用的方法是错误的。相反,这是因为不同的基线校正程序可能适用于不同的情况。因此,当你阅读这些研究时,你需要仔细审视基线是如何处理的,以便准确理解时频分析所表达的信息。

281

8.5　是否是真实的振荡?

时频分析是一项在观测随机相位振荡时非常有用的技术。然而,时频分析数据很容易导致如下错误结论,即大脑活动中存在真实的振荡(即,一系列向上和向下的电压偏转)。如第 7 章所述,一个短暂的单相 ERP 偏转在数学上等价于许多具有不同频率的正弦波之和,这正如一美元钞票在价值上与 100 美分相等。然而,ERP 偏转并不是由正弦波组成,这也正如一美元钞票并不是由 100 个一美分硬币组成一样。因此,给定频带中存在的活动并不意味着存在真实的振荡。

我在第 7 章中曾提到,一个真实的振荡通常由一个相对较窄频带内的活动组成。相反,非振荡的瞬态大脑响应通常导致从极低频开始且扩散到一宽频带上的活动。例如,图 8.11 中的 alpha 振荡在 10 Hz 处形成了一个窄带活动,其在较低的频率上几乎没有活动。而图 8.10 没有给出任何低于 20 Hz 的频率,因此很难得知观测到的效应是否局限于一个窄频带上,或是一直向下延伸至 0 Hz。若某项研究没有给出来自较低频率的数据,你则不应该接受其关于振荡的任何结论。这一点在在线第 12 章中有更详细的讨论。

9. 阅读建议

Bastiaansen, M., Mazaheri, A., & Jensen, O. (2012). Beyond ERPs: Oscillatory neuronal dynamics. In S. J. Luck & E. S. Kappenman (Eds.), *The Oxford Handbook of ERP Components* (pp.31-49). New York: Oxford University Press.

Cohen, M. X. (2014). *Analyzing Neural Time Series Data: Theory and Practice*. Cambridge, MA: MIT Press.

Mazaheri, A., & Jensen, O. (2008). Asymmetric amplitude modulations of brain oscillations generate slow evoked responses. *Journal of Neuroscience*, *28*,7781-7787.

Roach, B. J., & Mathalon, D. H. (2008). Event-related EEG time-frequency analysis: An overview of measures and an analysis of early gamma band phase locking in schizophrenia. *Schizophrenia Bulletin*, *34*,907-926.

Urbach, T. P., & Kutas, M. (2002). The intractability of scaling scalp distributions to infer neuroelectric sources. *Psychophysiology*, *39*,791-808.

Urbach, T. P., & Kutas, M. (2006). Interpreting event-related brain potential (ERP) distributions: Implications of baseline potentials and variability with application to amplitude normalization by vector scaling. *Biological Psychology*, *72*,333-343.

(刘岳庐　译)

(洪祥飞　校)

第九章　ERP 振幅与潜伏期的量化

1. 本章概述

本章将介绍对 ERP 成分的振幅和潜伏期进行量化的方法。这些数值将被用于统计分析中,因此很显然需要确保它们的准确性与可靠性。有许多很复杂的方法可用于量化 ERP 成分(例如主成分分析以及偶极子源定位分析),但在本章中我将集中讨论一些较为简单和稳健的方法。

我在本章中所描述的一些技术,并非所有 ERP 分析软件包中都会提供。而事实上这正是我创建自己的软件包,即 ERPLAB 工具箱的动机之一(该工具箱可于 http://erpinfo.org/erplab 免费下载)。这些技术的实现并不复杂,因此如果你不愿切换到 ERPLAB 工具箱,你应该向你所用软件的供应商施压,以期他们能实现这些技术。虽然这些技术很简单,但它们通常大大优于那些使用更加广泛的方法,并且为许多全球领先的实验室所采用。

需要注意的是,本章描述的所有方法都需要定义一个*测量窗*(measurement window),在该窗口所囊括的时间段内测量振幅和潜伏期。选择合适的测量窗是振幅和潜伏期测量中最棘手的问题。如果你基于数据集中不同实验分组或条件之间具有最大差异的时间段来选取窗口,那么即使数据中不存在真实的差异,你也将使自己更偏向于发现显著的效应(因为噪声可能会影响测量窗)。由于测量窗的选择方法会影响统计分析的显著性,因此我把该问题推迟到下一章对统计分析的论述中一起讨论。

然而,在开始本章之前,我想给出一个非常重要的建议:对每个测量到的 ERP 波形,请确保认真地查看其测量值。即,请勿在仅仅运行一些进行测量的代码之后就立即开始进行统计分析。你必须将每个测得的振幅或潜伏期与每个被试相应的 ERP 波形图进行比较。不同被试之间的波形往往存在很大差异,因此一个看起来

284 　适用于总平均的测量程序,在用于单个被试时可能完全失效。我们花了很长时间
为 ERPLAB 工具箱开发一个可视化工具,以使你能够绘制每个被试的 ERP 波形,
并准确地看到波形的振幅和潜伏期是如何计算出来的。其他一些 ERP 分析软件
包中也有类似的工具。我强烈建议你们使用这些工具!

2. 基本测量算法:峰振幅、峰潜伏期以及平均振幅

　　如图 9.1 所示,测量 ERP 振幅和潜伏期最古老的方法是定义一个时间窗并在
该窗口内找出最大点(取决于目标峰是正峰还是负峰,最大点相应为最正或最负的
点)。该最大点处的电压被称为峰振幅,而该点所处的时刻则为峰潜伏期。例如,
图 9.1A 中的 P3 波在刺激起始后 404 毫秒达到约 17 微伏的峰值电压。如第八章
所述,振幅的测量通常是相对于刺激前时段的平均电压。因此请牢记基线中的任
何噪声或系统性失真都将对振幅测量(峰振幅或其他振幅测量)产生极大的影响。

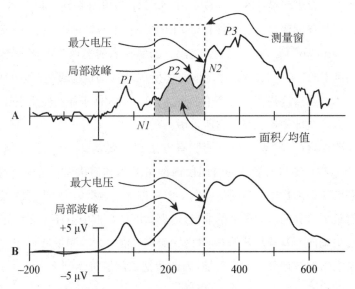

图 9.1 　(A)关于如何测量 P2 波的图解,显示了测量窗(刺激后 150—300 毫秒)、
最大电压(即简单波峰)、局部波峰以及用于计算面积或平均振幅的区域。(B)对
同样的波形进行低通滤波,以削弱高频噪声。

　　峰这个术语其实有些模棱两可。例如,可以使用一个 150—300 毫秒的时间窗
来测量图 9.1 所示数据中 P2 波的峰值。但由于 P3 波的起始,该时间窗中的最大

电压位于窗口的边界上（300 毫秒处）。其结果导致 P2 波的振幅是在 300 毫秒处被测量到的，而该点并不接近实际的 P2 峰。显然，这不是测量 P2 波的最佳方法。虽然该问题可用一个较窄的测量窗来避免，但由于不同电极位点、实验条件以及被试之间的峰潜伏期存在变异，因此通常有必要选用较宽的窗。当以这种方式测量最大值时，其被称为*简单峰振幅*或*简单峰潜伏期*。

我在读研究生时就遇到了上述问题，于是我开发了一种被称为*局部峰振幅*的更优的峰振幅测量方法。该方法将测量窗中被较低电压所包围的最大点定义为局部波峰。如果用这种方法来量化图 9.1 中的 P2 波，它会定位到图中标有"局部波峰"的点并测量振幅，这与使用标有"最大电压"的点测得的振幅相比，可以更好地反映 P2 振幅。此外，该方法还可以用局部峰出现的时间来测量所谓的*局部峰潜伏期*[1]。

大多数商业 ERP 分析软件包并没有实现局部峰算法，但该算法在 ERPLAB 工具箱和其他一些少数的商业软件包中有提供（例如，BrainVision Analyzer）。当无法使用该算法时，人们有时会对测量结果进行肉眼检查，并根据一些非正式的原则对测量结果进行手动调整。我不建议采取这类手动调整方法，因为其不但可能会引入偏差，而且很难描述清楚，导致其他研究者很难重复。相反，你应使用能够实现局部峰算法的软件包，或者强烈建议你目前所用软件包的制造商，以使他们能够实现这个简单但有用的算法。在任何情况下，你都应确保在发表的研究论文中明确说明峰是如何定义的。例如，你可以这样写："我们测量了 150 到 300 毫秒之间的局部峰振幅（依据 Luck，2014 中的定义）"（当然这也会令我十分高兴，因为这将提高我的引用次数）。

平均振幅是一种代替（且通常优于）峰振幅的常见测量方法。平均振幅的计算即为简单地在指定测量窗中求平均电压。也就是说，选取时间窗中每个样本点的电压并计算这些电压的平均值。

3. 峰振幅与平均振幅的优缺点

在本节中，我将阐述峰振幅与平均振幅测量之间的相对优缺点。在绝大多数情况下，平均振幅要优于峰振幅，因此你要知道在什么情形下以及为什么平均振幅具有其优势，这样你才能在研究中选择最合适的测量方法。

问题 1：峰并不等同于成分

任何 ERP 量化方法的目的都是为 ERP 成分的大小与时间提供一个准确的测量,并且该测量能将由噪声以及其他空间或时间上重叠成分所导致的失真最小化。如第二章所述,原始 ERP 波形的振幅和潜伏期很容易受到重叠成分的干扰而出现失真。该章还阐述了避免这一问题的几种策略(例如,使用差异波),但这些策略往往依赖于使用合适的测量方法。第二章还指出,解读 ERP 波形最重要的原则是：*峰与成分并不是一回事。电压达到局部最大值的点并没有什么特别。*

鉴于电压局部最大点并无任何特殊之处,为什么峰振幅仍被用来测量 ERP 成分的振幅或潜伏期呢？这主要是因为历史原因。在早期的 ERP 研究中,通用计算机尚未出现,因此测量振幅最简单的方法是将波形绘制出来,然后用尺子测量峰值(参见 Donchin & Heffley,1978)。当峰值测量成为标准之后,即便研究者能够使用计算机进行更复杂的测量,却依然继续使用它。平均振幅能更好地考虑到 ERP 成分在时间上的连续性,因此在过去几十年中,研究者有逐渐从峰振幅转向平均振幅的趋势。但是,峰值偶尔也是有用的测量方法。本节的余下部分将详细介绍峰值与平均值测量之间的相对优缺点。

问题 2：对高频噪声的敏感性

高频噪声很容易引起峰值测量的失真。例如,在图 9.1A 中,局部峰并不位于 P2 波的中心,而是由于噪声"尖峰"而向右平移。如图 9.1B 所示,高频噪声的影响可以通过在测量峰值之前进行滤波而得以减轻。滤波后波形中的局部峰更接近峰的"真实"位置。然而,这仅代表总体波形中的峰,因此可能并不是潜在成分幅值的较好测度。

另一种减轻高频噪声的常见方法是先找出波峰,然后在以该波峰为中心的窗口(例如,50 毫秒的窗口)内测量平均电压。该方法确实能够在搜索到峰的前提下滤除高频噪声,但是噪声的存在仍然可能导致将错误的点误认为波峰。例如,波形中的噪声使图 9.1 所示波形中 P2 的局部峰相比真实峰在时间上延后;若我们搜索到这个局部峰,并计算以该波峰为中心 50 毫秒时段内的平均电压,我们将得到一个平移到实际峰右侧的 50 毫秒时段上的测量值,并受到 N2 波下降缘的影响。我尚未看到任何直接检验该测量方法精度的研究,但我怀疑只需先应用一个低通滤波器(如图 9.1B 所示的波形),然后再测量峰振幅,就能得到更优的结果。

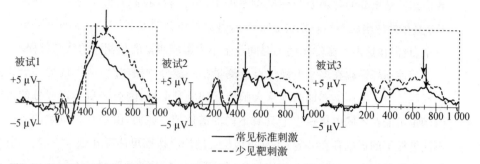

图 9.2 在 Oddball 范式中,从三名被试上记录到的由常见标准刺激和少见靶刺激诱发的 ERP 波形。虚线区域表示可以用来测量 P3 波的测量窗,箭头表示该窗中的波峰。

与峰振幅测度相比,平均振幅测度对高频噪声较为不敏感。这是因为测量窗中所有的"uppies"跟"downies"都相互抵消。例如,即使图 9.2 中的数据经过低通滤波后,仍然具有较多的噪声并足以影响峰值(尤其是在被试 3 的数据中),但在测量窗足够宽的前提下(例如大于 50 毫秒),这些噪声对平均振幅几乎没有影响。实际上在测量平均振幅之前使用低通滤波器并不会带来任何优势,方框 9.1 阐述了为什么在不先使用低通滤波器的情况下测量平均振幅,从概念上讲是更加纯粹的。

287

问题 3:在不同时间上测量同一过程

即使高频已经被滤除,噪声仍可能对峰值测量产生较大的影响。以图 9.2 所示的三个参与 Oddball 范式实验的被试为例子。图中波形通过一个半振幅截止频率为 30 Hz 的低通滤波以消除高频噪声,然后测量 400 到 1000 毫秒之间的局部峰值并将其作为 P3 振幅。虽然被试 1 有一个大且尖锐的 P3 偏转,以致峰值可以作为振幅的合理估计,但被试 2 和被试 3 的 P3 偏转比较宽广且没有非常清晰的峰。此外,标准刺激在被试 1 上诱发的峰值位于 500 毫秒之前,而在被试 3 上诱发的峰值约位于 700 毫秒处。对于一个简单的 Oddball 任务,两个神经系统正常的被试在产生 P3 波的过程上相差超过 200 毫秒是不大可能的。将一个被试 500 毫秒处的电压与另一被试 700 毫秒处的电压进行比较,其实际代表的意义又是什么?这些不同被试之间在峰潜伏期上存在的巨大差异,导致使用 P3 峰来代表单个潜在 ERP 成分的差异时显得不那么恰当。

当我们用峰振幅在不同条件之间进行比较时,会出现类似的问题。例如,如果我们比较被试 2 的靶刺激与标准刺激的 P3 峰振幅,我们实际上在将一种条件下 475 毫秒处的电压与另一条件下 675 毫秒处的电压进行比较。在简单 Oddball 任务中,我们在这两个截然不同的时间点上不太可能测量的是相同的认知过程。

当使用峰振幅在多个电极位点上测量某一成分的振幅时,会出现另一个相关的问题。由于电压能够即时地从大脑传播到所有电极,因此来自给定成分的大脑活动不可能在不同电极位点上具有不同的潜伏期。然而,由于互相重叠的成分在不同电极上的振幅存在差异,不同电极位点的峰潜伏期可能存在很大差异。因此,如果你比较不同电极位点上的峰振幅,你通常会于不同时刻测量不同位点上的振幅,而这实际上毫无意义。一个解决该问题的方法是在某一电极位点上(通常是峰值最大的位点)找到峰,然后以该峰值出现的时间点测量其余电极位点上的电压。例如,你可以在 Pz 电极位点上找到 P3 的峰,然后在所有电极位点上测量该时间点的电压。如果有充分的理由确信峰振幅是恰当的测度(通常不是),该解决方案是可行的。

方框 9.1　滤波与平均振幅

如果你仔细阅读我的实验室发表论文中的方法部分,你会发现我们经常在不进行低通滤波的前提下从数据中测量平均振幅(除了非常轻微的硬件抗混叠滤波)。但是对于论文图中所示的 ERP 波形,我们则对数据进行低通滤波。这反映了我们在时间上试图做到高度精确。毕竟 ERP 技术的主要优势之一是其很高的时间分辨率,因此精确地测量时间是有其意义的。

为什么我们的方法能提供更高的时间精确度呢?如第七章所述,低通滤波器会导致 ERP 波形在时间上的扩散(见图 7.9B)。如果我们在方法中说明我们测量了 150 到 250 毫秒之间的平均振幅,但我们在测量之前对 EEG 或 ERP 进行了低通滤波,那么我们的测量将受到 150 毫秒之前和 250 毫秒之后大脑活动的影响。因此,如果在测量之前进行了滤波,论文中方法部分描述的测量窗的时间则不能非常精确地反映我们测量的时间。此外,高频噪声在测量平均振幅时被相互抵消(假设测量窗足够宽),因此在测量平均振幅之前滤除高频并不会带来任何益处。

事实上,我们使用的滤波器足够轻微,以致假若在测量平均振幅之前进行滤波,我们也将得到几乎完全相同的结果。然而,为了概念上的纯粹性,对数据分析中的时间精度保持高度清晰是完全值得的。

但在绘制 ERP 数据之前,我们的确会使用一个低通滤波器。这仅仅是为了使读者更容易观测到波形之间的差异,而不受噪声的干扰。我们在图注中都会明确地声明波形经过了滤波。因此,我们的数据分析不但精确,而且描述清晰。我鼓励你们也采取同样的做法。无论如何,它都将表明你清晰地理解了你对数据进行的分析和处理(尽管这也可能表明你有些强迫症,就像我一样)。

所有以上提及的问题都是因为峰振幅在不同被试、实验条件或电极位点之间通常使用不同的时间点来对给定成分进行测量。相反,在给定时间窗口内的平均振幅——根据其定义——对所有被试、实验条件和导联都在同一组时间点上测量电压。

偶尔在一些情况下,在所有被试或实验条件上使用相同的时间窗口可能并不恰当。例如,若某一成分在一组被试中的起始时间较另一组被试晚,那么在两组被试中比较同一时间窗内的平均振幅则不正确。在该情形下,你可能需要在一个宽度足以包括两组中所有被试的时间窗内计算峰振幅。然而,这种情况即使是在使用峰振幅的前提下也非常棘手。例如,如果潜伏期在被试组之间存在差异,则潜伏期的变异也很可能不一致,而潜伏期变异的差异将导致峰振幅的使用不正确(如本章前面所述)。此外,若其他成分与需要测量的成分重叠,这些成分在两个用于不同被试分组的测量窗内的振幅可能存在差异,从而导致振幅测量的失真。在这种情况下,你应该尝试使用差异波来分离目标成分(如第二章所论述的),并应该考虑使用本章后面介绍的*带符号的面积测量*(signed area;该测量对潜伏期变异上的差异不敏感)。

289

问题 4：有偏与无偏测量

峰振幅的另一个问题是其会因噪声而产生偏差(如前面第 4 章所述)。数据中的噪声越大，则最大振幅也会倾向于越大。因此，在比较基于不同试次数目的迭加平均波形时，或在比较具有不同噪声水平的被试分组时(在比较病人与对照组或青年与老年被试时很常见)，使用峰振幅是不正确的。

相反，平均振幅则不受噪声水平的影响。即，平均振幅不会因试次数目减少或其他噪声源增大而系统性地增大。噪声的增大会使平均振幅测量的变异性增大，从而降低统计功效，但它不会使平均振幅产生偏差而增大。而峰振幅则随着噪声水平的增大，不但其变异性将增大，且幅值也将系统性地增大(当其他所有条件都一致时)。因此，比较具有不同噪声水平的被试分组或条件之间的峰振幅通常是不合理的，但是比较由不同数目的试次迭加平均后所得波形的平均振幅则完全是可取的。

许多人难以理解偏差与变异性之间的区别，并且我见过很多实验在不同被试分组或条件之间具有不同数量的试次时所做的分析是不恰当的。因此，我在本章的在线增补中更全面地描述了当试次数目在被试分组或条件之间变化时，峰振幅和平均振幅将如何变化(以及你应如何应对这种情况)。

问题 5：线性与非线性测量

一些 ERP 处理运算是线性的，而另一些则是非线性的。平均振幅测量是一种线性运算，而峰振幅(或峰潜伏期)测量则是非线性的。你可以采用任何顺序来使用诸如滤波、重参考以及迭加平均的线性运算，其结果将完全一致。相反，如果其中某项处理是非线性的，则运算顺序的不同可能会引起很大的差异(对此的进一步讨论，包括线性和非线性运算的定义，请参阅本书的附录)。

例如，试想你在 15 名被试上测量 ERP 波形中 150 到 250 毫秒的平均振幅，每名被试都有一个振幅测量值，然后计算该 15 个测量值的平均。再试想你在 15 名被试个体 ERP 波形的总平均上测量 150 到 250 毫秒的平均振幅。这个基于总平均的测量值与你从 15 名被试个体波形上测得的平均振幅的平均值将完全一致。换句话说，不论你是先测量单被试的平均振幅然后计算它们的平均，还是先将单个被试的波形平均然后再测量平均振幅，其结果都不会改变。因为平均振幅的测量是一种线性运算，而计算总平均也是一种线性运算，所以它们之间的运算顺序无关紧要。该原则同样也适用于单试次 EEG 波形与迭加平均 ERP 波形的情形：先在单试次 EEG 波形上测量 150 到 250 毫秒的平均振幅，然后求这些测量值的平均值，与先将单试次 EEG 波形平均以生成迭加平均 ERP 波形，然后测量 150 到 250 毫秒的平均振幅，其结果将完全相同。这是平均振幅的一个非常方便实用的特性。

相反，峰振幅则是一种非线性测量，因此其运算顺序非常重要。如果你通过在 15 名被试个体 ERP 波形中测量 150 到 250 毫秒之间的峰振幅来测量 P2 波，那么这些单个被试峰振幅的平均值将与基于 15 名被试的总平均波形的峰振幅不一致。这可能会导致你在图中显示的总平均波形与统计分析中的平均峰振幅之间存在差异。方框 9.2 描述了当我在就读研究生时是如何第一次注意到这一问题的。同样的问题也存在于单试次 EEG 波形与迭加平均 ERP 波形的情形：先在单试次 EEG 波形上测量 150 到 250 毫秒的峰振幅，然后求这些测量值的平均值，与先将单试次 EEG 波形平均以生成迭加平均 ERP 波形，然后测量 150 到 250 毫秒的峰振幅，得到的结果将非常不同。

问题 6：潜伏期抖动

由于峰振幅不是线性测量，因此迭加平均波形中的峰振幅可能极大地歪曲了单试次中的振幅。当我们在第八章讨论潜伏期抖动时，我们遇到了该问题的一种特殊情况。你可能还记得，当原始 EEG 数据中某一成分的潜伏期在试次间变化时，迭加平均 ERP 波形的峰振幅将小于单试次中的振幅（见第八章图 8.7；另外参见在线第十一章中对该问题的延伸讨论）。如果潜伏期变异在一种条件下较大，那么即使单试次中的峰振幅在不同条件之间没有差异，测得的峰振幅在不同条件下也会不同。因此，当不同被试分组或条件之间的潜伏期变异存在差异时，峰振幅则不是一个正确的测度。

方框 9.2　这些峰值为何不一致？

当分析 ERP 实验的数据时，你的方差分析中通常会有 4 个、5 个甚至 6 个因素。这是因为你同样会有行为学实验中的因素，外加一到两个额外的平衡因素(如果你遵循了第 4 章关于实验设计的建议),再加上一到两个有关电极的因素(例如,一个左-右因素和一个前-后因素)。在大多数方差分析(Analysis of Variance,ANOVA)程序中,这需要一个数据文件,其中每一行代表一个被试,而每一列则代表多因素设计中(multifactor design)的一个单元格。当方差分析具有 4 到 6 个因素,且每个因素都有 2 到 6 个水平时,你的数据文件通常会有几十甚至几百列。要保证方差分析的正确性,你需要提供所有这些列的排序信息。在该步骤中很容易犯错误,从而导致完全虚假的方差分析结果。有时候,这些错误是显而易见的(例如,当一个不应该有很大效应的平衡因素的 F 值为 3432.12)。但有时这些错误却很难察觉。当我在读研究生的时候,我就学到了应该总是验证因素的顺序以避免错误。

但要如何对其进行验证呢?最简单的方法是查看方差分析程序提供的均数表(table of means),并将这些均数与总平均 ERP 波形进行比较。如果均数与总平均 ERP 波形匹配,那么几乎可以肯定这些因素的排列顺序是正确的。

当我还是一名研究生时,有一天我试图把方差分析程序计算的均数与总平均进行匹配,但我却发现无法将其与峰振幅测量相匹配。然而,它们与平均振幅测量则完全匹配。我对数据文件再三检查,但对于峰振幅与平均振幅,它们的顺序是完全一致的。然后我开始一一查看每个被试的数据。我发现在方差分析的输出结果中,单个被试的峰值与单个被试的迭加平均 ERP 波形完全匹配。最终我意识到了问题的所在:在单个被试上测量峰值然后计算其均值,并不等价于先将所有单个被试波形迭加平均,然后在总平均波形上测量峰值。相反,因为平均振幅和求均值都是线性运算,所以无论你先在单个被试上测量平均振幅,然后计算其均值,还是在总平均上测量平均振幅,得到的结果将完全相同。

因为平均振幅是一种线性测度,所以无论你是先在单试次中测量平均振幅,然后将这些单试次的值进行平均,或者是在迭加平均 ERP 波形上测量平均振幅,其结果都不会改变。因此，平均振幅在测量窗足够宽的前提下不受潜伏期抖动的影响。

问题 7：将峰值与反应时进行比较

　　峰值测量的另一个问题是峰潜伏期很难与其他关于加工过程时间的测度进行关联，如反应时（reaction time，RT）。该问题的产生是因为 ERP 波形的峰类似于反应时分布的众数值，而不是均值，因此将众数值与均值进行比较并不对等。本章后面的"比较 ERP 潜伏期与反应时"一节中将对此问题进行更详细地讨论。

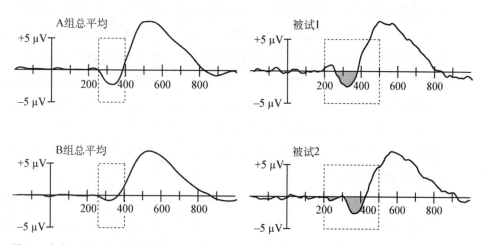

图 9.3　来自一个假想实验的数据，其中比较了 A 组和 B 组被试的 N2 成分。图中给出了两组被试的总平均波形，以及 A 组中两名被试的个体波形。

292

平均振幅的缺点

　　虽然平均振幅相比峰振幅有一些优势，但它也不是万灵药。特别地，平均振幅依然对重叠的成分相当敏感，如果一个成分的潜伏期在条件之间变化，可能会导致虚假的结果。有一些更为复杂的方法可以分离特定的成分（例如，偶极子源建模、独立成分分析、主成分分析等），但这些方法都基于一些难以评估的假设，也超出了本书讨论的范围。因此，我通常建议使用平均振幅测量，并结合第四章所论述的避免重叠成分的规则和策略。

　　由于不同被试和电极上的峰潜伏期不同，你可能会认为使用固定窗口来测量平均振幅是不妥当的。但是,对于平均振幅测量而言,这些峰潜伏期的变化通常无关紧要。即,这些峰潜伏期的变化往往来自其他重叠成分的变化,而不是由实验效应的时间变化所驱动。因此,这在实践中通常不是一个问题。

在使用平均振幅时最令人困扰的问题恐怕是如何选取测量窗。例如,考察图9.3所示的假想实验,其中需要对 N2 成分在 A 组与 B 组被试间进行比较。假设我们希望测量平均振幅,那么应该使用什么样的测量窗呢? 如果我们查看总平均波形,我们会发现两组被试之间大约在 250 到 400 毫秒存在差异。我们可以将此作为测量窗,但由于我们基于观测到的数据来选择测量窗,这会使我们更偏向于发现显著差异,即使数据中并不存在真实差异(第十章对该问题有更详细的阐述)。一个更好的方法是基于先前的研究来指导测量窗的选择。例如,如果之前一项对 N2进行组间比较的研究在 300 到 450 毫秒之间发现了差异,我们则可以用这个时间段作为新实验的测量窗。然而,若新实验中的刺激更加明亮,那么新实验中的潜伏期可能相比之前实验更短一点。在图 9.3 中,P3 波的确起始于 375 毫秒左右,如果我们在 300 到 450 毫秒间测量平均振幅,该窗口中的 P3 将部分地抵消 N2,从而削弱 N2 振幅在条件之间的差异。我们也可以测量 N2 波的峰振幅,但这又会导致所有本节前面描述的问题。

在大多数情况下,利用之前的实验来确定平均振幅测量的潜伏期窗口是很好的方法。但是,该方法有时会失败(如图 9.3 中所示的假想例子)。可这并不意味着平均振幅是一个很糟的测量,或者你不应该使用先前的实验来选择测量窗。该例子的重点是平均振幅对测量窗的选择非常敏感。这也是使用平均振幅的主要缺点。幸运的是,正如我将在下一节所描述的那样,面积测量有时可以克服这一不足。

4. 面积测量

在本书的第一版中,我曾写到面积振幅与平均振幅实质上是完全一样的,除了平均振幅涉及一个除以测量窗持续时间的额外步骤之外。然而,当 Javier Lopez-Calderon 和我在开发 ERPLAB 工具箱中的测量程序时,Javier 使我意识到这并不是完全正确的。Javier 随后实现了几种不同类型的面积测量,而这些测量后来被证明是极其有用的。在本节中,我将首先定义面积振幅的含义以及它与平均振幅的区别,然后我将阐述面积测量为什么具有其特有的优势。

4.1　面积的定义

图 9.4A 阐释了如何正确地定义*面积*。为了计算面积,我们需要使用 ERP 波形、基线以及测量窗的边缘作为边界来定义几何区域。在本例中,我们在 200—300

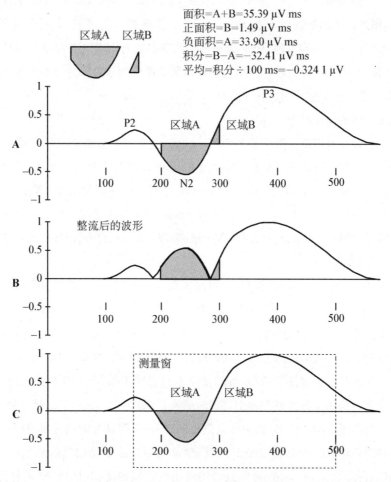

面积=A+B=35.39 μV ms
正面积=B=1.49 μV ms
负面积=A=33.90 μV ms
积分=B−A=−32.41 μV ms
平均=积分÷100 ms=−0.324 1 μV

图 9.4　关于 ERP *波形*中*面积*如何定义的示例。(A)利用 ERP 波形、基线和测量窗(200—300 毫秒)定义两个区域 A 和 B。每个区域都是一个几何形状,因此都有一个正面积,以微伏·毫秒(μV·ms)为单位。(B)子图 A 所示波形整流后的版本。所有负电压都在乘以−1 之后变成正电压。(C)子图 A 所示波形中的*负面积*示例。这时可以采用一个更宽的测量窗,因为在计算负面积时,正电压区域是被排除在外的。

毫秒上定义了一个测量窗,用来测量 N2 波。这生成了两个不同的几何区域,在图中标记为 A 和 B。面积是一个几何术语,并且其取值总是正数。例如,尽管区域 A 在基线以下而区域 B 在基线以上,它们都具有正的面积。因此,在本例中从 200 到 300 毫秒的面积为区域 A 的面积加上区域 B 的面积。这与平均振幅有很大不同,因为在平均振幅中正数与负数互相抵消。

295

　　面积测量的单位代表 X 与 Y 维度上的乘积。例如,若 X 与 Y 维度以米来表示,则房间的面积以平方米(m^2)表示,若各维度都以英尺表示,则房间面积以平方英尺(ft^2)表示。类似地,ERP 波形某一区域上的面积则以 X 维度(时间)与 Y 维度(振幅)相乘的单位表示。如果我们以微伏为单位测量振幅并以毫秒为单位测量时间,则面积的单位将为微伏·毫秒($\mu V \cdot ms$)。例如,一个 1.5 μV 高 10 ms 长的长方形区域的面积将为 15 $\mu V \cdot ms$。

　　当我在本书第一版中使用*面积*一词时,我实际上指的是*积分*。图 9.4A 中 200 到 300 毫秒之间的积分将从基线以上的面积(区域 B)中减去基线以下的面积(区域 A)。区域 A 的面积为 33.90 $\mu V \cdot ms$,区域 B 的面积为 1.49 $\mu V \cdot ms$,所以积分为 B−A=1.49−33.90=−32.41 $\mu V \cdot ms$。平均振幅便等于积分除以测量窗的持续时间。因此,将积分−32.41 $\mu V \cdot ms$ 除以 100 ms 的持续时间,便等于平均振幅−0.3241 μV。

　　为了阐明几何面积与积分之间的区别,ERPLAB 工具箱利用术语*整流面积*来表示几何面积。对波形中每个点的电压取绝对值被称作整流(rectification;即对每个负值乘以−1 以使其成为正值)。图 9.4B 中显示的是图 9.4A 中的波形经过整流后的形态。波形经过整流后,所有的区域都为正值,因此对其进行积分等价于计算几何面积。值得注意的是,虽然整流面积通常不被用于 ERP 成分的测量,但其却经常被应用于其他的测量中(例如,测量 EMG 活动),因此有必要了解这个术语。

　　当使用面积测量时,若测量的是负向成分,很明显我们只希望使用基线以下区域的面积;同理,若测量的是正向成分,我们则只希望使用基线以上区域的面积。例如,在图 9.4A 中,我们可能只希望使用负区域的面积(区域 A)来量化 N2 的振幅。因此,我们可以将基线以下区域(或多个区域)的面积定义为*负面积*,而将基线以上区域(或多个区域)的面积定义为*正面积*。更普遍地,负面积和正面积都是*带符号面积*(signed area)的例子。

如果你使用面积或积分测量，我建议你采用本节中的术语，以避免*面积*一词可能引发的歧义。

4.2　带符号面积振幅的优势

如图 9.4C 所示，使用负面积来测量 N2 波的优点是可以用非常宽的时间窗，而且不会与前面的 P2 波和后面的 P3 波发生抵消。换句话说，在测量窗足够宽的前提下，你实际使用的窗口并不十分重要。

这是一个极大的优势。例如，考察图 9.3 中所示的假想实验。如果我们使用负面积进行测量，则不用担心因窗口太宽而导致 P3 波与 N2 波相互抵消的问题。我们实际上可以使用一个相当宽的窗口（例如，200—500 毫秒），该窗口能够涵盖 N2 的面积且不会引入由 P2 和 P3 所产生的抵消。且不论窗口为 250—450 毫秒还是 100—600 毫秒，我们得到的结果将大致相同。这将消除任何由于根据观测到的时间进程效应来选择一个窄窗口所导致的偏差。带符号面积振幅具有一个与峰振幅相同的优点，即能够测量在不同条件或被试中发生于不同时刻的事件。但它同时也能够避免峰振幅的几个缺点。例如，带符号面积振幅对高频噪声相对不敏感。此外，小的尖峰噪声也不会导致其在不同被试上使用极为不同的时间段进行测量。相反，它倾向于反映不同被试在 ERP 成分时间上的真实差异。

图 9.3 右侧显示了如何以 200—500 毫秒的窗口对具有不同 N2 潜伏期的单个被试进行测量。虽然 N2 在被试 2 中要晚于被试 1，但两个被试中的 N2 面积都被完全包含。唯一的缺点是一些负的噪声偏转也影响了被试 2 的负面积。考虑到使用负面积的优势，这只是一个很小的代价。

Risa Sawaki 和我在一项研究中使用了这种方法。在该研究中，一个负向的 N2pc 成分之后跟随着一个正向的 Pd 成分（Sawaki, Geng, & Luck, 2012）。在此之前，没有实验可以为该实验中的 Pd 成分确定一个恰当的测量窗。如果我们根据数据选择一个狭窄的窗，这会使结果产生偏差。而若我们使用一个很宽的窗，则 N2pc 成分将部分地抵消 Pd 成分。因此我们决定使用正面积振幅，而且其效果很好。

带符号面积振幅测量的主要缺点是其偏向于比真实值大。例如，如果测量正面积，其可能的最小值为零，因此被试间的均值要么为零，要么大于零。此外，含噪声的波形通常比不含噪声的波形具有更大的测量值(在其他条件相等的情况下)。这与峰振幅面临的问题相同。因此,你通常不能使用正或负面积振幅来比较具有不同噪声级别的被试分组或条件。并且,与平均振幅有所不同的是,你不能用单样本 t 检验来判断某一成分的带符号面积振幅是否显著偏离零值。为了解决该问题,Risa 在她的研究中使用了非参数置换统计检验,而非传统的参数统计(Sawaki et al. , 2012)。

尽管存在这一缺陷,正面积与负面积振幅在最大限度减小由测量窗选择所带来的问题时仍具有很大的潜力。因此我鼓励读者尝试该方法。但需要谨记的是,这是一种相对较新的方法,因此你需要仔细权衡其利与弊。

5. 使用部分面积估计中点潜伏期

绝大多数 ERP 研究都通过测量给定时间窗内峰(或局部峰)的潜伏期来量化成分的潜伏期。研究者通常不会明确地给出使用峰潜伏期的理由,并且它的应用似乎主要是因为历史原因(在早期 ERP 研究中,因为没有强大的计算机,峰是唯一能够被轻易测量的)。

297 正如在线第十一章所述,平均 ERP 波形的形状能够反映单试次 ERP 波形起始时间的分布。这也是潜伏期变异影响 ERP 波形形状的原因。ERP 波形的峰与单试次波形分布的众数类似。但众数通常不被用于衡量集中趋势,因此很难将 ERP 峰值时间与其他关于加工过程时间的测量(如反应时)进行比较。此外,众数相比其他衡量集中趋势的指标而言要更为不可靠。在本节中,我将描述一种更好的评估 ERP 成分*中点*(midpiont)的方法,该方法被称为*部分面积潜伏期*(fractional area latency)。它需要使用面积振幅,因此具有许多与面积振幅相同的优势。此外,它在与反应时之间做比较时要大大优于峰潜伏期。

部分面积潜伏期测量首先在给定的潜伏期范围内计算 ERP 波形下的面积,然后找出能将该面积划分为预先设定比例时所对应的时间点(该方法最先在 Hansen & Hillyard, 1980 中被应用)。通常,该比例被设定为面积的一半,而这被称为*50%面积潜伏期*测量。图 9.5A 给出了该方法的一个例子。图中测量窗为 300—600 毫秒,该时间窗中的曲线下面积在 432 毫秒处被划分成两个面积相等的区域,因此 50%面积潜伏期为 432 毫秒。正如振幅可以由几何面积(整流面积)、正面积、负面积或积分来测量一样,你也可通过任何面积定义计算 50％面积潜伏期。使用正面积或负面积通常是最好的方法,因为它能将噪声或与目标成分极性相反的重叠成分的影响降至最低。

该方法估计的潜伏期在很大程度上依赖于所选择的测量窗。例如,如果图 9.5A 所示波形的测量窗由 300—600 毫秒缩短到 300—500 毫秒,其计算的 50％面积潜伏期将提前。因此,该方法主要适用于两种(相当常见的)情形:(1)当波形主要由单个很大的成分构成时(如图 8.8 所示视觉搜索实验中的较大 P3 波);(2)当使用差异波分离单个成分时。此外,当与能够确定测量窗的自动程序相结合时,该方法也可适用于其他条件。图 9.5D 显示了一个在少见与常见刺激间的差异波上测量 P3 的 50％面积潜伏期的例子。因为不存在会引起测量失真的重叠成分,所以该图中可以使用更宽的测量窗。

50％面积潜伏期的一个优点是其对噪声的敏感性要低于峰潜伏期。为证明这一点,我对图 9.5A 所示的波形添加了随机(高斯)噪声,然后测量 P3 波的 50％面积潜伏期与局波峰潜伏期。我在两种噪声水平下重复以上操作 100 次,以估计测量值的变异性。当噪声水平为 0.5 微伏时(图 9.5B),峰潜伏期在 100 次测量中的标准差为 15.6 毫秒,而 50％面积潜伏期的标准差仅为 1.9 毫秒。而当噪声水平提高到 1.0 微伏时(图 9.5C),峰潜伏期的标准差为 20.4 毫秒,而 50％面积潜伏期的标准差仅仅为 2.9 毫秒。峰潜伏期的变异性很大程度上可以通过对数据滤波而降低,因此对峰潜伏期的合理估计应在滤波后的数据中进行。当在对波形使用半振幅截止频率为 6 Hz 的严苛低通滤波器之后,峰潜伏期测量的标准差在噪声水平为 0.5 和 1.0 微伏时分别降至 3.3 毫秒和 6.1 毫秒,但这仍然要高于在不进行滤波时 50％面积潜伏期的标准差。因此,当在测量峰潜伏期之前进行了严苛的滤波时(远超我推荐的滤波参数范围),50％面积潜伏期依然比局波峰潜伏期更为可靠。

Kiesel 等人(2008)进行了一系列非常严格的仿真实验,测试了几种不同的潜伏期测量。如果你的研究涉及细微的潜伏期差异,我强烈建议你阅读这篇论文。该论文中的结果与图 9.5 所示的简单仿真结果一致,表明部分面积潜伏期往往是测量不同条件或被试分组之间潜伏期变化的最可靠方法,并且具有最佳的统计功效(特别是当与第十章将要讨论的刀切法统计相结合时)。

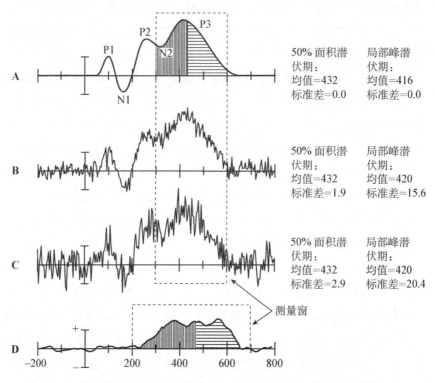

图 9.5 将 50％面积潜伏期和局部峰潜伏期测量法应用于(A)一个不含噪声的 ERP 波形、(B)一个含有适量噪声的 ERP 波形、(C)一个含有大量噪声的 ERP 波形以及(D)一个少见减常见的差异波。

6. 起始潜伏期

由于峰值在早期 ERP 研究中很容易测量,因此峰潜伏期成为衡量时间的标准方法,并且这一传统一直延续至今。然而,关于神经、认知和情感过程的理论通常并不关注某一过程到达峰值的时间。相反,它们通常关注某一过程何时开始,何时能够可靠地区分不同的输入模式或其持续时间。此外,如第二章和第四章所论述的,两个条件之间起始时间的差异是一种很好的方法,可以用来评估大脑区分这些条件所需的时间。因此,测量某一成分的起始或结束时间(或差异波的起始和结束)往往比测量峰更有意义。这些测量正在越来越多地被应用到 ERP 研究中,因此是一件好事。

6.1　测量起始潜伏期的难点

不幸的是,起始潜伏期通常比中点潜伏期更难被准确且可靠地测量。例如,图 9.5A 中 P3 波的起始被 P2 与 N2 波所掩盖。我甚至无法在该波形中对 P3 波的起始时间做出合理的猜测。该波形中唯一起始时间相对清晰的成分为 P1 波,这是因为它是第一个成分。因此,除非(a)被测量的 ERP 成分比其周围成分大得多,或(b)能通过使用差异波将其隔离,否则测量 ERP 成分的起始时间是不可能的。

当使用差异波时,如图 9.5D 所示,估计起始时间要容易得多,至少看上去是如此。然而,即便如此,在概念上仍然存在一个必须解决的问题。具体而言,条件间差异的起始点是差异无穷小地大于零(或无穷小地大于噪声水平)的时刻,这意味着该时间点处的信噪比实际上为零。人们尝试了多种方式来解决这个问题。一种较为直观的方法是估计起始时间段的波形斜率,并将其外推至 0 微伏处。我尝试了该方法,但发现在处理单个被试 ERP 波形时,因为波形的高度可变性,其效果并不理想。在很多情况下,波形的上升沿是非线性的,从而导致该方法在实践中很难被运用。

另一种方法是找出波形中振幅超过预期随机波动水平的时间点。刺激前的电压波动可被用来评估需要超越的随机波动振幅,而给定波形的起始潜伏期则为电压首次达到该振幅的时间点(详见 Osman, Bashore, Coles, Donchin, & Meyer, 1992; Miller, Patterson, & Ulrich, 1998)。但不幸的是,该方法很大程度上依赖于噪声水平,而噪声水平在不同被试和条件之间可能存在很大差异。

300

与此相关的一种方法是在两个条件或被试分组之间进行 t 检验,并找出差异达到显著时所对应的时间点。为了避免使用大量 t 检验而产生的虚假结果,你可以寻找第一个满足以下两个标准的时间点:(1) p 值小于 0.05,并且(2)其之后 N 个时间点的 p 值也小于 0.05(N 通常为 3—10)。但该方法并不能找到差异的真正起始时间,其找到的时间点为差异大到足以超过统计阈值的点。此外,也很难在该方法中确定所需连续显著的时间点数,以使总体的 I 类错误率为 5%。并且,统计显著性是在单个时间点上进行检验的,由于单个时间点上往往存在噪声,因此该方法往往不具有较高的统计功效。

虽然上述测量起始潜伏期的方法都具有显著的缺陷,但仍有两种方法具有良好的性能。然而,在介绍它们之前,我想强调的是,所有评估起始潜伏期的方法都易受到高频噪声的影响而失真。因此我建议在测量起始潜伏期时使用一个半振幅截止频率约为 10 Hz,斜率约为 24 dB/octave 的低通滤波器。但需注意的是,低通滤波可导致起始时间的平移(见第七章)。这种平移通常在不同条件之间是相等的,因此一般情况下不会导致任何问题,但你依旧应该知道其存在。

6.2　使用部分面积测量起始潜伏期

一种性能优越的起始潜伏期测量方法是使用如图 9.5 所示的部分面积潜伏期测量,但在此你需要使用一个较小的部分面积,例如将前 25% 与后 75% 的面积分割开来的时间点(这被称为 25% 面积潜伏期)。Kiesel 等人在一项仿真研究中发现 30% 面积潜伏期测量是非常可靠的,尽管其在大多数情形下不如 50% 面积潜伏期可靠。那么为什么不直接使用 50% 面积潜伏期呢? 这是因为许多 ERP 潜伏期的效应并不是整个波形的简单平移,在中点不发生很大变化的情况下,其起始也可能产生移位,因此测量效应的起始潜伏期有时是很重要的。

6.3　使用部分峰测量起始潜伏期

我最偏爱的起始潜伏期测量技术被称为*部分峰潜伏期*(fractional peak latency)测量。如图 9.6 所示,你首先在波形中找出峰振幅,然后在时间上逆向搜索,直到在波形中找到振幅*为峰值的某一特定百分比时所对应的时间点[2]。该时间点被当作起始潜伏期。在大多数情况下,50% 峰值所对应的时间点具有最高的可靠性(Kiesel et al., 2008),因此也被称作*50% 峰潜伏期*测量。

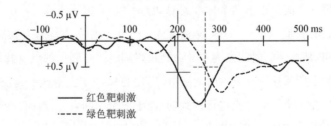

图 9.6　红色靶刺激和绿色靶刺激诱发的总平均 N2pc 差异波(对侧减同侧,引自 Luck et al., 2006)。图中给出了两个波形的 50% 峰潜伏期,它是指电压到达峰值(或局部峰值)的 50% 时所处的潜伏期。

＊译者注：原文此处有笔误

301

图 9.6 中的波形来自一个视觉搜索实验。在该实验中,被试需要在一些试次组块中搜索一个红色的靶刺激,而在另一些试次组块中搜索一个绿色的靶刺激(Luck et al.,2006)。尽管我们努力地平衡红色和绿色靶刺激的突出性,但红色靶刺激始终要比绿色靶刺激突出许多。图中分别显示了红色与绿色靶刺激所诱发的 N2pc 活动,该活动通过对侧减同侧的差异波,从波形中被分离出来(参见第三章中关于 N2pc 的一节)。如图所示,红色靶刺激差异波的起始时间明显早于绿色靶刺激。

此例说明了部分峰潜伏期测量的两个优点。首先,红色靶刺激的 N2pc 振幅要略大于绿色靶刺激,但由于部分峰潜伏期搜索达到峰振幅某一百分比的时间点,因此该因素并不影响部分峰潜伏期测量。第二,图 9.6 中的差异波从零电压快速上升至峰值,紧接着为一个下降,然后在较长时间段内保持在中度振幅上。若使用部分面积潜伏期而不是部分峰潜伏期,那么波形后期长时段上的中度振幅将影响起始潜伏期的测量。在这种(常见的)情形下,部分峰潜伏期可以更准确地测量起始时间。

你可能会认为 50％ 时间点太晚了,以至于无法很好地衡量起始时间。然而,在许多情况下它实际上是一个测量起始时间很好的指标。回顾第八章,当一个成分的潜伏期在试次之间变化时,其迭加平均的起始时间主要是由具有最早起始时间的试次决定的(见图 8.7)。迭加平均波形中达到 50％ 峰振幅的时间点通常接近于不同试次间的平均起始时间。

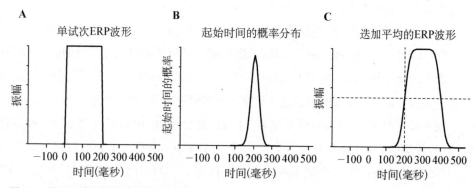

图 9.7 关于 50％ 峰潜伏期点如何可能较好地估计出一个成分的平均起始时刻的例子。(A)单试次 ERP 波形,本例中简化为一个方波。(B)单试次起始潜伏期的概率分布。平均(最常用)起始潜伏期是 200 毫秒,且具有以该均值为中心的高斯分布。(C)如果子图 A 中单试次 ERP 波形的起始时间具有子图 B 中的分布,那么将这些波形迭加平均后便会得到图中所示波形。

上述观点背后的逻辑如图 9.7 所示。在本例中,我假设单试次 ERP 是一个 200 毫秒的方波(图 9.7A)。当然,这个假设有些不切实际,但它使这个例子更浅显 易懂。图 9.7B 显示了单试次起始潜伏期的概率分布。我在此假设最有可能的起 始潜伏期为 200 毫秒,而较早或较晚起始时间的概率(随正态分布)逐渐减小。在 该分布下,平均的起始时间也为 200 毫秒。图 9.7C 显示了用图 A 中的单试次波形 和图 B 中的起始时间分布迭加平均生成的 ERP 波形。迭加平均波形到达峰振幅 50% 的时间点位于 200 毫秒处,这正好是单试次起始时间的平均值。非常完美! 可这并不意味着 50% 峰潜伏期测量总能够准确无误地估计单试次起始时间的平 均值,但它在很多实际情形下能够提供合理的近似[3]。

Kiesel 等人(2008)发现 50% 峰潜伏期测量虽然不如 50% 面积潜伏期测量可 靠,但这两种潜伏期测量都相当不错。当成分的起始点和中点在不同被试分组或 条件间都发生变化时,50% 面积潜伏期测量通常是最优的。但对于如图 9.6 中更 为复杂的情况,50% 峰潜伏期测量则可能是最优的。此外,当你需要一个接近单试 次起始时间平均值的测量时,50% 峰潜伏期测量也可能是最优的。一些关于我如 何运用这两种方法来测量 P3 波、N2pc 成分和偏侧化准备电位的例子,请参阅 Luck 和 Hillyard(1990)、Luck(1998b)、Luck 等人(2006)以及 Luck 等人(2009)。

7. 比较 ERP 潜伏期与反应时

在许多研究中,将 ERP 潜伏期效应的大小与反应时效应的大小进行比较是非 常有用的。这看上去似乎很简单,但实际上却是相当困难的。

要理解这个问题,你需要理解*频率分布*(frequency distributions)和*概率分布* (probability distributions)。例如,试想你记录了某个被试在给定条件下 100 个试 次中的反应时。通常情况下,你只需用 100 个试次的均值来归纳反应时。但是,这 会丢弃大量关于反应时的信息。频率分布则能提供更多的信息,以显示反应时出 现在特定时间分组(bin)中的频率。例如,图 9.8A 使用组距为 50 毫秒的时间分 组,并显示了在 100 个反应时中,7 个发生在以 300 毫秒为中心的时间分组中(从 275 到 325 毫秒),17 个发生在以 350 毫秒为中心的时间分组中,25 个发生在以 400 毫秒为中心的时间分组中,依此类推。通常,将这些频率转换成概率(即反应 在特定时间分组内发生的概率)是很有用的,而这可以通过简单地将每个分组中的值除以总试次数目来实现。这便得出了如图9.8B所示的概率分布。

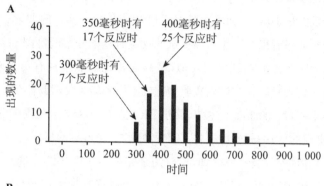

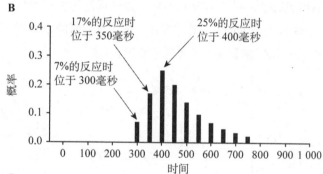

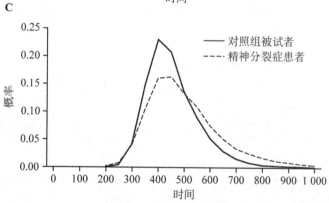

图9.8　（A)反应时的典型频率分布。每个柱子的高度代表位于该柱子中点潜伏期周围±25毫秒范围内发生的反应数量。(B)与子图A相同,但表示的是概率而不是次数(将每个柱子除以试次数量,本例中为100)。(C)来自一项关于精神分裂症患者和对照组被试者研究中真实的反应时概率分布(Luck et al.,2009)。每组中不同被试的分布被聚合在一起,所以它们同时反映了被试者内部和被试者之间的反应时变异性。

图 9.8B 中的概率分布向右偏斜(即,大多数反应时落在峰值的右侧)。这对于反应时来说是很典型的,并且许多被试分组或条件之间的反应时差异是由于较长反应时出现的概率增加,而不是整个反应时分布的平移。例如,图 9.8C 显示了一组精神分裂症患者以及一组对照被试的反应时概率分布(引自 Luck et al., 2009)。最快的反应时在两组被试之间相似,但病人相比对照组具有更多较长的反应时。同样的模式也常常能在被试内实验中比较不同实验条件时观测到。

如第十一章*将详细论述的,寻找 ERP 波形的峰就像在概率分布中寻找众数(最频繁出现的值)一样。如果将 ERP 的峰潜伏期与平均反应时进行比较,这正如将众数与均值进行比较一样(即,比较两个完全不一样的统计量)。在许多类似于图 9.8C 所示的研究中,反应时分布的均值差异远远地大于反应时分布的众数差异。因此,ERP 峰潜伏期的差异通常要小于平均反应时的差异,即使单试次反应时的差异与单试次 ERP 潜伏期的差异完全相同。

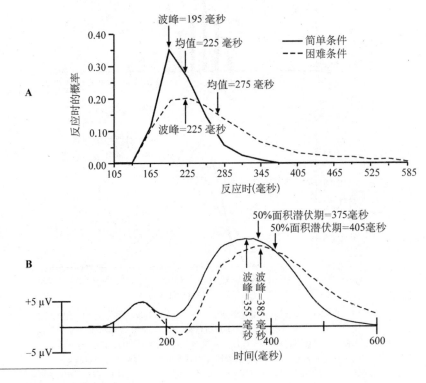

———————————
*译者注:在线第十一章

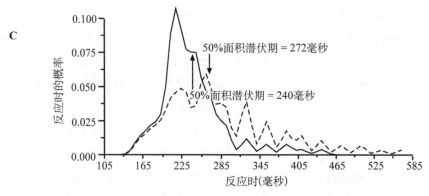

图 9.9　一个比较简单条件和困难条件的假想实验。(A)反应时的概率分布,表示在简单和困难条件下,反应出现在不同时间范围(宽度为 30 毫秒)内的概率。(B)如果早期成分对反应时不敏感,且P3 波与反应是完美锁时的,那么这个实验将会得到图中所示波形。(C)概率密度波形,其中每个单试次反应时间都被一个高斯波形所替代(标准差为 8 毫秒),然后将所有高斯波形迭加平均。

305

　　为了更清楚地说明这一点,图 9.9A 显示了在假想实验中两个被称为*简单*和*困难*条件下反应时的概率分布。图中每个点表示在该时刻±15 毫秒内反应时发生的概率。反应时的分布与往常一样向右偏斜,并且反应时在条件之间的差异很大程度上是由于较长反应时的概率发生了变化,而不是由于整个反应时分布的单纯平移。设想该实验中的 P3 波与反应精确地锁时,总是在反应之后 150 毫秒达到峰值。因此,不同试次中的 P3 波会在不同时间出现,并且其概率分布与相同条件下反应时的分布完全一致(但向右平移了 150 毫秒)。进一步设想早期成分是与刺激而不是与反应锁时(这通常为真)。图 9.9B 显示了这两种条件下的迭加平均ERP 波形(关于迭加平均 ERP 波形的形状如何反映单试次中成分潜伏期的概率分布,请参见在线第十一章中更详细的讨论)。

　　由于反应时在简单条件下大多发生在一个相对较窄的时间范围内,因此大多数单试次的 P3 也将出现在一个较窄的时间范围内,从而导致迭加平均 ERP 波形中的峰出现在反应时分布峰值之后约 150 毫秒处(其他重叠的成分将影响峰的准确潜伏期)。一些单试次中反应时发生的潜伏期较长,但它们出现的频率足够低,以至于对迭加平均波形中 P3 的峰潜伏期没有太大影响。

　　困难条件下的平均反应时比简单条件下晚 50 毫秒。但由于反应时效应很大程度上是由较长反应时发生频率的增加引起的,因此条件 B 下反应时分布的峰仅比条件 A 下晚 30 毫秒。因为迭加平均 ERP 波形中 P3 波的峰与反应时分布的峰

306

紧密相连,所以困难条件下 P3 的峰潜伏期也比简单条件下晚 30 毫秒。因此,P3 波的峰潜伏期变化反映了反应时分布的峰(众数)的变化,而不是其均值的变化。其结果是,当反应时效应很大程度上是分布尾部的增加而不是整个分布的位移时,即使成分和反应完全同等地受到实验操纵的影响,峰潜伏期的变化也通常小于平均反应时的变化。所以,你不应该将 ERP 峰潜伏期效应与平均反应时效应相比较。方框 9.3 描述了当我还是一名大学生时,便第一次遇到了这种现象。

那么应如何将反应时效应与 ERP 潜伏期效应进行比较呢？该问题的答案是,它们必须用同样的方法测量。一种方法是对 ERPs 和反应时都使用峰潜伏期测量(使用概率分布来搜索反应时的峰)。然而,反应时分布的峰值很难可靠地估计,并且反应时峰值的效应很可能小于平均反应时效应(正如 ERP 峰潜伏期效应往往小于平均反应时效应一样)。

另一种方法是使用 50％面积潜伏期来测量 ERP 潜伏期并将其与反应时的中位数进行比较。反应时的中位数是将反应时中较快的一半与较慢的一半分割开的点,这与将面积两等分的点几乎一样。我在几个实验中都采取了该方法,得到的 P3 潜伏期与反应时之间的关系很不错(Luck, 1998b; Luck et al., 2009)。在多数情况下,我建议使用此方法对 ERP 潜伏期与反应时进行比较。

方框 9.3 卷积、峰潜伏期和平均反应时

当我还是里德学院的一名本科生时,我遇到了一位很好的导师: Dell Rhodes。Dell 是一名生理心理学家,这意味着她从 70 年代职业生涯开始起,便研究大鼠的大脑。随着认知神经科学领域的出现,Dell 决定走一条新的科研道路,并用她一年的学术休假学习如何记录和分析 ERPs。我从下一年(大学三年级时)开始在她的实验室工作。当我们一起摸索着搭建起一个 ERP 实验室并使其正常运转后,我从她那里学到了很多东西。

一天,Dell 对我说她读了很多关于 P3 潜伏期和平均反应时的论文,并且平均反应时效应(即被试分组或条件之间反应时的差异)总是大于 P3 潜伏期效应。测量这两种效应的时间尺度相同(相对于刺激起始以毫

秒记录），所以 P3 效应为什么总是小于反应时效应的原因并不明朗。Dell 的话多年来一直困扰着我，直到当我开始思考峰潜伏期与反应时分布众数之间的关系时，我终于找到了这个谜团的答案。Dell 阅读的学术研究都在将峰潜伏期与平均反应时做比较，但峰潜伏期类似于反应时分布的众数，而非均值。这解释了为何 P3 潜伏期效应要小于反应时效应。

但你应该注意的是，50％面积潜伏期并不完全与反应时的中位数对应，这是因为反应时的中位数并没有考虑到位于中位数之上与之下的反应时的精确值。例如，当一半的反应时在 200 至 300 毫秒之间，另一半在 300 至 400 毫秒之间时，反应时分布的中位数为 300 毫秒；但如果一半的反应时在 290 至 300 毫秒之间，而另一半在 300 至 5000 毫秒之间，同样能得到 300 毫秒的中位数。然而，50％面积潜伏期与反应时中位数之间的对应关系在大多数情况下是足够接近的，并且反应时中位数也是一个为人所熟知的测量。

如果你想要一个与 50％面积潜伏期完全对应的反应时测量，你则需要找到能够平分反应时分布下*面积*的点。但是，反应时是离散的瞬态事件，其面积为零，因此难以测量反应时分布下的面积。图 9.9C 显示了一个如何将反应时数据转换成类似 ERPs 的波形，然后测量面积的方法，该方法借用了单细胞记录研究中使用的方法（例如，Szücs，1998）。图中的每一个反应时都先被替换为一个高斯函数，以将其转换成一个连续的函数，然后计算被替换后所有反应时的均值。其结果是一个看上去有点像 ERPs 的波形，这样便可能计算反应时的 50％面积潜伏期。在图 9.9C 所示的例子中，用该方法得到的简单条件下反应时的潜伏期为 240 毫秒，困难条件下为 272 毫秒，二者之间的差异为 32 毫秒，这与 ERPs 中计算 50％面积潜伏期所得到的 30 毫秒效应几乎完全一致。我尚未见有人尝试该方法，但它似乎是比较 ERP 潜伏期和反应时的最佳方式。

8. *阅读建议*

Dien, J., Spencer, K. M., & Donchin, E. (2004). Parsing the late positive complex: Mental chronometry and the ERP components that inhabit the neighborhood of the P300. *Psychophysiology*,

41,665 - 678.

Donchin, E., & Heffley, E. F., III. (1978). Multivariate analysis of event-related potential data: A tutorial review. In D. Otto (Ed.), *Multidisciplinary Perspectives in Event-Related Brain Potential Research* (pp.555 - 572). Washington, DC: U. S. Government Printing Office.

Kiesel, A., Miller, J., Jolicoeur, P., & Brisson, B. (2008). Measurement of ERP latency differences: A comparison of single-participant and jackknife-based scoring methods. *Psychophysiology*, 45,250 - 274.

Sawaki, R., Geng, J. J., & Luck, S. J. (2012). A common neural mechanism for preventing and terminating attention. *Journal of Neuroscience*, 32,10725 - 10736.

Spencer, K. M., Dien, J., & Donchin, E. (2001). Spatiotemporal analysis of the late ERP responses to deviant stimuli. *Psychophysiology*, 38,343 - 358.

（刘岳庐　译）

（洪祥飞　校）

第十章 统计分析

1. 本章概述

　　一旦从一组被试样本中记录到了 ERP 波形,且测量了感兴趣成分的振幅和潜伏期,接下来便要进行统计分析,以观察你的效应是否显著。在大多数认知和情感 ERP 实验中,研究人员都是在一个完全交叉的析因设计中寻找某个主效应或者交互作用,于是基于方差分析的统计方法便成为了主流。因此,我将仅介绍这个方法,尽管有些情况下别的方法可能更加管用。

　　在我开始介绍如何对 ERP 数据进行统计分析之前,我想说的是,我认为统计是一种无奈之举。我们经常把 0.05 的 alpha 水平看作是神奇的标杆,且认为 p 值低于 0.05 的实验效应为"真实的",而 p 值大于 0.05 的效应则是不存在的[*]。这当然是相当荒谬的。首先,选取 0.05 做为截止完全是随机的。假使学术界选择了 $p = 0.06$ 作为标准,那么我们也仅会有稍高的假阳性率(伴随着稍低的假阴性率)。此外,几乎所有 ERP 实验都违背了方差分析的假设,因此我们得到的 p 值只是对真实的I类错误概率的近似。可是,如果没有一个公认的标准来决定哪些效应能被视作真实的,那么将很难想象如何发表论文(尽管这可能只是我个人缺乏想象力)。除非贝叶斯统计能够完全占据上风,否则我们仍需要评估统计显著性。因此,本章将描述在 ERP 分析中处理这种无奈之举的常见方法。我在此假设你已经上过一门统计学的初级课程,所以本章着重论述在分析 ERP 数据时出现的具体问题。

　　在继续往下阅读之前,请先看一看方框 10.1。它阐述了评估统计显著性的一个最重要的原则,并且其凌驾于本章其余所有内容之上。

　　本章将首先介绍 ERP 数据分析的传统方法。在该方法中,ERP 振幅和潜伏期

---

　　[*] 译者注:原文此处有笔误

都被视为诸如反应时或准确度的行为学变量。这种方法最初是在 ERP 研究技术的原始阶段发展起来的,当时的数据仅包含来自于少数几个电极位点上测量的峰振幅或潜伏期。随着研究者开始测量波形的其他特征(例如,平均振幅)并能够从几十个电极位点上进行记录,这种传统方法也逐渐开始演变。这种方法在许多情况下仍然是有价值的,尤其是在当研究者对某个具体的假设进行检验,而该假设又是关于从一段合理潜伏期范围内且在少数电极位点(或相邻电极簇之间的平均)上测量的某个成分的振幅或潜伏期时。该方法的一种新的变体——*刀切*(jackknife)*法*——在某些条件下能够大幅提高统计功效。

方框 10.1　最好的统计方法

　　我第一次见到 Steve Hillyard 是在我大学四年级访问加州大学圣地亚哥分校时。当我与 Steve 会面时,我自豪地告诉他我在本科毕业论文中用到了花哨的多变量统计方法来分析 ERP 数据。他看着我,并说道:"在这里,我们认为最好的统计是重复验证(replication)。"当然,我最初的想法是,这家伙是一个技术上很简单的呆子。然而,当我完成研究生第一年的学习研究时,我意识到他是完全正确的(并且一点也不呆)。重复验证不依赖于诸如正态分布、球形或独立性的假设。它也不会因异常值而失真。重复验证是科学的基石。它也是最好的统计方法。

　　我从 Steve 那里也学到了一个推论,即:结果越重要,在发表它之前就越应当重复它。这么做的一个很明显的原因是你不希望贸然发表一个大胆的错误主张,从而使自己看上去像个傻子。而另一个不那么明显的原因是,如果你希望人们给予这个重要的新结果应有的关注,你应该确保他们没有理由怀疑它。当然,在绝大多数情况下,进行两次完全相同的实验是不值得的。但进行一个后续实验以重复之前的实验结果并予以延伸(例如,评估其普适性或排除其他备选解释),则通常是个不错的主意。

　　在某些科学研究领域,进行一项实验的成本(金钱或时间)很大,以至于在论文发表之前重复实验结果是不现实的。如果你从事这种性质的研究,你则需要特别努力以确保结果是真实可信的,而不是源自分析方法中的偏差。在这些领域,重复验证仍然很重要,但通常是通过汇集多个研究的元分析(meta-analysis)来进行,而不是在单项研究内部进行重复。

分析大量时间点与(或)电极位点上的数据会导致*多重比较问题*(problem of multiple comparisons),本章还将介绍一种能够处理该情形的全新方法。这种新的方法是基于最初为分析神经影像学数据而开发的方法。因为在神经影像学数据分析中,需要在数以千计的体素点上进行统计检验,所以多重比较问题非常明显。虽然这类新方法才刚开始进入主流的 ERP 研究中,我认为它们在未来几年内将变得非常普及。

在心理学和神经科学领域中,过去几年里人们开始对一些能够极大增加 I 类错误概率(即,虚假的显著效应)的数据分析方法越来越敏感(参见 Vul, Harris, Winkielman, & Pashler, 2009;Simmons, Nelson, & Simonsohn, 2011;John, Loewenstein, & Prelec, 2012;Pashler & Wagenmakers, 2012;Button et al., 2013)。这些方法的滥用导致了文献中大量不正确的结论,这对科学的进步有百害而无一利。发表论文的压力在一定程度上导致了人们使用可疑的数据分析方法。但许多常见方法也无意中增加了 I 类错误的概率。因此,本章的一个目的是阐释这些看似无害的方法中存在的问题,并为读者提供一些简单的策略,以便在 ERP 数据分析中避免统计上显著的虚假结果。

本章一共分为四部分。首先,我将介绍在本章中用到的一些统计术语。第二,我将阐述传统的统计方法。第三,我将描述刀切法,这是一个基于传统方法稍作改动的方法,在某些情况下能够大幅提高统计功效。第四,我将阐述 ERP 数据的丰富性会如何(间接或直接)导致大量比较,从而使分析复杂化。特别是,在需要选取特定的时间窗和电极位点时,I 类错误概率会增高。这部分将提供用于避免该问题的几点建议。其中的一个方法——*集中单变量方法*(mass univariate approach)——将在在线第十三章中详细介绍。本章还将介绍一种被称作*置换*(permutation)方法的截然不同的统计方法,它在 ERP 研究中的应用正越来越广泛。

311

2. 术语

本章使用了一些基本的统计术语,大多数读者应该对它们已经很熟悉。但在进一步阅读之前,你可以在术语表中查阅并温习其中一些术语的概念。以下是本章中所用到的关键术语:零假设、备择假设、alpha 值、p 值、I 类错误、II 类错误、统计功效。

此外,本章还将使用实验错误率(experimentwise error rate)和族系错误率(familywise error rate)这两个术语,而它们可能不那么常见。设想你使用两个三因素方差分析来分别分析来自 Oddball 实验的 P3 振幅和潜伏期数据。每一个方差分析都将生成 7 个不同的 p 值(3 个主效应,3 个两因素交互作用和一个三因素交互作用),因而两个方差分析一共生成 14 个 p 值。如果以上为你实验中唯一所做的分析,那么实验错误率即为 14 个 p 值中至少有一个是假阳性(I 类错误)的概率。当有 14 个 p 值且每一个对应的显著性水平 alpha 值为 0.05 时,其实验错误率将大幅高于 5%。换句话说,若所有 14 个效应的零假设皆为真,那么获得一个或多个显著 p 值($p < 0.05$,未经校正)的可能性将大于 5%。更普遍地说,实验错误率是指在一给定实验的所有 p 值中,至少有一个 p 值为假阳性的概率。族系错误率概念上与此相同,但其仅包括给定实验中相关 p 值的子集(一"族"相关的统计检验,例如 P3 振幅方差分析生成的 7 个 p 值)。在所有其他条件都相同的情况下,给定实验中或一族分析中计算生成的 p 值越多,其实验错误率或族系错误率就越高。

3. 传统方法

传统的 ERP 统计分析方法将振幅和潜伏期测量视作与其他因变量一样。正如你分析每个被试的平均反应时一样,你从每名被试中获取振幅和潜伏期并将它们输入 t 检验或方差分析中。ERP 分析与行为学分析的主要区别在于,ERP 分析通常涉及来自每名被试多个电极位点上的测量。在 ERP 研究中你也可能同时测量振幅和潜伏期,并且你可能会同时测量多个成分。但是,振幅和潜伏期测量几乎总是被分开来单独进行分析,就像在行为学实验中分析准确度与反应时一样。另外,不同成分的测量也几乎总是被分开来单独进行分析。因此,传统 ERP 分析除了在多个电极位点上有测量值以外,通常就像行为学分析一样。但你需要知道多个电极位点上的测量值会导致两个问题,我将在接下来的两小节中阐述它们。但首先，让我给出一个使用传统方法的简单例子。

3.1　一个传统方法的例子

本例是基于在第一章中简要描述过的一项未发表的 Oddball 实验（见图 1.1）。该实验中记录了 9 个电极位点上的脑电（F3、Fz 和 F4；C3、Cz 和 C4；P3、Pz 和 P4）。被试看到一系列的字母 X 和字母 O，并且需要对 X 做出一个按键反应，而对 O 做出另一个按键反应。在一些试次组块中，X 频繁出现（$p=0.75$），O 很少出现（$p=0.25$），而在另一些试次组块中则相反。我们还通过改变刺激的亮度来操纵 X 与 O 的判断难度[1]。

在大多数情况下，我都会建议将分析集中在单一成分上（见第四章中的策略 1）。但是，有时候可能有很好的理由需要分析多个成分。此外，你可能在目标成分之外的其他成分上看到效应，并且你希望分析这些成分的数据以确保完整性。一般来说，分析的成分越少，实验错误率越低。例如，如果你对 5 个不同成分的振幅和潜伏期分别进行三因素方差分析，你将总共得到 70 个 p 值，其中很可能会有几个虚假的显著效应。实际而言，最好的方法通常为对多个成分进行分析，但只信任少数几个先验（a priori）的比较结果（并依赖重复验证以评估其余显著效应的可靠性）。

在该示例实验中，我们集中分析了 P3 振幅，但我们也测量了 P2 和 N2 成分的振幅和潜伏期。我们首先将 X 和 O 的数据合并，从而对少见刺激和常见刺激分别生成一个波形。这么做的原因很简单，因为我们并不在乎刺激 X 与刺激 O 之间是否存在差异，而将它们合并减少了方差分析中因素的数量。方差分析中使用的因素越多，计算出的 p 值也越多，其中某一 p 值因偶然因素而小于 0.05 的概率也越大（即，其提高了族系错误率）[2]。通过将与实验目的不相关的因素进行合并，你可以避免该问题（并避免需要对很可能是虚假的五因素交互做出解释）。当然，最好首先对不同条件下的波形分别进行查看，以确保它们之间没有非常大的不同。但如果你观测到一个涉及平衡因素的交互作用，它很有可能是虚假的，因此在确认它能够被重复之前，请不要相信它。

该实验的结果如图 10.1 所示，其中显示了在 Fz、Cz 和 Pz 上记录的 ERP 波形。从图中可看出，对于少见的偏差刺激，其 P2、N2 和 P3 波都要比常见的标准刺

313

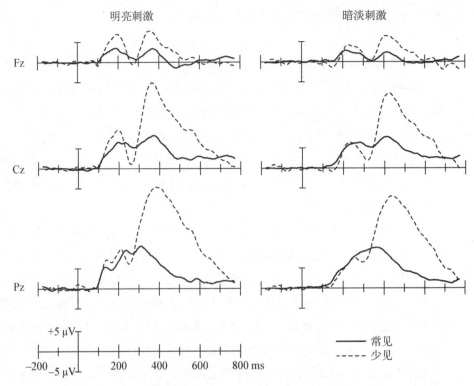

图 10.1 一项未发表的 Oddball 实验中的总平均 ERP 波形,实验中的刺激包含明亮和暗淡两种类型。数据以平均乳突为参考,并经过了低通滤波(半振幅截止频率＝30 Hz,斜率＝12 dB/octave)。

激大,尤其当刺激很明亮时。因此,对于这些成分的振幅,我们期望观测到一个显著的关于刺激概率的主效应以及一个显著的概率×亮度的交互作用。

为了量化 P3 振幅,我在每个被试的 9 个电极位点上分别测量了 300 到 800 毫秒之间的平均振幅,并将这些数据输入到一个被试内方差分析中。该方差分析具有如下四个因素:刺激概率(常见与少见)、刺激亮度(明亮与暗淡)、前部与后部电极位置(额叶、中央或顶叶),以及左侧与右侧电极位置(左半球、中线或右半球)。与图 10.1 中所示波形一致,该方差分析结果表明刺激概率的主效应高度显著,$F(1, 9)=95.48$,$p<0.001$。刺激亮度与刺激概率之间也有显著的交互作用,$F(1,9)=11.66$,$p<0.01$,这是因为少见与常见刺激之间的差异在明亮刺激条件下比在暗淡刺激条件下更大。

3.2 将电极位点作为方差分析的一个因素

我可以使用一个具有 9 个水平的因素来表示电极位点,但通常将电极分割成若干代表不同空间维度的因素更有意义。这样你可以更容易地判断电极效应是反映了不同半球之间的差异,还是反映了半球内区域之间的差异。如果存在大量的电极,你可能需要在邻近的一簇电极上进行平均,以得到一个 $3 \times N$ 的数值集合(左/中/右$\times N$ 个前—后簇)。通常最简单的方法是将一簇电极上的波形进行平均后再测量振幅,而不是在每个电极上测量振幅后再在该簇电极中做平均(关于什么时候运算顺序会影响结果,请参阅本书附录中的讨论)。将前—后及左—右电极位置分别作为因素的缺点则是它增加了方差分析中因素的数目,从而提高了族系错误率。但如果你在方差分析中使用电极位点主要是为了提高统计功效(通过纳入多个存在目标效应的位点)并帮助描述效应的头皮分布,那么族系错误率的升高并不是一个大问题。

原则上你可以在每个电极位点(或每个左—中线—右电极簇)上分别进行方差分析,而不是在单个方差分析中将电极位点作为一个因素。虽然这种方法偶尔是适用的,但它很可能会同时提高Ⅰ类和Ⅱ类错误的概率。Ⅰ类错误的增加是因为当在每个电极上分别进行方差分析时,必须计算更多的 p 值,从而导致出现 p 值小于 0.05 的虚假效应的概率增加。Ⅱ类错误也可能会增加,这是因为一些小的效应可能无法在任何单个电极位点上达到显著,即使同样的效应在包含多个位点的分析中是显著的。

即使在单个方差分析中包含多个电极位点时,你可能也希望仅包含那些实际存在 ERP 成分的位点,而并非整个头皮上所有的电极。当成分较小时,无法对其进行精确测量,因此纳入这些位点会增加分析中的噪声,从而降低统计功效。此外,有时只纳入那些目标成分较大*并且*其他成分相对较小的位点是对分析很有益处的,这样目标成分的测量则较少受到其他成分的影响而失真。例如,在该项研究中,我使用了所有 9 个位点来分析 P3 波,这是因为它比其他成分要大得多,但我把对于 P2 的分析限制在额叶位点上,因为在这些位点上 P2 的效应很大,并且 N2 和 P3 波相对较小。但当你试图对某一成分的头皮分布下结论时,你则可能需要纳入来自所有电极的测量。对于如何为某项给定分析选择电极位点的问题,我在本章后面"选择时间窗和电极点:隐性多重比较问题"一节中进行了详细的讨论。

一种越来越普遍的方法是先对头皮相关区域内的电极位点进行平均,基于该平均值对目标成分进行测量,然后再对这个单一值进行统计分析。该方法有如下几个优点。首先,在多个位点之间进行平均能降低噪声且使波形更为干净,从而提高一些非线性测量(例如,部分峰潜伏期)的鲁棒性。其二,它完全避免了在方差分析中将电极作为因素,从而减少了方差分析中 p 值的数目并降低了族系错误率。第三,它使你的分析更为浅显易懂,这一点在当面向广大的读者和听众时尤为重要。我鼓励你在合适的时候运用这种方法。(如果审稿人对此提出质疑,你可以解释该方法能够降低族系错误率,以帮助他们理解这一非常重要的问题! 你也可以引用本章,从而提高我的引用次数。)

3.3 分析差异值

在图 10.1 所示的示例实验中,由于明亮和暗淡刺激之间存在感官上的差异,因此比较它们所诱发的 P3 是不正确的。该问题在第四章假想实验中一个非常类似的情形下曾讨论过。第四章中给出的一个解决方案,是对明亮刺激和暗淡刺激分别计算少见与常见条件之间的差异波,然后对差异波进行比较(见图 4.2)。任何单纯由亮度引起的 ERP 效应在少见与常见刺激之间应该是相同的,因此少见与常见刺激间的差异波消除了波形中所有纯粹的亮度效应。[3] 这是使用差异波来分离特定效应的方法之一。

通常可以在差异波上测量振幅和潜伏期,并将这些测量作为统计分析中的因变量。首先,如第二章和第四章所述,差异波可以帮助分离感兴趣的加工过程。其次,使用差异波会减少方差分析中因素的数目,从而减少需要计算的 p 值数目,进而降低族系错误率。因此,我在此再次鼓励你在合适的时候使用该方法。

3.4 与电极位置的交互作用

在 ERP 实验中,一个在解释方差分析结果时众所周知的难题便是条件和电极位点之间的交互作用。例如,从图 10.1 中可以清晰地看出,后部位点上少见与常见刺激间 P3 振幅的差异要大于前部位点。这导致了一个刺激概率与前—后部电极位置之间显著的交互作用,$F(2,18)=63.92$, $p<0.001$。此外,明亮刺激下的刺激概率效应要略大于暗淡刺激,但该效应仅存在于顶叶电极中,其在额叶电极中很

微小。这导致概率、亮度和前后电极位置之间存在一个显著的三因素交互作用，$F(2,18)=35.17$，$p<0.001$。

基于这个交互作用，你可能会倾向于认为明亮刺激和暗淡刺激的神经响应分别对应着不同的神经产生源。换句话说，头皮分布的变化似乎意味着潜在神经产生源的变化。然而，正如 McCarthy 和 Wood(1985)所指出的，当两种条件具有不同的总体振幅时，涉及电极位置因素的交互作用没有明确的意义。图 10.2A 显示了在 A 和 B 两种不同条件下，由单一产生源在 Fz、Cz 和 Pz 电极位点上所预期导致的 ERP 振幅。当条件 B 中源激活的幅度比条件 A 中大 50%时，条件 B 中每个电极上的振幅比条件 A 中也要大 50%。但这是一种乘法效应，而不是加法效应。即，当电压在每个电极上增加 50%时，Fz 的电压从 1 微伏增加到 1.5 微伏(增加了 0.5 微伏)，而 Pz 的电压从 2 微伏增加到 3 微伏(增加了 1 微伏)。这在方差分析中表现为一个交互作用，即便它是由单一产生源的幅值变化所引起的。图 10.2A 中的条件 C 显示了加法效应。在该条件下，每个电极上的绝对电压相比条件 A 增加了 1 微伏，但这并不是由单一产生源的幅值变化所引起的模式。因此，当单一产生源在某一条件下具有更大的幅值时，我们将观测到条件与电极位点之间的交互作用(例如条件 A 和 B)。相反，当变化涉及多个源时，其有时可能仅仅产生加法效应(如条件 A 和 C)。

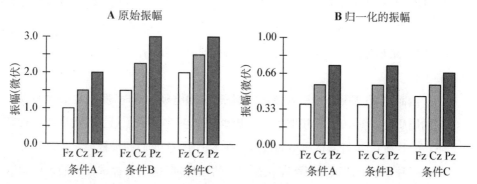

图 10.2 (A)相加和相乘对 ERP 头皮分布影响的示例。条件 B 与条件 A 相比，除了神经产生源位置的幅度增加了 50%之外，其余均相同，因此条件 B 中每个电极点上的电压都增大了 50%。这便是相乘变化。条件 C 与条件 A 相比，除了每个电极点上的电压都增大了 1 微伏之外，其余均相同。这便是相加变化，而这并不是在增加单个神经产生源的幅度时通常会观察到的现象。(B)除了每个条件中的幅值都通过除以该条件下的向量长度进行归一化之外(关于归一化过程的详细描述，请参考第十章的在线补充)，其余均与子图 A 相同。可以看出，条件 A 与 B 具有相同的头皮分布，但是条件 C 下的分布则不同。

为了确定实验条件与电极位点之间的交互作用是否反映真实的内在产生源差异,McCarthy 和 Wood(1985)提出对数据进行*归一化*,以消除条件之间的总体振幅差异。图 10.2B 显示了一个关于这个方法的例子(有关归一化的详细信息,请参见第十章的在线补充)。当数据被归一化以后,条件 A 和条件 B 的头皮分布相同,而条件 C 的头皮分布则不同。这说明条件 A 和条件 B 之间仅仅是源的幅值发生了变化,但对于条件 C,源在某种程度上也发生了变化。

然而,Urbach 和 Kutas(2002)却令人信服地证明了这种归一化过程在大多数实际情况下是无效的。因此,我建议在大多数情况下仅仅对观测到的电极位点交互作用做简单汇报,而不对其做进一步的阐释。如果条件之间的差异在成分最大的头皮位点上达到最大(例如,在 Pz 电极上,差异波在明亮和暗淡刺激条件之间的差异达到最大),你可以简单地声明结果大致与预期不同条件间单一成分的振幅变化相一致(而不需要对归一化数据进行正式分析)。这一问题在第十章的在线补充中有更详细的讨论。

3.5 协方差的异质性和 epsilon 校正

将电极位点作为方差分析中的因素所引发的第二个问题是,其经常导致对*协方差同质性*假设的违背。你或许已经知道方差分析是基于*正态*(高斯)分布和方差*同质性*(即不同条件下的方差相等)的假设。这些假设经常被违背,但在轻度至中度违背情况下,方差分析是相当可靠的,其 I 类错误概率的变化很小(Keppel,1982)。除非对这些假设的违背相当极端(例如,超出了一倍以上),否则你大可不必担心。

然而,当方差分析中引入被试内因素,例如电极位点时,我们也必须假设协方差的同质性。图 10.3 中说明了这一基本原理,其中显示了对三名被试在三种条件下(A、B 和 C)进行测试所得的数据。在本例中,让我们假设被测量的是体重。虽然在每种条件下被试之间都存在相当大的差异,但这三名被试在不同条件间的差异表现出完全相同的模式。被试内方差分析剔除了被试间的总体差异,并集中分析不同条件间效应的一致性(即,与条件 A 相比,所有三名被试在条件 B 中上升的幅度相同,然后在条件 C 中下降的幅度相同)。这能极大地提升统计功效。但是,统计功效仅在以下情况下才会增加:在某一条件下具有较高值的被试在所有条件

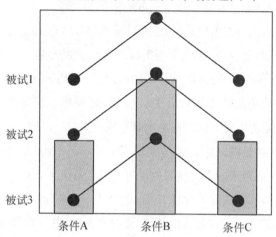

被试内方差分析假设
协方差(A, B)=协方差(A, C)=协方差(B, C)

图 10.3 一个被试内设计及协方差齐次性概念的例子。图中给出了 3 名被试在 3 个条件下的数据。具体测量的是什么并不重要,你可以认为 Y 轴代表了权重。

下都倾向于具有较高的值,且在某一条件下具有较低值的被试在所有条件下都倾向于具有较低的值。这也等同于说被试在某一条件下的测量值与其在另一条件下的测量值是协变的。有时这种协变性[4]非常强(如图 10.3 中所示的例子),而有时这种协变性较弱。协方差同质性假设即为假设条件 A 和 B 之间的协方差与条件 A 和 C 之间以及 B 和 C 之间的协方差相等。如果某一因素仅包含两个水平,则该假设不适用,因为在这种情况下只有一个协方差。

为了理解该假设是如何被违背的,设想每名被试的体重被测量了三次,一次在 3 岁,一次在 21 岁,一次在 22 岁时。一个人在 21 岁时的体重与他或她在 22 岁时的体重的相关性,比与其 3 岁时的体重的相关性要大得多。因此,体重在 21 岁与 22 岁之间的协方差将高于 3 岁与 21 岁之间的协方差。这将违背协方差同质性的假设。

在将多个电极位点作为方差分析因素的 ERP 实验中,对协方差同质性假设的违背非常普遍。这是因为来自相邻电极数据的协变程度通常比来自较远电极的数据要强。例如,Fz 电极上的随机 EEG 噪声向 Cz 的扩散要强于向 Pz 的扩散,因此 Fz 与 Cz 数据之间的相关性大于 Fz 与 Pz 之间的相关性。此外,一个真实的 ERP

信号通常对相邻电极位点产生类似程度的影响,而对较远电极位点产生的影响程度则不同*,这也会在相邻位点上引起更强的协变性。

不幸的是,当协方差异质时,方差分析的结果将很不准确。违背协方差同质性假设会人为地降低 p 值,以至于当实际的 I 类错误率是 0.25 时,也可能得到小于 0.05 的 p 值。由 Jennings 和 Wood(1976)发表在 *Psychophysiology* 杂志上的一篇论文,导致该问题在 ERP 研究者中引起了强烈反响。该杂志随后制定了一项明确政策,规定该杂志上发表的所有论文都必须解决这一问题。

该问题最常见的解决方法是使用 Greenhouse-Geisser epsilon 校正,以抵消因协方差异质性而带来的 I 类错误的提升。对于每个具有多于两个被试内水平的因素或交互作用,该方法除了计算 F 值,也计算一个被称作 *epsilon* 的值。然后,将给定 F 值所对应的 epsilon 值乘以该 F 值的自由度,并使用该校正后的自由度来计算 p 值。Epsilon 在 0 到 1 之间变化,较小的 epsilon 值对应较大的协方差异质性。如果协方差是同质的,epsilon 将接近 1,而将自由度与接近 1 的值相乘不会产生较大变化。因此,在协方差同质性假设得到满足的情况下,自由度不会变化或变化很小,但随着协方差的异质性增大,自由度将降低,从而导致 p 值增大。大多数主要的统计软件包都提供 epsilon 校正,因此该校正方法很易于使用。例如,SPSS 的方差分析输出中列出了校正前以及校正后的 p 值。

我在图 10.1 所示 P3 振幅数据的统计分析中使用了 Greenhouse-Geisser 校正。该校正仅影响了与电极因素有关的主效应及交互作用,这是因为其他因素只含有两个水平(例如,常见与少见以及明亮与暗淡)。在这些 F 检验中,校正在大多数情况下并未影响结果,这是因为校正前的效应要么根本不显著,要么高度显著以至于校正并不会对结果产生本质的影响(例如,未经校正的 p 值为 0.000 05,校正后 p 值为 0.0003)。但是在某些情况下,校正使原本显著的 p 值不再显著。例如,在对归一化的数据做方差分析时,前部—后部电极位置的主效应在校正前为显著($F[2,18]=4.37$,$p=0.0284$),但在校正后不再显著($p=0.0586$)。这看似很糟糕,因为校正使得原本显著的效应变得不显著。然而,原始的 p 值并不准确,而校正后的 p 值更接近真实的 I 类错误概率。此外,当使用很多电极时,校正的程度通常要

---

*译者注:原文此处有笔误

大得多,因此若不进行 Greenhouse-Geisser 校正,虚假的结果则很可能会导致显著的 p 值。

当方差分析中的某一因素具有两个以上水平时,则绝对有必要使用 Greenhouse-Geisser 或类似的方法[5]对结果进行校正,尤其在当因素之一是电极位点时。当然,你也应该将该校正运用于其他包含两个以上水平的被试内因素中,而不仅仅是电极位点因素。在分析行为学数据时,你也需要使用该校正方法。如果不进行校正,你的 p 值将不正确,并且你很可能会基于假阳性结果而得出错误的结论。

4. 刀切法

4.1 误差方差

在传统统计方法中,p 值的大小既取决于不同条件间差异的大小,也取决于每个条件内方差的大小。当条件内的方差增大时,条件间的差异则不太可能是真实的(当其他条件等同时)。条件内的方差被称为*误差方差*。如第八章的补充内容所述,误差方差既包含*测量误差*,也包含*真实值方差*。测量误差在当我们无法对被试的真实值进行准确测量时产生。而真实值方差则反映了被试之间的真实差异。ERP 实验中导致测量误差的最显而易见的原因是单被试平均 ERP 波形中的噪声。如果能够对每名被试基于无穷多个试次进行平均,我们则能够极大地减小测量误差。当测量误差减小时,总体误差方差降低,从而提升统计功效。

另一个常见问题是异常值会对误差方差产生极大的影响。若有一个原则性的方法可以减小异常值的影响,这也将提升统计功效。

刀切法基于总平均而非单被试平均来测量振幅和潜伏期,因此有助于减小测量误差以及异常值的影响。我曾经有几次在观察总平均波形时发现一个远大于刺激前噪声水平的效应,但当我进行统计分析时,却惊讶地得到一个非常不显著的 p 值。当我仔细审视每名被试的数据时,我意识到这是因为某些被试的测量数据极为异常。这些异常值极大地提升了误差方差,从而导致 p 值不显著。这也是为什么我在第九章开始时建议你总是将每名被试的测量值与该被试的 ERP 波形进行比较的原因之一。这可能会让你意识到测量方法中存在的问题。但有时测量方法并没有任何问题,而问题的起因是某些被试的波形存在噪声或异常。

作为一个例子,图 10.4 左列中显示了来自三名被试的偏侧化准备电位(LRP),该电位通过对侧减同侧的差异波分离出来(关于 LRP 的详细信息,参见第三章)。每名被试的数据中都含有比较多的噪声,并且被试 1 中 LRP 的形成相对于被试 2 和 3 要更为平缓。因此,LRP 的起始潜伏期(50%峰潜伏期)在被试之间差异很大,从而使得统计功效很低。

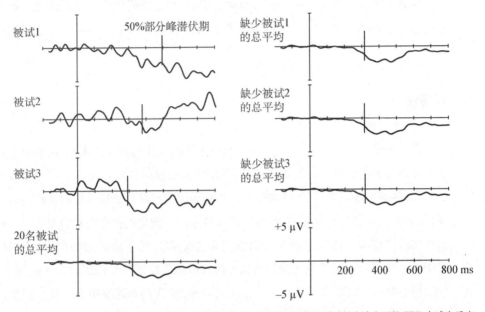

图 10.4　合并 C3 和 C4 电极之后的偏侧化准备电位数据,这是通过从反应手对侧半球表面的 ERP 中减去反应手同侧半球表面的 ERP 而得到的(即,对侧减同侧)。左列给出了 3 名被试的迭加平均 ERP 波形以及所有 20 名被试的总平均波形。右列给出了舍一后的总平均波形,其中每个波形都是通过将 20 名被试中的 19 名进行平均(将一名被试排除在平均之外)而得到的。

图 10.4 的左下角显示了 20 名被试的总平均。该总平均波形非常干净,我们可以使用它来测量起始潜伏期,并且其测量误差很小。然而,在总平均上测量起始潜伏期却没有什么益处,因为如果仅得到一个测量值,我们则无法对其进行统计分析。而刀切法则能弥补这一缺陷。

刀切法使你能够基于干净的总平均波形测量振幅和潜伏期,同时还能进行传统的统计分析[6]。这项技术在一些统计学领域已经被运用了几十年,但直到 20 世纪 90 年代末才由 Jeff Miller 等人引入到 ERP 研究中(Miller, Patternson, &

Ulrich，1998)。它简单易用，并且在某些情况下可以极大地提高统计功效，在不增加 I 类错误率的前提下降低 II 类错误率。当我解释它是如何工作时，你可能会不相信这竟然是一种合理的方法。然而，事实上数学证明以及严格的仿真研究已证明该方法是正确有效的(参见 Miller et al.，1998；Ulrich & Miller，2001；Kiesel，Miller，Jlicoeur，& Brisson，2008)。但是该方法也有局限性，因此在运用之前请务必阅读本节。

4.2 刀切法的本质

假设你有 10 名被试分别在条件 A 和 B 下进行了实验，而你希望检测条件 A 下 LRP 的平均起始潜伏期是否早于条件 B。如果你在单个被试上测量起始潜伏期，如图 10.4 左列所示，你可能会发现误差方差非常大，以至于组间差异很不显著。如果基于每个条件下的总平均来测量起始潜伏期，你则可以避免大部分测量误差。但此时你仅能从每个条件下获取一个测量值，因此你无法测量误差方差，从而无法确定条件间的差异是否大于预期的随机波动。也就是说，如果你从条件 A 和条件 B 的总平均中各得到一个测量值，你将无法计算 p 值。

为了既能够估计每种条件内部的方差，又不放弃在总平均上进行测量的优势，你可以计算一系列的总平均，并在每个总平均的计算中排除一名被试。在我们的例子中，你能够为两个条件分别计算 10 个总平均，其中每个总平均都是通过从该条件下的 10 个被试中挑选 9 个被试的波形进行迭加平均而生成的。第一个总平均包括除了第一名被试之外的所有被试，第二个总平均则包括除第二名被试以外的所有被试，以此类推。图 10.4 的右列给出了一些总平均的示例。这被称作舍一(leave-one-out)总平均。对于给定的条件，所有的舍一总平均都将高度相似，这是因为在一个舍一总平均中的大部分单被试波形也将被用于其他舍一总平均波形中。然而，每个舍一总平均之间也会略有差异，该差异反映了在计算每个平均时被排除在外的被试。

我们可以基于每个舍一总平均测量起始潜伏期，而且由于这些波形非常干净，因此测量将相当精确。我们也能够估计在给定条件下不同舍一总平均之间的方差。该方差并不是单个被试之间的方差，但从数学原理上可以使用这些舍一总平均的方差来估计单个被试之间的方差。该方法的一个扩展使我们能够在舍一总平

均的测量值上进行 t 检验。具体来说,我们可以将测量到的 20 个起始潜伏期(10 个来自条件 A 的舍一总平均,10 个来自条件 B 的舍一总平均)输入到一个 t 检验中(正如你通常将每个条件下来自每个被试的测量值输入 t 检验一样)。该检验生成的 t 值将非常大,这是因为我们基于舍一总平均进行测量,导致误差方差被人为地降低。但是,我们可以通过简单地将 t 值除以 $N-1$(在本例中为 9)来校正误差方差的人为减小,从而得到校正后的 t 值。然后,我们可以查找校正后 t 值所对应的 p 值,当 p 值小于 0.05(或其他显著性水平 alpha)时,则认为条件之间的差异是显著的。这就是刀切法的本质。

该方法就和听上去一样简单:你只需逐一计算舍一总平均波形,并将它们看作单被试 ERP 波形。唯一的不同是在计算 p 值之前需将 t 值除以 $N-1$。

在使用方差分析而不是 t 检验的更为复杂的实验设计中,你也可以使用该方法。你只需在每种条件下分别计算舍一总平均并在其之上测量潜伏期,然后你可以将这些潜伏期输入方差分析中并计算 F 比值,就像对待从单个被试中测量的潜伏期一样。但你需要将求得的 F 比值除以 $(N-1)^2$。该法则对主效应和交互作用都适用。它也适用于被试间因素。若每组中有 N 个被试,你需要将 F 比值除以 $(N-1)^2$。但若每组中被试数目不同,情况将更为复杂(详见 Ulrich & Miller,2001)。但需记住的是,在 t 检验中需要除以 $N-1$,而 F 检验则需要除以 $(N-1)^2$。

在许多情况下,你可能会发现传统分析中 p 值为 0.20(从单个被试 ERPs 上测量潜伏期),但在使用刀切法后 p 值变成 0.005,即便 t 值已经过除以 $N-1$ 的校正。这么好的结果看上去似乎有点不太真实。但许多仿真研究表明,刀切法并不会导致 I 类错误率的增加。如果效应真实存在,刀切法通常能得到一个更显著的 p 值。但当零假设为真时,你只有 5% 的概率得到一个显著的 p 值(假设显著性水平 alpha 为 0.05)。我已经多次使用刀切法,并发现与传统分析相比,刀切法得到的 p 值经常要好很多。但也并非总是如此,因为有时候零假设为真。与传统统计方法相比,刀切法并不会更倾向于错误地拒绝零假设。该方法主要是通过减少误差方差来提高统计功效。统计功效的提高意味着你可以更轻而易举地发现真实效应,在更好的期刊上发表更多的论文,并名利双收。还有什么比这更好的呢?

刀切法也适用于计算 Pearson 相关系数 r(Stahl & Gibbons,2004)。假设你想

计算 P3 起始潜伏期与反应时之间的相关性。你可以用如下方法将潜伏期和反应时进行配对,其中潜伏期在排除一个被试后的舍一总平均上测量得到,而反应时则来自该被排除的被试。假设 P3 潜伏期在反应时较长的被试中也较晚,如果我们将排除一个被试后的总平均与被排除被试的反应时配对,这将使相关性的方向逆转。例如,试想被试 4 的 P3 起始潜伏期很晚并有很长的反应时,那么不包含被试 4 的舍一总平均的 P3 起始潜伏期将比通常更早(因为一个具有很晚起始潜伏期的被试被排除在外),而该起始潜伏期将与被试 4 很长的反应时匹配。这将把正相关转化为负相关(反之亦然)。对 Pearson 相关系数 r 的校正,便是简单地将由刀切法计算得到的 r 值乘以 -1。也就是说,你先基于配对的值计算相关系数 r,然后将该值乘以 -1。我已经使用过该方法,效果很好。

324

4.3 刀切法的局限性

刀切法虽然性能极其优越,但也有一些局限性。这些局限性大部分都是相对轻微的,但我将介绍的最后一个局限性却很重要。

线性测量 刀切法的一个限制是,如果将它应用于线性测量上,例如平均振幅,其给出的结果与传统分析的结果相同。这是因为刀切法实际上只是改变了分析过程中的运算顺序。与其从单个被试的迭加平均中测量振幅或潜伏期然后进行统计分析(这涉及到对单个被试的值进行平均),你也可以基于一组被试的平均波形进行测量。正如附录中详细阐述的,若所有的运算都是线性的,则运算的顺序并不重要。因此,在分析线性测量,例如平均振幅时,使用刀切法既没有帮助也没有坏处。

事实上,你可以将这个局限转化为优势,因为它提供了一种方法,使你可以判断是否正确地使用了刀切法。你可以在一个实验中测量平均振幅,然后运用传统方法和刀切法分别进行分析并比较结果。这两种分析得到的 p 值应该是相同的(假设你在刀切法分析中计算 p 值之前已经除以了适当的校正因子)。由于舍入误差,p 值可能稍有不同,但它们应该非常接近。如果你能够对此进行验证,那么你将可以信任使用刀切法分析非线性测量(例如起始潜伏期)时得到的结果。

到目前为止,我的例子都集中在起始潜伏期上。这是因为刀切法最初就是为了分析起始潜伏期而开发的,并且大多数仿真研究都集中在起始潜伏期上。然而,同样的原则也适用于任何非线性测量(尽管在使用该方法分析峰振幅时需要非常小心,其原因将在本节末尾讨论)。关于一些使用来自不同成分的测量来检验刀切法有效性的仿真研究,请参见 Kiesel 等人(2008)。这篇论文是每个 ERP 初学者都应阅读的十大论文之一(见第一章)。

样本量相等　如果存在任何组间因素,以上介绍的简单校正程序要求每组中包含相同数目的被试。但是,如果被试数目 N 在组间不相等,仍然可以对结果进行校正,只是其校正过程更为复杂(关于校正方法的描述,请见 Ulrich & Miller, 2001)。这只是一个非常小的局限性。

刀切法的 p 值有时不显著　这并不是一个真正的局限,因为零假设可能实际上为真。当零假设为真时,刀切法相比于传统方法而言,并不会更倾向于得出一个显著的 p 值。此外,即使效应真实存在,你也可能因为没有足够高的统计功效而导致任何统计方法都无法得出显著的 p 值。但与传统统计方法相比,刀切法通常会有更高的统计功效。

刀切法的 p 值有时更差　刀切法有时得到的 p 值会比传统分析得到的 p 值更差。这通常发生在当一个被试有异常值时,这会对舍一总平均产生较大的影响(关于其他一些可能影响刀切法性能的情形,参见 Miller, Ulrich, & Schwarz, 2009)。在这种情况下你该怎么做呢?

关于这点,我问过 Jeff Miller,他告诉了我两点。首先,如果零假设为真,随机噪声将决定刀切法还是传统方法的 p 值更好,因此你不能在两者中挑选一个显著的 p 值。那样做是在利用随机波动,会导致 I 类错误率提高。第二,只有在当刀切法的平均值标准误差比传统方法要好得多时,使用刀切法才是正确有效的(因为这意味着刀切法有助于减少误差)。换句话说,虽然你不能仅看哪种方法能够给你更好的 p 值,但你可以通过判断刀切法是否大幅降低了标准误差来决定是否使用该方法。Miller 等人(1998)阐释了如何计算刀切法的标准误差(其实相当简单)。

一个主要的局限性: 检验一个不同的零假设　与传统的统计学方法相比,刀切法检验的零假设稍有不同,而这是刀切法的一个重要局限性。过去几年中,我无法想象在何种情形下,这个微小的差异会产生影响。但后来我的想象力提升了,于是我意识到,这个略有不同的零假设可能在某些条件下会导致对结果的错误诠释(关于此点的一个故事,可参见方框 10.2)。我将首先阐释刀切法中不同于传统统计方法的零假设,然后阐释为何有时具体检验哪个零假设是很重要的。

通俗地来说,传统方法与刀切法中的零假设如下:

> *传统方法的零假设:如果我们能够从无穷大样本总体中的每个个体 ERP 波形上测量振幅(或潜伏期),测量值的均值在条件之间不会存在差异。*

> *刀切法的零假设:如果我们能够基于无穷大样本总体中的所有个体计算总平均并从该总平均中测量振幅(或潜伏期),那么来自这些总平均的测量值在条件之间不会存在差异。*

以上两个零假设除了运算顺序以外是完全等价的。当使用线性测量时(例如平均振幅),这两个零假设完全相同。当使用非线性测量时(例如峰振幅或部分峰潜伏期),它们则不同。但你测试的是哪个零假设真的有关系吗?毕竟,如果两个无穷大的样本总体确实是相同的,那么在这两种零假设下它们都应该是相同的。

326

方框 10.2 设想刀切法如何会失效

Jeff Miller 将刀切法引入了 ERP 研究领域。当我还是加州大学圣地亚哥分校(USCD)的一名研究生时,他在那里任教。我选了他开设的方差分析研究生课程,他也是我的毕业论文委员会成员。Jeff 是一位思维缜密且十分细心的科学家,并且他特别擅长开发定量分析算法,用于解答有关认知的重要问题。

我第一次接触刀切法是当我读到 Jeff 和他的同事们撰写的关于该方法的论文时(Miller et al., 1998)。我对此非常感兴趣,并且在本书的第一版中简要地提到了该方法。几年后,我开展了我的第一个有关偏侧化准备电位(LRP)的研究,其中一些看似真实的潜伏期效应在传统统计分析中并不显著。我决定尝试刀切法,其结果却好得令人惊讶!几个传统分析中远未达到显著的关键效应在刀切法分析中非常显著。我从此便迷上了该方法。

　　此后不久,我在默克制药公司举办了一个小型的 ERP 训练营。"观众"由四名极为聪明的资深研究者组成,他们每个人都在生物统计学、数学和生物医学工程等领域获得了多个高级学位。当我开始谈论刀切法时,该观众小组的领导告诉我,他们无法使用该方法,因为美国食品药品监督管理局(FDA)绝不会允许在临床试验中使用它。他解释其原因是刀切法检测了一个不同的零假设(如正文中所述)。

　　我通过电子邮件与 Jeff Miller 谈论了这个问题,我们两人都无法找出一种由零假设的不同带来任何实质差异的情况。但我总是担心那些"缺乏想象力的证明"(见第四章方框 4.4*)。于是我一直在思索这个问题。几年后,当我在翻阅我用来讨论 ERP 迭加平均中潜伏期变异问题的幻灯片时,我突然意识到这个问题与刀切法也有关联。也就是说,那些在利用若干单试次 EEG 分段计算单被试迭加平均 ERP 波形时出现的问题,同样也会出现在利用多个被试的 ERPs 计算总平均 ERP 波形时。例如,被试间潜伏期变异的增大将导致总平均波形中峰振幅的降低。这并不会导致刀切法失效,但其对刀切法的应用以及结果的诠释产生了一些重要的限制。

　　但情况并非那么简单。如方框 10.2 所述,那些在将单试次平均以生成迭加平均 ERP 波形时出现的问题,同样也会出现在将多个单被试 ERP 波形迭加平均以生成总平均(或舍一总平均)ERP 波形时。回顾第八章图 8.7,当 ERP 波形中某一成分的潜伏期在试次之间存在差异时,其在迭加平均 ERP 波形中的峰振幅则会减小。试次间潜伏期的变异性越高,则峰振幅越小。同样的原则也适用于总平均。若某一成分的潜伏期在被试间的变异性较大,那么它在总平均中的峰振幅也将降低。此外,你也许还记得单被试迭加平均 ERP 波形的起始潜伏期反映的是具有最早起始潜伏期的试次,而不是单试次起始潜伏期的平均值。同样,总平均中不同条件之间差异的起始反映的是那些效应起始最早的被试,而不是单个被试起始时间的平均值。

---

　　* 译者注: 原文此处有笔误

假设你使用刀切法在患者与对照组之间比较 P3 波的峰振幅。此外，假设 P3 波的潜伏期变异性在患者组比在对照组中更大（这是非常可能的），但 P3 的振幅在单个患者与在单个对照组被试中相同。在该情况下，尽管两组被试之间的单被试 P3 振幅不存在差异，在患者组总平均中测得的 P3 振幅仍将小于对照组总平均中的 P3 振幅。在对峰振幅进行传统分析时，组间峰振幅不会有差异。这是正确的结果（虽然它可能令人费解，因为在总平均上确实能观测到峰振幅的差异）。而在使用刀切法进行分析时，你可能会看到两组被试间存在显著的差异。如果你以对待传统分析结果同样的方式来诠释该结果，你将得出患者组中的 P3 振幅小于对照组的结论。而这将是一个错误的诠释。这两组被试间确实存在差异，但差异是潜伏期的变异性，而不是峰振幅本身。因此，如果整个波形在两组被试或两种条件之间完全相同，刀切法不会导致分组或条件之间存在差异的错误结论。但是，在波形的某一特征上观测到的差异可能源自其另一特征上的差异（例如，峰振幅上可见的差异可能实际反映了潜伏期变异性的差异）。

这是一个很大的问题，但并不是不可克服的。如果刀切法观测到的效应是真实的，那么在传统分析中，你应该看到与刀切法分析中相同的基本均值模式。即，如果你查看统计软件在传统分析和刀切法分析中生成的均值表，你应该在两个表中看到一致的组间或条件间的基本差异模式。一个表中的差异可能比另一个表中的更大，且在传统分析中效应可能并不显著，但其均值的模式应该类似。若它们并不类似，这则可能是计算总平均时所产生的意料之外的副作用。

同样值得考虑的是，总平均中的起始时间与单个被试起始时间的均值是不同的。理论上来说，单个被试起始时间的平均值在两种条件下可能相同，但对于在总平均上测得的起始时间，一种条件可以早于另一种条件。然而，要使该情形发生，在总平均具有较早起始时间的条件中，必须有一些被试的起始时间异常早，而另一些被试的起始时间异常晚。这将导致两组之间单个被试起始时间的均值相同，但在具有异常早和异常晚起始时间的组中，单个被试起始时间的方差则更大。当然，这是一个很不寻常的情况。如果一组被试的起始时间具有较大的方差，这几乎总是因为有更多的被试具有比均值更长的起始时间，而一般不存在其他短于平均起始时间的被试来与此抵消。也就是说，起始潜伏期变异性较大的组几乎总是具有更大的平均起始潜伏期。此外，如果使用 50% 峰潜伏期测量，那么你并不是在尝试

328

测量绝对起始时间(波形稍稍偏离零点的时间),而在该迭加平均波形上测量的值则很可能是平均起始时间的一个良好近似。这一点在第九章中有所讨论(见图 9.7)。几项仿真研究表明,刀切法能够准确地估计起始时间并且提高统计功效,同时不增加Ⅰ类错误率(Miller et al.，1998；Ulrich & Miller，2001；Kiesel et al.，2008；Miller et al.，2009)。

这里的一条底线就是,虽然刀切法非常有用,但在使用时你需要保持谨慎(就像对待其他任何统计方法一样)。用其分析峰振幅可能会很轻易地导致错误的结论(尤其当分组或条件之间存在潜伏期变异的差异时),但你可以通过确保在传统统计分析中观测到同样的模式来对刀切法的分析结果进行评估。用刀切法分析起始潜伏期时也需要仔细考虑,但它非常可能会(在统计功效以及结果的精确度上)带来优越的性能。刀切法无疑是一个很好的数据分析工具,但像所有其他工具一样,你需要正确使用它。

5. 选择时间窗和电极点：隐性多重比较问题

接下来我们将讨论一个非常不同的问题,该问题源于 ERP 数据集中所蕴含的丰富信息。在一个典型的 ERP 实验中,如果我们在每一时间点和每个电极位点上分别通过 t 检验比较两个条件,随机波动将导致许多很大的 t 值,而这些值将超过通常的统计显著标准。这就是广为知晓的多重比较问题,而若不对此进行一定的多重比较校正,你将永远都无法发表由该方法所得的结果。然而,在 ERP 研究中却经常见到该问题的一种隐性变体,即研究者首先查看波形,找出在条件之间具有很大差异的时间窗与电极位点的组合,然后在该时间窗与电极位点中测量振幅或潜伏期并最终将所得的值用于统计分析中。这通常会导致显著的 p 值,但它其实是由噪声,而非真实效应所导致的。如果你这样做,便是间接地进行了多重比较(通过肉眼比较多个时间点和电极位点上的波形),因此即便不存在真实效应,你也可能更倾向于得到显著的 p 值。我将该问题称作隐性多重比较问题。当没有运用先验信息来选择统计分析的时间窗和电极位点时,这一点便尤为重要。

多重比较导致Ⅰ类错误率升高,这意味着Ⅰ类错误(当零假设为真时将其拒绝)的真实概率大于 5%(或其他显著性水平 alpha)。这是 ERP 研究中一个极大的问题。事实上,多重比较在心理学和神经科学的许多领域中都是一个问题,该问题正受到越来越多的关注(Simmons et al. , 2011；Pashler & Wagenmakers, 2012)。在未来几年里，我预计期刊编辑和审稿人都将对导致 I 类错误率升高的因素变得越来越严格。例如，*Nature Neuroscience* 和 *Psychophysiology* 最近都制定了一份方法清单，其在某种程度上是为了帮助编辑和审稿人判断论文中的统计方法是否提升了 I 类错误率(期刊社论，2013；Keil et al. , in press)。

　　为了使该问题更加具体，接下来的讨论将参考一组实际的数据，该数据来源于一项已经发表的 Oddball 实验。本书第一章中已对该实验作了较为详细的描述(图 1.4)，实验中分别向精神分裂症病人和健康对照被试呈现少见和常见的视觉刺激(Luck et al. , 2009)。为了简化讨论，我将仅讨论来自对照组被试的数据，并集中讨论少见与常见试次间的比较。此外，我只纳入来自 12 个被试的数据。需要注意的是，虽然我们已发表论文中的数据分析方法并不存在任何问题，但对该数据的分析是有可能利用噪声而导致 I 类错误率升高的。

　　图 10.5A 显示了来自一组左右半球电极位点上少见(靶)和常见(标准)刺激的总平均波形(原始实验也记录了中线位点，但在此被省略)。数据记录的采样率为 500 Hz，在线带通滤波为 0.05—100 Hz(半振幅截止)，参考点为右耳垂。在本节所示的分析中，数据被离线重参考至左右耳垂平均参考，并再次低通滤波(半振幅截止为 30 Hz，斜率为 12 db/octave)。由图中可见，少见刺激的 P3 大于常见刺激，尤其在中央和顶叶电极位点上。在 N2 潜伏期范围内(250—350 毫秒)，你还可以在中央和顶叶电极位点上观测到少见刺激具有比常见刺激更为负向的电压。

5.1　一个隐性多重比较问题的例子

　　为了使 ERP 研究中的隐性多重比较问题变得更清晰，我基于该示例实验的数据进行了一个简单的仿真。该仿真旨在从两个条件下生成逼真的数据，并且零假设为真(即，条件之间不存在真实的差异)。为了做到这一点，我首先从 Oddball 实验中的标准(常见)试次中提取 EEG 分段。靶(少见)刺激在该仿真实验中未被使用。对于每个被试，我将 640 个标准试次随机分成两组，将其中 512 个试次迭加平均以生成条件 A，而将剩余的 128 个试次迭加平均以生成条件 B(分别包含 80% 和 20% 的试次)。所有 640 个试次事实上都来自标准刺激，而将其分为条件 A 和条件 B 也是完全随机的。因此，该仿真实验模拟了一个 Oddball 实验，其中标准(条件

331

A)和靶(条件 B)刺激之间不存在[*]真实的差异。在该仿真实验中,条件之间的任何差异都将完全由噪声引起。若每个被试都有 100 万个试次而不是 640 个试次,则条件 A 中 80 万次试次的迭加平均波形将几乎与条件 B 中 20 万个试次的迭加平均波形完全相同。然而,由于条件 A 只有 512 个试次,条件 B 仅有 128 个试次,其迭加平均 ERP 中仍存在一些随机噪声。因此,虽然零假设为真(数据是从单一总体中随机抽样得到),但实际波形并不完全相同(在将有限个试次迭加平均时总会如此)。理解这一点非常重要,因为通过这种方式将观测到的数据随机组合以模拟零假设的做法在本章后面将再次出现。

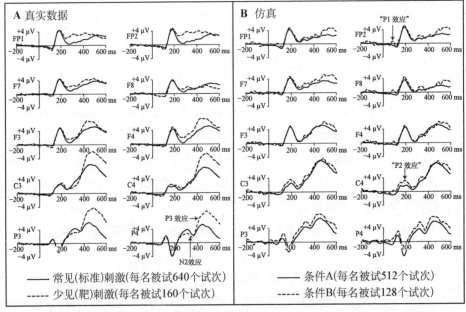

330

图 10.5 (A)来自一个 Oddball 实验例子中的总平均 ERP 波形,其中 20％的刺激是字母,80％的刺激是数字(反之亦然,在不同试次组块间进行平衡)。数据来自于一项比较精神分裂症患者与健康对照被试者的已发表研究中的部分(12 名)健康对照被试(Luck et al.,2009)。(B)来自一项仿真实验中的总平均 ERP 波形,其中的零假设确保是真实的。该仿真基于的是子图 A 中从标准(常见)试次上记录到的数据。对每名被试者,其 640 个标准试次中的事件编码被随机归为条件 A(包含 512 个试次)与条件 B(包含 128 个试次)两类。随后对不同类别的试次分别计算迭加平均 ERP 波形。注意到两种条件在整个右半球电极上都存在 P1 振幅的差异,而且在中央区和顶区电极上存在 P2 振幅的差异,但是这些差异都是由假阳性所导致的。图中所有的数据都是以左右侧耳垂的平均值作为参考,并在离线时进行了低通滤波(半振幅截止频率＝30 Hz,斜率＝12 dB/octave)。

---

*译者注:原文此处有笔误

图 10.5B 显示了在该仿真实验中条件 A 和条件 B 下的总平均波形。条件之间的波形非常相似,因为在仿真实验中,我们知道差异是由随机噪声引起的。然而,假如你进行了一项包含两种条件的实验并观测到这样的波形,你则无法得知波形之间微小的差异是由随机噪声引起的,还是反映了条件之间真实的大脑活动差异。你可能会注意到该数据中有两个有趣的"效应"。首先,在 P1 潜伏期范围内(50—150 毫秒),条件 B 下的波形相比条件 A 具有一个更高的正电压 *,尤其是在右半球电极位点上。其次,在 P2 潜伏期范围内(150—250 毫秒),条件 B 与条件 A 相比 **,在中央和顶叶电极位点上具有更高的正电压。

为了量化这个所谓的"P1 效应",你可以在所有电极位点上测量 50 到 150 毫秒之间的平均振幅并寻找一个条件×半球的交互作用。我在仿真数据上进行了该项分析,并发现了一个接近显著的($p=0.051$)条件主效应,以及一个显著的条件×半球交互作用($p=0.011$)。在进一步分析中,我发现在右半球位点上,条件 A 和 B 之间有显著的差异($p=0.031$)。同样,为了量化"P2 效应",你可以在 C3、C4、P3 和 P4 电极位点上测量 150 到 250 毫秒之间的平均振幅。我在仿真数据上对此进行了分析,发现条件 A 和 B 之间具有显著的差异($p=0.026$)。这些看起来似乎都是真实的效应,但在该项仿真实验中,我们可以 100% 肯定这些所谓的"效应"完全都是虚假的。如果你在一篇期刊论文中看到类似这样的数据和分析,这看似是非常令人信服的证据,表明这两种条件之间在右半球上存在 P1 振幅的差异,且在中央和顶叶区域存在 P2 振幅的差异。但事实上,这些差异都是假阳性结果,因为这两个条件除了随机噪声以外是完全相同的。

为什么即使在两种条件实际上是来自同一条件中随机样本的情形下,我们仍能看到这些看似真实的,并且在统计上显著的效应呢? 这是因为我们有足够多的数据点以及导联,以致于数据中的随机波动可能在某些导联或位点上引起很大的差异。这些随机波动有可能聚集在邻近时间点和电极位点上,从而形成看似真实的效应,这是因为 EEG 噪声在数十毫秒的时间内逐渐变化,并且由于颅骨的高阻抗而变得模糊,从而导致其存在于多个相邻电极位点上。此外,该数据也经过了低通滤波(半振幅截止频率为 30 Hz,斜率为 12 dB/octave),这也会导致数据中的噪声

---

   * 译者注:原文将 A 与 B 写反了
  ** 译者注:原文将 A 与 B 写反了

产生时间扩散效应(见第七章)。

332 **方框 10.3　我认罪!**

　　几十年前,当 ERP 研究者仅仅从有限的几个电极上进行记录,并基于相对较宽的测量窗测量峰振幅和峰潜伏期时,隐性多重比较并不是什么严重的问题。研究者在进行数据分析时并没有太多的选择。因此,当时没有人担心这个问题。随着电极数目的逐渐增加,以及人们越来越广泛地使用更加依赖于时间窗口的测量,隐性多重比较问题才逐渐变得严重起来。但因为这个问题浮现的过程非常缓慢,并且通过观察波形来选择分析参数的做法已经根深蒂固,人们花了相当长的时间才开始严肃地对待这个问题。相比之下,在功能神经影像学领域,多重比较的问题在一开始就非常显而易见,这是因为即使在最初的研究中,研究者便已经在成千上万个体素中测量活动。因此,神经影像学在最初的分析方法中就已经解决了这一问题,但大多数 ERP 研究者直到大约 10 年前才开始认真对待该问题。

　　当我回想上世纪 90 年代我自己发表的 ERP 研究论文时,我意识到我也经常利用数据来指导时间窗口和电极的选择,我很确信该做法提高了我论文中的 I 类错误率。也就是说,在我汇报的显著结果中,很有可能有多于 5% 的结果是虚假的。这并不是一件容易承认的事! 然而,我也一直坚信重复是最好的统计(见方框 10.1),并且我在这些研究中汇报的大部分重要结果都被重复验证了(在同一篇论文或是随后发表的论文中)。那些很可能是虚假的结果大多是较小且出乎意料的效应,对于这些效应,我也从未想要对其进行重复验证。但是即便如此,一些我所汇报的主要效应尚未能被重复验证,因此它们有可能是假阳性。

　　纵观我近期发表的论文,你会发现我正在进行多方面的努力以解决该问题。例如,我在最近的一篇论文中使用了第九章所阐述的负面积测量,该方法对测量窗的选择较为不敏感,并且该论文还使用了置换统计方法来控制 Ⅰ 类错误率(Sawaki et al.,2012)。在另一篇论文中,我使用了两个几乎完全相同的实验,其唯一的差异为刺激亮度(Zhang & Luck,2009)。在第一项实验中,时间窗口的选择是基于观测到的波形,而在第二项实验中,时间窗口的选择则是基于第一项实验中所使用的窗口(仅对窗口在时间上做了平移,以反映明亮刺激所产生的 ERP 潜伏期相对较早)。而在第三篇论文中,我则基于一系列连续的 100 毫秒窗口测量振幅,并将时间作为方差分析中的一个因素(Gamble & Luck,2011;见图 10.6)。

我希望你现在能清楚地认识到数据中的随机噪声很可能与真实效应非常类似并且在统计上显著,该情形尤其容易发生在当你基于数据中观测到的效应来选取特定的时间窗和一组电极位点进行测量时。这就是隐性多重比较问题。值得注意的是,如果在方差分析中引入一个电极半球因素,那么将更有可能获得一个虚假的交互作用。关于该问题的更多探讨(以及一个令人震惊的认罪),请见方框 10.3。

图 10.5B 所示的波形中包含一些线索,可以表明图中所谓的 P1 和 P2"效应"实际上是假阳性。首先,P1 效应对于认知操纵来说是非常早的,并且它没有早期视觉 ERP 成分的典型头皮分布。其二,P2 效应起始于零时刻附近并持续数百毫秒,而这恰好是虚假效应的常见模式。这些问题我在第 8 章关于"基线校正"的一节中进行了探讨(见图 8.2 和 8.3)。正如我在第 8 章所指出的,"查看基线非常重要,你需要对任何起始于零时刻附近的效应(如分组或条件之间的差异)持高度怀疑态度……此外,你也应该对任何在刺激呈现后 100 毫秒之内起始的效应持高度怀疑态度,除非它们反映的是刺激本身的差异(例如,更明亮的刺激诱发更大的感官响应)。"虽然真实效应也可能具有类似这样的模式,但这些模式却通常表明效应很可能是假阳性(特别是当效应是在预料之外时,或者当你使用波形来指导时间窗口和电极位点的选择时)。

隐性多重比较问题引出了一个并不是那么直观的原则:

　　　　过犹不及原则(The more-is-less principle)：*数据中包含的条件、时间点和电极越多，真正的统计功效则越低。*

　　例如，如果数据仅来自两个条件以及两个电极位点，并且你将分析限制在200—300毫秒的时间窗口内，那么噪声将很少有机会能够影响到数据，而且关于数据分析所能够做出的间接或直接选择也很有限。因此，在该情形下不太可能出现统计上显著的虚假效应。然而，如果数据来自42个条件和128个电极，并且包含刺激后从50到1500毫秒的整个时间段，这将使噪声有成千上万个机会造成统计上显著的效应。任何为了避免Ⅰ类错误率升高而做的事后分析都将降低统计功效。因此，更多的条件和更多的电极有可能使你更难发掘真实的效应。这也是为什么使用大量电极可能会造成问题的原因之一(见第五章补充内容)。关于过犹不及原则的进一步探讨，请见方框10.4。

5.2　解决隐性比较问题

　　有几种方式可以解决隐性多重比较问题，以便避免Ⅰ类错误率的升高。但并不存在一个适用于所有研究的最佳解决方案，因此你需要根据你的研究性质来选择最佳方法。对于你选择的任何方法，你都应该在论文的方法或结果一节中提供明确的理由。只有这样，审稿人和读者才能确信你对此是经过深思熟虑的。

　　对于考虑如何解决这一问题，其最佳时机是在实验设计的阶段。你可能需要限制实验条件和电极位点的数量，以尽可能减少比较的数目(过犹不及原则)。你可能也需要在设计实验时考虑之前使用过的时间窗和电极位点能否在当前实验中再次使用。

　　先验假设　在许多情形下，你可以使用之前的研究而不是当前实验中的波形来指导时间窗口和电极位点的选择。例如，当我的学生使用高度突出的靶刺激进行N2pc实验时，根据我以往的经验，我知道他们应该在大约175到275毫秒之间的外侧后部电极位点上测量N2pc振幅。对于该方法，我没有更多可阐述的了，但请不要误认为该方法没多大作用。在大部分实验中，它是最好的方法。

334

方框 10.4　过犹不及

我第一次遇到过犹不及原则是在就读研究生时，当时我正在进行空间线索化(spatial cueing)实验。在这些实验中，线索(例如，一个箭头)为后续靶刺激可能出现的特定位置提供提示。在大多数试次中，靶刺激出现在被提示的空间位置(称为有效试次，valid trials)，而有时靶刺激则出现在未被提示的空间位置(称为无效试次，invalid trials)。其基本思想是，被试会将注意力集中于被提示的空间位置，当目标出现在被提示的空间位置时，针对它的处理将会增强(在反应时、准确度和/或 ERP 振幅方面)。许多实验还包括了中性试次(neutral trials)，该试次中的线索不对后续靶刺激可能出现的空间位置提供任何信息。在这类试次中，可以预期注意力会是广泛或随机分布的，从而导致被试的表现介于有效与无效试次之间。在我进行了几项这类实验并阅读了许多其他实验室发表的论文之后，我意识到被试在中性试次中的表现有时与有效试次中的表现非常接近，而有时则更接近无效试次中的表现。但这似乎并没有系统性的规律可循。最终，我意识到被试在这三种试次的任何一种之中所表现的微小随机变化，都可能对中性试次相对于有效与无效试次的确切位置产生相当大的影响。我和其他一些研究者一直都在为我们在特定实验中观测到的模式提供一些事后解释，但这些模式中的大多数很可能只是噪声的结果(虽然少数模式已经被证实是一致出现的)。

这使我意识到：实验中包含的条件越多，就越有可能在某一条件下观测到由随机噪声引起的"令人费解"的结果。因此，我开始简化我的实验，使之仅包含最为必要的条件。这使我观测到随机波动的机会变小，因此我不需要解释许多怪异的结果。回想起来，它也使我有更少的机会进行隐性多重比较，从而降低 I 类错误率。

当然，这么做也是有其代价的：在实验中包含更少的条件，这就好比戴上了"理论的有色眼镜"，从而使我错失了原本在纳入更多条件时可以观测到的有趣结果。因此,当我尝试进行一类全新的实验时,我将包含很多条件,因为我已经假定我需要进行一些后续实验来重复该实验的结果。但是,当我在用一个已经很完善的范式检验某一特定的假设时,我会聚焦于能够检验该假设的最小数量的条件。

该方法在尝试一种全新的实验范式时显然是行不通的。在这种情形下,最好的办法通常是进行一项后续实验,这样你可以运用第一个实验的结果来指导时间窗口和电极位置的选择(如方框 10.1 中的建议,这使你能够证实结果的可重复性)。

功能定位 该方法是先验假设的一种变体,但它建立在与主实验同时采集的数据上。功能定位在功能神经成像中非常流行。它的基本原理是使用一种非常简单并被充分理解的操作来确定某一特定效应的时间进程与电极位点,然后将其运用到实验重点关注的比较中。

例如,假设你需要检验微笑面孔条件下的 N170 成分是否大于皱眉面孔条件。这可能是一个非常微小的效应,因此为了使统计功效最大化,需要确定测量电压所使用的最优时间窗口和电极位点。事实上,你可能希望分别为每个被试确定最佳的时间窗口和电极。为此,你可以在实验中包含一个条件,用来记录面孔和汽车诱发的 ERPs,该条件已知能够诱发非常稳健的 N170 效应(例如,参见第 1 章图 1.2)。然后,你计算面孔减汽车的差异波并确定 N170 效应的起始和结束时间以及出现的电极位点。这将被用来定义测量微笑减皱眉差异波振幅的测量窗和电极位点。你可以为每个被试分别定位,或者你也可以在总平均上测量面孔减汽车的差异,然后将结果统一运用到每个被试上。

功能定位方法在 ERP 研究中很少被运用。尽管在某些情况下它可能会失效,但它仍具有很大的潜力。例如,如果微笑减皱眉差异波与面孔减汽车差异波之间的时间进程不一致,你将无法选择合适的时间窗口(关于该方法在神经影像学研究中的局限性,请参阅 Friston, Rotshtein, Geng, Sterzer, & Henson, 2006)。即便有这些局限性,该方法仍应该被更广泛地运用于 ERP 研究中。

合并定位 该方法是功能定位的一种变体,但其不需要在实验中纳入附加的条件。相比功能定位，合并定位并不使用一组条件之间的对比来确定用于评估另一组条件之间对比的时间窗口和电极。相反，它将目标条件之间的数据合并，用来确定测量窗和电极。

在我们的 N170 例子中，我们可以简单地在微笑和皱眉之间进行平均，然后使用总体的 N170 来确定最合适的时间窗口和电极位点。该测量窗和电极将被分别用于测量微笑和皱眉 ERPs 中的 N170 成分。该方法一个显而易见的缺点是，当 N170 不是由差异波测量得到时，会同时包含人脸特异性和非特异性的活动。因此，在合并后的波形中，N170 的时间和头皮分布可能与人脸特异性活动的时间和头皮分布有较大的区别。但即便如此，在有些情况下这仍是一种合理的方法。

我们现在考察一个不同的例子，其中一个病人组和一个对照组都完成了一个 Oddball 范式。假设我们需要检验在少见减常见差异波中，病人组中 P3 波的峰潜伏期是否比对照组晚。首先，我们基于所有的病人组和对照组被试，构建一个少见减常见差异波的总平均。然后，我们在这个合并的差异波中找出 P3 波达到最大时的潜伏期范围和头皮位置。我们接下来则可以使用这些信息来定义时间窗口和电极位点，用于测量每组被试中单个被试的少见减常见差异波中的 P3 峰潜伏期。该方法可将病人组与对照组之间统计比较中的偏差最小化，这是因为没有使用病人组和对照组之间的差异来选择统计比较中所使用的测量窗和头皮位置。

这个例子引出了使用合并波形来确定窗口和电极的一个潜在问题。假设 P3 在对照组中比在病人组中要大得多（这在许多不同种类的病人中很常见），并假设病人的头皮分布与对照组不同。因为对照组中的 P3 振幅较大，这意味着两组之间的总平均将被对照组被试所主导，因此基于合并数据选择的头皮分布可能更适用于对照组被试而并非病人。这可能使结果更偏向于对照组。该情形相对较为少见，因此通常情况下并不会导致该方法失效。然而，若合并的条件或分组之间振幅存在差异，你需要仔细考虑该方法是否会以某种方式使结果产生偏差。

寻找条件和电极间的交互作用　假设你有先验知识，已知 200 到 300 毫秒是一个很好的测量窗，但你并不知道你感兴趣的效应会出现在 128 个电极位点中的哪些电极上。你可以在所有电极位点上测量 200 到 300 毫秒之间的平均振幅，然后对此进行方差分析，并将电极位点作为其中的一个因素。由于条件之间的差异可能在某一组位点上较大，而在其他位点上较小甚至相反，因此你可能不会在该方差分析中观测到一个显著的条件主效应。相反,你应该寻找一个条件和电极位点之间的交互作用。在本章前面的内容中,我讨论了在条件与电极交互作用中出现的一些问题,包括因 p 值较多而可能产生的虚假结果以及区分乘法和非乘法交互作用时的困难。但是,前一个问题主要出现在预期不会出现电极交互作用时,而后一问题主要出现在当你试图对效应潜在发生位置的变化得出结论时。如果你只是试图得出两个条件间存在差异的结论,而这必然会导致某些位点上的差异大于另一些位点,你则可以使用条件与电极位点间的交互作用来证明条件之间存在显著差异。我在数篇论文中都成功地使用了该方法。此外,如果该交互作用是显著的,你便有理由进行后续分析,以便确定哪些电极位点具有显著的条件主效应。

该方法的主要缺点是,观测到条件与电极间交互作用的统计功效,相比将方差分析限定在效应较大的电极位点时观测到条件主效应的统计功效,前者通常要低很多。然而,它的优势是不需要关于哪些位点可能会存在较大效应的先验知识,因此该方法能够避免使用数据来帮助电极的选择,从而避免使结果产生偏差。但需要牢记的是,以事后检验的方式寻找条件与电极间的交互作用可能会导致 I 类错误率提高。

寻找时间和电极间的交互作用 我们可通过使用与上述类似但是基于时间的方法来避免选择特定的时间窗口。即,可以在一个很宽的时间范围内测量多个时间窗口中的平均电压,然后将时间作为方差分析中的一个因素。例如,Marissa Gamble 在我的实验室里进行了一项研究,旨在寻找听觉模态中与 N2pc 相对应的成分(图 10.6)。她发现听觉刺激在前部电极位点上存在一个很强的对侧效应(我

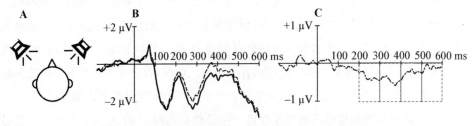

图 10.6 来自一个实验中的刺激和数据,该实验旨在寻找听觉模态中与 N2pc 类似的成分(Gamble & Luck, 2011)。(A)刺激。被试听到由不同喇叭同时播放的成对听觉刺激。他们被要求检测出一种特别的靶声音。在给定试次中,靶声音可能以不可预测的方式由其中一个喇叭放出。(B)在一组前部头皮电极上(F3, F7, C3, T7, F4, F8, C4, T8)记录到的总平均 ERP 波形,图中分别给出了与靶声音位置呈对侧(译者注:此处为实线)和同侧(译者注:此处为虚线)关系的电极上的波形。这些波形以平均乳突为参考,且通过了半振幅截止频率为 50 Hz 的离线低通高斯滤波器。(C)来自子图 B 中数据的差异波(对侧减同侧)。虚线框表示测量平均振幅时所用的时间窗。

们将其称为 *N2ac*，N2-anterior-contralateral）（Gamble & Luck，2011）。对于这一效应出现的时间窗口，我们并没有很强的先验假设，因为我们不能假设它与视觉 N2pc 成分具有相同的时间窗口。我们查看了数据并尝试了许多不同的测量窗，但我们意识到这会导致Ⅰ类错误率的提升。

为了避免这一问题，我们在 200 到 600 毫秒范围内一组连续的 100 毫秒窗口中测量了平均振幅，然后进行了一个包含时间窗口因素的方差分析。我们在每个时间窗口中计算对侧电极与同侧电极（相对于靶刺激的位置）之间的电压差，并将其作为 N2ac 的振幅（图 10.6C）。当我们将不同测量窗之间的数据合并后，该差异显著地异于零*（类似于一个显著的对侧相比同侧的主效应）。此外，对于这一差异，我们还发现了一个时间的主效应（类似于一个时间窗与对侧相比同侧之间的交互作用）。这使我们有理由对单个时间窗口进行后续分析，该分析表明这一差异在 200—300 毫秒、300—400 毫秒和 400—500 毫秒窗口中显著地异于零*，但其在 500—600 毫秒窗口中不显著。

考虑到我们对 N2ac 测量的时间窗口没有很好的先验信息，该方法的性能非常好。也就是说，即便我们并没有基于数据来选择测量窗，从而没有导致Ⅰ类错误率升高，但数据中非常清晰的效应导致其在统计上是显著的。然而，在这个例子中，该方法效果良好的部分原因是该效应在我们选取的大部分时间范围中都存在。如果它只存在于四个 100 毫秒窗口中的某一个之中，检测该效应的统计功效将会变得相对较低（无论是关于时间的主效应还是交互作用）。如果我现今需要分析该数据，我将会使用在线第十三章中描述的集中单变量方法。此外，我们使用了多个连续窗口，因为这是我们第一项关于 N2ac 的实验，所以我们没有任何先验信息来指导时间窗口的选择。在以后的 N2ac 实验中我将不会再次采用该方法，因为我可以利用我们已有的 N2ac 结果来指导未来实验中时间窗口的选择。

与窗无关的测量 在一些实验中，选择测量窗的问题可能是非常严重的。第九章中曾讨论过与这一问题有关的例子（见图 9.3*），在该例子中我们试图测量 Oddball 范式中少见与常见试次之间的 N2 振幅差异。即使使用差异波进行测量，在 N2 之前仍可能有 P2 效应，且在其之后可能有 P3 效应，而这些效应可能会部分

---

　　* 译者注：原文此处有笔误

338

抵消 N2 效应(例如,图 10.7 中所示的单个被试波形)。此外,这些效应的潜伏期在被试之间也有所不同。如果测量平均振幅,你则需要使用一个非常窄的窗口,以避免 N2 的测量在某些被试中被 P2 或 P3 活动抵消,但是使用窄的窗口会增加噪声对测量的影响。此外,最终得到的结果可能恰好会受实际所选窗口的影响,此时如果你通过寻找具有最大效应的时间段来选择窗口,将导致 I 类错误率升高。虽然通常情况下我都鼓励使用平均振幅进行测量,但当试图测量的效应周围具有其他成分上的效应时,这种方法是有问题的,尤其是当效应周围的成分很大时。基于差异波来进行测量或许会有帮助,但如果其他成分仍然存在于差异波中,该方法也是无效的。如果可能的话,该问题最好的解决方案是从实验设计上确保差异波中仅存在一个成分。然而,该解决方案并非总是可行的,因此你可能需要另一个解决方案。

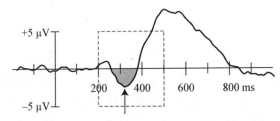

图 10.7 一个如何在广阔测量窗中采用带符号面积的示例。这里所示的波形是单个被试的差异波(少见减常见),负向面积被用来量化 N2 振幅。因为只有在 0 微伏线以下的区域对该测量有贡献,所以无论是选择图中所示的广阔时间窗(200—500 毫秒),还是选择一个较窄时间窗(例如 250—400 毫秒),测量到的面积将完全相同。这使得测量不再依赖于时间窗的选择。图中箭头指向的是峰值电压。

在第九章中我曾详细介绍了一个很好的解决方案;即,使用带符号的面积测量。例如,在我们的 Oddball 实验中,你可以使用一个非常宽的时间窗口(例如 200—500 毫秒;见图 10.7 以及 9.3 和 9.4 [*])并将 N2 量化为该窗口中位于零值线以下区域的面积。该测量方法通常是在差异波上进行的,因为差异波中的零值线更加有意义。

----

[*] 译者注:原文此处有笔误

第二种解决办法是使用峰振幅。同样,这种测量方法在差异波中的效果最好,因为差异波将少数成分隔离出来了。在这个 Oddball 实验的情形下,使用较宽的窗口是可能的(例如,200—500 毫秒),因为 N2 两侧正向的 P2 和 P3 波导致不太可能测量到除 N2 以外的负向波峰(见图 10.7)。第九章中阐述了峰振幅的许多缺点,但在这种情况下峰振幅有时可能优于平均振幅。

然而,对于以上两种解决方案,你都应该意识到 N2 波周围的 P2 和 P3 成分仍然可能对 N2 振幅测量产生很大影响。也就是说,即使窗口中整体电压是负的,这些成分也很可能与 N2 重叠并影响测量到的 N2 振幅。虽然使用带符号面积振幅或峰振幅可以减少 P2 和 P3 波[*]对 N2 产生的抵消效应,但也无法完全消除它。例如,如果你在两组被试之间比较少见减常见差异波,某组中较大的 P3 波可能会使该组中的 N2 显得较小(较小的负值;例如,见第二章中图 2.5F)。此外,峰振幅和带符号面积振幅都是有偏的:当信噪比降低时,它们都会倾向于增大(关于我们在使用带符号面积测量时如何处理该问题的例子,见 Sawaki, Geng, & Luck, 2012)。

多重比较校正　与其将分析作为*隐性*多重比较问题,不如将其当作*显性*多重比较问题。例如,在图 10.7 所示的 Oddball 实验中,你可以在 200 到 500 毫秒之间的每个时间点上测量电压,并通过 t 检验将每个时间点上的电压与零进行比较(或在每个时间点上比较少见与常见条件之间的电压)。然后,你可以对结果进行多重比较校正。该方法被称作*集中单变量方法*,因为其使用了大量单个的统计检验。当我在撰写本书的第一版时,我并没有认真考虑使用该方法的可能性,因为在该情况下,进行多重比较校正的标准方法(Bonferroni 校正)有着极低的统计功效。然而,自第一版出版以来,ERP 数据的统计分析方法有了一些重要进展,如今已有可能在不大量损失统计功效的前提下进行多重比较校正。这种方法性能非常优越并且变得越来越普及,因此我在一个额外的章节中对其进行了详细的介绍(见在线第十三章)。

340

6. 阅读建议

Groppe, D. M., Urbach, T. P., & Kutas, M. (2011). Mass univariate analysis of event-related

---

[*] 译者注:原文此处有笔误

brain potentials/fields I: A critical tutorial review. *Psychophysiology*, *48*,1711 – 1725.

Groppe, D. M., Urbach, T. P., & Kutas, M. (2011). Mass univariate analysis of event-related brain potentials/fields II: Simulation studies. *Psychophysiology*, *48*,1726 – 1737.

Jennings, J. R., & Wood, C. C. (1976). The ε-adjustment procedure for repeated-measures analyses of variance. *Psychophysiology*, *13*,277 – 278.

Kiesel, A., Miller, J., Jolicoeur, P., & Brisson, B. (2008). Measurement of ERP latency differences: A comparison of single-participant and jackknife-based scoring methods. *Psychophysiology*, *45*,250 – 274.

Maris, E. (2012). Statistical testing in electrophysiological studies. *Psychophysiology*, *49*,549 – 565.

McCarthy, G., & Wood, C. C. (1985). Scalp distributions of event-related potentials: An ambiguity associated with analysis of variance models. *Electroencephalography and Clinical Neurophysiology*, *62*,203 – 208.

Miller, J., Patterson, T., & Ulrich, R. (1998). Jackknife-based method for measuring LRP onset latency differences. *Psychophysiology*, *35*,99 – 115.

Miller, J., Ulrich, R., & Schwarz, W. (2009). Why jackknifing yields good latency estimates. *Psychophysiology*, *46*,300 – 312.

Urbach, T. P., & Kutas, M. (2002). The intractability of scaling scalp distributions to infer neuroelectric sources. *Psychophysiology*, *39*,791 – 808.

Urbach, T. P., & Kutas, M. (2006). Interpreting event-related brain potential (ERP) distributions: Implications of baseline potentials and variability with application to amplitude normalization by vector scaling. *Biological Psychology*, *72*,333 – 343.

Ulrich, R., & Miller, J. (2001). Using the jackknife-based scoring method for measuring LRP onset effects in factorial designs. *Psychophysiology*, *38*,816 – 827.

（刘岳庐　译）

（洪祥飞　校）

附录：线性运算、非线性运算以及处理步骤的顺序

概述

ERP 数据分析涉及到许多处理步骤，包括滤波、分段、伪迹排除等等。在 ERP 训练营中，我最经常被问到的问题之一便是，步骤 X 与步骤 Y 谁应在前，谁应在后。例如，你可能想知道滤波应当放在伪迹排除之前还是之后，或者重参考应当放在滤波之前还是之后。答案取决于给定的处理步骤是否涉及线性或非线性运算。线性和非线性运算之间的区别对于理解刀切法统计的原理也是很重要的（参见第十章）。

我将简单地定义一下何为线性和非线性运算。但首先我想指出的是，为何二者之间的区别很重要。线性运算有一个重要的性质：无论采用何种顺序，其结果都将是相同的。这就类似于加法可以按任何顺序进行（例如，A＋B＋C 和 C＋B＋A 所给出的结果是相同的）。在 ERP 处理过程中，迭加平均和重参考都是线性运算，所以你可以按任何顺序进行这些运算并得到同样的结果（假设你没有在二者之间插入任何非线性运算）。相比之下，运算顺序会对非线性运算产生影响。例如，伪迹排除是一个非线性过程，所以先进行重参考再排除伪迹，与先排除伪迹再进行重参考相比，你会得到不同的结果。这就类似于简单算数中加法和乘法的合并（例如［A＋B］×C 通常与 A＋［B×C］不同）。通过弄清一组运算是否都是线性的，你便可以知道运算顺序是否会产生影响。

下面给出了线性和非线性的定义，同时给出了在典型 ERP 实验中关于最佳处理顺序的特定建议。

线性和非线性运算的定义

如果你讨厌数学，可以跳过这一节，因为下一节将会告诉你 EEG/ERP 数据分

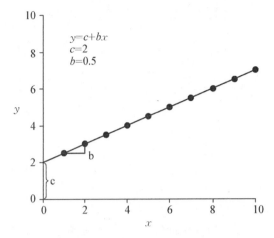

图 A.1　一个线性方程的例子。

析中的哪些步骤是线性的,哪些是非线性的。然而,如果你不介意一点点数学内容,你应当读一下本节,以便理解线性和非线性运算意味着什么。

术语线性来自一条直线的方程:

$$y = c + bx$$

这一方程表示当函数为一条直线时,每个 y 值与每个 x 值之间具有何种关联。可参见图 A.1。c 值是 y 的截距,其等于当直线穿过 y 轴时的 y 值,也等于 x 为零时对应的点。在本例中,c 值为 2,所以直线在穿过 y 轴时的值为 2。b 是该直线的斜率(x 每增加一个单位时,y 增加的幅度)。斜率为 0.5,所以当每次 x 增加 1 个单位时,y 增加 0.5 个单位。如果你知道了一条直线的 c 值和 b 值,你便足以画出这条直线。一个类似这样的方程可能告诉你体重(y 值)是如何随着身高(x 值)而增加的。

如果你曾在统计课上学过多元回归,你就知道一条直线的方程可以被扩展至多个 x 变量。例如,身高(我们称为 x_1)、年龄(我们称为 x_2)以及每日热量摄入(我们称为 x_3)的组合可以预测体重(y 值)。如果这三个 x 变量在独立合并之后可以决定某人的体重(连同一个常数 c 一起,其代表了最小可能体重),那么我们可以用下列方程来表示这种关系:

$$y = c + b_1 x_1 + b_2 x_2 + b_3 x_3$$

　　在该方程中，b 值是缩放或加权因子，其表示一个给定的 x 变量对 y 值的影响程度。例如，年龄对体重的影响可能小于每日热量摄入对体重的影响，所以年龄可能具有较小的 b 值。

　　如果有更多的因素影响 y 值，我们则可以通过添加成对的 x 和 b 值，进一步将该方程进行扩展。这样我们便得到一个广义的直线方程：

$$y = c + b_1 x_1 + b_2 x_2 + b_3 x_3 \cdots + b_N x_N$$

　　任何能够以广义直线方程形式表达的数学运算都被称为线性运算。如果某一数学运算无法以这种形式表达，那么它就是非线性运算。

　　线性运算的核心特征是，其输出值（y 值）取决于一个或多个输入值（x 值）的加权和，再加上一个常量（c 值）。x 值是数据点，b 值是加权因子，其并不来源于数据。例如，3 个数值（x_1、x_2 和 x_3）的平均可以表示为：

$$y = 0 + 1/3 x_1 + 1/3 x_2 + 1/3 x_3$$

　　在本例中，c 为零，每个 b 值均为 1/3。x 值是我们需要进行平均的数据点，每个 x 值都根据 b 值进行缩放。因此，平均是一个线性运算。在平均以及其他多数 ERP 处理运算中，c 值都为零，因此可以将其忽略。

　　在一个线性函数中，缩放后的数据点相加在一起（或者相减，如果 b 值为负）。相乘发生在缩放因子（b 值之一）和数据点（x 值之一）之间，但两个数据点（x 值）不能进行相乘或者相除。如果某项运算涉及到将缩放后的 x 值以任何非相加或者相减的方式进行合并，那么它便不是线性运算。例如，下列方程不是线性的，因为 x 值之间是相乘的：

$$y = 2 + x_1 x_2$$

　　此外，如果运算涉及到取阈值，那么它就不是线性的，如下列方程：

　　如果 $x_1 > 0$ 则 $y = x_1$；否则 $y = 0$

　　伪迹排除涉及到取阈值，因为给定试次被纳入还是被排除，取决于其是否超过了阈值。因此，伪迹排除是非线性运算。

　　在线性运算中，b 值与数据值无关。例如，在我们关于三点平均的例子中，无论数据值是多少，每个 b 值都为 1/3。当然，我们之所以选择 1/3 作为缩放因子，是因为我们要对三个点进行平均。如果我们要将 4 个点进行平均,那么我们会选择 1/4 作为缩放因子。因此,b 值的选择取决于数据的本质,却不依赖于实际的观测值(x 值)。如果某个缩放因子由观测到的数据值决定,那么该过程就不是线性的。

ERP 处理过程中的常见线性和非线性运算

现在我们已经定义了线性和非线性运算,接下来让我们讨论在 ERP 研究的常见过程中,哪些是线性的,哪些是非线性的。

迭加平均

正如之前提到的,平均是一项线性运算。许多涉及到平均的处理类型都是线性的。例如,我们将许多单试次 EEG 分段进行平均,以构造一个平均 ERP 波形。当我们采用平均振幅来量化某一成分的振幅时,我们可以将某一时间窗中的多个时间点进行平均。因为这两种类型的平均都是线性的,所以无论它们之间的顺序如何,结果都是相同的。因此,你在下列两种操作中将得到相同的结果:(a)首先在特定时间窗(例如 200—300 毫秒)内测量单个试次 EEG 分段的平均振幅,然后将单试次的平均振幅进行平均;(b)首先将 EEG 分段进行平均以生成平均 ERP 波形,然后在该平均波形中测量相同时间范围内的电压。

如果你想将多个条件下的平均 ERP 波形进行平均,那么该原则依然适用。例如,在一个以 X 和 O 作为刺激且做到良好平衡的 Oddball 实验中,你可能在某些试次组块中拥有少见的 X 和常见的 O,而在另一些试次组块中拥有少见的 O 和常见的 X。开始时你可能分别为少见的 X、少见的 O、常见的 X 以及常见的 O 构造平均波形,然后你可以将少见的 X 和少见的 O 所对应的波形进行平均,将常见的 X 和常见的 O 所对应的波形进行平均(为了减少方差分析中的因素数量,如第 10 章所述)。类似地,你可以将相邻电极点上的平均 ERP 波形进行平均。

对于所有这些类型的平均,运算顺序都无关紧要。例如,你可以在少见的 X 和少见的 O 所对应的波形中分别测量 200 至 300 毫秒间的平均振幅,然后将这些值平均起来,或者你可以首先将少见的 X 和少见的 O 所对应的波形平均为一个少见刺激波形,然后在该波形上测量 200 至 300 毫秒间的平均振幅。你在两种方法下将得到完全一样的结果。然而,峰振幅并不是线性测量,所以通常如果你首先在两个波形上测量峰振幅，然后将其平均，可以得到一个结果；如果你首先将两个波形进行平均，然后在平均后的波形上测量峰振幅，则会得到不同的结果。在大多数情况下，非线性测量在波形较干净时更加可靠，所以通常较好的做法是首先将波形进行平均，然后在平均后的波形上测量这些非线性值。

加权与非加权的迭加平均

当你进行多个平均步骤时，有一些细节可能会导致运算顺序对结果产生影响。用一个具体例子来解释其中的细节是最简单的。试想你进行了一项 Oddball 实验，每个试次组块中包含 100 个试次。其中一个试次组块中的 X 是少见刺激，O 是常见刺激；另一个试次组块中的 O 是少见刺激，X 是常见刺激。如果少见刺激的概率为 20%，那么你便得到 20 个少见的 X、20 个少见的 O、80 个常见的 X 以及 80 个常见的 O。然而，在伪迹排除之后，你可能会得到数量不同的 X 和 O（仅仅因为眨眼是随机出现的）。例如，伪迹排除之后你可能会得到 15 个少见的 X 和 17 个少见的 O。如果在最初的信号平均过程中就将少见的 X 和少见的 O 所对应的 EEG 分段进行合并，你会得到一个包含 32 个试次（15 个 X 和 17 个 O）的平均。因为在平均中 O 多于 X，所以 O 对平均波形的影响略大于 X。但是，如果你转而对少见的 X 和少见的 O 分别进行平均，然后将平均后的波形再进行平均，那么 X 和 O 将对所得到的波形产生相等的影响。由于试次数量的微小差异，将 X 和 O 所对应的单试次 EEG 分段放在一起进行平均，与分别对 X 和 O 进行平均之后再对平均 ERP 波形进行平均相比，二者的结果将略有不同。

在本例中，你可以选择在最初的平均过程中将少见的 X 与少见的 O 进行合并，也可以选择在稍后的处理阶段中再将二者合并。由于 X 的数量几乎与 O 的数量相同，所以无论选择哪种都不会产生很大的影响。然而，假设你想比较由 X 诱发的感官响应与由 O 诱发的感官响应，同时将少见和常见条件进行合并。如果你在最初的平均过程中将 20 个少见的 X 和 80 个常见的 X 所对应的 EEG 分段进行合并，你便是对每个 X 赋予了相同的权重（因此相当于对常见的 X 类别赋予了较大的权重，而对少见的 X 类别赋予了较小的权重）。但是，如果你分别对少见的 X 和常见的 X 构建各自的平均 ERP 波形，然后将这些波形进行平均，你便是对这两类 X 赋予了相等的权重（因此相当于对每个少见的 X 试次赋予了较大的权重，而对每

345

个常见的 X 试次赋予了较小的权重)。用这两种方法将 100 个 X 试次进行合并会导致完全不同的结果。

当你对多个平均 ERP 波形进行平均时,许多 ERP 分析系统会提供一个*加权平均*(weighted averages)的选项。加权平均会为每个试次赋予相等的权重,就类似于你在最初的平均过程中已经将单试次的 EEG 分段合并起来了一样,但它却是基于平均后的 ERP 波形进行运算的。例如,如果我们首先为少见的 X 和常见的 X 分别构造各自的平均 ERP 波形,然后利用加权平均将这些波形平均起来,这与当我们在最初的平均过程中就将 20 个少见的 X 和 80 个常见的 X 进行合并时所得到的结果将是相同的。相比之下,当我们在合并平均波形时不考虑每个平均波形中的试次数量,便称为*非加权平均*(unweighted average)。

你也许想知道,加权平均与非加权平均之间哪种方法更好? 如果你将波形进行平均的目的是为了解决一个理论上并不重要的平衡因素,那么通常进行加权平均是最合理的(这使每个试次都具有相同的权重)。然而,如果你要合并的波形来自在理论上具有重要区别的不同条件,则通常采用非加权平均是最合理的(这使每种条件具有相同的权重)。在对具体情况进行仔细考察之后,你应当清楚哪种类型的平均是最合适的(或者可能因为不同波形之间的试次数量差异很小而且是随机的,所以这个问题根本无关紧要了)。

差异波

计算差异波是一个线性过程。例如,在靶刺激(x_1)与标准刺激(x_2)波形之间计算差异波的过程可以表示为:

$$y = 0 + 1x_1 + -1x_2 \quad \text{(在波形中每个点上计算)}$$

在该等式中,c 为零(因此可被忽略),而两个系数 b 则分别为 1 和 -1。这看似是一种复杂且怪异的差异波表达方式,但它却表明了差异波的计算是一种线性运算。

因为计算差异波和测量平均振幅都是线性过程,因此你可以用任意顺序将其合并。例如,你可以先在靶刺激与标准刺激波形中分别测量 350 到 600 毫秒间的平均振幅,然后再计算这两个平均振幅之间的差,或者你也可以先计算少见减常见的差异波,然后在该差异波上测量 350 到 600 毫秒间的平均振幅。无论使用以上哪种方式,你都将得到完全相同的结果。但如果测量的是峰振幅(或其它非线性测量)而非平均振幅,则以上两种运算顺序得出的结果将不同。

使用非线性测量时,选择先进行测量再计算差异,还是选择先计算差异波再进行测量,所得结果可能会有很大的区别。很难说哪种运算顺序在大多数实验中都更优,因为这将取决于你测量差异的目的。然而,如果你使用差异波来分离某个成分(如第二章和第四章所述),那么通常最好在计算差异波之后再对该成分进行测量。

卷积、滤波与基于频域的运算

EEG 与 ERP 数据中最常用的滤波器(称为*有限冲激响应滤波器*)是基于被称为卷积的数学运算(其定义请参阅在线第十一章)。卷积是一种线性运算,因此这类滤波器也是线性的。然而需要注意的是,最纯粹的滤波器形式需要在无限长的波形上进行运算,并且为了处理有限长波形起始与结束处的边缘效应,通常需要引入非线性步骤。因此,运算顺序会对 EEG 分段或迭加平均 ERP 波形的边缘及其附近产生影响。

这种非线性的影响通常在高通滤波器中最为严重(详见第七章和在线第十一章)。因此,在连续 EEG 上进行高通滤波,相比在 EEG 分段数据或迭加平均 ERP 上进行高通滤波,前者几乎总是最优的。当对连续 EEG 进行滤波时,边缘效应仍将存在,但其影响仅限于每个试次组块的起始和结束,因此距感兴趣的事件将更远。为了特别安全起见,我建议在每个试次组块开头处的刺激起始之前,以及在每个试次组块结束处的刺激消失之后,分别记录 10—30 秒的 EEG 数据。这样做,边缘伪迹将不会延伸到刺激呈现的时间段中。

低通滤波器也可引发边缘伪迹,但它们通常非常短暂,所以仅影响刚刚开始和即将结束处的波形。因此,你通常可以将低通滤波器应用于 EEG 分段或迭加平均 ERP 波形中,而不会导致任何严重的问题(假设你使用的是第七章中推荐的较温和的滤波器)。当然,你也可以在连续 EEG 上应用低通滤波器。

若数据中存在电压偏移并导致 EEG 或 ERP 波形整体移动至远高于或低于 0 微伏,滤波器则可能产生奇怪的效应。这通常发生在 EEG 记录时未使用高通滤波器的情况下。在对数据进行分段时,通常基线校正可以消除该偏移。但是,如果你想根据我刚才的建议,在连续 EEG 数据上使用一个离线高通滤波器,你应当确保在滤波之前已经消除了偏移电压。ERPLAB 工具箱中的滤波工具提供了这一选项。而在其他 ERP 数据分析系统中,该步骤可能不是滤波系统中的一个可选项,因此你需要进行一些额外的工作,以弄清如何在滤波之前将偏移去掉。

一些 EEG/ERP 分析系统(包括 ERPLAB 工具箱)允许你使用一类不同的非线性滤波器(称为*无限冲激响应滤波器*)。然而,当滤波器的斜率相对较小时(例如 12 dB/octave),这些滤波器几乎是线性的,因此这类滤波器的使用"原则"与真正的线性滤波器相同(例如,你只应对长时间的连续 EEG 使用高通滤波器,但可对 EEG 分段、迭加平均 ERP 波形或者连续 EEG 使用低通滤波器)。

傅里叶变换和傅里叶逆变换都是线性运算(虽然像滤波器一样,在有限长波形的边缘处可能会用到非线性步骤)。大多数时频变换也都是线性的(除了在信号边缘处)。

基线校正

基线校正是一种线性运算,这是因为我们仅仅计算了基线时段中各点之间的平均值(这是一个线性运算),然后将其从波形中的每个点上减去(这也是一个线性运算)。这意味着你可以在任何线性运算之前或之后进行基线校正,所得到的结果完全相同。

然而,伪迹排除是一种非线性过程,因此在伪迹排除之前或之后进行基线校正可能得到不同的结果。这将取决于具体使用的伪迹排除算法的性质。如果算法使用一个简单的电压阈值,那么你一定要在伪迹排除之前进行基线校正(见第 6 章图 6.1)。而滑动平均峰—峰值算法和阶跃函数算法则不受基线校正的影响,因此你可在基线校正之前或之后应用这些算法。但是这并不意味着这些伪迹排除算法是线性的,而仅意味着它们并不考虑基线电压。

重参考

常用的重参考方法是线性的。例如,平均参考是计算电极位点之间的平均值(这是一个线性运算),然后将其从每个位点上减去(也是线性运算)。将参考由一个位点转换到另一位点(例如,从 Cz 参考转换至鼻尖参考),以及转换到平均乳突或耳垂参考(或其它任意位点子集的平均值)都是线性的。理论上,开发一种非线性的重参考方法是可行的，但我还未见过有人这样做。

伪迹排除与校正

　　所有伪迹排除程序都涉及使用一个阈值来判定某一给定试次是否应被排除。伪迹校正也涉及阈值，因为如果给定成分与一组伪迹判断的标准相匹配，则将其置为零。因此，伪迹排除与校正都是非线性过程。因此，你需要仔细考虑应该是在其他过程（例如滤波与重参考）之前还是之后处理伪迹。

　　一般通用的原则是，若某一过程能提升伪迹校正或排除的效果，你则应将其应用于伪迹校正或排除之前。最显而易见的例子是，如果在伪迹排除之前将数据进行重参考以生成双极信号（例如，计算眼睛下方减上方的 VEOG 差，计算眼睛左侧减右侧或者右侧减左侧的 HEOG 差），则可以更容易地检测和排除伪迹。然而，在大多数伪迹校正程序之前，你都必须谨慎对数据进行重参考，因为这些校正程序通常需要所有导联都具有相同且单一的参考电极。

　　此外，你通常也应该在伪迹校正和伪迹排除之前对数据进行高通滤波。除非数据中含有很多噪声，否则你可以在稍后的数据分析阶段（通常在迭加平均之后）进行低通滤波。

　　回顾第六章中，即使在使用伪迹校正的前提下，那些因眨眼或眼动而导致感官输入发生变化的试次仍应该被排除。然而，要实现这一点是很复杂的。具体来说，如果你已经排除了含有伪迹的试次，则没有必要再进行伪迹校正。相反，你通常也无法在伪迹校正之后进行伪迹排除，这是因为如果你已经进行了校正，你将无法判断哪些试次中存在伪迹。ERPLAB 工具箱通过精心的设计，允许你将伪迹排除和校正相结合；但若你使用的是其他系统，你可能需要与制造商联系以确定如何做到这一点。

测量振幅与潜伏期

　　如前所述，通过计算固定时间范围内的平均振幅来量化成分的大小是一种线性运算。在一段时间上的积分（见第九章）也是线性测量。因此，在迭加平均或计算差异波等运算之前或之后使用这些方法，得到的结果相同。

　　当测量窗中的波形部分为负且部分为正时，面积振幅测量是非线性的。但是，如果波形在整个测量窗中都为负或都为正，则面积振幅测量是线性的（因为在这种

349

情况下,面积与积分等效)。

　　搜索峰值需要对不同电压值进行比较以确定其最大值,而这一过程没有办法用线性方程来表示。因此,任何涉及搜索峰值的振幅或潜伏期测量过程都是非线性的。更广泛地说,我所见过的所有潜伏期测量都是非线性的。如前所述,其主要影响就是,如果你在对波形进行平均(或计算差异波)之前或之后进行测量,你将得到不同的结果。

对典型 ERP 实验中运算顺序的建议

　　既然你已经知道了哪些过程是线性的,哪些是非线性的,你便可以很好地决定数据处理中的运算顺序。然而,要将所有这些信息汇集在一起可能有点让人手足无措,因此我在此给出了一个简单的列表,用来描述 EEG/ERP 数据分析流程中的典型运算顺序。但要记住的是,你可能需要对该运算顺序稍作修改,以反映你的研究和数据的特性。换言之,该列表提供了一个很好的起点,但请不要盲目遵循它。

　　以下是按顺序排列的典型步骤。请注意,最后两步应当在你完成所有被试的数据记录之后应用。在每名被试的记录完成之后,你应当立刻进行其他所有处理步骤,以核实数据记录过程中没有任何技术上的错误。

1. 对数据进行高通滤波来消除慢电压漂移(例如,半振幅截止频率为 0.1 Hz,斜率为 12 dB/octave)。为了避免边缘伪迹,该步骤应被用在长时间段的连续 EEG 上,并且如果在数据采集过程中没有使用高通滤波器,则任何电压偏移都应当被消除。在少数情况下,你也可以在这一阶段使用一个温和的低通滤波器(例如,半振幅截止频率为 30 Hz,斜率为 12—24 dB/octave)。

2. 如有需要,则执行伪迹校正。如第六章在线补充中所述,应该在伪迹校正之前去除一些噪声非常大的数据段(但请勿在伪迹校正之前去除诸如眨眼之类的普通伪迹)。

3. 如有需要,则对数据进行重参考。例如,你可能希望此时将数据重参考至平均乳突。此外,你可能也希望构造双极 EOG 导联(例如眼睛下方减上方以及左侧减右侧)以方便伪迹排除。你也可以在迭加平均之后再次对数据进行重参考,以方便查看波形在不同参考下的差异(如第五章所述)。

4. 对连续数据进行分段以生成单试次 EEG 分段(例如,从 −200 到 +800 毫秒）。在多数系统中，你也将在这一阶段执行基线校正（如果你将在下一阶段中使用绝对电压阈值，则基线校正正是非常关键的）。

5. 执行伪迹排除。许多系统要求分段之后再进行伪迹排除，因此我在此也将该步骤放在分段之后。但是，若你使用的系统允许，可以在分段之前的连续 EEG 数据上进行伪迹排除，其效果也应该是一样好的。

6. 将单试次 EEG 分段迭加平均，构造单被试迭加平均 ERP 波形。

7. 对 ERP 波形进行绘图，以确保伪迹校正和排除程序运作正常。你可能需要在绘图之前使用一个低通滤波器（例如，半振幅截止频率为 30 Hz，斜率为 12—24 dB/octave），以便能够更清晰地对数据进行观察。但是，对于后续的步骤，我通常建议使用未经滤波的数据。

8. 如有必要，则将不同的试次类型进行平均，如果它们在初始的迭加平均过程中未被合并的话（例如，在平衡因素间进行合并）。

9. 如有需要，计算差异波。值得一提的是，跨试次类型的平均以及计算差异波都是线性运算，并且轻度的低通滤波也是线性或几乎是线性的，因此你可以按照任意顺序来执行这些步骤。

10. 如果你将多个波形平均或计算差异波，你应该对每一步生成的波形进行绘图，以便验证平均和差异波的计算过程是否存在问题。

11. 计算被试间的总平均（如有需要，以第十章所述方法计算刀切法中的舍一总平均）。

12. 测量振幅和潜伏期（在多数情况下基于单被试 ERPs 进行测量，但如果使用的是刀切法，则从舍一总平均中测量）。如果测量的是峰振幅或峰潜伏期，你通常应该先使用一个轻度的低通滤波器（例如，半振幅截止频率为 20—30 Hz，斜率为 12—24 dB/octave）。如果测量的是起始或结束潜伏期，你通常需要使用一个更为严苛的滤波器（例如，半振幅截止频率为 10—20 Hz，斜率为 12—24 dB/octave）。如果测量的是平均振幅、积分振幅或面积振幅，则最好避免对数据进行低通滤波（除了在 EEG 记录期间使用的抗混叠滤波器；其原理请见方框 9.1*）。

---

* 译者注：原文此处有笔误

注释

第二章

1. 术语*局部场电位*(local field potential)有些用词不当,因为即使位于皮层内的电极端点很小,它也会捕获较近和较远的电活动源。此外,这些电位同样受到参考电极活动的影响(第 5 章中有讨论)。然而,这个术语存在很久了,以至于我们很可能无法摆脱它。

2. 这是一个简化的解释。更详细的解释可参见 Buzsáki 等人(2012)。

3. 这里假设记录电极与激活皮层之间的距离足够远,这一点对于头皮记录来说通常是成立的。

4. 在本节中,我指的是*绝对电压*。在一个真实实验中,所记录电压的分布将取决于*参考电极*的位置(关于这些术语的定义,请参考第五章)。

5. 一个电偶极子周围会伴随着一个强度与之成正比的磁场。因此,磁场记录可以捕获到本质上与 ERP 记录相同的信号,但其却不会受到颅骨高阻抗的影响而在空间上变得模糊。然而,有一个困难之处在于:颅骨的高阻抗导致一小部分经容积传导的电流并行流向颅骨,且该并行电活动又伴随着一个较小的磁场,从而对由主要产生源偶极子形成的磁场造成轻微模糊。但是,这与电活动中的模糊效应相比是非常轻微的。

6. Fuchs,Wagner 和 Kastner(2004)介绍了一种估计误差范围的方法,但是该方法在有多个偶极子活跃时是不成立的,而且它需要假设正向模型是完美的。

第五章

1. 有些模数转换器使用正负数值来表示正负电压,而在我们所举的例子中,模数转换器仅使用正值,其中较小的一半数值用来表示负电压。这对于模数转换器的性能没有实际影响。

第六章

1. 该框架由加州大学圣地亚哥分校的 Jon Hansen 首先提出。他还开发了几种特定的伪迹排除算法，本章后续将对其进行介绍。其他算法由 ERPLAB 的优秀策划者 Javier Lopez-Calderon 开发。

2. BrainVision Analyzer 中提供了一个类似的方法。

3. 从理论上来说，一个狡猾的实验者可以尝试不同的伪迹排除参数，对数据进行迭加平均，并观察结果是否与预期相符，然后不断调整参数，直至结果"看起来正确"。这完全是违反道德的做法。然而，对每名被试单独调整参数并不存在问题，只要这些调整是基于能够成功抓取有问题的伪迹，而非基于迭加平均 ERPs 中的效应。

第七章

1. 纯粹的傅里叶变换仅适用于连续函数。对于离散采样的数据，例如数字化的 EEG 和 ERPs，可以采用*离散傅里叶变换*（discrete Fourier transform，DFT）。它们在概念上是相同的，只是在数学上有点区别。你可能还见过*快速傅里叶变换*（fast Fourier transform，FFT），当采样点数是 2 的整数次幂时（例如每段 256 个点），它是一种计算 DFT 的高效算法。

2. 这里假设 20 至 40 Hz 之间的滚降是一条完美的直线，该假设只是近似正确的。

第八章

1. 写给不熟悉美式习语的读者：这些词语其实并不"高级"——它们是故意采用的幼稚词语，带有讽刺意味。

2. 你也许想确切地知道如何量化信号和噪声的振幅，以便计算信噪比。实际上这是一个相当复杂的主题。为了简便起见，让我们假设将信号量化为感兴趣成分的峰振幅，而将噪声量化为刺激前基线时段中最正和最负点之间的振幅差异。

3. 从技术层面上来说，使用的是协方差而非相关，这意味着相匹配的 EEG 分段不但需要与模板形状类似，还需具有很大的振幅。

4. 我在这里略去了一些对于理解其基本思想来说不太重要的细节（但是对于实现来说很重要）。其中一个细节是在窗口边缘施加一个渐变的锥度，因此窗口边缘所产生的贡献并没有窗口中的其他部分多。

第九章

1. 实现这一过程时，需要考虑几个重要的细节。首先，高频噪声可能导致窗口边缘某

352

一点的振幅比其两侧的点都略大。为了尽量减小这种虚假的局部峰,局部峰应当被定义为不但要大于其相邻点的电压值,而且要大于其两侧 10—20 毫秒的平均电压值。此外,你也许会遇到在整个测量窗内都没有局部峰的情形(例如,当波形在整个测量窗内单调且缓慢地上升或者下降时)。在这种情况下,你可以使用简单峰振幅或者潜伏期范围中点处的振幅。

2. 通常不存在一个电压值正好是 50%峰振幅的时间点。然而,很容易在采样点之间进行插值并找到 50%的点。

3. 用突然起始的方波来代表单试次的 ERP 似乎并不合理。然而,这比你所想的要好一些。在选择性实验中,单个神经元常常突然开始放电。不同神经元可能在不同时间开始放电,然而来自多个神经元的局部场电位可能因此而逐渐加强。因此,虽然单个试次中的总体 ERP 可能起始缓慢,但是用方波来代表单个神经元可能是非常合适的。所以 50%峰潜伏期测量可能很好地代表单个神经元做出判别的平均时刻。

第十章

1. 你可能还记得第三章中用该方法调控任务难度会导致刺激物理属性上的混淆。因此我并不建议你在自己的实验中使用该方法。然而,尽管存在这一混淆,这个实验完全可以作为解释统计分析的一个例子。

2. 方差分析中因素数量对族系错误率(familywise error rate)的影响,并不像独立方差分析的个数所产生的影响那样被广泛地认识到。你可以阅读 Dorothy Bishop 写的一篇关于此问题的有趣博客:http://deevybee.blogspot.co.uk/2013/06/interpreting-unexpected-significant.html。

3. 通过"纯粹的亮度效应",我指的是不会与其他因素发生交互作用的效应。

4. 协方差与相关的关系很密切:两个变量之间的相关是通过将变量之间的协方差除以变量的平均方差而得到的。

5. Greenhouse-Geisser 校正倾向于太过保守,尤其是在中、高程度的非球形条件下。许多统计软件还包含了 Hyun-Feldt 校正,其更为精确,并且在统计功效很低时可能很有用。

6. 我已经简化了一点刀切法(jackknife)背后的原理。关于刀切法原理的详细分析——以及为何有时它不适用的讨论——可以参考一篇非常优秀的论文(Miller et al.,2009)。

术语表

关于 *ERP* 缩写的一个注解：缩写词 *ERP* 的单数形式（通常被英语母语人士误用）和复数形式（通常被非英语母语人士误用）都有可能被误用。其关键点在于：当被用作名词时，通常应为复数形式；当被用作形容词时，则应为单数形式。例如，某人开展了一项"ERP 研究"，而非"ERPs 研究"，因为此时 *ERP* 被用作形容词。相反，某人"利用 fMRI 和 ERPs"，而非"利用 fMRI 和 ERP"开展了一项研究，因为此时 *ERP* 被用作名词（毕竟，一个人不会说"利用 functional magnetic imaging 和 event-related potential"开展了一项实验）。此外，*ERP* 代表事件相关电位（event-related potential），而非*诱发响应电位*（evoked response potential）。后者的原因可能是将*诱发响应*（evoked response）和*诱发电位*（evoked potential）混淆在一起了，就好像 *irregardless* 是将 *regardless* 和 *irrespective* 混淆在一起一样。

Alpha

在统计中，这是你选择作为统计显著性的标准（通常为 0.05）。

Alternative hypothesis（备择假设）

该假设认为条件之间实际上是不同的（例如，如果我们从无限大数量的被试中进行测量，那么条件之间的均值将会不同）。

Anti-aliasing filter（抗混叠滤波器）

一种被明确设计用于避免数字化过程中产生混叠效应的低通滤波器。

Auditory brainstem response(ABR,听觉脑干响应)

这些是由听觉刺激(例如滴答声)诱发的小且快速的 ERPs,发生在刺激起始后的 10 毫秒之内,且来自于上行听觉通路中的早期阶段。其常被用于临床听力学,通常又被称为*脑干诱发响应*(brainstem evoked responses,BERs)或*脑干听觉诱发响应*(brainstem auditory evoked responses,BAERs)。

Band-pass filter(带通滤波器)

一种允许某一中间范围内的频率通过,同时削弱该范围以上或以下频率的滤波器。一个带通滤波器等同于依次使用一个低通滤波器和一个高通滤波器。

Block of trials(试次组块)

一系列的试次,后面通常跟随着一个休息间隔。也被称为一轮(run)或一个*试次组块*(trial block)。

Brainstem auditory evoked response(BAER,脑干听觉诱发响应)

参见 *Auditory brainstem response*(听觉脑干响应)。

354

Brainstem evoked response (BER,脑干诱发响应)

参见 *Auditory brainstem response*(听觉脑干响应)。

CDA(对侧延迟活动)

参见 *Contralateral delay activity*(对侧延迟活动)。

Common mode rejection(共模抑制比)

差分放大器减去共模电压(接地电极和其他电极所共有的电压)的能力。测量单位是分贝(decibels,dB)。共模抑制比越大意味着可以去除越多的共模电压。

Component(成分)

一个潜在的神经响应,在与其他神经响应相加在一起之后,形成头皮电极上观测到的波形。一个给定成分通常与观测波形中某个特定的正向或者负向波峰联系在一起,但这种联系通常是比较脆弱的。从概念上说,一个成分可以被定义为"当大脑执行某个特定的计算操作时,产生于某个特定的神经解剖学模块,并且可以在头皮上记录到的神经活动"(参见第 2 章)。类似地,它也可以被定义为"ERP 中可以代表一个功能特异性的神经元集合的子分段"(Donchin,Ritter, & McCallum,1978,p.353)。从实用性上来说,它也可以被定义为"一些电位变化的集合,它们与一个实验变量或者多个实验变量的组合之间具有某种功能性关联"(Donchin et al. , 1978,p.353)。

Conductance(电导)

物质允许电流通过的能力(与*电阻*成反比)。

Contralateral(对侧)

在相反的一侧。大脑主要是以对侧的形式进行组织的,其一侧接收来自相反一侧空间的输入,同时控制身体相反一侧的肌肉。

Contralateral delay activity(CDA,对侧延迟活动)

一个在工作记忆任务的延迟期内观测到的持续性 ERP 成分,其被定义为对侧和同侧半球电极间的电位差异,这里的对侧与同侧是相对于工作记忆中所保持物体的空间位置而言的。

Cosine wave(余弦波)

一个反映圆周上给定弧度角所对应的 X 值(横轴)的波形。更多细节可参考 *Sine wave*(正弦波)。

Current(电流)

电荷流过导体的强度。

Decibel(dB,分贝)

一个对数比例,通常被用于声波,也常被用于 EEG 和 ERP 波形。在对数比例上,功率翻倍等同于增加 3 dB。如果我们将功率两次加倍(变为 4 倍),就是增加 6 dB。因为功率是振幅的平方,所以将振幅加倍就等同于功率变为 4 倍。因此,振幅加倍等于功率增加 6 dB。功率增至 10 倍便等于 10 dB,而振幅增至 10 倍则等于功率增加 20 dB。

Dipole(偶极子)

相距很近的一对正电荷和负电荷。

Differential amplifier(差分放大器)

一种可以将活动点和参考点之间的差异放大的放大器。活动点最初是活动电极与接地电极之间的电势,而参考点最初则是参考电极与接地电极之间的电势。该放大器将两个电势(电压)之间的差异放大,并消除来自接地电极的影响。然而这种相减并不是完美的,其中来自接地电极的一小部分活动仍然会残留下来(参考 *Common mode rejection*,共模抑制比)。

Differential recording(差分记录)

通过差分放大器进行的记录,其中接地被减去,记录到的信号则代表了活动电极和参考电极之间的电势(电压)。这与*单端记录*(single-ended recording)不同,后者未在记录中将参考值减去。

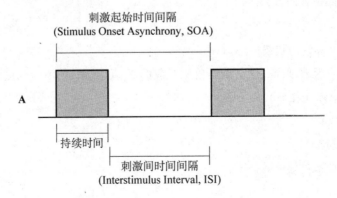

图 G.1　ERP 实验中描述时间的术语。

355

Discrete Fourier transform(DFT,离散傅里叶变换)

傅里叶变换的一种形式,其被用于离散数据(例如,数字化之后的 EEG 数据和 ERPs),而非连续函数。

Downie

用于描述一个向下的电压偏转的非正式(并带有讽刺意味和幼稚的)用语。

Duration(持续时间)

当描述刺激时,其表示一个刺激的起始与结束之间的时间长度(参考图 G.1)。当描述 ERPs 时,其表示一个成分或效应的起始与结束之间的时间长度。

Electrical potential(电势)

参见 *Voltage*(电压)。

Electroencephalogram(EEG,脑电图)

产生于大脑中并传递至头皮表面的电场。

Electromyogram(EMG,肌电图)

由肌肉产生的电活动,可以被放置在肌肉上方一定距离处的皮肤表面电极记录到。

Event-related magnetic field(ERMF,事件相关磁场)

伴随事件相关电位出现的磁场,可通过脑磁图(magnetoencephalogram)记录。在给定时间点的事件相关磁场强度与相对应的 ERP 强度成正比。

Event-related potential(ERP,事件相关电位)

与某一事件(通常为一个刺激或反应)相关的电势(电压)。在 20 世纪 60 年代晚期,该术语代替了原本用来表示非强制性大脑电位的*诱发电位*(evoked potential)。我能找到的最早使用"事件相关电位"这一术语的出版物来自 Herb Vaughan 在 1969 年撰写的一章:

356

……由于大脑中的过程可能与自主运动有关,也可能与相对与刺激无关的心理过程有关(例如,Sutton et al., 1967, Ritter et al., 1968),术语"诱发电位"便不再能够普遍适用于所有与感觉运动过程有关的 EEG 现象。此外,除了刺激或者运动反应之外,足够突出或者明显不同的心理事件也可以作为迭加平均时的时间参考点。术语"事件相关电位"(event related potentials, ERP)因此被提出,用于表示一类与可定义的参考事件之间具有稳定时间关系的普遍电位(Vaughan, 1969, p.46)。

与其相关的术语包括:*诱发电位*(evoked potential, EP)、*诱发响应*(evoked response)、*脑干诱发响应*(brainstem evoked response, BER)、*脑干听觉诱发响应*(brainstem auditory evoked response, BAER)、*听觉脑干响应*(auditory brainstem response, ABR)、*体感诱发电位*(Somatosensory evoked potential, SEP)以及*视觉诱发电位*(visual evoked potential, VEP)。

Evoked potential(EP,诱发电位)

一个早期的术语,通常用来表示强制性的感官响应。其思路是:诱发电位是由刺激诱发的电位(与自发产生的 EEG 节律相对)。该术语在 20 世纪 60 年代晚期被用于表示非强制性认知相关响应的*事件相关电位*(event-related potential)一词取代。术语*诱发响应*(evoked response)与*诱发电位*(evoked potential)是等价的。

Evoked response(诱发响应)

参见 *Evoked potential*（诱发电位）。

Evoked response potential(ERP,诱发响应电位)

这显然是将 *evoked response*（诱发响应）与 *event-related potential*（事件相关电位）错误地混在一起了（类似于将 *irrespective* 和 *regardless* 混在一起构成 *irregardless*）。不推荐使用。

Excitatory postsynaptic potential(EPSP,兴奋性突触后电位)

由正电荷向内净流入而形成的一种突触后电位，其导致细胞更加接近发放阈值。

Experimentwise error rate(实验错误率)

在某个给定实验的统计分析所得到的所有 p 值中，至少有一个 p 值是假阳性的概率。

Familywise error rate(族系错误率)

在给定一族统计分析所得到的所有 p 值中，至少有一个 p 值是假阳性的概率。

Filter(滤波器)

一个用来去除或者削弱信号中某一部分的装置或者过程。该术语通常被用来表示可以削弱特定频段的装置或者过程，但它的使用也可以更广泛。例如，ADJAR(adjacent response,邻近响应)滤波器可以去除来自前一个或者后一个刺激的重叠 ERPs。

Fast Fourier transform(FFT,快速傅里叶变换)

当波形中的点数是 2 的整数次幂时（例如，一个包含 256 个时间点的 ERP 波形），一种可以用来计算其离散傅里叶变换的高效方法。

Fourier transform(傅里叶变换)

一种可以将连续波形分解为一系列具有特定频率、振幅和相位的正弦波总和的数学方法。其成分也可由在每一频率处,一对具有不同振幅的正弦和余弦波所表示。相应的相位则与正弦和余弦波的相对振幅有关。参考 *Discrete Fourier transform*(离散傅里叶变换)以及 *Fast Fourier transform*(快速傅里叶变换)。

Grand average(总平均)

对给定实验中的所有被试(在被试内设计中),或者某一组中的所有被试(在组间设计中),将所有单个被试的平均 ERP 波形进行平均。

High-pass filter(高通滤波器)

一个允许高频通过,同时削弱低频的滤波器。通常被用于削弱皮肤电位和 EEG 中的其他缓慢变化。

357

Impedance(阻抗)

物质阻碍交流电通过的能力。阻抗是电阻和电感/电容的结合。

Inhibitory postsynaptic potential(IPSP,抑制性突触后电位)

由正电荷向外净流出而形成的一种突触后电位,其导致细胞更加远离发放阈值。

Interstimulus interval(ISI,刺激间时间间隔)

这表示一个刺激的结束与另一个刺激的起始之间的时间长度(参考图 G.1)。

Intertrial interval(ITI,试次间时间间隔)

这表示一个试次中最后一个刺激的结束与下一个试次中第一个刺激的起始之间的空白时间长度(参见图 G.1)。在每个试次只包含一个刺激的简单实验中,其等同于*刺激间时间间隔*(interstimulus interval)。

Ipsilateral(同侧)

在相同一侧。例如,左侧半球的一个损伤,是位于左耳的同侧,位于右耳的*对侧*(contralateral)。

Lateralized readiness potential(LRP,偏侧化准备电位)

一个与运动准备相关的 ERP 成分,其被定义为反应一侧的对侧与同侧电极之间的电压差。

Line noise(线路噪声)

由建筑中主要电力系统驱动的设备所产生的电气噪声,其体现了该系统的频率(50 或者 60 Hz)。

Latency jitter(潜伏期抖动)

一个事件相对于另一事件的时间在不同试次间的变异(例如,一个 ERP 成分相对于一个刺激的时间,该时间的变异)。

Local field potential(LFP,局部场电位)

通过放置在大脑内部的电极记录到的电位,其包含了许多相邻神经元突触后电位的总和。

Low-pass filter(低通滤波器)

一个允许低频通过,同时削弱高频的滤波器。通常被用于在数字化之前避免混叠发生,或者用于削弱来自电子设备或肌肉活动中的高频噪声。

LRP(偏侧化准备电位)

参见 *Lateralized readiness potential*(偏侧化准备电位)。

Magnetoencephalogram(MEG,脑磁图)

与 EEG 相伴而生的磁场,但其不会受颅骨的电阻影响而变得模糊。

Multi-unit recordings(多细胞记录)

从一组相邻神经元中记录动作电位。

Noise(噪声)

在 ERP 研究中,噪声是指 ERP 波形中与你试图记录的大脑活动不相关的随机变化。例如,由记录电极在记录室内所捕获的电气活动,会导致 ERP 波形中出现不与实验条件系统性相关的变异。在许多实验中,alpha 振荡就是一种大脑活动中的噪声源,因为它们会造成 ERPs 中存在与实验操纵不相关的变异。然而,alpha 振荡也可以是信号,即预期会在不同实验条件(或者被试分组等)之间发生系统性变异的因变量。一个人的噪声可能是另一个人的信号,意识到这一点很重要。波形中任何与感兴趣的大脑活动不相关,但却是系统性而非随机性的变异通常都不被当作噪声,而是被当作混淆。

Notch filter(陷波滤波器)

一个削弱特定窄带内的频率,同时允许高于和低于该频带的频率通过的滤波器。通常被用于削弱线路噪声。

Null hypothesis(零假设)

认为两个或多个条件之间相等的假设(例如,如果我们能够从无穷多数量的被试中进行测量,那么不同条件之间的均值将完全相同)。

P value(*P* 值)

统计检验所给出的值,我们根据它来决定是否拒绝零假设并推断条件之间是否存在真实差异。通过将 p 值与 alpha 水平(通常为 0.05)进行比较,可以做到这一点。如果 $p<$ alpha,我们推断零假设为假,而备择假设为真。理论上来说,这意味着我们拒绝零假设时犯错的概率为 alpha(0.05)。

Postsynaptic potential(PSP,突触后电位)

当神经递质与受体结合并导致离子通道开放或闭合,进而改变流入或流出神经元的带电离子流量时,神经元中所产生的电势。如果是正电荷向内净流入,那么形成的是兴奋性突触后电位(EPSPs),其导致细胞更加接近发放阈值。如果是正电荷向外净流出,那么形成的是抑制性突触后电位(IPSPs),其导致细胞更加远离发放阈值。

Potential(电位 *)

参见 *Voltage*(电压)。

Power(功率)

在电路中,功率是指做功的能力,它等于电压乘以电流。在 EEG/ERP 研究中,功率简单地等于电压的平方(因为假设电流与电压成正比)。功率可以通过取平方根而转换回电压,尽管电压的方向可能有误(例如,因为 $(-3)^2 = 9$,$\sqrt{9} = +3$)。在统计学中,术语 *power***** 有一种完全不同的用法(参考 *Statistical power*,统计功效)。

Resistance(电阻)

物质阻碍恒定电流通过的能力(与*电导*成反比)。

Run(轮)

参见 *Block of trials*(试次组块)。

Sine wave(正弦波)

一个反映圆周上给定弧度角所对应的 Y 值(纵轴)的波形。可参见图 G.2。每个正弦波有一个频率,其代表了该正弦波在给定时间内的重复次数(例如,每秒重复 10 次,或 10 Hz)。每个正弦波还有一个用于描述波峰高度的振幅。此外,每个

＊译者注:也可译为*电势*
＊＊译者注:统计中通常译为*功效*

正弦波还有一个体现波形水平移动的相位。余弦波除了在相位上向左移动了 90°之外,与正弦波相同。可参考 *Cosine wave*(余弦波)。

Signal-to-noise ratio(SNR,信噪比)

一种数据质量的测度,等于信号的大小除以噪声的大小。例如,如果感兴趣信号是 10 微伏,噪声的峰—峰振幅为 2 微伏,我们则可以认为 SNR 为 10∶2,即 5。这意味着信号是噪声的 5 倍。

Single-ended recording(单端记录)

记录一个活动电极和一个接地电极之间的电势(电压),其中不减去参考电极。这与差分记录(differential recording;参见 *Differential amplifier*,差分放大器)相反。一些系统中(例如 BioSemi ActiveTwo)最初提供的是单端记录,然后在离线时再减去参考。

Single-unit recordings(单细胞记录)

记录单个神经元的动作电位,一般可以通过放置在胞体外侧的电极得到。

SOA(刺激起始时间间隔)

参考 *Stimulus onset asynchrony*(刺激起始时间间隔)和图 G.1。

Statistical power(统计功效)

这是当零假设为假时,你会得到一个显著 p 值的概率。如果在无穷总体中存在真实效应,那么随机变异性有时会导致 p 值不显著(II类错误)。统计功效便可以判定这种情况发生的可能性。高功效意味着我们不太可能得到II类错误。低功效意味着即使效应真实存在,我们也不太可能得到统计显著性。有许多因素可以提高统计功效,包括增加实验中的被试数量,增加每名被试完成的试次数量,等等。

Steady-state auditory evoked response(SSAER,稳态听觉诱发响应)

这些是由听觉刺激诱发的 ERPs。听觉刺激以一个固定且相对较快的速率呈

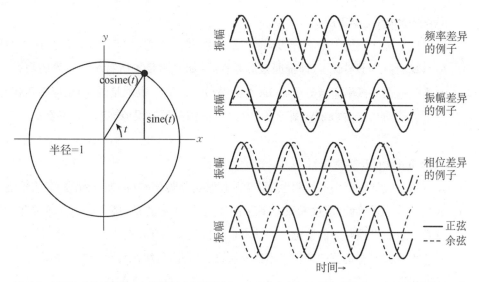

图 G.2　正弦和余弦示意图。左侧说明了对于圆周上一个给定角度为(t)的点,为何其正弦和余弦分别是 Y 值和 X 值。即,角度 t 的正弦值为圆周上该点位置所对应的 Y 值,而角度 t 的余弦值则为该点对应的 X 值。右侧给出了正弦波和余弦波的图形(即随着角度变化的正弦值和余弦值)。正弦波可以发生频率变化(每秒重复次数,反映了点在圆周上移动的快慢),也可以发生振幅变化(反映了圆周的半径),还可以发生相位变化(反映了圆周旋转的的角度)。余弦波便简单地等于将正弦波的相位向左移动 $90°$。

359

现,以至于听觉系统开始以刺激呈现速率进行振荡(以及在该速率的谐频上)。

Steady-state visual evoked potential(SSVEP,稳态视觉诱发电位)

这些是由视觉刺激诱发的 ERPs。视觉刺激以一个固定且相对较快的速率呈现,以至于视觉系统开始以刺激呈现速率进行振荡(以及在该速率的谐频上)。

Stimulus duration(刺激持续时间)

参考 *Duration*(持续时间)。

Stimulus onset asynchrony(SOA,刺激起始时间间隔)

某一刺激的起始与另一刺激的起始之间的时间间隔(参考图 G.1)。

Trial block(试次组块)

360

参见 *Block of trials*(试次组块)。

Type I error(Ⅰ类错误)

这是统计分析中的假阳性,即当零假设实际为真时(例如,不存在真实的效应),我们拒绝了零假设(即推断效应存在)。如果满足了所有统计检验的假设,那么Ⅰ类错误的概率应当等于 alpha 水平(例如 0.05)。也就是说,当效应不存在时,如果你选择 0.05 的 alpha,那么你会在 5%的情况下错误地推断效应存在。

Type II error(Ⅱ类错误)

这是统计分析中的假阴性,即当零假设实际为假时(例如,存在真实的效应),我们接受了零假设(即推断效应不存在)。需要注意的是,接受零假设通常并不意味着可以做出强有力的推论。它并不是支持效应不存在的直接证据;相反,它仅仅意味着我们没有足够的证据来拒绝零假设。因此,传统统计分析并不允许你"证明零假设"。

Uppie

用于描述一个向上的电压偏转的非正式(并带有讽刺意味和幼稚的)用语。

Visual evoked potential(VEP,视觉诱发电位)

该术语通常在临床中被用来描述由视觉刺激诱发的高度自动的 ERPs,这些 ERPs 可被用于检测视觉系统中的疾病,例如由多发性硬化导致的脱髓鞘病。该术语的一个变体是 *visual evoked response*(VER,视觉诱发响应)。

Voltage(电压)

使电流流过导体的势能。只有当导体的电阻足够低时,才会出现电流的实际流动。如果电阻足够低,电压便是推动电荷流过导体的压力(参考 *Electrical potential*,电势)。

译者后记

本书第一版的中文译本在国内出版之后，很快便成为了 EEG 和 ERP 研究领域的必读经典书籍。无论对于 ERP 技术的初学者，还是对于已具备一定基础的中级 ERP 研究者，本书都是不可多得的一本教材。

在第二版英文版正式出版前，本书译者洪祥飞正在原作者领导的研究中心访问学习，因此有幸全程参与作者组织的第二版手稿阅读与意见征求。与第一版相比，第二版在 ERP 成分介绍、ERP 实验设计、伪迹排除与校正、ERP 成分测量以及统计分析等方面均做出了大幅修订和补充。作者不但加入了近年来 ERP 领域的相关研究进展，还纳入了在举办 ERP 培训班过程中积累的许多宝贵经验。此外，第二版将溯源分析和 ERP 实验室的建立等内容移到了在线补充章节，使本书的正文部分保持了紧凑性与良好的可读性。

因此，在得知第二版尚未有中文译本之后，译者决定合作翻译此书。本书与读者见面之时，正值国内外脑科学飞速发展和中国脑科学计划启动之际。ERP 技术作为脑科学研究的重要手段之一，也逐渐受到广大脑科学研究者的重视。译者希望通过本书的出版，能够与广大读者共享 ERP 领域的最新进展，进一步促进 ERP 研究在国内的发展，为广大心理学和脑科学工作者提供一点帮助。

作为 ERP 领域的国内新一代青年研究者，译者在此感谢原作者在本书翻译工作中给予的支持和信任。译者虽从事 ERP 研究多年，在翻译过程中已竭尽全力，但难免由于水平有限，导致译文中存在错误和不一致之处，望读者谅解并及时给予我们反馈。读者可发送电子邮件至上海交通大学医学院附属精神卫生中心洪祥飞博士（hongxiangfei@gmail.com）。此外，本书在翻译过程中得到了国家自然科学基金青年项目（No.61601294）的支持，在此表示诚挚的感谢！